21世纪高等医药院校教材

供医药经济与管理类专业用

医药广告学

主编　曾　智

科学出版社

北　京

内容简介

作为我国第一本以《医药广告学》命名的教材,是为适应广告行业细分和专业纵深发展的需要而产生的。本书立足现代广告学、心理学、传播学和医药市场营销学等学科基础,结合我国医药广告发展的现状,从医药广告理论和方法两个视角指导广告从业人员的实践,促进医药广告业的发展和提高。

全书内容共分十一章,将现代广告学的基本原理与医药广告实现了最佳融合,把灰色而晦涩的理论与鲜活而有趣的案例结合在一起,并从本土医药广告行业的实际出发,给阅读此书的人带来一些快乐。

本书既可作为医药院校医药经济与管理类专业本专科学生教材使用,也可作为医药企业、经销商和广告界人士的参考资料。

图书在版编目(CIP)数据

医药广告学/曾智主编.—北京:科学出版社,2007
21世纪高等医药院校教材(供医药经济与管理类专业用)
ISBN 978-7-03-019525-8

Ⅰ.医…　Ⅱ.曾…　Ⅲ.医药学-广告学-高等学校-教材　Ⅳ.F713.80

中国版本图书馆CIP数据核字(2007)第118326号

责任编辑:方　霞/责任校对:钟　洋
责任印制:徐晓晨/封面设计:黄　超

科学出版社 出版
北京东黄城根北街16号
邮政编码:100717
http://www.sciencep.com
北京虎彩文化传播有限公司 印刷
科学出版社发行　各地新华书店经销
*
2007年8月第　一　版　开本:850×1168　1/16
2020年10月第十二次印刷　印张:18
字数:429 000
定价:35.00元
如有印装质量问题,我社负责调换

《21世纪高等医药院校教材（供医药经济与管理类专业用）》编委会

余　悦　江苏大学
邹延昌　山东中医药大学
陆召军　徐州医学院
张　晓　东南大学
张端珣　南京中医药大学
陈　佳　福建中医学院
陈　瑶　贵阳中医学院
陈家应　南京医科大学
季德安　上海中医药大学
周绿林　江苏大学
郑　毅　牡丹江医学院
孟国祥　南京医科大学
赵一梅　甘肃中医学院
徐江雁　河南中医学院
黄明安　湖北中医学院
蒋建华　成都中医药大学
景　浩　辽宁中医药大学
景　琳　成都中医药大学
谢　明　辽宁中医药大学
谭建三　新乡医学院
薛云珍　山西医科大学

《医药广告学》编写人员

主　　编　曾　智

副 主 编　杨金凤　李习平　王慧华　魏鲁霞
　　　　　　张文玉　唐传俭　张端珣

编　　委（以姓氏拼音排序）

段桂敏	成都中医药大学
黄明安	湖北中医学院
黄　萍	上海中医药大学
李习平	湖北中医学院
司建平	河南中医学院
唐传俭	南京中医药大学
汪　胜	杭州师范大学
汪筱兰	浙江中医药大学
王慧华	南京中医药大学
王先菊	黄河科技学院
魏鲁霞	南京中医药大学
魏　巍	山东中医药大学
杨金凤	浙江中医药大学
曾　智	南京中医药大学
张端珣	南京中医药大学
张文玉	山东中医药大学
邹　铃	杭州师范大学

总　序

经过同道们几年的不懈努力，在科学出版社的大力支持下，《21 世纪高等医药院校教材（供医药经济与管理类专业用）》陆续出版了，这对我国高等医药院校培养适应社会需求的医药经济与医药管理专业的应用型、复合型人才提供了有利的支持。

一

历史跨入 21 世纪，我国高等教育也从精英教育走向大众教育，各高等院校专业在拓展、规模在不断扩大，出现一片喜人的局面。医药院校也不例外，在努力加强人文素质课教育的同时，各中、西医院校纷纷拓展边缘学科，增设国际经济与贸易、市场营销、公共事业管理、电子商务、信息管理与信息系统、医疗保险、卫生法学、药事管理、人力资源管理等新的专业方向。有的院校从每年招生几十人已经发展到现在的每年招生几百人。但是各院校的学科资源有差异，专业设置各不相同，同样专业的课程设置也不一样，相同的课程教学计划也不相同。在医药院校边缘学科发展的初期这是正常现象，但长期发展下去，对于学科规范化建设和专业品牌建设不利，对于全国高等医药院校统一培养职业化的高级应用型专业人才不利。

2003 年，由南京中医药大学与有关中、西医院校协商，决定组织全国中、西医院校进行教材的编写工作。同年 8 月由南京中医药大学、南京医科大学、黑龙江中医药大学、浙江中医药大学、安徽中医学院等中、西医院校共同发起，在江苏省东海县召开了“第一届全国高等医药院校医药经济与管理的系列教材协编会议”，共有 16 所中、西医院校参加。经过众多专家协商讨论，决定对于会议选定的科目进行主编竞争制，几次会议先后确定：由南京中医药大学主编《医药国际贸易》、《医药卫生法》，南京医科大学主编《卫生事业管理学》，广州中医药大学主编《现代卫生经济学》，浙江中医药大学主编《医药人力资源管理》，湖北中医学院主编《医药市场营销学》，湖南中医药大学主编《医药企业管理》，安徽中医学院主编《医药商品学》、《管理心理学》，黑龙江中医药大学主编《医药卫生信息管理学》，成都中医药大学主编《消费心理学》，江苏大学、安徽医科大学主编《医疗保险学》、《卫生事业财务管理》等教材。

2004 年 7 月在南京中医药大学召开“第二届全国高等医药院校医药经济与管理的系列教材协编会议”，进行了同类学科和专业建设的讨论交流，对部分教材进行了统一校对审稿，并且议定了第二批教材编写的主编及参编单位。这对中、西医药院校的学术交流、学科建设、课程设置及规范教材具有重大意义。

二

任何教材要想在同类教材中占有一席之地，必须具备鲜明的编著特色与特性。本套系列教材，与以往的医药院校同类教材相比较，具有鲜明的专业特色，主要体现在以下方面：

第一，针对性强。高等医药院校作为培养医药经济与管理类应用型人才的基地，与其他综合类大学相比，具有自身的特点，即培养具有医药卫生专业知识的经济与管理类复合型人才，知识背景和行业的针对性很强，必须既要注重经贸、管理类学生相应的中、西医药基础理论知识，也要注重社会工作岗位的职业性和操作能力。在教材的编写上，要求教材必须根据中、西医药行业的特殊性，注重理论联系行业实际和与社会需求接轨。这套教材是针对当前医药卫生管理与医药经济贸易专业教学要求编写的，具有理论联系实际、内容与时代同步、针对性强等特点。

第二，体例新。本套教材在编写的体例上有所创新。引用了最新的参考资料、网络资源信息，突出体现了案例教学的特点，且许多章节关键问题的思考题型、重点提示、章末小结等与同类教材相比较，均有所创新。

第三，内容新。本套教材的编著吸收了最新的相关资料、信息，借鉴了同行专家的最新研究成果，参考了许多专著、论文。具体内容上注重普及性与研究性的平衡。既有一定的理论研究深度，又照顾了教材的普及性。在编写方法上，也有所突破，许多教材中增加了新的典型案例，有利于学生的自学，有利于教师组织教学讨论。

第四，中、西医协作。这套教材与以往的同类医药经济与管理类教材相比较，打破了以往单纯中医药院校或者单纯西医药院校组织编写的惯例。全国二十余所中、西医院校及医院的通力协作，经过多次讨论分工，充分发挥了各院校的优势、特色和专家的特长，保证了教材的质量。在编写过程中，还聘请了相关的专家，参与讨论、编写、审稿，因此教材更具备实用性。

第五，创新性。这套教材共计20余本，涉及医药管理与经济贸易专业的众多领域。其中有部分属新教材，填补了相关领域的教材空白。如《医药卫生信息管理学》、《医药物流管理》、《国际医药贸易》、《医疗服务营销》等教材都是第一次编写，对于高等中、西医药院校新兴的边缘学科的建设与专业教学的完善具有积极的推进作用。

三

推出这一套规模庞大的系列教材，是我们的一次尝试。由于在编写过程中，涉及许多院校的众多教师，人员庞大，加上一些学科是新兴学科，并无前例可鉴，因此教材的一些章节可能差强人意，有些结论尚待商榷，这是本套丛书的不足之处。敬请全国的同行专家不吝指正，以利于以后更好地改进和完善。

本套教材在编写过程中，既参考了国内外众多的学者的学术成果，同时也得到了江苏康缘药业股份有限公司和江苏先声药业有限公司的大力支持和资助，在此一并致谢！向为本套教材付出辛勤劳动的全体同仁表示衷心地感谢！医药管理与经济贸易类系列教材的编写必须与时代接轨、与社会主义市场经济相适应，这些需要我们不懈的努力。

编委会

2004年7月23日

前　言

在我国广告实践与理论研究恢复和发展的 20 余年里，广告界以最快的速度追赶着国际业界潮流，并带着兴奋和躁动的心情迎来了 2004 年营业额突破 1000 亿人民币的佳绩，广告从业人员也蓬勃壮大，已近 100 万人。实力传播甚至预测，中国有望在 2010 年以前超过英国和德国成为仅次于美国和日本的全球第三大广告市场。

就在我国广告业迅猛发展的过程中，我国的广告人面对多变的市场、多变的消费群体、挑剔的广告主和复杂的行业又深感力不从心。“难啊”是经常挂在广告人嘴边的真情吐露。的确，面对庞大的市场，自身资源（如人才、行业经验、资金、设备等）的缺乏必然制约着他们的发展和竞争力的提高。于是，行业细分和专业纵深发展成为了广告公司提高自身竞争力的不二法门，也是未来广告业发展的必然趋势。

作为中国行业广告之一的医药广告必将成为医药营销大战中的主力军，也是我国竞争性最强、关系到国计民生的特殊行业，其发展不断规范。特别是我国加入 WTO 后，医药消费市场已经掀起了一场消费热潮，它的出现打破了以往医疗单位销售药品占药品总销售绝大部分的格局。为了实现我国从医药大国走向医药强国的目标，医药广告必将在医药现代化和国际化进程中起到举足轻重的作用。

作为我国第一本以《医药广告学》命名的教材，本书将立足现代广告学、心理学、传播学和医药市场营销学等学科基础，结合我国医药广告发展的现状，从医药广告理论和方法两个视角指导医药广告从业人员的实践，促进医药广告业的发展和提高。虽说“始生之物，其形必丑”（庄子语），但在全体编写人员的努力下，本书主要体现了以下几个特点：

1. 视野新。《医药广告学》是作为“广告学”适应行业细分和专业纵深发展的需要而产生的一门分支学科。我们从行业特殊性的视野入手，结合现代广告学的学科体系和医药市场营销的特点进行编写，并将现代广告学的新理论、新策略等引入教材，既尊重了教材的经典性和科学性，又顾全了教材的时代性，如将品牌与广告这一相互关联的孪生现象融入医药广告。

2. 角度新。尽管我国广告业以迅猛的速度追赶着世界广告业界潮流，但离世界广告业还是存在一定的距离，国外广告业的成绩只能为我们参考，并没有实际指导意义，医药广告在我国行业广告中的特殊性更无法与国际医药广告相比较。因此，《医药广告学》一书的编写立足中国医药广告市场的实际状况组织和安排内容，从本土的角度建设本学科。

3. 内容全。本书将现代广告学的基本原理与医药广告实现了最佳融合，从医药广告的具体实践中寻求现代广告基本理论的支撑。全书从医药广告理论、医药广告调查、医药广告策划、医药广告创意、医药广告效果测评、医药广告法规等方面加以组织。如：“医药广告与传播学”、“医药广告与营销环境”、“医药广告与文化观念”、“医药广告的品牌理念”等。

4. 应用广。绝大多数广告方面的书籍都是灰色的、晦涩的，理论性强的往往缺乏可读性，可读性强的往往缺乏理论性。《医药广告学》一书把灰色而晦涩的理论与鲜活而有趣的案例结合在一起，并从本土医药广告行业的实际出发，给阅读此书的人带来一些快乐。因此，该书既可作为医药院校医药经济与管理类专业的教材，也可作为医药企业、经销商和广告界人士案头的借鉴和参考资料。

5. 力量强。本书编写人员是来自全国九所医药院校的教师，他们从事本学科教学，拥有丰富的经验，为本教材的内容组织提出了独到的见解。完善了以往相关教材或书籍的不足。

全书在南京中医药大学领导的关心和支持下，由南京中医药大学曾智负责主编，具体编写分工如下(按章节顺序排列)：第一章　王慧华、曾智；第二章　汪筱兰；第三章　杨金凤、邹铃；第四章　李习平、黄明安；第五章　李习平、黄明安；第六章　黄萍、曾智；第七章　曾智、张文玉、魏巍；第八章　曾智；第九章　司建平、王先菊；第十章　段桂敏；第十一章　汪胜、王慧华。除此之外，沈婷、邵慧和陆菊红三位同学为本书的统稿和资料整理作出了很大的贡献。

本书在编写过程中还得到了浙江中医药大学、山东中医药大学、湖北中医学院、上海中医药大学、成都中医药大学、河南中医学院、杭州师范大学和黄河科技学院等院校以及科学出版社的大力支持，在此谨向付出辛勤劳动的领导、同事和朋友致以衷心的感谢。

教材编写中，我们采用和吸取了国内外许多专家、学者的著作内容、研究成果或其精神，这些都对本教材的编写有很大的帮助和指导，限于体例未能一一说明，在此一并致以真诚的谢意！

本教材的编写还获得江苏省高校“青蓝工程”资助，在此表示感谢！

虽然我们全体编写人员面对“始生之物”皆是尽心尽力，但因水平有限，其“丑”在所难免，恳请专家、学者和广大读者不吝指教，以便在今后得以完善。

联系方式：zengzhipsych@ sina. com

曾　智

2007 年 4 月于南京

目　录

总序
前言
第一章　绪论 …………………………………………………………………… (1)
　第一节　广告的概述 ………………………………………………………… (3)
　　一、广告的定义及构成要素 ……………………………………………… (3)
　　二、广告的基本特点 ……………………………………………………… (5)
　　三、市场经济与广告发展 ………………………………………………… (6)
　　四、现代广告发展的新趋势 ……………………………………………… (7)
　第二节　医药广告 …………………………………………………………… (8)
　　一、广告与医药广告 ……………………………………………………… (8)
　　二、医药广告的特性与功能 ……………………………………………… (8)
　　三、医药广告的分类 ……………………………………………………… (10)
　　四、医药广告活动的基本原则 …………………………………………… (13)
　第三节　广告学与医药广告学 ……………………………………………… (15)
　　一、广告学的产生与发展 ………………………………………………… (15)
　　二、医药广告学的学科性质和研究任务 ………………………………… (18)
　　三、医药广告学的研究方法 ……………………………………………… (19)
　第四节　我国医药广告发展的历史、现状和未来 ………………………… (20)
　　一、我国医药广告发展的历史 …………………………………………… (20)
　　二、我国医药广告发展的现状 …………………………………………… (21)
　　三、我国医药广告发展的趋势 …………………………………………… (23)
第二章　医药广告活动的基础 ……………………………………………… (27)
　第一节　医药广告与传播理论 ……………………………………………… (28)
　　一、广告传播过程的“5W 模式” ………………………………………… (28)
　　二、符号理论 ……………………………………………………………… (29)
　　三、费斯廷格的“认知不和谐理论” ……………………………………… (30)
　　四、霍夫兰的说服理论 …………………………………………………… (30)
　第二节　医药广告与市场营销 ……………………………………………… (32)
　　一、医药广告与市场营销环境 …………………………………………… (33)
　　二、医药广告与产品生命周期 …………………………………………… (33)
　　三、医药广告与市场营销策略 …………………………………………… (34)
　第三节　医药广告与文化观念 ……………………………………………… (36)
　　一、广告是重要的文化现象 ……………………………………………… (36)

二、广告文化的基本功能 …… (37)
三、广告策划中的文化表现 …… (38)
第四节 医药广告与整合营销传播 …… (42)
一、整合营销传播的含义 …… (42)
二、医药整合营销传播的目标 …… (43)
三、医药广告整合营销传播的运用技巧 …… (44)
第三章 医药广告市场调查 …… (48)
第一节 医药广告市场调查概述 …… (50)
一、医药广告市场调查的定义 …… (50)
二、医药广告调查的特点 …… (50)
三、医药广告调查的目的 …… (51)
四、医药广告调查的要求 …… (52)
五、医药广告市场调查的类型 …… (52)
第二节 医药广告市场调查的内容 …… (53)
一、医药广告市场环境的调查 …… (53)
二、医药广告产品的调查 …… (54)
三、医药广告企业的调查 …… (55)
四、市场竞争性调查 …… (55)
五、医药广告受众的调查 …… (55)
第三节 医药广告市场调查的程序和方法 …… (56)
一、医药广告市场调查的程序 …… (56)
二、医药广告市场调查的方法 …… (57)
第四章 医药广告的主题和定位 …… (69)
第一节 广告主题理论与实践的发展 …… (70)
一、广告主题 …… (70)
二、医药产品广告主题策划的基础 …… (71)
三、挖掘医药产品潜在价值,创造医药产品新价值 …… (74)
第二节 医药产品的差异与广告主题的确定 …… (75)
一、医药产品的差异 …… (75)
二、医药产品广告主题的确定 …… (77)
三、确定广告主题时应该注意的问题 …… (79)
第三节 定位理论 …… (80)
一、定位理论的概述 …… (80)
二、定位的原则 …… (81)
三、定位的方法 …… (81)
第四节 医药广告中的定位法则 …… (82)
一、医药广告定位过程 …… (82)
二、医药广告的定位法则 …… (83)

第五章　医药广告的创意 …… (87)
第一节　医药广告创意的概述 …… (88)
一、医药广告创意的含义 …… (88)
二、意念、表象和意象 …… (89)
三、医药广告创意的实质 …… (90)
第二节　医药广告创意的原则 …… (92)
一、医药广告创意的独创性原则 …… (92)
二、医药广告创意的实效性原则 …… (93)
第三节　医药广告创意的原理与过程 …… (94)
一、意象的意义 …… (94)
二、意象的选择、创造和组合 …… (96)
三、医药广告创意的基本过程 …… (98)
第四节　医药广告创意的方法 …… (101)
一、垂直思考法 …… (102)
二、水平思考法 …… (102)
三、集脑会商法 …… (103)
第五节　医药广告创意策略 …… (104)
一、USP 广告策略 …… (104)
二、品牌形象策略 …… (106)
三、广告定位策略 …… (107)
第六章　医药广告策划 …… (113)
第一节　广告策划的概述 …… (114)
一、广告策划的内涵 …… (114)
二、广告策划的特征 …… (116)
三、广告策划的地位 …… (117)
第二节　医药广告策划的内容 …… (117)
一、医药广告策划的含义及构成要素 …… (117)
二、医药广告策划的内容和原则 …… (119)
三、医药广告策划书 …… (120)
第三节　医药广告策划的基本程序 …… (129)
一、医药广告市场调查与分析阶段 …… (130)
二、医药广告目标确定阶段 …… (133)
三、医药市场细分与广告定位策划阶段 …… (133)
四、医药广告媒体策划阶段 …… (134)
五、医药广告创意策划阶段 …… (136)
六、广告策划执行阶段 …… (136)
七、广告策划评价阶段 …… (136)

第四节 广告沟通说服过程与广告策划 …… (136)
一、医药广告沟通说服的基本方式 …… (136)
二、沟通过程与广告策划 …… (137)
三、沟通的方向与广告策划 …… (138)
第七章 医药广告的媒体策略 …… (141)
第一节 医药广告媒体及其特点 …… (142)
一、医药广告媒体的含义与功能 …… (142)
二、医药广告媒体在医药广告活动中的作用 …… (144)
三、医药广告媒体的特性 …… (145)
第二节 医药广告媒体分析 …… (146)
一、电视 …… (146)
二、报纸 …… (148)
三、广播 …… (150)
四、杂志 …… (152)
五、网络 …… (153)
六、其他医药广告媒体 …… (155)
第三节 医药广告媒体策略 …… (156)
一、医药广告媒体的选择 …… (156)
二、医药广告媒体的优化组合 …… (160)
三、OTC 广告策略和媒体资源的整合 …… (164)
第八章 医药广告的品牌战略 …… (170)
第一节 品牌与广告 …… (171)
一、品牌的内涵 …… (172)
二、品牌资产及其构成要素 …… (173)
三、品牌与广告 …… (175)
第二节 医药广告的品牌理念 …… (176)
一、品牌广告塑造杰出品牌 …… (176)
二、品牌与消费者消费观念 …… (177)
三、品牌忠诚及其理论 …… (178)
第三节 品牌经营策略与品牌管理 …… (180)
一、品牌经营战略 …… (180)
二、两类品牌战略下的广告营销策略 …… (181)
三、OTC 药品及品牌提升的广告策略 …… (184)
第九章 医药广告效果的测评 …… (191)
第一节 医药广告效果测评的概述 …… (192)
一、医药广告效果的含义 …… (192)
二、医药广告效果测评的意义 …… (193)
三、医药广告效果测评的原则 …… (194)

四、医药广告效果测评的程序 ……………………………………（195）
第二节　医药广告效果测评的类型和指标 ……………………………（197）
一、医药广告效果测评的类型 ……………………………………（197）
二、医药广告效果测评的指标 ……………………………………（198）
第三节　医药广告效果测评的方法 …………………………………（202）
一、医药广告经济效果的测评 ……………………………………（202）
二、医药广告心理效果的测评 ……………………………………（207）
三、医药广告社会效果的测评 ……………………………………（212）
第十章　医药广告公司 ……………………………………………（215）
第一节　医药广告公司概述 …………………………………………（216）
一、医药广告公司的内涵 …………………………………………（216）
二、医药广告公司的类型与服务范围 ……………………………（216）
三、医药广告公司的收费方式 ……………………………………（220）
第二节　医药广告公司的组建 ………………………………………（221）
一、医药广告公司组建条件 ………………………………………（221）
二、医药广告公司的组建程序 ……………………………………（223）
三、医药广告公司应遵守的法律法规 ……………………………（224）
第三节　医药广告公司的结构和管理 ………………………………（225）
一、医药广告公司的主要部门 ……………………………………（225）
二、广告公司组织结构类型 ………………………………………（227）
三、医药广告公司的管理 …………………………………………（230）
第四节　医药广告人才的培养 ………………………………………（233）
一、医药广告公司的主要人才 ……………………………………（233）
二、医药广告人才的培养模式 ……………………………………（235）
第十一章　医药广告的管理 ………………………………………（241）
第一节　医药广告管理的概述 ………………………………………（243）
一、医药广告管理的特点 …………………………………………（243）
二、医药广告管理的方法 …………………………………………（244）
三、医药广告管理的作用 …………………………………………（246）
第二节　医药广告的法规管理 ………………………………………（246）
一、我国现有医药广告法规 ………………………………………（246）
二、医药广告约法规管理 …………………………………………（247）
三、关于建立医药广告法的思考 …………………………………（251）
第三节　医药广告的管理与审查 ……………………………………（252）
一、医药广告审查的概念和内容 …………………………………（252）
二、医药广告审查的法律依据 ……………………………………（254）
三、医药广告审查程序 ……………………………………………（254）

参考文献 …………………………………………………………………………………………（260）
附录一 中华人民共和国广告法 ………………………………………………………………（261）
附录二 中华人民共和国药品管理法(摘录) ……………………………………………（265）
附录三 中华人民共和国药品管理法实施条例(摘录) …………………………………（266）
附录四 国家药品监督管理局、国家工商行政管理局关于加强处方药广告审查管理工作的通知 …………………………………………………………………………………………（267）
附录五 国家药品监督管理局市场监督司关于停止受理大众媒介部分处方药广告有关品种的说明 ……………………………………………………………………………………（268）
附录六 国家药品监督管理局市场监督司关于建立药品广告审查管理内部工作提示制度的通知 …………………………………………………………………………………………（269）

第一章 绪 论

导言

医药广告是现代社会的普遍现象，在社会经济发展中起着重要作用。从广告学的角度正确认识和理解医药广告，对人们的健康和生活有着积极的意义。本章首先介绍广告的基本概念和基础知识，主要内容包括：广告的定义、特点和分类等。然后介绍医药广告的含义和我国医药广告的发展情况，主要内容是医药广告的特点、功能、活动原则和我国医药广告发展的历史、现状和未来等。

引导案例

王老吉的飙红主线

找到自己产品的独特性，并根据消费者需求进行重新定位，辅之以成功的广告攻势及强有力的渠道创新，成为王老吉的飙红主线。红色王老吉的飙红，关键在于定位的创新——创造一个新的产品种类，从而进入消费者的心智阶梯。

产品定位的三块短板

“最开始的初衷，只是想以‘体育和健康’为主题，给红色王老吉拍摄一条有关赞助奥运会的广告片，解决产品的广告宣传问题。”成美（广州）行销广告公司总经理耿一诚说，“当时接到这个提案的时候，我们发现王老吉的核心问题不是通过简单地拍广告片可以解决的，关键是没有一个清晰明确的品牌定位。红色王老吉销售了 7 年，可是企业无法回答红色王老吉是什么，消费者也无法回答。但是一年一个多亿的销售额，就说明了市场是存在的，它一定能满足消费者的某种需要，而这种需要并没有明确地凸显出来。”

经过深入沟通，加多宝公司接受了成美的建议，决定暂停广告片的拍摄，委托成美公司先对红色王老吉进行品牌定位。经过两个月的市场调查和市场研究，成美发现以下三个困扰企业继续成长的“短板”，不但阻碍了红色王老吉开拓新市场，甚至威胁到已有的市场份额。

在消费者观念中，王老吉这个具有上百年历史的品牌就是凉茶的代称，是一种有药效的饮用品。由于凉茶下火功效显著，药性太凉，不宜经常饮用。这种“药”的观念直接决定了红色王老吉在广东虽有固定的消费量，却限制了它的增长。

如果把王老吉置身于饮料市场，以可口可乐、百事可乐为代表的碳酸饮料，以康师傅、统一为代表的茶饮料，以及众多的果汁饮料和功能饮料都处在难以撼动的市场领先地位。而红色王老吉以“金银花、甘草、菊花、夏枯草”等草本植物熬制，有淡淡的中药味，对于口味至上的饮料而言，的确存在不小的障碍。加上每罐3.5元人民币的零售价，如果加多宝的宣传不能使红色王老吉跟竞争对手区分开来，红色王老吉进军全国市场将难成气候。

凉茶概念最深入人心的是两广地区。广东消费者对王老吉凉茶概念的认知是很准确的，但广东人喝凉茶一般都会到凉茶铺，或者自家煎煮。而且在广东人的传统观念中，王老吉药业（原羊城药业）生产的药准字号产品（如王老吉颗粒和冲剂）被认为是王老吉的正宗。

另一方面，加多宝生产的红色王老吉配方源自香港王氏后人，是国家批准的食健字号产品，它的口感偏甜，按照中国“良药苦口”的中医观念，广东消费者感觉其“降火”药力不足，人们无法接受它饮料的脸孔。而且黄振龙等凉茶铺在广东遍地开花，占据了比较稳定的市场份额。所以红色王老吉虽是百年品牌，却受凉茶概念之累，在广东地区反而销量不振。

预防上火的饮料，调整后的红色王老吉立足于全国市场，并用消费者容易理解和容易记住的一句广告词来表达——“怕上火，喝王老吉”。简洁明了的定位，既彰显了红色王老吉的产品特性，也有效地解决了王老吉原有的品牌错位。

定位之后的财力法则

明确了品牌在消费者心智中的定位，接下来的重要工作就是推广品牌定位，让它真正进入人心，从而持久、有力地影响消费者的购买决策。

耿一诚说，红色王老吉的成功，可以说除了差异化细分市场的定位以外，更多的是归功于加多宝企业领导人的市场经验、市场魄力和企业管理层的有力执行。

因为新定位着眼于开拓全国市场，加多宝选择央视作为媒介投放的主要平台便在情理之中。加多宝副总经理阳爱星曾说：“有了这样一个精准的定位后，怎样在最短的时间里将此概念打入消费者的心中，占据消费者的心智资源？这时必须要选择一个适合的宣传平台，央视一套特别是晚间新闻联播前后的招标时段构筑了具有全国范围传播力的保障。”

针对红色王老吉的品牌定位和市场目标，加多宝先是选择了“非典”期间投放了央视一套的黄金招标段，“预防上火”的宣传口号在当时取得了很不错的宣传效果。然后加多宝又参加了央视2004年黄金广告段位招标，投入巨资拿下了2004年3月至8月份的几个黄金标段。除此以外，在红色王老吉销售红火的地域投放了电视广告。

正是这种疾风暴雨般的广告攻势，保证了红色王老吉在短期内迅速给人们留下了深刻印象，迅速飙红大江南北。耿一诚说：“这就是定位理论成功实现的财力法则。”这样，王老吉在传播上也实现了与竞争对手的差异化竞争，提高了同类竞争对手的进入门槛。

渠道创新助力北伐

大量地在央视招标段进行广告投放，这对于经销商的推动作用是尤为明显的。按照阳爱星的说法，投放央视招标段广告可以说是王老吉向全国进军的冲锋号，它不仅大大提升了品牌的含金量，更增强了经销商以及普通消费者对产品的信心。然而，广告的高空拉动只是成功的一方面，对于销售渠道和销售终端的宣传推进却是更为重要的另一方面。

耿一诚介绍，加多宝不仅在空军（电视广告）上不惜炸弹，在步兵（销售渠道）的装备上也非常精良和昂贵。在王老吉的渠道和终端地面推广上，除了传统的POP广告外，加多宝还开辟了餐饮新渠道，选择湘菜和川菜馆、火锅店作为“王老吉诚意合作店”，投入资金与他们共同进行促销活动。并且把这些消费终端场所也变成了广告宣传的重要战场,设计制做了电子显示屏、红灯笼等宣传品免费赠送。在给渠道商家提供了实惠后,王老吉迅速进入餐饮渠道,成为渠道中主要的推荐饮品。

随着红色王老吉的快速发展和消费者对王老吉降火功能的认可,王老吉药业也借势宣传推广王老吉其他产品。随后,王老吉凉茶进入了善于创新和本土化的肯德基的点餐牌。肯德基的食品容易上火,而王老吉凉茶正好具备去火的功效,在功能互补上刚好吻合。虽然目前只是在广东范围内的200家肯德基推出,但王老吉看重的是肯德基把它推向全国的计划,这和加多宝"市场北伐",推动凉茶全国销售的营销思路是相一致的。加多宝和王老吉药业表示将共同致力于做大"预防上火"的饮料市场,进一步开拓多元化销售渠道和提升品牌效应。

(资料来源:中国现代企业报,2006年7月5日)

第一节 广告的概述

广告弥漫于现代生活的每个角落,让任何人都无法忽视它的存在。随着广告媒体的日渐丰富,越来越多的广告对现代生活产生着越来越重要的影响,因此越来越多的人开始研究广告,以便更好地利用广告。尽管广告现象司空见惯,但广告定义的学术界定绝非易事。

一、广告的定义及构成要素

(一)广告的定义

"广告"一词在中国首次出现于1906年清政府颁发的《政治官报章程》中,用以代替早前报刊中所使用的"告白"。"广告"是个外来词,与此对应的英文单词有 advertise、advertisement、advertising 等,前两个单词分别指做广告和广告作品,advertising 更具有总括性,与广告相关的系列活动都被涵盖在内,通常用于指广告业。广告学中研究的"广告"通常是与 advertising 的含义密切相关的。

广告的定义望文生义就是"广而告之"。但是由于广告活动的广泛性和复杂性,对于广告的具体定义,中外广告界相关人士的定义都众说纷纭,很难达成共识。给广告下定义虽然是件不容易的事情,但是这些从不同角度提出的广告定义,却为我们全面地认识广告提供了很好的途径。

1. 从传播学的角度考察广告的定义

《简明不列颠百科全书》中关于广告的定义是:广告是信息的一种方式,其目的在于推销商品、劳务、影响舆论,博得政治支持,推进一种事业,或引起刊登广告所希望的其他反应。广告信息通过各种宣传工作,包括报纸、杂志、电视、无线广播、张贴广告及直接邮递等,传递给它所想要吸引的观众或听众。广告不同于其他信息传递形式,它必须由登广告者付给传播信息的媒介一定的报酬。

日本广告业协会关于广告的定义是:"广告是被明确表示出的信息发送方针,是对呼吁(诉求)对象进行的有偿信息交流活动。"

美国广告主协会对广告的定义是,广告是付费的大众传播,其最终目的为传递情报,改变人们对广告商品之态度，诱发其行动而使广告主得到利益。

无论将广告界定为单向的有偿信息传递，还是双向的有偿信息传播活动，都有其合理性。广告在其内容本质上就是信息，广告活动也就是围绕广告信息的传播而进行的。广告主体提供广告信息，并借助广告媒介到达广告受众，广告受众通过各种方式和途径对广告信息进行反馈。从传播学的角度考察广告，有利于借助传播学知识，更好地传播广告信息。但是广告传播的有偿性和涉及对象的特殊性使得广告的内涵远远超出了传播学所能解决的范围。

2. 从心理学的角度

美国《广告时代周刊》在1932年曾经向社会征求广告定义，最后确定为："个人、商品、劳务、运动以印刷、书写、口述或图画为表现方法，由广告者出费用作公开宣传，以促成销售、使用、投票或赞成为目的。"

美国营销学者 Paul N. Nystrom 认为："广告是将商品、服务、程序、创意、制度等，以非当面的销售活动，向潜在消费者提示，使其产生好感，并对广告主心存爱顾，显示喜好。"

还有些观点认为："凡是以说服的方式（不论是口头方式或文字图画方式），有助于商品和劳务的公开销售，都可以称为广告。""广告是一种说服性的武器。""广告是一种传播信息的说服艺术。"

这些广告定义主要从心理学的角度出发，认为广告是一种说服消费者接受观点或购买产品的行为。广告活动中必然对消费者的心理产生影响，没有消费者心理影响作为基础，广告的销售目的无法最终达成。这种广告观点也能很好地体现广告主在广告活动中的意图和主导地位。

3. 从营销学的角度

美国小百科全书对于广告的解释是："广告是一种销售形式，它推动人们去购买商品、劳务或接受某种观点。广告这个词来源于法语，意思是通知或报告。登广告者为广告出钱是为了告诉人们有关某种产品、某项服务或某个计划的好处。"

美国人格林沃尔德在1973年出版的《现代经济词典》一书中，对广告一词做了如下解释："广告是为了达到增加销售额这一最终目的而向私人消费者、厂商或政府提供有关特定商品、劳务或机会等消息的一种方法。它传播关于商品和劳务的消息，向人们说明它们是些什么东西，有何用途，在何处购买以及价格多少等细节。"

1894年，阿伯特·莱斯克（Albert Lasker）认为，广告是印刷形态的推销手段（salesmanship in print, driven by a reason why）。

这类定义对于大多数的广告都是适用的，它揭示了广告主发起广告活动的最终目的和本质意图——赢利。但对于身边见到的大多数的公益广告、政府广告等，这类定义就无法涵盖了。

除了从以上三个不同方面对广告的定义进行考察外，还有从其他角度对广告进行的定义，无法一一罗列。所有提出广告定义者都各执一词，时下还有不少人在不断推出新的定义，如果因此而试图将所有角度提出的定义综合而产生一个完整的定义，那也是不可能的。广告的定义将会随着广告活动的发展不断更新。

理解广告定义时需要注意的两个问题：一是广告学以商业广告为主要研究对象，因此很多时候所说的广告，就是指商业广告；二是广告和广告作品不能划等号，广告是个活动过程，广告作品是广告活动的重要组成部分。

（二）广告的构成要素

不管人们对于广告的定义有多不同，广告的构成要素却是不能随便更改的，只是划分的标准不一产生了不同的要素说。

依据传播学的理论，广告信息传播过程由以下四个要素构成，包括广告信源、广告信息、广告信道、广告信宿。结合广告的定义，可以相应的将广告的构成要素分为：广告主、广告内容、广告媒介和广告受众。广告信源发出广告信息，广告信息经由广告信道到达广告信宿。广告主从自身的利益出发，产生有利于自己的广告信息。

1. 广告主

广告主可以是商业性的公司企业，也可以是政府机关、社会团体或个人等，通常有着自己的意图和目的，是广告信息的来源和广告活动的发起者，也是广告活动的经费提供者。任何广告作品都要明示广告主，广告中看不见广告主，广告的效果就无法产生，广告主的意图也无法实现。同时广告主也是广告活动的责任人，广告活动产生不利于他人和社会的影响时，广告主就要对此负责。

2. 广告内容

广告内容就是广告所包含的信息，是广告活动的核心。广告的其他构成要素由广告内容而结合在一起：广告主发出信息，广告媒介传递信息，广告受众接受和反馈信息。广告内容由于广告主的目的不同各不相同，大致内容包括有关商品的信息、自身形象的信息和观念信息三类，具体的广告内容就更复杂和丰富了。

3. 广告媒介

广告媒介是广告信息的载体，是连接广告信息和广告受众的桥梁。大多数情况下，广告媒介就是大众媒介，主要包括报纸、广播、电视和网络。随着广告自身的发展和科技的进步，新的广告媒介不断产生，大大突破了传统大众媒介的范围，在更广的范围承载和传递着广告信息。

4. 广告受众

广告受众是广告活动作用和影响的对象，是广告信息的目的地，在当今的广告活动中，广告受众对广告活动起着决定性的作用。广告主根据广告受众的特点选择广告信息和广告媒介，广告受众对广告信息的接受和反馈情况决定着广告活动的成败。值得注意的是广告受众是广告主的广告活动影响的对象，与媒介受众不是完全等同的概念。同时，广告受众也不完全等同于消费者。

也有人根据广告活动的参与者，将广告构成要素分为：广告主、广告代理商、广告媒介、广告受众、广告文本五要素。也有人提出六要素，在前者的基础上将广告费用计入其中。还有人将广告计划、广告效果等列入广告的构成要素。这些要素构成说法都有其合理性。

二、广告的基本特点

广告的基本特点是广告区别于其他社会现象的特性和标志。从诸多广告的定义中，可以看出广告的基本特点大致包括以下几个方面：

（一）广告活动有明确的目的性和针对性

广告活动的目的性是相对于广告主而言的，针对性是相对于广告受众而言的。广告主由于自身的利益需求发起广告活动，期望通过广告活动达成自己的功利性目的。商业广告的目的性是非常明显的，公益广告的功利性目的也许不是那么明显，尤其是社会团体或政府机构发布的广告往往不是利己型的广告。为了达成广告目的，广告活动通常具有明确的针对性，在广告对象和广告内容的选择和广告计划的安排等各方面都针对广告对象而设计。

（二）广告内容是与广告主相关的真实信息

为了实现自己的广告目的，广告主提供有关自己的产品、服务、管理、企业等各方面的信息。广告内容与广告主无关或关系不大，广告效果就会大打折扣，不利于广告目标的实现。有时还会造成广告主花钱做广告，却“为他人做嫁衣裳”。当然，广告主也不能为了实现广告目标而提供虚假不实的广告信息，对广告受众和消费者造成不利的甚至有害的影响。

（三）广告必须依赖广告媒介进行，尤其依赖大众媒介

广告是一种公开性的宣传活动，为了使分散在社会各个层面和角落的广告对象都能接触到广告信息，广告往往要借助各种广告媒介进行各个层面的宣传。广告媒介是广告信息到达广告受众的中介，没有广告媒介广告活动就无法进行。大众媒介由于其接触人群的广泛性，是广告活动得以广泛进行的主要媒介。没有大众媒介，就不会有现代意义上的广告活动。

（四）广告是有偿的信息传播活动

同样是在大众媒介上传播的信息，有偿新闻是社会一直抵触和反对的，广告作为广告媒介收入的重要来源，广告永远不可能是无偿的。广告主为了自己的功利性目的在广告媒介上发布广告，因此向广告媒介支付广告费用。在这时，广告活动更像是广告主的投资活动，投入的资金就是付出的广告费用，而即将得到的回报可能是经济上的商业利润，也可能是社会支持等。

三、市场经济与广告发展

自原始人类开始商品交换开始，广告就随之而产生了。在漫长的社会历史进程中，广告随着社会经济的发展不断发展，并对经济的发展发挥着越来越重要的影响和作用。尤其在市场经济产生后，广告的发展突飞猛进。

（一）市场经济对广告发展的影响

（1）市场经济为广告发展提供了空间和土壤，广告随着市场经济的发展而发展。资本全球化和工业化的大生产制造出大量产品，生产者需要找到或保持自己更大量的消费者。同时，科学技术和社会化大生产的进步，带来了现代意义的大众媒介。大众媒介为生产者提供了宣传产品信息的渠道，广告活动因此在更广泛的范围开展起来。

市场经济不但为广告提供宣传内容，还为广告提供各种活动环境，经济发展的状态对广告有着较大的影响。当经济发展良好时，企业有充足的生产资金，消费者有较强的购买能力，企业的广告投入就比较多，广告对消费行为的影响也会更加有效。广告活动由此形成良性循环。一旦经济衰退，企业为了在困境中生存往往会削减广告资金的投入，消费者的购买变得有限，广告效果不如从前，广告活动因此而萧条。

（2）市场观念的建立对广告发展的影响：在市场经济环境中，以消费者为中心的核心理念的确立，使商品生产和销售都围绕消费者展开。在消费导向的经济环境中，广告活动也坚持从消费者出发，在广告策划和广告信息的传达上，都密切关注与消费者建立良好的关系。

（二）广告对市场经济的影响

广告在某种程度上成为了市场经济的晴雨表。从各地区各时代广告营业额上，可以看出不同的市场经济发展状况。市场经济发展得好，广告营业额增加；市场经济发展得不充分，广告营业额低下。市场经济在我国的发展，可以从广告收入上看出来。建国后的很长一段时间内，市场经济没有发展空间，广告几乎看不见；而改革开放后，随着市场经济的日益发展，广告日益繁荣。从1981年到2005年，我国广告经营总额持续攀升，从1981年的1.18亿元增长到2005年的1416.3亿元，平均年递增率为36.13%。1996~2005年间，中国广告经营总额占GDP的比重一直徘徊在0.548%~0.926%之间（数据参考：《中国广告二十年统计资料汇编》，《现代广告》，中国广告年鉴网）。

广告作为重要的营销手段对市场经济的发展有促进作用。现代社会商品日益丰富，广告为消费者提供广告信息，影响消费者的消费观念，指导其选择和消费；同时广告也为广告主提供宣传途径，使自己的产品在众多产品中被消费者注意并选择。而且事实上，广告主为广告付出广告费用是各类广告媒介生存的重要资金来源。随着经济的发展，人们对于广告的依赖和利用将越来越多。

四、现代广告发展的新趋势

随着经济全球化步伐的加快，现代广告的发展遇到了一些机遇，同时面临着更多的挑战。

首先，科学技术的进步为广告发展在硬件上创造了更多更好的广告媒介。电脑和手机等现代通讯工具的普及，使广告拥有了新的发展空间，媒介选择更加多样化，更加注重多种媒介的整合传播效果。以往单一的媒介传播或简单的组合媒介传播，已经无法满足广告发展的需求了。

其次，科学技术为广告媒介提供的软件服务大大提高了广告传播的范围和效果。特别是网络技术的发展和应用使广告媒介的传播范围大大拓展，电脑和手机这些新媒介的传播范围可以遍布全球，同时传播。同时，高科技带来的广告制作软件和技术使传统的广告制作更加简化，还完成了许多以前难以达到或无法达到的制作效果。

最后，市场竞争和广告竞争同步进行。广告媒介越来越多，广告信息越来越充斥着广告受众的生活，有效广告的争夺显得越来越激烈。除了广告主之间的竞争和广告媒介之间的竞争外，还有广告代理商之间的竞争。广告公司是人们最常见的广告代理形式，广告公司数量众多，业务水平参差不齐，所创造的广告效果也各有不同。占少数的国际4A广告公司在全球的广告业务中占据绝对优势。真正有实力的广告公司都在努力从竞争中提高自己的业务水平，以此来争取更多更持久的广告客户；越来越多的广告主也更乐意将广告费用支付给有实力的广告公司。

由此可见，现代广告对网络和科技的依赖越来越多，广告业将在竞争中不断提升自己，这些新的发展趋势都有利于广告的进一步发展。当然，我们也应该积极应对发展新趋势中存在的负面影响和不足，不能盲目乐观。

第二节 医药广告

一、广告与医药广告

广告良好的促销功能吸引了大量的医药广告。医药广告是有关药品生产或经营企业、医疗机构和医疗器械等的广告宣传活动,它包括药品生产和经营企业以药品销售为目的的商业广告,医疗机构诊疗疾病活动的广告宣传,以及有关用于人体疾病诊断、治疗、预防、调节人体生理功能或者替代人体器官的仪器、设备、器械等物品的广告。

药品、医疗器械和诊疗活动与人的身体健康和生命安全密切相关,因此在这种特殊的商品消费活动中,消费者的理性远远多于感性。但是医药商品的专业性和针对性很强,普通消费者通常并不具备可以帮助他们做出正确选择的医药专业知识,必须借助外界信息来选择医药产品。自2000年开始国家对药品实行处方药与非处方药分类管理制度,根据我国《药品管理法》的规定,处方药可以在国务院卫生行政部门和国务院药品监督管理部门共同指定的医学、药学专业刊物上介绍,但不得在大众传播媒介发布广告或者以其他方式进行以公众为对象的广告宣传。由此可见,消费者在消费非处方药时,可以根据广告和药店店员的指导和推荐选择合适的药品;而处方药的消费主要依据医生的诊断和意见。无论是患者还是医生,广告都是影响人们消费药品的重要信息来源。随着人们生活水平的提高,健康保健意识逐渐增强,医疗器械包括各类保健产品日益受到人们的青睐。随处可见的医疗器械和保健产品广告,更是激发人们购买热情的重要原因。

目前,广告是医药企业最主要的营销推广手段,而医药广告也已成为许多媒体广告收入的重要来源。各类医药广告在各大媒体的版面和时段随时随处可见,甚至出现了报纸专版和广播电视专栏。医药广告投放的热情和数量虽然得到人们的一致认可,但是医药广告投放产生的实际效果却很值得怀疑。鱼龙混杂的虚假和低俗医药广告强烈地冲击着人们的视觉和听觉,对消费造成了一定程度的误导,消费者的利益受到侵害。对此,国家各部门正在积极着手对医药广告市场进行严格的监管和控制,各医药企业也必须冷静思考如何利用广告更加合理合法地推销,而不能一味追求经济利益,毕竟医药不是普通商品,而是关乎民生的特殊商品。

二、医药广告的特性与功能

(一) 医药广告的特性

医药产品是一种特殊的商品,人们在健康出现问题时对医药产品表现出强烈的需求,而各类医药产品的功效具有专属性,各类产品之间不能互相替代。医药产品的特殊性,决定了医药广告也有其特殊的规定性。

1. 针对性

医药广告的对象是医药产品适应证范围内的患者,患者生什么病吃什么药。而且国家对于有些医药产品的广告和宣传有着特殊的规定,不同类别的医药产品广告必须严格按照相关的要求进行。医药产品的特殊性决定了医药广告绝不能为了经济利益,随意夸大产品的功效,或故意采用模糊的表述方式,暗示产品实际不存在的功效,让患者误以为该产品适合自己的病症而购买。

普通产品的广告可以通过对消费者潜在需求的激发,使消费者即使没有现实的需求也可能购买产品。但是消费者对于医药产品的消费只在患病时才会有需求,因此医药广告只能作用于消费者的现实需求,在广告中要将医药产品的相关信息清晰地传达给对产品有真实需求的患者。在广告中可以通过对产品鲜明特征的形象表达,让患者在众多的广告中方便准确地找到自己需要的医药产品。

2. 及时性

患者患病时对医药产品的需求具有时效性,医药广告一定要及时告知患者。一旦生病对医药产品的需求非常急迫,必须将医药信息及时准确地传达给患者。医药广告不能及时或提前做好准备,就不能指导患者及时购买和治疗,患者自然不会选择自己的产品。在医药广告信息缺乏的状况下,患者可能因此而延误或误导治疗,对患者的身体甚至生命带来不良影响。此外,医药广告信息的延误也可能使自己失去庞大的市场。因为当患者症状得到缓解后,对于医药产品的需求随之降低,这时才进行医药广告投放,其效果就会大打折扣。许多医药广告都选择未雨绸缪的方法进行广告投放,特别是一些病症具有季节性,在此类病症的高发期来临前进行广告投放会是比较明智的选择。例如季节交替时的感冒、夏季的胃肠疾病等,都为医药广告提供了良好的契机。

3. 说理性强

医药产品直接关系着人的身体和生命安全,所以医药广告一定要科学地向消费者介绍有关产品的知识,让消费者明白医药产品的实际功效。消费者在购买医药产品时,不会因为一时感情的冲动而购买,因此,医药广告的表现方式需要谨慎地采用轻松和渲染的方式。医药广告在表现形式上主要采用理性诉求的方式,定位于患者的理智动机,通过对产品的功效和禁忌等的科学合理的说明,使患者通过概念、判断、推理等思维过程理智的做出决定。

医药广告的理性诉求并不意味着一定要板着面孔说教。有些医药广告用一位貌似医生或专家模样的人,用生硬的口气和呆板的词句介绍产品,有时为了显示其专业水平高,还故意采用不少专业术语。这样的医药广告消费者当然不愿意看,而且即使不得已看了,也不一定能看懂。既然是医药广告的说理就一定要让人有亲切感,这样才有人愿意听、愿意看,在说理时,完全可以采用形象生动的方式来说理,运用普通消费者都熟悉的、喜闻乐见的语言和形象。

4. 思想导向性

医药广告中除了包含着产品自身的有关信息外,也会对人们的行为方式、思想观念和价值取向等产生一定的引导作用。因此,医药广告也要十分重视自身的社会效益,宣传积极向上的思想,避免低俗的广告,不能只顾当前的经济利益。一些医药广告的投放和表现为了吸引注意,已经对社会产生了很多不良影响,特别是医药广告中的违法广告更是对社会造成了恶劣的影响,严重损害了消费者的利益。

(二) 医药广告的功能

广告的功能是指广告的基本效能,也就是广告的内容对所传播的对象和社会环境所产生的作用和影响。现代广告的功能是多元化的,主要功能有:信息功能、经济功能、社会功能和美学功能等。研究广告的功能能够更好地帮助我们理解广告所能达到的目的。医药广告的主要功能包括:

1. 传递信息的功能

医药广告传递的主要是有关商品、服务和企业等的信息,这些信息通常对于消费者的消费有很强的指导作用。医药企业和产品需要借助广告来将自己的特点和对消费者有利的信息传递出去，在现代社会里，没有医药广告的宣传，再好的医药产品也很难让消费者知道；同时，消费者也需要通过医药广告获取对于自己有利的医药产品信息。

医药广告除了向消费者传递有关产品的信息外，有时也会传递有关企业或品牌形象的信息，这样的广告不一定用直接的产品信息来指导消费者购买和消费，而是通过形象的塑造，让消费者在心理上对医药企业或品牌产生认可，发生态度上的改变。通常采用的方式是与消费者情感的沟通，通过情感诉求的方式改变消费者对医药企业或品牌的认知。

医药广告是沟通企业、经营者和消费者之间的桥梁，医药广告的信息传递功能是其主要的基本功能。

2. 促进销售的功能

广告是促进销售的手段和方式之一，广告主进行医药广告活动就是看重了广告良好的促销功能。医药广告可以通过对消费者的消费兴趣与欲求进行不断刺激，引起购买行为。广告也是医药企业竞争的手段之一。为了获得相对于其他企业的市场优势和有利的市场地位，医药企业利用广告竞争影响消费者。如果没有广告，无法使医药产品相互区分和判别，竞争就无法展开；产品特性不能通过广告铭刻在人们心里，有效的医药市场竞争将无法进行。

医药广告的促销功能主要表现为两个方面：一是产品促销信息的传播，如折扣或优惠等临时性促销信息的发布；二是直接的销售促进功能。后者主要是指医药企业通过广告作品宣传和广告活动宣传，传播商品信息，提高商品知名度，强化商品个性形象，可以有效地刺激消费者的消费欲望，从而增加消费者的消费量，并吸引新的顾客，加快商品的流通速度，提高商品的市场占有率和销售额，借助销售额的提升实现市场利润。同时，必须认识到任何广告的促销功能绝不是立竿见影的，一个出色的广告创意可以加强品牌的传播力度，进而吸引消费者尝试购买或者提示重复购买，但是我们对这种作用的期望值不应过高。

医药广告功能不是单一的，而是多元化的，其中最基本的功能当然还是经济功能，除此之外，还有文化功能、社会功能、审美功能和心理功能等。医药广告反映着各个国家和地区不同的文化背景，广告中各种元素的运用直接反映国家或地区的文化价值观，纵向看来，它也是文化历史的传承者。

医药广告既是宣传医药商品、促进销售的手段，又是影响社会道德风尚的一个重要阵地，它所包涵的观念和意识无形的、潜移默化的影响着广告受众，渗透到社会生活的各个方面，从而产生不可估量的社会效果。换言之，广告还承担着通告、诱导和教育等功能，有利于人们构建健康生活的观念，培养健康的生活习惯。因此，就要求医药广告能够帮助公众养成科学的生活方式、社会大众文化，以广告作品的艺术感染力不断提高社会的精神文明水平，陶冶人的审美情操，充实人的心理。广告作为一种特殊的精神产品，要使消费大众接受，必须具有一定的审美价值，在一定程度上满足消费者的审美需要。现在许多医药广告都开始注重广告的社会功能，越来越多的医药广告开始尝试着与公益广告结合，取得了良好的社会和经济效果。

三、医药广告的分类

依据不同的分类标准可以将医药广告分成许多不同的类型，了解种类繁多的医药广告分类有利于我们做出适当的广告策划，更加有效地实现广告目标。

（一）按医药广告的最终目的分

按照医药广告的最终目的是否为了赢利可以将广告分为赢利性广告和非赢利性广告。

（1）赢利性广告：即商业性广告，是主要的医药广告形式，也是狭义的医药广告，是医药广告学中研究的主要对象。它由广告主付费，通过广告媒介进行医药产品广告、医药企业形象广告等，最终促销商品和劳务，获取赢利。

（2）非赢利性广告：即非商业性广告，不以赢利为目的，旨在说服公众关注社会问题、公益事业或者政治问题等内容的广告。最典型的非商业性广告是公益广告。但是目前也有企业借助公益广告进行相关的企业形象宣传，如有些感冒药在寒冬来临时作"××感冒药提醒您，天气寒冷，谨防感冒"之类的广告，这类广告的终极目的仍是赢利，因此这类医药广告有时也把它归属为商业性广告。

（二）按照医药广告的传播媒介分

使用不同的媒介，广告就具有不同的特点。在实践中，选用何种媒介或媒介组合方式作为广告载体是制定医药广告媒介策略所要考虑的核心内容。根据医药广告信息传播媒介的物理性质，常将广告划分为以下几种：

（1）印刷媒介广告，即平面媒体广告，是重要的传统媒介广告，主要是指刊登在报纸、杂志、招贴、海报、宣传单、包装等媒介上的广告。

（2）电子媒介广告，是以电子技术为基础的媒介，如广播、电视、电影等为传播载体的广告。

（3）户外媒介广告，是利用路牌、交通工具、霓虹灯等户外媒介所做的广告；还有利用热气球、飞艇甚至云层等作为媒介的空中广告。

（4）直邮广告，又称 DM(direct mail)广告，通过邮寄途径将传单、商品目录、订购单、产品信息等形式的广告，直接传递给特定的组织或个人。这种广告针对性强，广告效果理想，在西方国家被广泛采用，在我国目前处于起步阶段。

（5）销售现场广告，又称为售点广告或 POP 广告(point of purchase)，就是在商场或展销会等场所，通过实物展示、演示等方式进行广告信息的传播。主要形式有橱窗展示、商品陈列、模特表演、彩旗、条幅、展板等。

（6）数字互联媒介广告，利用新兴的互联网作为传播载体的广告形式之一，具有针对性和互动性强，传播范围广等特点，发展前景广阔，主要包括网络、手机等媒体。

（7）其他辅助性媒介广告，主要包括利用新闻发布会、体育活动、年历、各种文娱活动等形式而开展的广告。

也有人根据整合营销传播的观点，针对目标受众的活动区域和范围，将广告分为：家中媒介广告如报纸、电视、杂志、直邮等媒介形式的广告；途中媒介广告如路牌、交通、霓虹灯等媒介形式的广告；购买地点媒介广告等。

（三）按医药产品或者服务生命周期的不同阶段划分

根据医药产品或者服务的生命周期采用不同的广告策略，可以将医药广告分为开拓期广告、竞争期广告、维持期广告。

1. 开拓期广告

开拓期广告是指新产品刚进入市场期间的广告。由于人们对于新产品一无所知，开拓期广告主要介绍新产品功能、特点、使用方法等，让消费者充分了解产品信息，形成对产品的正确认识，并最终吸引消费者购买使用。

2. 竞争期广告

竞争期广告指在商品成长期与成熟期阶段所作的广告。商品在成长和成熟期，公众对产品有了一定程度的认知，市场销售在不断向上攀升，但是由于市场中竞争产品的跟进，必须使广告突出特色，便于消费者正确识别自己的产品。因此，竞争期广告主要介绍产品优于竞争产品的优点和特色，如技术先进、原料上乘、价格便宜等等，形成比较优势，以使其在竞争中取胜，扩大市场占有率。

3. 维持期广告

维持期广告是指商品在衰退期阶段所作的广告。衰退期的产品已经失去了市场竞争力，不再是企业宣传的重点，其营销目标主要是将库存的产品尽可能地销售出去。因此，维持期广告主要是靠宣传商品本身的商标和品牌来提醒消费者，使消费者继续购买使用其商品。维持期广告虽然销售力不强，但是对于品牌的维护有积极意义。

（四）按医药广告的传播地区划分

广告目的不同，广告想要影响的对象和范围也不同。医药广告传播的地区在很大程度上是由广告媒介的影响范围决定的。

1. 国际性广告

国际性广告有时也指全球性广告，传播范围广泛，必须选择具有国际性影响力和全球性传播能力的广告媒介进行发布。在媒介选择和广告的制作技巧上，都能针对目标市场的受众心理特点和需求，是争取国外消费者，使医药产品迅速进入国际市场和开拓国际市场必不可少的手段。

2. 全国性广告

全国性广告的广告对象分布在全国各地，因此选择全国性的传播媒介，如全国范围发行和传播报纸、杂志、电视和广播等。全国性广告的权威感比较强，传播范围广泛。

3. 区域性广告

区域性广告多是为配合医药企业的市场营销策略而限定在某一地区传播的广告。广告主在营销计划中选择少数区域作为广告宣传的重点，这时就需要选择区域性的广告媒体，如省报、省电台、省电视台等，其广告宣传尽可能覆盖选定区域的所有广告对象。区域性广告能很好地体现地区特点，增强广告的针对性和说服力。配合产品的区域性销售而进行的广告，选择区域性广告能花有效的钱做相对有效的广告宣传。产品销售和消费的区域性比较强时，选择全国性广告还会显得浪费，不如区域性广告。

4. 地方性广告

地方性广告比区域性广告传播范围更狭窄，市场范围更小，选用的媒介多是地方性传播媒介，如地方报纸、路牌、霓虹灯等。这类广告选择范围虽小，但针对性强，广告接受的有效性会更强。

（五）按广告诉求方式划分

根据医药广告借用什么样的表达方式以引起消费者的购买欲望并采取购买行动，医药广告可以分为理性诉求广告和感性诉求广告。

1. 理性诉求广告

广告采取摆事实、讲道理的方式等理性的说服手法,有理有据地直接论证产品的优点与长处,论证接受该广告信息能带给他们的好处,使受众理性思考、权衡利弊,让顾客自己判断,进而购买使用。一些家庭耐用品广告、"大件"产品广告和科技含量高的产品广告较多采用理性诉求方式。

2. 感性诉求广告

广告采取感性的说服方式,以人们的喜怒哀乐等情绪、亲情、友情、爱情,以及道德感、群体感等情感为基础,向消费者诉之以情,激发人们对真、善、美的向往,并使之移情于广告物,对广告产品产生好感,进而购买使用。对于一些日用品广告、食品广告和公益广告等常采用这种感性诉求的方法。

(六)按照广告目标分

广告目标明确,广告计划才能做到有的放矢。根据广告目标可以将医药广告大体分为产品形象广告、企业形象广告和品牌形象广告三类。

1. 产品形象广告

以促进医药产品的销售为目的,通过广告向目标受众介绍有关商品信息,突出商品的特性,以引起目标受众和潜在消费者的注意,在他们的心目中留下美好的产品形象,并因此而提高产品的市场占有率。

2. 企业形象广告

以树立企业形象,宣传企业理念,提高企业知名度为直接目的的广告。虽然企业广告的最终目的是为了实现利润,但它一般着眼于长远的营销目标和效果,主要通过企业的信念、宗旨或是企业的历史、发展状况、经营情况等信息的传播,改善和促进企业与公众的关系,增进企业的知名度和美誉度。因此,企业广告通常对产品的销售不会有立竿见影的效果,但随着企业声望的提高,使企业在公众心目中留下了较好的印象,对加速企业的发展具有战略意义。

3. 品牌形象广告

以树立产品的品牌形象,提高品牌的市场占有率为直接目的的广告。广告中突出品牌的个性以塑造品牌的良好形象。品牌广告不直接介绍产品的相关信息,往往通过赋予品牌以特定的精神文化内涵,提高品牌知名度,建立品牌美誉度,形成品牌忠诚度,从而为铺设经销渠道、促进该品牌下产品的销售起到很好的配合作用。

四、医药广告活动的基本原则

广告行为是一种市场行为,广告市场秩序是整个社会主义市场秩序的一个组成部分。因此,广告活动必须符合市场活动的基本原则和国家对市场活动行为的规范要求。医药广告作为一种特殊的商品,在市场和法律上也都有其特定的规范性。

(一)合法性

医药广告活动必须遵守法律、法规和从业准则等,凡是违法的广告必然受到法律的严厉惩罚。这是医药广告活动的最基本的原则。医药广告除了需要遵守《广告法》之外,还必须严格遵守《药品管理法》、《药品广告管理办法》、《医疗广告管理办法》、《药品广告审查标准》等法律、法规的要求进行合法的广告宣传。没有按照法律规定的范围、内容和形式等进行宣传，就是违法医药广告。违法的医药广告宣传不仅会给消费者带来直接的伤害和不良影响，而且对企业也必定带来不良的后果和影响。

（二）真实性

真实不仅是相关法律对医药广告的规定性要求，它也是医药广告最终是否能够对消费者产生影响的决定性因素。医药作为特殊商品，在传递有关医药产品的信息时，信息的内容和形式一定要真实可靠，注重商业诚信。医药产品信息的内容要是产品自身所具有的，确有其事，不能为了吸引消费者而虚构产品的特点，或故意给出模糊或不完整的产品信息；在医药广告中对消费者做出的相关承诺，一定要是能够切实兑现的承诺。医药广告信息一旦有了虚假，会直接给消费者带来身体和精神上的伤害以及经济损失。传递虚假信息的医药广告无法经受市场的考验，最终将被市场淘汰。

真实性并不排斥艺术的夸张。医药广告也需要有艺术的表现方法和技巧，在广告的内容、传播的信息表现形式真实的基础上，采用贴切的比喻和适度的夸张，将医药产品的真实特性形象生动地表现出来。而不是通过艺术的夸张或比喻，生造一个产品不具有的特点，或者让人看了之后产生歧义。

（三）创新性

广告的灵魂在于创新。消费者的喜好不断发生着变化，广告不可能以千篇一律的方式，永恒地打动消费者。特别是医药广告由于产品和服务的特殊性，在表述方式和内容上主要靠以理服人，就更加容易陷入枯燥乏味的境地，而无法更好地达到广告目标。现在医药广告比较突出的问题是跟风宣传，模仿的痕迹太重。有些医药产品的广告，一味追求广告宣传效果，采用强势宣传的方法，铺天盖地的、高频率反复播放简单说教式的医药广告，让消费者不得不看，不得不听，通过这样的方法建立知名度，来获得市场。这种宣传方式不可能是长久之计，有时反倒会因此让消费者产生抵触情绪。虽然现在有一些医药广告开始注重创新性，通过广告创新获得了良好的受众和市场反应　可是，一旦一则具有创新的广告出现后，同行业的其他产品就会立刻模仿甚至照搬别人的广告，使得创新的广告很快被湮灭。当然，创新并不排斥借鉴和继承，但要在借鉴和继承的基础上不断提高，这样创新才能不断地推动前进。

（四）艺术性

广告虽然不是艺术，但是要讲究艺术。广告要创新，特别是在广告表现方式上要创新，还要具有充足的吸引消费者的能力，必须要有赏心悦目的艺术表现，让消费者能对广告产生注意和情绪冲击，并乐于阅读和观赏。消费者在医药产品消费中，主要以理性消费为主。医药广告既要能吸引人，又要能打动人，在广告中就要以感性的形式，传达理性的内容，深入浅出地说明医药专业知识。感性的形式就靠艺术的表现力了。为了把医药产品的性能介绍得更清楚，产品个性表现得更鲜明，运用文学和美术的一些技巧，把医药专业知识通过普通受众熟悉的方式和能够理解的形式表现出来，使广告作品呈现出艺术美和形式美，在感官上给消费者带来美好的印象。

（五）科学性

广告作为一种投资，广告主付出了巨大的广告费用和财力。为了达成广告目标，在广告活动中必须遵循科学性的原则进行合理的安排和策划。医药广告活动不仅涉及和包含经济学、心理学、传播学、艺术等学科的知识，而且还包括医学、药学等专业领域的内容，在广告投放时这些方方面面的内容和领域都要考虑到，并将这些领域的问题合理安排和解决。忽略其中的任何一个方面，都可能对广告效果产生不良的影响。

不仅广告活动要遵循科学性原则，医药广告作品在广告宣传的内容上，也要遵循科学性原则。医药产品生产中对工艺、厂房、设备和人员等都有严格的要求，生产出的医药产品必须都是合格产品，没有等级划分，专药专用，不能随意替换使用。医药广告所传递的都是有关医药产品的科学信息，这些信息科技含量高，对人体健康有利也有弊。因此，医药广告在宣传时，要能够以科学的信息引导消费者科学的消费。特别是对消费者有害的信息内容，一定要科学地给予解释和介绍，而不能故意隐瞒，让消费者无法正确了解和使用医药产品。

（六）思想性

任何信息的传递都不只是信息本身的呈现，一定包含着传播者的思想。医药广告信息的传递同样包含着思想内容，而且这些思想内容还将和广告信息内容本身一起对社会和消费者产生影响。广告中营造的氛围、宣传的观念和文化，对社会成员的观念和生活产生潜移默化的影响，这也是医药广告社会效益的体现。为了使医药广告对社会效益产生正面影响，医药广告宣传的内容一定要是符合社会主流方向的，有利于社会文化和精神文明建设，符合社会道德的。那些内容粗俗，格调低下的医药广告，传达的思想对人民身心健康不利，有害于社会道德和精神文明建设，要坚决抵制和取缔这些内容的传播。

医药广告要切实以消费者为中心，从消费者利益和社会效益出发，进行广告宣传活动。医药广告只有严格遵循以上活动原则，才能给社会和消费者带来真正的利益，只有这样才能真正打动消费者，为企业赢得市场、信誉和长远的发展空间。

第三节　广告学与医药广告学

广告到底起源于何时何地，是广告界争论不休的问题。就目前我们接触到的资料来看，在东方和西方几乎同时出现了广告现象。但是，现代广告学的发源地为西方国家，这是不容置疑的。对于建立在传播学、美学、经济学、营销学、心理学和医药科学基础之上的医药广告学的产生与发展更是如此。

一、广告学的产生与发展

（一）广告学的产生

广告学之所以出现，存在着三个原因，即市场经济的发展而产生了客观推动，心理学的发展奠定了理论基础和学科分化的必然。

第一，客观基础。20 世纪初，专业广告公司的迅速发展，推动市场经济的进一步发展，而市场经济的飞速发展又给广告业提出了更高的要求，急需在广告理论上将广告实践中的经验加以总结和提高，以便进一步推动广告事业的发展。正是由于市场经济在 20 世纪初的大发展，才形成了广告理论研究的客观基础。

第二，心理学理论的发展为其奠定了理论基础。自 1879 年德国冯特（W. Wundt）教授在莱比锡大学创立第一个心理学实验室之后，从实证角度展开了对心理机制和心理活动的研究，并且取得了一系列成果，从而使心理学作为一门独立的学科从哲学中分离出来。现代心理学的产生和发展对消费心理学和广告学产生了重要影响。心理学理论每一次发展和突破都导致广告理论研究的深入和新理论的产生。

第三，学科独立大潮的必然。20 世纪初期，是社会科学学科分化的时期。随着社会科学 18 世纪形而上学的发展和 19 世纪在学科经验和萌芽概念上的积累，社会科学中的许多领域开始出现了分化现象。从而产生了一大批的 20 世纪新学科。就广告而言，它是适应这一学科大综合和大分化的客观形势，把原属新闻、传播、营销和心理活动中的概念、范畴加以综合、抽象和分离出来，并找出其中内在逻辑，进行新的结构组合，从而构建出了独立的广告学理论体系。

（二）广告学的发展

广告学的发展是随着广告业的发展而发展的。广告学发展成为一门学科是近代的事情，它主要研究广告活动的过程及其规律，包括广告演进、广告规律、广告诉求方式及表达等。广告学的发展经历了三个阶段，即创立阶段、成熟阶段和创新阶段。

1. 创立阶段

从 19 世纪末至 20 世纪 30 年代为广告学的创立阶段。19 世纪后半期，美国进入消费经济，广告开始作为市场学的一部分而被研究。1895 年，美国心理学家哈洛·盖尔（Harlow Gale）从事的关于消费者对广告及其广告商品的态度与看法的调查研究，被看作是广告学和广告心理学的最早研究。随后，他在多年广泛调查研究的基础上写成《广告心理学》一书，强调商品广告的内容应该使消费者容易了解，并应适当运用心理学原理以引起消费者的注意和兴趣。而更有影响的研究者则首推美国西北大学校长、社会心理学家瓦尔特·狄尔·斯科特（W. D. Scott）。1901 年，斯科特在西北大学的一次会议上提出广告应该发展成为一门科学，而心理学可在其中发挥重要作用。随后，他连续发表一系列有关广告与广告心理研究的论文 12 篇，并于 1903 年汇编成《广告论》（又译为《广告原理》）一书出版。该书的出版标志着广告心理学这一应用心理学分支学科的诞生，同时也为广告学的建立奠定了基础。之后，美国经济学家席克斯（Hicks）编著了《广告学大纲》，对广告活动进行了较为系统的探讨。《广告论》和《广告学大纲》被视为世界上最早的较为系统的广告学著作，也被认为是现代广告学产生的重要标志。

1908 年，美国社会学家罗斯（E. A. Ross）撰写了《社会心理学》一书，分析并研究群体与个人在社会生活中的心理和行为表现，其中大量涉及与消费心理有关的直接和间接因素，对广告学的建立起到理论背景的支持作用。1912 年，德国心理学家闵斯特伯格（H. Mun Sterberg）发表《心理学与经济生活》一书，重点研究工业心理学问题，在部分章节中明确提出广告效果和橱窗陈列等和消费心理相关的问题。1902～1905 年，美国的宾夕法尼亚大学、加州大学、密西根大学和西北大学都开始开设有关广告学方面的课程。

自19世纪末到20世纪30年代，研究广告的理论出现，并有了一定程度的发展。这个时期广告理论研究的特点是提出问题，简单论证，理论比较零散，未形成完整学科体系。但是，广告学作为一个学科已经出现。

2. 成熟阶段

自20世纪30年代到60年代，是广告学成熟发展阶段。在20世纪20年代，传播学和市场学开始出现，尤其是市场营销活动的开展及理论的发展和完善，推动了广告学的进一步成型。1929～1933年的世界性经济危机带来的经济大萧条，客观上对广告学提出了理论要求。因而，此时期出现了一大批广告专家和学者，研究现实问题，利用广告影响和推动现实经济的发展。

一批广告理论研究人员在使广告理论成熟化上做出了突出的贡献，产生了许多广告理论流派。20世纪前期美国最有影响的文案撰稿人约翰·肯尼迪(Jone Kennedy)，创立了情理广告派，他为广告定下了“纸上推销员”的著名定义。克劳德·霍普金斯(Claude Hopkis)发展了约翰·肯尼迪的情理广告，成为情理派的代表人物。他认为，广告之于商品，犹如戏剧之于人生，它既是商品，又高于商品。他写过无数著名的广告文案，使不少商品成为名牌。他的著作《科学的广告》一书是美国修学广告的学生的必读书。李奥·贝纳(Leo Burnett)建立和发展了“芝加哥广告学派”，在广告表现上“我们力求更为坦诚而不武断。我们力求热情而不感情用事”。罗瑟·瑞夫斯(Rosser Reeves)首创了广告是“独特销售主张”(unique selling proposition)的理论。明确“广告的艺术是用可能最低的费用把一项讯息灌注到最大多数人的心中”。威廉·伯恩巴克(Willian Bernbach)提出广告写作一定要有创造力，在广告上最重要的东西就是要有独创性(original)与新奇性(fresh)，“你写出的每一件事情，在印出的广告上的每一件东西、每一个字、每一个图表符号、每一个阴影，都应该有助于你所要传达的讯息的功效”。大卫·奥格威(David Ogilvy)创立了“形象设计”理论，被誉为“形象设计时代的建筑大师”，他在《一个广告人的自白》一书中总结了自己从事广告实务的经验和体会，自1962年出版至今已被译成20余种文字，在美国国内销量已逾30万册。此书也成为欧美专修广告的学生必读的参考书，其中既有广告的创作，也涉及诸多经营管理的现代化理论。乔治·葛里宾(George Gribbin)将罗必凯学派系统化，他认为“写好广告与写其他任何东西的要点，都是写作者要做到了解别人，对别人洞察入微，并对他们有同情心。”在广告中，要使对方连续不断地去读文案的第一句话、第二句话，直到看完广告的最后一字。他明确指出广告人员一定是阅读广泛的人，不仅撰文人员甚至一切与创作广告有关的人都应如此广告撰文和创作，应该不断修改，使其完善。广告要贴近生活，文案写作人员应该对商品有深刻的了解，去了解未来的顾客，去了解你的商品，才能创造出好的广告。

这一时期，在美国纽约曼哈顿区的麦迪逊大道(Madison Aven Me)，出现了许多著名的广告公司总部，因而，这条街道成为了美国广告业的代名词。

3. 创新阶段

20世纪70年代以后，随着新技术革命席卷全球，使广告的现代化手段及技巧有了大幅度的革新，广告调研预测技术、媒体策划技术、广告表现技术出现电脑化趋势，广告理论出现了不断创新的趋势。

20世纪60年代末和70年代初，艾·里斯(Al Rise)和杰·特劳特(Jack Trout)提出“定位”(positioning)概念，并写了一系列名为“定位时代”(positioing sge)的文章。广告定位理论迅速传播到许多国家。最近，杰·特劳特在总结25年来的经验基础之上出版了《新定位》(the new positioning)一书，提出了更符合时代要求的定位策略。与此同时，广告媒体的研究、广告心理的研究、广告运动策略、广告经济学、广告社会学、广告文化学与传播学如雨后春笋般开始出现，丰富、促进了广告学基本理论，又同时推动了广告事业的发展。

二、医药广告学的学科性质和研究任务

伴随着现代广告学的产生、发展和成熟，医药广告学也逐步发展起来。虽然其产生至今无法找到其特有的标志性事件，但得到一致公认的是，自现代广告学产生伊始，一些学者就对医药行业这一特殊领域的广告进行了专门研究，医药企业和众多广告公司也在实践中运用广告理论作为指导，不断总结积累医药广告运作的经验和规律，医药市场广告学的研究取得了较多成果。

医药广告学是一门边缘科学，它是指研究和揭示进行成功医药广告的一般规律、方法与技巧的学科。医药广告学涉及跨度较大的多门学科的理论、方法和技术，主要包括：医药市场营销学、医药企业经营管理学、医药市场调查、传播学、心理学、艺术理论，以及多种艺术表现的方法和技巧等。

(一) 医药广告学的性质

医药广告学是从20世纪初开始出现的一门包涵医药经济学、医药市场营销学、医药管理学、传播学、心理学、美学、文学艺术等众多学科的边缘性、综合性的独立学科。

1. 医药广告学与医药经济学和医药市场营销学

医药广告学是市场经济发展到一定阶段的产物，它将随着市场经济的发展而不断完善与成熟。医药经济学和医药市场营销学中揭示的许多规律，医药广告活动照样适用，也必须遵守。医药广告现象又是市场经济中存在的重要现象，它服务于市场经济，推动着市场经济的发展。医药经济学和医药市场学的研究成果可直接用于医药广告学，而医药广告学理论的发展又影响到医药经济学和医药市场营销学的理论演变，每一次医药广告学理论的突破都对社会经济产生了重大影响，促进医药经济学和医药市场营销学对新问题、新现象的研究。

2. 医药广告学与传播学

医药广告学与传播学的联系最为密切，甚至在许多研究成果中，都把医药广告学视为传播学的一个重要组成部分。但是，医药广告学不同于传播学。

第一，医药广告学以医药广告现象为自己研究的出发点，传播学以信息传播为自己研究的出发点。医药广告的目的是通过传播广告信息而诱导社会公众，传播学中信息传递的目的是与公众进行交流。

第二，医药广告的媒体是大众传播媒介；而传播的媒体既可以是大众传播媒介，也可以是自身传播媒介和组织传播媒介。

第三，医药广告讲究突出重点信息，强化形象，可以采用多种艺术形式进行形象塑造和文案设计；传播讲究的是信息的完整性、准确性。

第四，医药广告追求广告效果，注重投入产出效应；而传播追求的是信息到位。

第五，在约束机制上，医药广告信息传播受到医药广告法规的限制和保护，医药广告信息一旦失真、失误要受法律制裁；一般的信息传播大多不受什么约束，即使失真、失误往往并不负任何责任，法律也并不追究。

3. 医药广告学与心理学

医药广告作为说服社会公众的艺术，它与心理学有着密切的关系。心理学提供了人的心理构成的机理和心理活动的特点和性质，医药广告借助于心理学的理论和规律才能达到说服的目的。

一则医药广告从确立主题、构思内容到选择媒介，无不体现医药广告学与心理学的结合。甚至一则医药广告的版面设计、文字语言多少、辞义准确度、刊播媒体、背景材料等，都要求心理学理论体现于其中。

（二）医药广告学的研究任务

医药广告学作为一个独立的学科，其学科任务有以下几个方面：

1. 努力探索我国社会主义市场经济下医药广告运作的规律

这是医药广告学研究的首要任务。也就是说，医药广告学的研究应该立足于我国国内实际，基于我国现有的经济发展水平，注重我国民族文化实际，探索适合我国现阶段和未来一段历史时期里医药广告活动的规律，框架符合于我国国情的能够行之有效的医药广告学体系。

2. 规范医药广告基本概念和范畴，界定医药广告理论内在逻辑

在我国目前医药广告活动中，对于医药广告和医药广告学中诸多的基本概念和范畴，常常众说纷纭，在医药广告理论内在逻辑的界定上，往往各执一词。在医药广告实务中，大量存在着“重视觉设计、轻文案创意”的现象，似乎医药广告活动就是色彩、点、线、面的问题。因此，这些问题的根本解决，必须使医药广告学成为一门有严格概念、范畴和严谨理论逻辑的学科，以科学化的理论规范医药广告行为，从而使医药广告理论和实务达到有序化和规范化。

3. 抽象成功医药广告案例和优秀广告艺术

医药广告学是一门实践性、操作性极强的学科，应该时刻注意医药广告活动实务，从广告实践中抽象、概括和归纳出对实践具有指导意义的广告理论。在医药广告学的研究上，我们要做到既要弘扬民族文化，挖掘传统文化中优秀的医药广告表现方法和技巧，又要积极学习国外成功的医药广告经验和理论。

4. 从理论上指导医药广告实务，提高医药广告事业的水平

自从改革开放以来，我国的广告业，特别是医药广告业和其他行业一样，也得到了迅速发展。从总体上看，目前从事医药广告经营活动的广告创作和主创人员，在综合知识背景上、技能素质上，尤其是对于现代广告理论的掌握上，常常显得力不从心。这必然限制了我国医药广告业的发展。改变医药广告界现存的人员素质较差、医药广告水平较低的现状，应该成为医药广告学的任务之一。

总之，医药广告学的学科任务应该是在立足于我国国情的基础上，从医药广告活动的现实出发，吸收各种成功的广告经验和理论，规范医药广告学的概念和范畴，完善广告理论体系；探索在我国现阶段和未来一段时期里行之有效的医药广告规律；推动我国医药广告事业的发展，促进我国的经济繁荣。

三、医药广告学的研究方法

根据医药广告学自身的性质，在学习和研究医药广告学的过程中，应该采用以下几种方法：

1. 比较借鉴法

所谓比较借鉴法是把医药广告学的概念、范畴，以及相关的广告理论进行比较性研究。借鉴

成功的医药广告和医药广告思想，从而探索出规律性认识的方法。

2. 具体观察评析法

具体观察评析法，就是要对自己所见所闻的医药广告做到捉摸一番、思考一下，分析其优与劣，成功与失误，提出自己的观点和见解，不断积累自己对医药广告的感性认识。

3. 定性与定量结合法

在医药广告活动和广告理论中，应该在医药广告的确定与评析上，学会运用定量化的内容来界定其确定性。要把统计的方法应用于医药广告之中。坚持定性与定量相结合的方法，就是要尊重广告效果客观事实，尊重社会公众认可标准的观念。

4. 理论与实际操作结合法

广告理论必须运用于医药广告实际，在实践中以广告效果来评判和修正、完善。广告理论必须以医药广告实践来检验，而且只能用医药广告实践来检验。广告理论的是与非、优与劣绝对不能用纯粹逻辑方法来推论。从概念到概念，从理论到理论研究医药广告现实，而无视实在的活生生的医药广告世界的人，其理论往往只能是空中楼阁。坚持理论与实际操作相结合的方法，是培养自己广告思想的基准。

5. 系统动态研究方法

系统方法是近几十年发展起来的一种现代科学研究方法，是一种立足于整体，筹划全局，使整体与部分辩证统一起来的一种现代思想方法。学会系统性和动态性地分析和研究医药广告学理论，就会培养自己对于医药广告学的完整性、严谨性和科学性的研究作风。

第四节　我国医药广告发展的历史、现状和未来

医药广告广泛渗入在我们的生活中，是市场经济中不可缺少的力量。医药广告有今天的繁荣不是一蹴而就的，是由长期的历史积淀而成。

一、我国医药广告发展的历史

原始社会末期，广告随着市场经济的产生而产生。广告的最初形式主要是实物陈列、口头叫卖等简单原始的形式。这些简单的广告虽然无法保存至今，但是其形式通过代代相传，沿用至今。古代地摊艺人通过表演，宣传止血药、治跌打损伤的狗皮膏药等，表现形象生动。随着文字的产生，旗帜、招牌广告开始盛行起来。

在我国古代的医药广告中，以宋代最为突出。现存最早的广告图片是距今900年前南宋的一则《眼药酸》广告，画面中一个演员用手指着自己的右眼，另一个演员手里拿着一瓶“眼药酸”正打算帮他滴眼药水。

其他的广告记载形式繁多，例如在《清明上河图》中描绘的赵太丞家，治病兼售生熟药，门前竖起高出屋檐的布制路牌广告四座，突出介绍各种中药丸散膏丹治病的神奇作用，信息传播甚广。此外，宋代许叔微的《普济本事方》中记载：“顷年有人货疝气药，肩上担‘人’、‘我’两字，以为招目”。这里的“招目”就是招牌。当时还有人用牛、马、豹、鱼骨、海龙等形状作广告市招，还有用舞刀弄蛇、戏猴犬、执虎撑作为市招，效果都比较好。这类医药广告到元明清以后，更加普遍。

在鸦片战争时期近代报纸出现后，真正意义的现代广告（图 1-1）开始出现。随着电子技术的发展，新的广告形式不断出现，广告活动越来越丰富多彩。

新中国成立后，由于政治经济等原因，广告事业发展曲折，直到改革开放以后，广告活动重新恢复，并随着经济社会的发展迅速繁荣。据记录，1979 年 1 月 28 日上海电视台播出上海药材公司的参桂补酒广告是中国的第一条电视广告。虽然 20 世纪 80 年代人们对广告的认识远不及今天这样高，但是从 90 年代开始，特别是 1996 年秦池酒厂因为竞得中央电视台黄金时段广告的“标王”，销售猛增，激发了众多中国企业开始大力投放广告。医药广告更是随之逐年上升，尤其是投放的数量令人叹为观止。

图 1-1 老上海的医药广告

二、我国医药广告发展的现状

目前，我国已成为世界上发展最快的医药市场之一，医药经济已进入高速增长阶段。同时，我国广告也形成了一定的行业规模，门类齐全，在广告服务质量、广告运作水平和广告人才教育培养等方面，都取得了令人瞩目的成绩。这些都为我国医药广告创造了良好的发展契机。

（一）我国医药广告发展的突出特点

1. 医药广告媒体的多样化

广告的发展变化很大程度上依赖于广告媒体的发展和变化。我国医药广告长期以来主要靠电视、报纸和杂志三种传统大众媒介作为广告传播的主要媒介。特别是一些急于打开市场的新的医药企业和产品，常常同时采用各种广告媒体大面积、高频率地进行广告投放。2006 年中央电视台黄金资源广告招标总额为 58.69 亿元，医药保健行业广告稳中有升，中标 11.5194 亿元。民生药业以 4508 万元竞得《2006 年我最喜爱的春节晚会节目评选》独家冠名权。

进入 20 世纪 90 年代，在以网络为代表的新传播科技的冲击下，中国广告的传播环境发生了激烈变化。网络媒体的兴起，使广告的沟通语言更加形象、生动、富有创意，并且以符号、图像、音效等为特征，以传统媒体无法比拟的优势吸引了越来越多的广告主。随着新兴广告媒体的出现，广告制作的科技含量不断增加，制作水平日益精良。

广告媒体格局的变化，使得大众传播出现向分众化、小众化、个人化发展的趋势，媒体能够覆盖的受众群越来越小，广告投放效果被大大分化了。自 2001 年开始，国家药品监督管理局颁布的《处方药与非处方药分类管理办法》规定，处方药广告投放必须在指定的医药专业期刊上，这对于规范医药广告投放和维护消费者利益有很大的保障，同时也将药品广告投放媒体进行了“分流”，为医药专业期刊赢得了广告的空间。

2. 医药广告宣传的高频化

打开电视、报纸，走在大街上，人们随处可见医药广告的“身影”，甚至有时让人觉得躲都躲不开，想不看都不行。而且医药广告也成为了许多媒体广告收入的主要来源，特别是一些报纸和电视在某种程度上已形成了对医药广告的依赖，由此可以看出我国医药广告发展在量上有绝对的优势。

哈药六厂采用大量广告投入，在众多媒体上同时投放广告，形成广告宣传的强大阵势，大大增强了产品的知名度。其广告特征就是巨额投入，大面积轰炸，明星助阵，强行灌输。虽然其广告投入与销售额增幅不成比例的问题引来诸多质疑，但不可否认哈药获得了非凡成就。

重复频率高是医药广告的重要特色，以脑白金为最。自从恒源祥产品“羊，羊，羊”的五秒广告以重复三遍的形式赢得知名度以后，脑白金很快采用了这种高频率的广告宣传技巧，并因此而赢得了保健品广告市场。随之跟进的许多医药保健产品都纷纷仿效。

（二）我国医药广告发展存在的突出问题

随着医药广告数量的逐年增加，医药广告发展中也出现了一些不容忽视的问题。比较突出的问题是：

1. 医药广告普遍缺乏创新

数量巨大的医药广告中，高质量的医药广告缺乏，是一个制约医药广告健康发展的现实问题。大多数医药广告单靠大量的宣传制造声势，而不在创新上仔细下功夫，造成医药广告千篇一律，无法突出产品差异。我国医药广告创新性的缺乏，也是我国医药企业自身缺乏创新的直接表现。医药产品同质化是不可改变的事实，而广告的重要特点就是独特性，通过广告宣传突出产品的独特性，并通过独特个性的塑造在消费者心中留下深刻的印象。我国目前的医药广告制作缺乏创意，内容陈旧，叙事方式老套。还有些医药广告刻意模仿其他广告，造成雷同，相似性很高，消费者无法将品牌进行区分。甚至有些医药广告为了吸引人们注意，采用粗俗的方式，而不顾及社会影响。特别是一些丰胸、美容产品广告，以及一些性病医药广告，已经对社会和公众生活造成了不良影响。

2. 虚假广告数量巨大

由于我国医药产品多，消费者医药知识缺乏，形成了医药信息的不对称，一些医药广告鱼龙混杂，虚假医药广告和违法医药广告（图 1-2）遍地开花。一些新闻媒体由于受到利益驱动，无视国家有关医药广告的法律法规，发布一些严重违法的医药广告，有的甚至刊登严重失实的医药广告文章。虚假医药广告虽然已经给人们带来了许多伤害，但是消费者获取医药产品信息主要还是靠医药广告。据SFDA（食品药品数据中心）的调查数据显示，2005 年 95% 的医药广告存在违法现象。正因如此，国家从 2005 年开始加大了对医药广告的整治力度，严厉打击违法虚假医药广告。

图 1-2 虚假广告“百病能医”

市场决定了医药广告的存在，我们无法从制度上取缔医药广告。因此，我们只能从制度上和管理上不断加强对医药广告的监管力度，健全法律法规，严厉打击违法医药广告,规范医药广告,使医药广告走上良性发展的道路。在国家政策引导下,医药企业诚信经营已经引起了一定范围的重视。从2005年开始,报纸医药广告的发放也开始有了一定的规范性,医药广告在报纸媒体的投放量上有比较明显的回落。

我国医药广告必须转变目前这种单靠数量制造市场的格局,努力转变广告策略,向品牌要效益,提高广告创作的质量。2006年中央电视台黄金资源广告招标,吸引了广药潘高寿、北京同仁堂、江西仁和、贵州同济堂、西安亨通等许多医药企业第一次参加招标,其中许多都是中药百年品牌。他们参与招标与“品牌中国”和“中国制造到中国创造”的目标和梦想是密不可分的。这些有实力的医药企业都试图通过广告宣传建立品牌形象,提高自己的市场竞争力,强有力地开拓更大的市场。

三、我国医药广告发展的趋势

现代广告正处在消费导向时代。广告价值观念也正在发生着深刻的变化,广告战略的制定开始以消费者为中心和出发点;广告策划越来越表现出整体、系统的思维趋势,整合营销传播的观念开始深入人心;企业开始在战略层面上注重建立企业形象、品牌形象等长期行为;广告的信息传达以建立企业和消费者、目标受众的互动沟通关系为目标。在这些变化的背景下,我国医药广告的发展呈现以下趋势:

1. 医药广告竞争全球化

随着经济全球化,我国医药广告竞争也呈现出全球化趋势。首先,在我国市场经济不断发展的大趋势下,医药企业的全球化生存和经营是企业发展的长远之计,外资医药企业的进入和发展对本土医药企业的发展是机遇,也是挑战。我国医药企业必须努力提高自身的科技创新能力,开发出更新更好的医药产品。并且能在此基础上,形成真正具有国际竞争力的医药品牌。其次,我国广告业也出现了全球竞争的格局,国际广告公司的加入,刺激了本土广告公司的发展,加速了我国广告业的发展步伐。在医药产品和广告公司共同发展的前提下,我国医药广告的国际竞争力才能切实增强,同时也能为创建具有国际竞争力的医药品牌做出更大的贡献。

2. 医药广告传播网络化

网络广告有着传统广告无法比拟的优势。网络广告制作方便,成本低,多媒体技术的运用使广告表现丰富。以电脑为代表的现代高科技手段广泛应用于广告的制作中,简化了广告的制作工艺,大大降低了制作成本,提高了广告的质量。医药企业广告投入和销售的比例一直是人们质疑的重点,国家税务总局规定,企业年广告支出超过销售额2%的部分,将不得计入成本在税前扣除。网络广告的低成本能很好地解决医药企业广告投入问题。网络广告的传播跨越时空,而且传播迅速,使广告传播的范围大大拓宽,这种全球化传播的特点也能很好地为医药企业全球化服务。网络广告传播不受时间和版面的限制,还可进行双向沟通,有大量的空间和方便的交流平台为消费者提供充足的信息,让消费者充分了解医药产品和企业,也可以加快医药产品销售速度,缩短商品流通时间。

3. 医药广告的整合营销传播

医药广告在经历了粗放型的发展阶段后,随着国家相关政策和法规的出台,医药广告的发展日益走向正轨,医药企业纷纷转向品牌发展道路。医药企业的营销策略也改变了以前单靠广告拉动建立知名度而赢得市场的策略。广告也是把双刃剑,广告并不是万能的,广告主把所有的重担都压在广告上,花了大量钱做了广告,收益却不一定能成比例,必然给企业发展带来不利。医药企业要获得长足发展,要塑造好品牌,必须将各项营销策略整合起来。医药企业在产品推广的不同阶段，根据具体状况，用统一的宣传主题，将电台讲座、电视专题片、POP（售卖点）、人员口碑传播、售后服务问答等多种方式组合在一起，以形成“立体式”传播效应。还可以利用广告社区活动、电梯广告、手机短信广告、车载电视等辅助性的广告媒体配合宣传，将医药广告进行资源有效整合，达到更好的广告传播效果。

我国医药广告市场前景广阔，但是由于存在的问题比较突出，所以医药广告发展的历程仍然曲折而艰辛。除了医药企业要加强自身的发展和自律，国家也要加强对医药广告的进一步监管，使医药广告为医药企业和社会发展带来双赢的局面。

本章小结

1. 广告指广告主为了达成营销目标，通过付费给广告媒介，进行公开的信息传播活动，其构成要素分为：广告主、广告内容、广告媒介和广告受众。

2. 理解广告定义时需要注意的两个问题：一是广告学以商业广告为主要研究对象，因此很多时候所说的广告，就是指商业广告；二是广告和广告作品不能划等号，广告是个活动过程，广告作品是广告活动的重要组成部分。

3. 医药广告是有关药品生产或经营企业、医疗机构和医疗器械等的广告宣传活动，它对社会和经济有着重要的作用，其主要功能是传递信息和促进销售。医药广告具有针对性、及时性、说理性强和思想导向性等特点，它必须遵循合法性、真实性、创新性、艺术性、科学性和思想性等原则。

4. 广告学发展成为一门学科是近代的事情，它主要研究广告活动的过程及其规律，包括广告演进、广告规律、广告诉求方式及表达等。广告学的发展经历了三个阶段，即创立阶段、成熟阶段和创新阶段。

5. 医药广告学是一门边缘科学，它是指研究和揭示进行成功医药广告的一般规律、方法与技巧的学科。医药广告学涉及跨度较大的多门学科的理论、方法和技术，主要包括：医药市场营销学、医药企业经营管理学、医药市场调查、传播学、心理学、艺术理论，以及多种艺术表现的方法和技巧等。

思考题

1. 如何正确理解广告的涵义？
2. 广告与市场经济有什么关系？
3. 医药广告有哪些重要特点？
4. 我国医药广告要走向国际化存在哪些问题？该如何解决这些问题？

典型案例与讨论

创新与研发：哈药广告之外的抉择

辉瑞，世界医药巨头；哈药，国内医药巨头。

近日，两巨头开始“亲密接触”。

6 月 23 日，辉瑞公司全球制造部副总裁参观了哈药集团三精制药公司内壮观的综合制药研发中心，惊讶于哈药集团的研发实力，兴奋得当即在宾馆拨通了总裁的电话。7 月 1 日，辉瑞公司全球制造部总裁飞赴哈尔滨市。

一周之内，辉瑞两高端人物造访国内同一家企业。

辉瑞公司正在计划实施制造基地向中国转移的战略。拥有生产和研发双重实力的哈药集团无疑成为辉瑞的首选之一。

广告之外的另一种坚持

长期以来，哈药集团给外界留下最强烈的印象，就是其强大的广告攻势，国人只要打开电视，不管你烦不烦，总有哈药集团的广告进入视线。

“哈药集团除了广告之外，产品没什么竞争力。”很多人这样说。

然而无论褒贬，哈药集团成了当下最时髦的眼球经济的最大受惠者，在“强迫性”地得到了全国人民高度关注的同时，哈药集团近十年来投入的巨额广告终于收获了硕果。

今年3月，经国内品牌价值权威评估机构评估，哈药集团以106.35亿元的品牌价值名列全国医药行业第一位，成为国内最具价值的医药品牌。

以“打造百年品牌”为经营理念，哈药集团正坚持科学的发展观，以众多卓越的品牌、产品和技术资源，凭借永不停息的创新精神，努力为中国医药企业在全球医药行业竞争中赢得更多的主动权。

如今，在国内医药行业处于举足轻重地位的哈药正改变着其在国人心中原有的印象，世界医药巨头也换了一种新的视角看哈药。

7月5日，哈药集团总工程师吴志军，向记者展示了哈药集团广告背后的另一种坚持——创新与研发。

引爆中药剂型的大革命

说起哈药集团的创新研发，最可圈点的当然是他们引爆的一场中药剂型的革命。

20世纪90年代以前，在中国中药史上还没有粉针这一剂型。当时的中药注射液尤其是双黄连注射液已经显现出了非常显著的疗效，但因为是水剂，质量不稳定，也不便于储存，为使用者带来很多麻烦。

哈药集团中药二厂科研人员创造性地提出要把双黄连注射液研制成粉针剂型。这一大胆的设想得到了企业的支持。1988年，中药二厂对此进行了立项，如今担任哈药集团中药二厂副总工程师的王英新挑起了这个创新重任。

1990年，双黄连粉针创新成功。脱水后的粉针剂型不仅去除了水这一不稳定因素，而且在其他指标上也有了大幅提高。

这一创新引爆了国内中药史上一场轰轰烈烈的剂型革命。

乘胜追击，继双黄连粉针剂型问世之后，王英新又把创新目标投向了丹参、刺五加。

其时，恰逢国家实施了新药审批办法，丹参粉针历时7年于1997年研制成功，成为国家实施新法审批后第一个获得审批的中药粉针剂。

刺五加粉针历时13年，于去年底结束了临床试验，7月开始试产，8月份，即将投放市场……

中药虽然疗效好但无法批量生产，成为困扰业界的难题，哈药集团独创的中药粉针剂型攻克了这一瓶颈，让中药现代化大批量生产成为现实。

调整曾经倾斜的总战略

在哈药发展史上，曾一度弱化企业自主研发，只重市场和大规模广告效应。人们担心，广告堆积起来的哈药，会不会在某一天轰然倒塌？哈药靠什么支撑它的未来？在全球化市场竞争中，怎样打造自己的核心竞争力？

志存高远、要树百年品牌的哈药集团面对自己的弱处大刀阔斧地改革。集团的决策者们在十五期间开始调整发展战略——市场、研发两头并重。把研发中心的建立纳入到整个集团的整体发展框架中。

哈药再次拿出其为人所瞩目的广告投入气魄，投资1亿多元打造新药研发创新平台，探索出了独具特色的"一个中心五个分中心"的新药研发体系。围绕其1996年建立的国家级企业技术中心，创建了生物工程、抗生素、药物制剂、现代中药、OTC药品及保健食品、动物疫苗及兽药六个方面的专业性高科技技术平台。通过这六个平台集中力量向自己有优势的核心技术、核心产品展开研发，也标志着哈药的新药研发由以前的随意性转向专业性，加快了由完全仿制到创新性研发方向的转移步伐。

吴志军告诉记者，哈药近年来的新产品产值率都在20%以上，今年1～5月，新产品产值占集团总产值的24%。

一个拥有未来核心竞争力的医药巨龙正在振兴中的老工业基地上腾空而起。

（资料来源：科技日报，2005年7月19日）

案例讨论

1. 从20世纪90年代开始，哈药的广告投放特点是什么？存在什么问题？
2. 哈药做出的调整对哈药广告的走向将产生什么样的影响？

第二章　医药广告活动的基础

导言

广告学是一门多学科、交叉性、应用性的学科，其发展有自身的演变规律。在广告学的发展过程中，其内部各有机组成部分的联系也是自然形成的。我们要做的，就是发现这种规律，找到这种联系。

对医药广告活动的基础理解和学习，应把握传播学、市场营销学、文化学、整合营销理念与广告学的关系；理解广告学与其他学科的交叉交融，在吸收其他学科的研究成果的基础上形成自己的理论体系；在实践中能有效地运用这些相关理论。

引导案例

医药保健品的“俗”广告 VS“雅”广告

在目前的医药保健品的广告当中，基本上看不到所谓的“雅”文化的广告。医药保健品的广告一直被广告业界称为“俗”广告，但是，确能为医药保健品带来直接的销售。如果把“雅”文化的广告放到医药保健品内，那肯定是产品卖不动，为什么？医药保健品的广告和其他行业广告有很大的不同，医药保健品的广告要把产品的功能、主治、针对的病因、消费人群等一系列的产品知识要仔细的向消费者详细解说。因为医药保健品它不是单纯的消费品，也不是所谓的你有什么“品位”之类所能代替的。

医药保健品广告虽然被称为“俗”广告，但是医药保健品的广告却不是一般的广告人可以策划的，做医药保健品的策划，必须要有过硬的医学知识，而且还需要脱离“雅”文化观念。好的医药保健品策划可以让你一个默默无闻的小产品，在短时间内成功为行业规则的制定者，这里面就包含了许多的医学“概念”。“概念”是产品的核心，是产品的大脑。如果一个医药保健品没有了这个核心，那它肯定做不大。

如果把医药保健品的广告，包括电视广告与平面广告。把这些广告用那些所谓的有内涵的“雅”文化广告来做。脑白金广告一直被评为“中国十大恶俗广告”，虽然说它俗，但是，消费者在送礼的时候，第一想到的就是“脑白金”。如果换个思路来，把脑白金的广告用“雅”广告来替换，去掉送礼概念，换成那些“品牌”大师的广告，在电视的镜头，报纸的内容，可能出现的就是老百姓看不懂的“文化”了，那么，消费者在送礼的时候还可以第一时间想起“脑白金”来吗？

俗广告和雅广告有个不同的效果，“俗”广告是给老百姓看的，“雅”广告是给疯子给看的，也可以说是厂家的钱过多的时候，没有地方花，就随便找个地方来花钱。曾经有个德国的产品，是一个润滑油的产品，其电视广告片的内容是在瀑布的中间有个风车，过后，闪出厂家的商标出来。笔者是个俗人，对于这样的广告就是看不懂，最后听了厂家的解释说，这个的广告的意思就是他们的产品是自然的还有历史悠久！前几年，国内也有个润滑油的产品叫做安耐迟，其广告用了医药保健品的“俗”文化，在短时间，让这么一个小产品成为了每一个让司机都知道的产品。

医药保健品的“俗”广告基本上没有被评为过有创意的广告，因为它在广告里面包含的不是“文化”而是产品的效果！目前国内的医药保健品广告如果都学国外的那些所谓的“雅”广告的“口牌”来做，那么中国的疯子可能就更多了！

（资料来源：中国营销传播网）

广告学是在许多边缘学科的基础上发展起来的一门综合性的独立的社会科学。现代广告理论是在现代广告诞生之后逐步发展形成的。20 世纪初，电波媒体的出现，赋予了广告新的内涵，带来了广告制作与传播技术的一系列革新。

随着 20 世纪 50 年代以来广告理论研究的逐步深入，大众传播学、市场营销学、社会学等研究成果不断运用到广告中去，研究现代广告活动的规律，包括现代广告的功能、活动的规律、传播模式与传播效能，广告活动的理论基础得到不断深化。

第一节　医药广告与传播理论

广告活动在本质上就是一种信息传播活动。广告主和广告策划者是广告活动的传播者，广告信息是广告传播的主要内容，刊播广告的各种载体是广告传播的媒介，接触广告媒介的对象是广告传播的受众。因此，广告活动离不开对传播学理论的把握和分析，传播理论是广告学的基础。

一、广告传播过程的“5W 模式”

传播过程的“5W 模式”是美国著名的学者拉斯韦尔（H. D. Lasswell）提出的，他是传播学史上第一位提出传播过程模式的学者。1948 年，拉斯韦尔在一篇题为“传播在社会中的结构与功能”的论文中，首次提出了后来人们称之为“5W 模式”或“拉斯韦尔模式”的传播过程模式。这 5 个 W 分别是英语中的 5 个疑问代词的第一个字母，即 who（谁），says what（说了什么），in which channel（通过了什么渠道），to whom（向谁说），with what effect（有什么效果）。

拉斯韦尔模式的提出在传播史上具有重要的意义。这个模式第一次将人们每天从事却又阐释不清的传播活动明确表述为五个环节或要素构成的过程，为人们理解传播活动的结构和特性提供了具体的出发点。实际上，后来大众传播学研究的五大领域——“控制研究”、“内容分析”、“媒介分析”、“受众分析”和“效果分析”，就是沿着拉斯韦尔模式的这条思路形成的。

医药广告活动宣传推广的过程也完全体现了传播过程中的“5W 模式”：在医药广告活动中，广告主及其广告代理公司就扮演着“谁”的角色；而“说了什么”则是医药广告活动的具体内容；“通过了什么渠道”就是媒介所发挥的功能；“向谁说”在医药广告中就是指广告受众；“有什么效果”则最终由医药广告效果来体现。

二、符号理论

符号理论的著名代表之一是查尔斯·莫里斯(C. R. MoHsis)。在莫里斯看来，符号是一种诱导人做出反应准备的刺激因素。他把接受符号一类刺激的有机体定义为“阐述者”，因符号刺激而以某种方式做出反应的意向称为“阐释素”。任何由符号所指称、能使有机体做出适当反应的事物称为“所指对象”，使得反应得以发生的条件称为“所指含义”。

例如，在经典的条件反射实验中，狗被训练为对作为食物信号的铃声做出反应。当条件性的铃声响起，狗就分泌唾液准备取食。这时，铃声是符号，狗是阐述者，狗的准备取食是阐释素，因为食物本身能使狗完成其目标，因此食物的可食特性是所指含义。

莫里斯还阐述了符号在行为中的作用。他认为人使用符号有三种方法，也就是说一个符号有三种价值或要素——所指性、评价性和规范性价值。

符号的所指性特征把阐释者引向具体的物体或特定的所指对象。换言之，符号是用来指称事物的，符号的评价性特征把阐释者指向所指物体的具体特质，这使得人们对物体做出评价或鉴定。规范性特征则指导人以某些方式做出反应，符号规定了一定范围的方法，使得阐释者能对所知的物体或思想做出行动。

在上述狗吃食的例子中，所指性因素把狗引向食物，狗甚至会期待得到某一类食物；评价性因素告诉狗食物的美味；而规范性因素迫使狗去吃食物。

莫里斯还指出：人类的一切行动以各种方式牵涉到符号和意义。任何行为都包括三个阶段——知觉、操作和实现。通过知觉人意识到符号；在操作阶段，人对符号做出阐述并决定如何反应；然后，通过实际的反应实现完成。符号的所指性价值在知觉阶段占支配地位，规范性价值在操作中占主导地位，评价性价值则在实现阶段体现。

莫里斯最重要的贡献是把符号用于价值研究。莫里斯揭示了价值在不同事物上的体现及其与符号的关系。有的价值与依从相关，有的价值强调超脱，还有的则与支配相连。从系统理论可以看出，一个系统影响着其他系统，同时也受到其他系统的影响。当一个系统受另一个系统影响时，它被称为依从另一系统；当它影响另一个系统时，它便支配着该系统。超脱状态存在于当一个系统具有自主性时。因此，超脱对应于知觉和符号的所指价值，支配对应于操作和规范性因素，而依从对应于现实和评价性价值。

例如，假设有一天晚上你在看电视，看到某种医药产品的广告，这种产品你没有用过。看广告片是行为的知觉阶段，这时你是超脱的，不过是看看而已，依然维持着原来的状况。但是，在看了以后，你可能会花一些时间想这件事，思忖着广告里说的一些东西有什么意义，或许你在考虑这一产品和你有什么关系，这是操作阶段。此后，你经过思考来支配信息，并做出是否去购买的决定。第三个阶段就是实际购买该新产品(实现)，这时你实际上让自己“依从”于该产品，至少暂时如此。

在此过程中的每一步你都在使用符号。在第一阶段，产品被识别，其各种特色被指明。在操作阶段，你决定对此产品采取动作(买或不买)，由此而使用规范性符号。最后，在实现阶段，你发现并表示了对此产品的喜欢与否。

三、费斯廷格的“认知不和谐理论”

“认知不和谐理论”又称为“认知不一致理论”,是里昂·费斯廷格(L. Festinger)多年的研究结晶。里昂·费斯廷格认为在态度、知觉、指示和行为这四项认知要素中的任何两项间会具备以下三种关系中的一种:第一种是无效的或不相关的关系;第二种是一致的或和谐的关系;第三种是不一致或者不和谐的关系。当一个要素被认为不应与另一个要素相随时,就产生了不一致性。如果你认为吸烟有害健康,我们就不会期望你吸烟。对一个人是一致或不一致的东西对另一个人却未必如此,所以,我们必须总是在一个人自己的心理系统中探寻什么是一致的,什么是不一致的。

不一致性越大,就越有必要减少它。比如,一个人的吸烟习惯与他知道的吸烟的负面效应越不一致,戒烟的压力也就越大。不一致性本身是另外两个变量的结果:认知要素的重要性和不一致性关系中所涉及的要素的数量。换句话讲,如果你有几件事相互不一致而且它们对你都很重要,你就会经受更大的不一致性。如果健康对你不重要,那么知道吸烟对你的健康不好可能并不会影响你实际的吸烟行为。

应该如何对付你的这种认知不一致性呢?里昂·费斯廷格设想了几种方法。第一,你可以改变一个或更多的认知要素,或许是行为,或许是态度。比如,作为一名吸烟者,你可能戒烟,或者你可能不再相信吸烟有害健康;第二,可以给矛盾的这一面或另一面增加新要素。比如,你可能转而嚼烟草;第三,你可能把这些要素看得没以前那么重要了。比如,你可能认为健康没有思想的状态那么重要;第四,你可以寻求一致性的信息,比如阅读烟草公司的研究结果来找到吸烟有好处的证据;第五,你可以通过曲解有关信息来减少不一致性。你可以这样想来达到目的:尽管吸烟要冒损害健康的风险,但这还比不上戒烟后体重增长带来的危害。不管你使用以上哪一种方法,它都会减少你的不一致性并使你对自己的态度、信念和行动有更好的感觉。

另外,认知不一致性理论还研究了涉及不一致性可能发生的各种情形,这其中就包括了对决定的研究。

决定已经得到了广泛的研究,作为一项决定的一个结果,一个人经受的不一致性的大小取决于四个变量:

第一项变量就是这项决定的重要性。某些决定(比如不吃早饭)也许不重要,因而几乎没有造成什么不一致性,但买健康保险就可能引起很大的不一致性。

第二项变量是所作选择的吸引力。在其他条件相同的情况下,所作选择的吸引力越小则不一致性越大。你买一份商业健康保险所经受的不一致性要比参加职工医疗保险要大。

第三项变量是知觉到的原未选中的选择的吸引力越大,所经受不一致性也越大。如果你希望自己存的钱是为了去欧洲旅行(未选中的选择),你就会经受不一致性。

最后一项变量是各选择之间相似或重叠的程度越高,不一致性就越小。如果你在讨论买两份相似的商业保险中的哪一份,并决定了买其中一份,这不会引起很大的不一致性。但是如果你是在去买保险还是去欧洲旅游之间进行选择,你可能会遇到很大的不一致性。

四、霍夫兰的说服理论

说服理论是霍夫兰(C. Hovland)陆军研究及耶鲁传播研究计划的成果。说服理论主要集中于以下两个方面的研究：传播主体（即信源）对说服效果的影响以及增强说服效果的各种说服技巧。

（一）传播主体与说服效果

传播者决定着信息的内容。但从宣传或说服的角度而言，即便是同一内容的信息，如果出自不同的传播者，人们首先要根据传播者本身的可信性对信息的真伪和价值做出判断。可信性包含两个因素：第一是传播者的信誉，包括是否诚实、客观、公正等品格条件；第二是专业权威性，即传播者对特定问题是否具有发言权和发言资格。这两者构成了可信性的基础。

霍夫兰对信源（即传播者）的可信性与说服效果的关系进行了实证考察。1951 年，他和韦斯选择四项主题——抗组胺药品无医生处方能否试销、美国近期建造实战型核动力潜艇的可能性、钢铁供应不足的责任、电视的普及是否会导致电影院的减少——写成说服性的文章，分别冠以可信度高和可信度低两种信源，将它们提示给两组实验对象。实验的目的是在内容完全相同的条件下测试可信度高低对传播效果的影响。实验结果是：除“电视的普及对电影院的冲击”一项外，其他三项都明确显示出高可信度信源的说服效果远远好于低可信度信源。1953 年，霍夫兰和凯尔曼又以“如何对待失足少年”为题进行了一次实验。他们将实验对象分为三组，分别向他们播放高可信度可信源（即一位有声望的法官）、中可信度可信源（即在场者中的一位）、低可信度可信源（少年时代有犯罪经历，最近因贩毒入狱刚获保释的一个男性）的谈话录音。这次实验的结果进一步证明了信源可信度与说服效果之间的密切关系。

根据这些实证研究的结果，霍夫兰等人提出了“可信性效果”的概念：一般来说，信源的可信度越高，其说服效果就越好；可信度越低，其说服效果就越差。“可信性效果”的概念也说明：对医药广告传播者来说，树立良好的形象争取受众的信任是改进传播效果的前提条件。

（二）说服技巧与说服效果

说服技巧指在说服性传播活动中为有效地到达预期目的而采用的策略方法。具体的说服技巧包括以下一些：

1. “一面提示”与“两面提示”

对某些存在对立因素的问题进行说服或宣传时，通常会有两种做法：一种仅向说服对象提示自己一方的观点或有利自己的材料，称为“一面提示”；另一种是在提示自己方观点或材料的同时，也以某些方式提示对立方的观点或不利于自己的材料，称为“两面提示”。这两种方法各有利弊。一般来说，“一面提示”由于能够对己方观点作集中阐述，主旨明快，见解易懂；但同时也会给人一种“咄咄逼人”的印象，使说服对象产生心理抵抗。而“两面提示”由于给对立观点以发言机会，给人一种“公平感”，可以消除说服对象的心理反感；但由于同时提示对立双方的观点，主旨变得比较复杂，理解的难度增加，在提示对方的观点之际如果把握不好分寸，反而容易造成为对方宣传的后果。

2. “明示结论”与“寓观点于材料中”

说服性文章构成法的一个问题是，应不应该在文章中得出明确的结论。这是一个古老的问题，在古希腊修辞学中就已经有讨论。一般来说，明示结论可使观点明确，读者易于理解作者的意图和立场，但同时也容易使文章显得比较生硬而引起读者反感。而文中不作明确结论，仅仅提供引导性的判断材料，将观点寓于材料之中的做法，则给读者一种“结论得自于自己”的感觉，可使他们在不知不觉中接受作者的观点。然而,这种方法容易使文章主旨变得隐晦、模糊,增加理解的难度,有时不容易贯彻作者的意图。

根据众多的研究成果,可以得出以下几条一般结论:

(1) 在论题和主旨比较复杂的场合,明示结论比不下结论的效果要好。

(2) 在说服对象的文化水平和理解能力较低的场合,应该明示结论。

(3) 让说服对象自己得出结论的方法,适用于论题简单、主旨明确或说服对象文化水平较高、有能力充分理解主旨的场合。因为在这种场合,如果再明确提示结论会有画蛇添足之嫌,容易引起说服对象的烦躁或反感,对说服效果产生负面影响。

3. “诉诸理性”与“诉诸感情”

在开展说服性传播活动之际,以什么方式“打动”说服对象也是影响传播效果的重要因素。通常有两种做法:一种是通过冷静地摆事实、讲道理,运用理性或逻辑的力量来达到说服的目的;另一种主要是通过营造某种气氛或使用感情色彩强烈的言辞来感染对方,以谋求特定的效果。

4. 采用图像

在广告传播中,常见的说服技巧还有采用图像伴随文本消息的方式。在广告传播中之所以如此广泛地采用图像,就在于图像能以多种方式增强消息的说服力:

(1) 图像有助于吸引受众注意消息。

(2) 图像能增进受众对消息内容的学习。

(3) 图像引起的正面感情反应可以转移到消息的其他方面。

但是,在使用图像的过程中,要注意图像与说服消息的相关性,另外还要注意受众在消息处理过程中的投入水平。一般而言,当受众投入的注意力较低时,不相关的图像会对态度的改变产生最大的冲击力;当受众投入的注意力较高时,相关的图像会对态度的改变产生最大的冲击力。

5. 恐惧诉求

运用“敲警钟”(即恐惧诉求)的方法唤起受众的危机意识和紧张心理,促成他们的态度和行为向一定方向发生变化,也是一种常见的说服方法。从行为心理学的角度来看,“敲警钟”的恐惧诉求具有双重功效:①它对事物利害关系的强调可最大限度地唤起受众的注意,促成他们对特定传播内容的接触;②它所造成的紧迫感可促使受众迅速采取对应行动。但是,由于“敲警钟”基本上是通过刺激受众的恐惧心理来追求特定效果的,因而会给受众带来一定的心理不适,如果分寸把握得不好,容易招致自发的防卫性反应,对传播产生一定的负面影响。

著名学者贾尼斯通过实验表明:①就“恐惧诉求”所唤起的心理紧张而言,效果的好坏与诉求的强弱顺序基本一致,即“重度诉求”造成的心理紧张效果最大,“中度诉求”次之,“轻度诉求”又次之;②从说服的最终目的——引起说服对象的态度和行动的变化而言,实验结果却显示了相反的倾向,即“轻度诉求”最佳,“中度诉求”次之,“重度诉求”又次之。所以,在广告传播过程中,使用“轻度诉求”是最佳的方式。

第二节 医药广告与市场营销

广告的终极目标是促进和扩大产品的销售,所以广告与市场营销是密不可分的。广告作为一种有效的促销方式,是市场营销组合中的有机组成部分。它既和促销组合中的销售促进、人员销售、公共关系发生横向联系,又和产品策略、渠道策略和价格策略发生横向或纵向联系。因此,广告不是一项孤立的活动,而是市场营销组合观念下的活动。

一、医药广告与市场营销环境

医药企业并不是生存在一个真空内,作为社会经济组织或社会细胞,它总是在一定的外界环境条件下开展市场营销活动。而这些外界环境条件是不断变化的,一方面,它既给医药企业造成了新的市场机会;另一方面,它又给医药企业带来某种威胁。因此,市场营销环境对医药企业的生存和发展具有重要意义。医药企业必须重视对市场营销环境的分析和研究,并根据市场营销环境的变化制定有效的市场营销战略,扬长避短,趋利避害,适应变化,抓住机会,从而实现自己的市场营销目标。

美国著名市场学家菲利普·科特勒(Philip Kotler)指出:市场营销环境是影响企业的市场和营销活动的不可控制的参与者和影响力。具体地说就是"影响企业的市场营销管理能力,使其能否卓有成效地发展和维持与其目标顾客交易及关系的外在参与者和影响力。"因此,市场营销环境是指与企业营销活动有潜在关系的所有外部力量和相关因素的集合,它是影响企业生存和发展的各种外部条件。

医药企业市场营销环境的内容既广泛又复杂。不同的因素对营销活动各个方面的影响和制约也不尽相同,同样的环境因素对不同企业所产生的影响和形成的制约也会大小不一。一般来说,市场营销环境主要包括两方面的构成要素:一是微观环境要素,即指与企业紧密相连,直接影响其营销能力的各种参与者,这些参与者包括企业的供应商、营销中间商、顾客、竞争者以及社会公众和影响营销管理决策的企业内部各个部门;二是宏观环境要素,即影响企业微观环境的巨大社会力量,包括人口、经济、政治、法律、科学技术、社会文化及自然地理等多方面的因素。微观环境直接影响和制约企业的市场营销活动,而宏观环境主要以微观营销环境为媒介间接影响和制约企业的市场营销活动。前者可称为直接营销环境,后者可称为间接营销环境。两者之间并非并列关系,而是主从关系,即直接营销环境受制于间接营销环境。

二、医药广告与产品生命周期

广告作为医药产品营销策略的一环,本身是个复杂的综合性的活动过程,也是一个动态的活动过程。客观环境的变化会使医药广告呈现复杂性和多变性,但纵观广告活动的全程,又具有周期性的特点,呈现一种周而复始的螺旋式上升的历程,这就是医药广告的生命周期。

1. 医药产品导入期的广告

这是医药产品生命周期起始的广告阶段。这一时期新产品刚刚进入市场,消费者或潜在消费者对产品一无所知或者知之甚少,对该产品没有需求,缺乏购买欲望。这一时期的广告不仅要告知新产品的存在及其特性、功能,更重要的是启迪和开发消费者的需求,培养他们的新需求、新习俗和新观念。因此,处于导入期的医药产品广告是广告生命周期的起始阶段,也是最关键的阶段。广告人必须花费大量的人力物力去研究消费者的心理与需求,了解医药产品或服务的特性,了解医药市场的环境。只有这样,才能确定医药产品的广告诉求点,创造出富有感染力的广告,起到导入期广告应有的作用。

2. 医药产品成长与成熟期的广告

竞争是医药产品生命周期这一阶段的主要特征。这时由于产品导入期广告的大量宣传，消费者开始增加，新的竞争厂商也开始进入市场。随着商品需求量的增加，到了一定程度市场就趋于饱和以致进入停滞阶段。在这个时期市场上充塞着一些品质与特色不相上下的同类产品，企业、品牌、价格与其他促销因素展开了全面竞争。这时期的广告量及表现手法也随商品进入全面竞争阶段而进入了高潮。因此，如果商品或服务的质量和特色都相差无几，促销与广告就成了市场竞争的关键。这个时期的广告要致力于策略、创意、手法各方面的创新与配合，要竭尽全力发掘出有特色的诉求点，宣传本商品的优势，争夺销售市场，确保市场在销售中稳定的占有率。

3. 医药产品成熟期的广告

这一时期的医药产品，由于竞争期广告的大力宣传以及各种促销手法的配合，已经为许多消费者所知所用。同时更新的产品或替代性商品已开始进入市场，原有的消费者需求开始为新的产品取代，这时销售量可能会下降，甚至逐渐失去市场。

这一时期就好像一场战役的结束阶段，如何保持已有的胜利或维持骤减的市场销售，迅速改弦更张，重新发起新的攻势是此阶段的关键问题。

这一时期的广告重点，是对现有消费者的提醒和对新产生的购买者的告知，使他们继续购买或使用其产品。同时由于某些广告主往往陶醉于过去的成功销售，而忽视了成熟期广告的作用，致使他们的销售由盛转衰，慢慢退出了市场。因此，对这一时期的广告，仍不能掉以轻心，这样才能保持已有的成绩。

4. 医药产品广告周期的循环

随着旧商品在其衰退期的结束，新产品必然取而代之，进入新的循环周期，也就是新产品广告的导入期。产品要更新，广告也需要演变，这样才能符合商品经济的发展需要。随着产品周期的循环，广告也要跟着循环。这时的广告要发起新的攻势重新进行策划，造成新的循环：制定新的导入计划，使更多的人需求该产品；开始新的竞争，使更多的人购买新广告推荐的新产品；与原有的顾客保持联系，使之成为长期稳定的消费者。

在观察医药产品循环周期时，可以看到，由于各种医药产品的特性不同，消费者的需求心理不同，产品在各个地区的销售时间不同，消费者接受的程度也有所不同。因此，同类产品在不同的地区和不同的消费者中可分别进入产品周期的几个不同阶段。至于这些阶段如何把握和确定，要根据市场调查以及销售结果进行分析，然后才能制定出切实可行的广告计划。

三、医药广告与市场营销策略

（一）市场营销策略的概念

企业的市场营销活动是在一定的市场营销策略的指导下进行的。市场营销策略是业务单位期望在目标市场实现市场营销目标所遵循的主要原则，它包括了关于市场营销总费用、市场营销因素组合、市场营销资源配置的基本决策。其中包括属于促销组合的广告的总体策略。

（二）医药广告与医药企业市场营销策略

1. 市场营销策略决定着医药广告的核心内容——广告策略

广告策划是根据广告主的营销策略，对广告运动（活动）战略与策略进行的前瞻性规划。因此，必须以广告主的营销策略为基本前提，广告策略必须完全符合广告主的营销策略。

广告主的市场营销策略对医药广告策划的中心内容——广告策略的决定性作用具体体现在以下几个方面：

（1）广告主的市场营销策略决定着医药广告的目标市场策略：广告主面向什么样的目标市场进行营销，医药广告就要面向什么样的目标市场进行传播。

（2）广告主的定位策略决定着医药广告的定位策略：广告主对于企业和产品的定位一般已经有明确的想法，医药广告所传达的关于企业或者产品定位的信息应该与广告主的定位策略完全吻合。

（3）广告主满足市场需求的出发点决定着医药广告的诉求重点：企业生产产品所要满足的需求常常是产品的优势所在，也是对消费者最有吸引力的信息。如果广告诉求忽视了这些信息，就会导致诉求重点和广告主题的偏离。

（4）广告主的形象、产品的形象、目标消费者的特性和心理决定着医药广告的诉求方式和广告的表现策略：广告主及其产品有着特定的感性或理性的形象，而不同的消费者又有着不同的理性或感性的需求。广告采取感性还是理性或情理结合的诉求策略，要依据企业和产品的形象、诉求对象的心理需求确定。如果在诉求策略上发生了偏离，就会导致广告与企业、产品形象不协调，使受众难以产生统一的印象，或者根本无法满足消费者的心理需求，从而失去其应有的效果。

（5）广告主的目标市场、产品的特性、目标消费者的特性和心理需求决定了医药广告的媒介策略：广告主在哪一目标市场上进行营销，医药广告就应该选择面向哪一目标市场的媒介；产品具有什么特性，医药广告就应该使用与这些特性相符合的媒介；目标消费者经常接触哪些媒介，容易受到哪些媒介的影响，医药广告就应该选择哪些媒介。

2. 医药广告对医药企业的市场营销起能动作用

虽然广告主的市场营销策略对广告策略具有决定性的作用，但广告策略并不是市场营销策略僵死的翻版，广告策划也对市场营销策略有一定的能动作用。

（1）明确目标市场，修正市场营销的目标市场策略。有时，广告主已经开展了市场营销活动，却没有明确认识到产品的目标市场。医药广告策划可以通过客观的市场调查和准确的市场分析，为企业找到它应该面对的目标市场，并且修正企业发生偏向的目标市场策略。

（2）明确产品定位，修正广告主的定位策略。广告主可能对产品应该采取什么样的定位没有明确的认识，以致采取了错误的定位，影响了市场营销的效果，医药广告策划可以提出正确的定位建议。有时，产品采取某一定位已经很长时间了，曾经取得了良好的效果，但是这种定位却不再具有优势，乃至成为营销中的障碍，广告策划者也可以帮助企业重新寻找更适当的定位，对产品进行再定位。

（3）帮助广告主形成明确的广告诉求和表现策略。广告主可能对于广告诉求策略和表现策略几乎没有任何概念，广告策划者可以帮助广告主形成正确的诉求和表现策略，并且通过广告活动有效地执行下去。

（4）进行创造性的媒介选择和组合。媒介选择和组合虽然也要依据广告主的市场营销策略来进行，但是广告策划的媒介策略却更具有创造性。

（5）深化、发展乃至在某些方面引导广告主的市场营销策略。多数时候广告策划都在追随广告主的营销策略，但是有时广告策略却可以在某一方面发展乃至引导它们，使广告效果超出广告主营销活动的预期效果。

（三）正确处理医药广告策划与市场营销策略的关系

由于市场营销策略决定着广告策略，所以在总体策略上，广告策划要以广告主的市场营销策略为依据。但是市场营销策略不可能也没必要涉及广告策略和广告计划的具体内容，因此在具体运作上，医药广告策划完全是主动的。它可以创造性地发挥和深化市场营销策略，使广告活动在医药市场营销中最大限度地发挥作用。

在广告公司内部策划运作中，医药广告策划者应该了解、尊重广告主的营销策略，但有时广告主会过分局限于自己的角色，对市场和消费者缺乏更加客观的把握。所以，医药广告策划者不应该迷信广告主，而应该保持广告策划运作的独立性，按照广告策划自身的规律来完成它。

第三节　医药广告与文化观念

“文化”是指在群体经历中产生的世代相传的共同的思维与信仰方式，它是一个社会的思维方式以及适用于其成员的知识、信仰、习俗和技能。

文化具有无所不在的特性，各种文化观念潜行于人的思想与行为中，触及人们生活的方方面面。人们理性的行为受制于文化对应该选择什么目标以及通过什么手段达到这一目标的界定，感情的反应受到文化规范的约束。这些约束决定人们面对什么样的对象如何表达自己的感情。

一、广告是重要的文化现象

广告的本质是推销，其目的是商业性的，但广告的表现形式却具有文化性，它是一定社会文化的产物。由于广告人、广告受众是具有一定社会习俗的人，因此不同民族社会的哲学观念、思维模式、文化心理、伦理道德、风俗习惯、社会制度乃至宗教信仰等，都不可避免地对广告产生影响，从而形成了某个民族或国家的广告风格和气派，任何一个社会的广告无不带有该社会文化的痕迹。

反之，广告本身也是一种文化。广告除具有商业性外，其内涵还表现了广告主及广告制作者对生活的理解及其价值观念。广告在宣传商品或者服务的同时，也在不自觉地输出某种文化意识，改变着人们的思想和价值观念，引导着人们的行为和生活方式，在刺激物质需要的同时也刺激人们的精神需求。广告的生命力在于创新求异，具有现代气息和催化作用的广告宣传必然或多或少地改变着一些文化传统，推动了文化的发展。广告正成为一种特殊的社会文化现象。

广告文化性的体现，在表现形式上呈现出与文学艺术结合起来的趋势，在推销动机上反映了推销是具有不同层次的。具体推销动机表现为三个层次：推销产品、推销服务和推销观念。推销产品是广告最基本、最直接的目的，它主要介绍产品的功能、特点、用途、款式等。推销服务不只把产品推销出去，还要考虑消费者在使用产品过程中的满意程度。推销观念是最高层次，它采用劝服消费者接受一种观念的办法达到销售目的。如随着人们生活水平的提高，人们越来越追求健康的生活方式，养生之道、医疗保健成了很重要的需要。人们在追求商业消费的同时，也注重文化消费。随着推销层次的提高，广告的商业性逐步减弱，广告的文化性不断增强。

进行广告策划时要注意文化具有以下两个方面的制约作用：

1. 文化制约着广告的诉求和表现策略,也制约着受众对广告信息的接受和理解

处于某种文化背景下的受众,有其特定的价值观念。在这种价值观念的制约下,受众对于什么是对自己有价值的信息有鲜明的判断和选择,因此,广告应该以符合受众的价值观念、能够引起受众兴趣的信息为诉求重点。同时,在文化的制约下,受众有其特定的审美观念,广告表现还应与受众的审美观念相契合,而不应该将传播者的审美观念强加给受众。

2. 文化的共通与差异决定着广告策略在不同文化背景中的变化

在比较广泛的地域内进行广告运动和跨国家、跨民族、跨宗教、跨种族的广告运动中,这一点显得尤其重要。在进行这类广告运动策划时,应该明确文化的共通与差异,保留各个文化背景中的受众都能理解和接受的广告信息和信息传达的方式,而根据文化的差异对广告传播的内容和方式进行适当的修正。

二、广告文化的基本功能

广告文化作为现代文化的一个有机组成部分,在满足人类需要和适应社会发展的过程中,发挥着自己特有的功能。在特定历史背景下,从功能角度来考察广告文化,能很好地理解广告文化的本质特征。

(一)广告文化满足需要的功能

美国心理学家马斯洛(Maslow)提出需要层次理论,指出人类需要有五个层次,反映了人类需要不断由低级向高级发展的规律。广告文化就是人类为了满足这些需要而不断创造出来的文化的一种。

广告活动自从产生之日起就具有文化的内涵。原始社会末期,人们把自己生产的剩余产品拿到市场上,或吆喝、或陈列,以完成商品的交换来满足自己的需要。后来,原始广告逐渐被传统广告、现代广告所取代,其中融合的文化要素也越来越丰富,今天的广告所起的作用绝不仅仅是沟通产销,指导消费,它还能给人们多种多样的精神享受,如好的广告可以作为艺术作品供人欣赏,其中公益广告更是具有不容忽视的社会意义和教育意义。

广告文化的功能就是直接或间接满足人们的需要,随着人们需要的逐层提高,广告文化也从低级向高级不断演进和发展。

(二)广告文化的观念转换功能

我国正进行一场巨大的社会变革,广告文化伴随着社会变革,极大地开阔了人们的生活视野,有力地冲击了狭隘、保守的传统文化心态,使之或快或慢地向现代生活观念转化,尤为明显的是改变了人们的消费观念。

(三)广告文化的价值增值功能

广告是一种文化传播形式,广告文化传播的调研、创意、制作、发布、反馈等,并不是广告文化价值的简单机械传递,而是各种社会文化心理交互作用的过程,人们对广告文化价值的诠释、判断、确认都是根据各自的经验范围做出的,这就使广告文化原本的价值和意义往往被放大,而不断衍生出新的价值和意义,即广告文化的增值。

广告文化的增值现象存在于广告文化传播的全过程。对广告文化的传播者而言，他总是自觉不自觉地把自己的审美习惯、好恶标准融进广告的创意、设计、制作中，使最后的广告文本程度不同地带有创作者自己的理解和认识，原有的广告文化信息便衍生出新的价值和意义。在需求多样化和市场竞争日趋激烈的今天，简单告知式的广告已成为历史。广告人千方百计地把各种各样的观念、情感渗透在广告作品中，广告本身就是一种价值增值现象。

值得注意的是，广告是向特定的群体进行产品、服务、观念推销的传播方式，广告创作不像艺术创作那样，可以在作品中淋漓尽致地表达自己的观念、兴趣、爱好等主观意向。广告传播者渗透在广告作品中的思想，赋予广告对象的各种内涵必须和特定群体的需求对位。另外，在传递广告文化信息的时候，传播者往往夸张事实，夸大原有广告文化信息的价值和意义，以致出现虚假骗人的广告，这是我们在广告活动中应该注意避免的。

对广告文化信息的接受者来说，在接受每一个广告文化信息时，人们总是根据自己的认知能力来理解该信息的价值和意义。就是说，广告传播作为大众文化传播的一种，“不仅存在着文化的文本意义和价值，还存在着由接受者的经验、体验中生成的意义和价值。”

广告文化的价值增值并不是在广告文化信息的传播者和接受者那里实现，而是在社会互动和群体参与的整个社会文化活动中完成的。广告文化信息传播者的新创意往往并非传播者本人闭门造车、突发灵感的产物，因为他赖以创作的知识和经验不是与生俱来的，而是通过后天的社会文化活动习得的。创作者只有参与到整个社会文化活动中，才能把习得的知识和经验诉诸广告创作中，从而使广告文化信息的价值增值。同样，对于广告文化信息的接受者而言，他对一则广告的价值心理取向往往受制于社会互动和群体参与。如在众多的保健品电视广告中，经常使用证言式广告，让患者或消费者现身说法，使你容易相信广告中所讲的是真实的，就有可能促使你买下相关产品。相反，如果很多人说这个产品不像宣传的那样好，对身体保健根本没有什么作用，你可能就会对广告的可信性产生怀疑，更不会去购买产品。实际上，你对这个产品并不了解，也是第一次接触广告，但群体的参与却影响了你的价值判断，同样一则广告文化信息也因此衍生出不同的价值观念。

除以上提到的功能以外，广告文化的功能还包括整合功能、识别功能、销售功能等重要组成部分。

三、广告策划中的文化表现

文化对公众的行为、观念具有调控规范作用。如果说广告是在强化或改变人们的某种观念，那么文化就直接影响了人们对广告活动的理解、判断和接受。一方面，广告创作不可能脱离相应的社会文化背景；另一方面，创作的广告只有和广告地区的受众的文化观念相契合，才能达到预期的目的。这就要求我们在广告创作时进行必要的文化包装，成功的广告必然表现出浓郁的文化气息。我们可以从传统文化和现代文化两个方面来考察广告创作中的文化表现。

（一）广告创作中传统文化表现

中华民族具有几千年的悠久历史，也产生了博大精深的传统文化，并形成了民族特有的精神气质、审美志趣。在长期的历史发展中，体现和反映这种精神意识的器物和作品也大量流传下来，它们都在广告表现中体现出来。表现传统文化的广告创作可以分为物质和精神两个层面。

1. 物质层面的表现

广告创作所表现的物质层面的传统文化包括器物、历史人物、艺术作品等方面。

（1）器物。这里的器物主要指考古发现的不同时代的出土文物。文物是凝固的历史，容易让人把它和永恒、品质、雅趣联系在一起。如果将文物和所宣传的商品有机结合起来，会收到其他广告表现手段意想不到的效果。人们往往对带有强烈功利色彩的广告产生反感，比较容易接受商业色彩淡化的宣传和推销，而文物“隐含着一种文化权威，一种尊贵或智慧的形式，比任何追求粗俗的物质利益的行为更高尚”。

（2）历史人物。这里主要指在民间广为传颂、备受群众喜爱的各个历史时期的英雄豪杰、才子佳人等。一提到他们，人们会联想到许多奇闻轶事，甚至会喜欢与这些名人有关的事物。精明的商家正是利用人们的这种心理，开发出与历史名人有关的商品，并利用这些历史名人来推销起产品。相传杜康是我国古代最早发明酿酒的人，后来，杜康成了酒的代名词。东汉末年的政治家、文学家曹操在他的《短歌行》诗中就有“何以解忧，惟有杜康”的千古绝唱。位于杜康酿酒遗址的河南汝阳县杜康村的杜康酒厂看中的就是产品和历史人物的这种联姻，利用杜康源头的纯净水开发出杜康酒，在各种媒体上以曹操和他的名句做卖点进行广告宣传，一时间杜康酒名扬大江南北。

由此可见，利用历史人物来推销现代产品要满足两个条件：一是商品的相关性，所推销的商品必须与历史人物有某种关联；二是人物的可接受性，历史人物必须是大多数人喜爱的，为我们的民族情感所允许和接受的。

（3）文学作品。中国几千年的悠久历史孕育了无数优秀作家，他们创作了不同体裁的文学作品，许多作品脍炙人口，流传至今。大量文学作品在群众中的高知晓率和广告创作所要求的群众性不谋而合，有的广告创作从中挖掘出经世不衰的文学形象，有的采用在群众中广泛流传的优美诗句，广告的商品信息借助于这些文学作品传递到千家万户。

广告创作对名篇佳作的借用，不能生搬硬套，更不能破坏原文的内容、把自己的商品生硬的加入其中，让人觉得不伦不类。广告之所以成功，是因为人们在接受广告作品时，并没有感到是在被动的接受繁琐的商品宣传，而是觉得是在欣赏一篇佳作，并且没有因为商品加入而破坏这种欣赏的氛围和心情，最后自觉或不自觉的因文忆物。而有些借用文学作品的广告创作却随意篡改原文，完全破坏了人们的接受情境，那么，借文学作品来宣传商品的愿望也就很难达到了。

2. 精神层面的表现

文化是一个多元的立体的有机整体，处于核心层次的是价值观念和思维方式，这也是哲学研究的一个基本内容。中国哲学发展的第一个高峰是春秋战国时代的百家争鸣，如果当时的哲学机构能够得到均衡发展，那么孔孟的人本主义、墨家的功利主义、老庄的自然主义、韩非的法治主义将重塑中华民族别样文化和精神面貌。但自从汉武帝采纳了董仲舒的“罢黜百家，独尊儒术”的建议后，千百年来儒家思想成了中国哲学思想的主流和正统。天人合一、尚义重情、注重人格修养成了中华民族文化精神的生命内核。从孔孟到今天的新儒家，经过一代又一代人的共同努力，铸就了博大精深的儒家文化，外来文化的冲击更强化了这种文化精神的筋骨，使其焕发出强劲的生命力，世代传承，生生不息。广告是一种文化传播活动，影响至今的传统文化也必然在广告创作活动中体现出来。

（1）天人合一的乐感人生艺术。在人和自然的关系上，东西方截然不同。西方人把自然当成人的对立物，认为人是站在自然之外的，人有统治自然的权利，主张人要征服和战胜自然，才能求得自己的生存与发展。中国人则认为，自然界是人类的生命之源，人是自然的一部分，人类应该和自然界和谐相处，主张天人合一、天人协调说。

广告创作活动反映了这种中和的天人观。媒介一直是现在广告业发展的“瓶颈”，西方世界的解决办法是尽可能地开发一切能想到的事物，苍茫宇宙间，没有什么不可以用来做广告的，他们可以把广告做到沙漠里，太空中，甚至人的光头也可以作为媒介在大街上招摇过市。在中国，广告宣传却有诸多禁忌，有人简单的把这归因于中国人广告意识落后，而这背后更深刻的原因往往被忽略。

中国的广告设计讲究和谐，追求平稳，广告模特的言行举止、背景的设置铺排、画面的谋篇布局力求达到一种心与物的统一、主体和客体的融合。

（2）重义轻利的价值观。中国文化自给自足的自然经济结构决定了当时经济流通较少，人们的活动范围也非常有限，靠道义就可以维持人们之间的交往和社会的秩序。而且，占统治地位的儒家思想历来主张重农抑商，以农为本，以商为末，士、农、工、商的排序就是证明，这就形成了中国人重义轻利的价值取向。人不能见利忘义，不能趋利逐义，应该讲求道德，不谋私利。

中国人喜欢的广告多是那些淡化赤裸裸的商业利益追求，而是把关心、友爱、正义、勇敢、勤奋、进取、诚信等备受推崇的传统道义观展示给公众。表面上看，广告并没有以推销商品为主，但恰恰是这样的广告才真正能取得较好的宣传效果。从过去的“但愿世间人无病，何愁架上药生尘”（药店广告）到今天的“海尔——真诚到永远”，从企业投资公益宣传的增多，到产品广告向企业形象广告的过渡，都说明了广告宣传只有充分考虑到中国人的义利观，广告才能达到预期的目的。

相反，有些广告却完全不顾千百年来形成并深植于中国民众心灵深处的传统伦理道德的规约，为了激发消费者的购买欲望，在广告表现中不惜用一些低级、庸俗的文字和画面来迎合一小部分人的低级趣味。更有甚者，有些广告完全违背商业道德，指鹿为马、颠倒黑白，大搞虚假广告，混淆视听，这样的广告有悖于民族的善良风俗和传统的义利观，广告的失败亦在情理之中了。

（3）重情的道德观。中国和欧美国家分属两种不同的文化类型。欧美属于海洋型文化，注重实现个人的价值，经济交往频繁，活动范围大，经常四处流动，群体观念淡薄，靠法律维持人与人之间的正常关系，人类的情义道德受到冷落。中国是大陆型文化，农耕文化结成的村落处于相对稳定的状态；在长期的共同生活中，人们相互交往，互相帮助，靠感情和伦理道德来协调人与人之间的关系。孔子提倡仁爱，使人与人之间的关系带有一层浓浓的人情味。中国重情的道德观对广告创造产生了深刻的影响，情感诉求几乎成了广告创造的惟一形式。药品、化妆品、保健品、服装鞋帽等生活用品自不待言，连钢筋铁骨的机械用品也向消费者诚挚地祝愿：柳工，柳工，祝您成功；大型商场也向顾客标榜“洒向人间都是爱”，等等，不一而足。同样是表达情感，在抒情方式及其表现的情趣上，中西方又有明显的民族差异。朱光潜在《中西诗在情趣上的比较》中指出，中西诗人对“人伦”均有情趣，“西方关于人伦的诗大半以爱情为主，中国诗言爱情虽然很多，但是没有让爱情把其他人伦抹煞。”情感诉求的广告同样表现出这种差异性，中国的广告所表现的情感丰富多样，有举案齐眉的夫妻之情，有仗义疏财的朋友之情，有举头望月的思乡之情，有寸草春晖的母子之情……所以，我们不但要在广告中突出情思，而且要用中国的方式表达中国的情感。

（4）含蓄蕴藉的审美观。中国源远流长的书法、绘画、雕刻、诗歌、戏曲、音乐、建筑等丰富的艺术样式和艺术活动形成了含蓄蕴藉的独特民族审美观。中国绘画的简淡幽微、气韵生动，中国诗歌的引譬连类、微妙简隽，都是这种审美观的表现。

广告既是科学又是艺术，中国广告艺术自然带有鲜明的民族文化特点，含蓄蕴藉、讲究意境的传统审美观念必然会在广告中有所表现。广告意境美的关键是通过文字、声音、画面给受众提供一个传情、达意的意境。成功地展现意境美的广告都有一个表意之境、现神之形、传情之景。南方黑芝麻糊的广告：妇人领着小女孩挑着担子出现在小巷的一端，接着，“黑芝麻糊哎……”妇人的叫卖声便回荡在这悠长的里弄，伴着一个成年男子的话外音：小时候，一听到黑芝麻糊的叫卖声，我就再也坐不住了。随即一户人家房门洞开，从中飞出一男孩，镜头一转，妇人给男孩盛了满满一碗冒着热气的黑芝麻糊，男孩舔着碗边的特写，旁边小女孩会心的笑容，善良慷慨的妇人又盛了半碗给男孩，一边抚摸着男孩的头，一边看男孩津津有味地吃……整个画面，让你感觉不到尘世的喧闹，更闻不到铜臭，自始至终的晕黄色背景更让人觉得有如目睹尘封多年照片般如梦似幻，温馨醉人，最后“一股浓香，千缕温暖”的广告语让每个观众都产生了情感的共鸣。整个广告没有直接述说黑芝麻糊的原料、配方、口味、营养，但广告的画面和声音却让我们体会到远比这丰富得多的意蕴。

（二）广告创作中现代文化的表现

在日新月异的社会里，为了迎接随时可能到来的竞争和挑战，每个人都需要不断地调整自己重建自我，并竭力寻找表现崭新自我的方式，消费商品就是其中之一。因为商品可以传达机智、勇敢、诚信、宽容、快乐、幸福等人文意义，消费者通过购买和消费，将商品所具有的人文意义转移到自己身上，借以帮助他们创造、维持或重建社会自我。广告创作人员把商品置于某种强烈的人文氛围中，经过长期的广告宣传，人们很容易把商品和广告中的其他事物作为传达某种人文意义的象征物而接受。名牌商品所以能普遍获得好感，是因为广告所传达的商品的人文意义满足了多数人的需要，而现代化是一个不断为消费者提供丰富、驳杂、各取所需的意义的储存室。

1. 以马克思主义为指导的社会主义新文化在广告创作中的表现

马克思主义在中国的传播和发展，为中国文化的现代化指明了方向，马克思主义和中国革命与建设实践的结合，形成了社会主义新文化。在改革开放、大力发展社会主义市场经济的今天，爱祖国、爱人民、爱劳动、爱科学、互助友爱的高尚情操，勇于奉献、公而忘私的品质成为调整人际关系、鼓励人们奋发进取的精神源泉。

社会主义新文化是新时期广告创作巨大的文化源泉。中国近代史是屈辱的、任人宰割的历史，新中国成立后，人们格外珍惜这来之不易的民族尊严和祖国繁荣昌盛的局面，爱国主义和民族自信心一直是我国精神文明建设的重要内容，尤其是在中西文化交流日益频繁、文化冲突日渐激烈的今天，每个熟悉历史的中国人都将民族尊严视为神圣的、不可侵犯的。广告创作者如果能通过广告把社会文化意识传递给受众，产品畅销也就不足为奇了。成功的广告赋予了产品巨大的人格魅力，而这正是中华民族极为崇尚和大力宣传的，也是社会主义新文化大力提倡的。

2. 西方文化在广告创作中的表现

源于古希腊、罗马和西伯来文化，形成于文艺复兴之后的近代西方文化，崇尚民主和科学，提倡个人主义和功利主义，主张不断向外追求和征服的“浮士德”精神，和任何其他的文化形态一样，西方文化的基本精神中既有优点又有缺点。对待西方文化的正确态度是：取人之长，补己之短，洋为中用。在借鉴西方文化时，不要因为西方文化存在缺点就因噎废食，也不要看到西方文化的优点而食“洋”不化。要尽量摈弃西方文化中的丑恶、腐朽、落后的东西，将其中有益的部分合理吸收，内化为中国现代文化的有机组成部分，这部分文化同样为广告创作提供了丰富的源泉。

西方文化推崇个人主义，认同每个人都可以充分张扬自己的个性，应让每个人都感到自己享有极大的自由空间，淡化权威，强调自我。当然这种观念发展到极端，会造成人际关系的隔离和疏远，同样会造成心理上的苦闷和孤独感。但是，我们只要适度地接受和宣传这种自由的观念，对我国传统文化的调整和改造还是有益处的。事实上，这种强调自我、追求自由的观念已经在现实生活中被普遍接受，从而成为现代文化精神的一种标志。长春铃木广告的成功，就在于它适时地感受并抓住了这种文化观念的变迁。“天地间，有我在行走”中的“我”无论指骑者，还是指人格化了的企业和产品形象，当把这个“我”放到广阔无限的“天地间”的时候，都是在通过这句看似平淡的广告语来昭示一种观念——一种天马行空的自由观念，标举一种精神——一种纵横驰骋的豪迈精神。一波三折、跌宕起伏的广告音乐更使这种自然豪迈的精神带上了些许浪漫的色彩。广告把自由洒脱、无拘无束的观念近乎完美地传达给受众，让人产生一种既伸手可及又不着边际的空灵和飘渺的感觉，余音绕梁，荡气回肠。

西方文化尽管存在着这样那样的弊端和局限，但它仍是世界文化的重要组成部分。中国的广告创作者，首先应对自己的民族文化烂熟于心，同时也要关注和了解西方文化的发展动态。因为随着信息高速公路的畅通，异质文化间的渗透不可避免，并且，随着世界经济一体化、集团化趋势的加强，广告也必然国际化，所有这些都要求我们不能无视西方文化。

第四节　医药广告与整合营销传播

广告作为企业促销手段中最重要的方式，在增进产品、尤其是大众消费品的销售方面发挥着不可替代的作用。但广告不是一个单独的经济现象，不是孤立的传播活动。广告效果不仅仅取决于广告本身，还需要和营销进行整合。从广告与营销的关系来看，广告是促销的四大手段之一，必须服从和服务于企业的促销活动；而促销又是营销组合要素之一，促销必须服从并服务于企业整体营销目标，因而广告也不能脱离营销活动的根本宗旨、根本目标而单独存在。

一、整合营销传播的含义

1993年，美国西北大学舒尔兹（D. E. Schultz）教授出版了广告传播专著《整合营销传播》（*Integrated Marketing Communication*）。舒尔兹教授认为：随着消费者、媒体和市场环境的变动，传统的传播方式已经过时，新时代的广告传播必须进行整合，提倡整合营销传播和整合营销。

“整合营销”是以统一的营销目标来运用和协同各种不同的营销手段——消费调查、市场定位、产品、价格、渠道、促销等，使不同的营销工具在每一阶段发挥出最佳的、统一的、集中的作用，最终建立企业形象或品牌群体的整体强度和一致性，建立与消费者长期的、双向的、维系不散的关系。

整合营销的基本指导思想是：①系统性：各种营销工具的协同作用，将远远大于单一营销手段的应用，整体的功能大于它们单独执行的效果；②一致性：各营销工具服从并服务于统一的营销目标，在使用中保持高度的统一和一致，向市场传达一个清晰、统一的信息；③注重与消费者的沟通，致力于提供消费者更大的满意度，并建立企业和消费者间友好、长期、互惠的良好关系。

二、医药整合营销传播的目标

整合营销传播可以协调医药企业通过广告、直接营销、公共关系、促销和其他方式所传达的所有信息，从而有助于塑造统一的品牌形象，支持医药企业与消费者之间建立的联系。但是，医药整合营销成功的关键在于能够准确地确定医药企业的整合营销战略应该完成的目标。其可能的目标有以下三种：

第一，建立品牌资产。通过使用整合营销传播强化品牌独特的价值和特性，医药企业可以提升品牌知名度，鼓励消费者和目标顾客增强品牌偏好。

第二，提供信息。商业顾客需要大量的信息，所以只要可行，医药企业就应该区别自己的品牌。

第三，传递差异化信息（定位信息）。我们的产品代表什么，它有什么竞争优势？整合营销传播帮助医药企业传达最主要、最显著的观点。

整合营销传播在医药广告策划中的具体运用，其基本目标就是谋求广告活动中的规模效应，具体有四个方面。

1. 广告内容的规模化效应

在医药广告策划中，应注意广告宣传内容的主题性，做到既有中心主题，又有内容间的互补性和衬托性，创造出广告内容上的规模效应。广告内容如果过于分散，没有主题，就等于失去了广告作品之间的纽带，彼此没有关联，只能孤立地发挥作用，就会大大降低广告系列作品的影响力。反之，如果广告作品具有鲜明的主题内容，并有演绎开来的衬托内容，那么就能形成强大的冲击力。

2. 广告媒介的规模效应

考察医药广告的传播媒介时，应该注意各种广告媒介的协调性和配合性，力求整体作战，实现媒介上的规模效应。

任何广告媒介都有自己的优势和局限性，一种媒介的传播优势可以弥补另一种媒介的局限性。因此在广告媒介策划中，要树立组合意识，善于有计划、有步骤地协调调动各种广告媒介，创造出强大的媒介组合冲击力。

3. 广告宣传活动的规模效应

开展医药广告宣传活动时，注意各种广告宣传活动的系列性与多样性，创造出宣传活动上的规模效应。

一般而言，人们对于系列活动的印象比单个活动的印象深刻。在医药广告策划中，如果在广告经费许可的情况下，能有计划分层次开展不同形势的系列广告宣传活动，就可以多层次地影响不同类型的公众，形成社会轰动效应，创造出新的时尚，实现广告的理想境界。

4. 广告时间的规模效应

策划医药广告方案时，应该注意各个广告作品宣传、推出时间的计划性与连续性，以创造出时间上的规模效应。

在医药广告宣传中，有些内容只需开个新闻发布会，登个启示就可以宣传出去，但可能没有真正的影响力。因为现代社会的信息流动量大，公众时刻都受到不同信息的影响，一般对一个简单的信息符号不可能留下深刻的印象。在这种情况下，应该根据宣传主题，策划多个宣传作品，然后有计划地推出，不仅可以扩大广告的影响范围，也可以树立良好的产品形象和企业形象。

三、医药广告整合营销传播的运用技巧

医药广告整合营销传播强调整合化思维的运用，把医药广告活动纳入社会系统、企业系统进行分析，同时还要把广告宣传作为一个系统进行剖析，注重战略谋划，强调整合化思维的运用，争取最有状态的宣传效果。

1. 整合环境传播

整合环境传播有两层含义，对外而言，就是利用社会环境中有利因素，及时开展宣传，同时积极策划使环境中的潜在有利因素“显著化”，从而创造出相应的环境，形成巨大的公众市场。对内而言，就是创造出企业的整体形象，强化企业各子系统之间的一致性、整体性，形成源于整体的冲击力，从而有效地影响公众。

2. 整合行为传播

为了创造医药企业广告宣传的整体气势，我们需要借助企业形象战略中的行为识别原理，按照统一规范，严格统一员工个体行为模式、群体行为模式和组织行为模式，形成行为上的整体感，以强化广告宣传效果。

3. 整合语言传播

即采用同一的宣传口号、语言风格、书写字体等，以宣传语言的整体感，给公众以强烈的印象，真正实现“同一声音诉求”。

4. 整合内容传播

医药企业在组织广告宣传内容时，要有主题意识，讲究整体性，围绕主题内容全方位选择素材，包括历史文献和现实素材，人才素材与产品素材，管理形象素材与实力形象素材等方面的内容，从而给公众比较周全的认知材料，在宣传中塑造企业的整体形象。

5. 整合媒介传播

即组合性运用各种传播媒介，全方位地开展医药广告宣传活动。

随着利用各种促销方式的整合营销观念的普及，广告界人士在今后必须能够掌握如何综合利用广告及其他促销方式，以求使客户的某项具体活动达到最佳传播效果。

本章小结

1. 广告活动本质上是一种信息传播活动，传播理论是广告学的基础。对广告学产生了重要影响的传播理论主要有：拉斯韦尔的“5W”模式、查尔斯 · 莫里斯的符号理论、费斯廷格的“认知不和谐理论”以及霍夫兰的说服理论。

2. 医药广告与市场营销是密不可分的，广告是市场营销组合的有机组成部分，广告活动不是一项孤立的活动，而是市场营销组合观念下的活动。医药企业要根据市场营销环境、产品不同生命周期、医药企业的市场营销组合策略来有效开展广告活动。

3. 广告是重要的文化现象。广告文化的基本功能主要表现在：满足需要、观念转换、价值增值等方面。在医药广告策划中，既要重视传统文化的表现，也要注重现代文化的表现。

4. 整合营销传播可以协调医药企业通过广告、直接营销、公共关系、促销和其他方式所传达的所有信息，从而

有助于塑造统一的品牌形象，支持医药企业与消费者之间建立的联系。

思考题

1. 结合实际谈谈医药广告与传播的关系？
2. 在医药广告的实际操作中，哪些营销理论可以运用到广告中来？
3. 医药广告与文化可以脱离吗？请说明理由。

典型案例与讨论

卖点切割，越位成长：金羚感冒片营销策划

中国感冒药市场从“百家争鸣”到“诸侯争霸”

目前中国有1000多家制药企业在生产不同种类的感冒药，仅消费者熟知的感冒药品牌至少有二三十种，如：康泰克、白加黑、三九感冒灵、康必得、感康、严迪、日夜百服宁、泰诺、海王银得菲、快克、感叹号、安瑞克、竹林众生，等等。

中国感冒药市场基本形成了上有强势品牌的一统天下、中间有二线品牌充分填充、下有地方品牌见缝插针的局面，铁桶般的感冒药市场对于新品牌来说，用“针插不进，水泼不入”来形容一点也不夸张。

对于OTC药品，消费者始终关注的是疗效和安全性，从而必然导致对大品牌的信赖以及依赖性。可以预见的是，在未来几年里个性鲜明、实力雄厚的品牌将逐渐吞并没有特色的区域性品牌，我国感冒药市场上品牌将由“百家争鸣”过渡到特色品牌的“诸侯争霸”。而就目前的市场情况来看，几个大的“诸侯品牌”也都找准了自己的核心诉求点，各占据消费者的一块心智空间。

PPA事件的暴风骤雨席卷全国后，中美史克公司推出新康泰克，打出12小时持续有效的产品卖点，重整康泰克的山河；三九感冒灵第一时间打出不含PPA的卖点，超前的公关意识，趁火打劫，迅速拉升了品牌影响力，应验了“公关第一，广告第二”；白加黑提炼出感冒药中导致瞌睡的成分扑尔敏，打出早晚分服的概念，巧借卖点异军突起，驶向“蓝海”；康必得占位于中西医结合的卖点，通过持续的广告传播，欲将康必得做成中西结合的代名词；来自强生公司的泰诺则强调30分钟快速起效，等等。

与“豺狼虎豹”共舞，金羚感冒片如何突围？

山东润华药业有限公司出品的“金羚感冒片”立足山东市场，多年来坚持走品牌路线，聘请著名表演艺术家侯耀华担任代言人，并且每年都有较大量的广告投入，在山东省已经成为一个家喻户晓的品牌，并且拥有不错的市场占有率。但是感冒药市场强者林立，上面有“白加黑”等一线品牌大树遮光，下面有各种小品牌不断角逐，中间则有“感叹号”、“安瑞克”等新品牌不断冲击，金羚感冒片与“豺狼虎豹”共舞，市场压力越来越大。

金羚感冒片还存在一个问题：虽然在山东市场具有很高的知名度，但是由于多年来广告诉求点的分散，造成产品定位概念的模糊，金羚感冒片到底有什么好？我为什么要买金羚感冒片？这个问题始终没有向消费者明确。

一方面是“豺狼虎豹”之外患，另一方面是自身定位模糊之内忧，在这种情况下，如何打破销售

增长缓慢的现状，实现市场的快速突围？这个问题始终萦绕着企业。

建立以卖点为核心的整合营销策略

(1) 作为一个功能性消费品，必须建立以产品卖点为核心的整合营销体系，因此，首要任务是为金羚感冒片找准一个鲜明的、坚持不变的产品卖点。

(2) 由于金羚感冒片的零售价不高、终端利润不高，终端导购很少主动推销，因此，必须加强品牌传播，提高顾客的指名购买率。所以，有必要进行大规模的广告投放迅速建立新的品牌认知。

(3) 继续金羚感冒片的一贯明星代言路线，重新选择一个明星代言品牌。

在仔细的甄选下，最终选择了著名影视明星牛莉出任金羚感冒片的品牌代言人。如何为品牌寻找到一个鲜明的卖点，成为整体营销策略的重中之重。

巧寻卖点

寻找金羚感冒片的卖点，首先要搞清楚消费者购买感冒药的关注点在哪里，对手的卖点是什么以及我们产品自身的差异点在哪里，这就是永恒的黄金三角分析模型。

1. 消费者购买感冒药的关注点是什么？

在寻找消费者的关注点的过程中，通过二手资料的收集分析，同时开展内部访谈、专家访谈、消费者调查、药店调查，最后得到的结论：消费者购买感冒药最关心的是就是疗效！

消费者使用感冒药最关心的是速效性，其次才是安全性，消费者要求感冒药能迅速消除其症状，使其能够从鼻塞、咳嗽、头痛等痛苦中解脱出来，所以，在消费者眼里，好的感冒药是迅速治标（缓解、消除症状）而不是治本。

2. 竞争者的卖点是什么？

产品	概念点	利益点
白加黑	日夜分开服	白天不瞌睡，晚上睡得香
感康	抗病毒治感冒	根治病毒性感冒
新康泰克	12 小时持续有效	12 小时照顾到
泰诺	30 分钟快速起效	治疗快
爱菲乐	八种感冒症状，一粒同步见效	治疗全面
康必得	中西药结合	疗效好
三九感冒灵	中西药结合	标本兼治

金羚感冒片的独特差异点在哪里？

通过对目前市场上的感冒药进行对比分析，发现所有感冒药的成分无非有三种：①纯西药成分，如康泰克、白加黑；②纯中药成分，如苦甘冲剂、竹林众生；③中西药结合，如三九感冒灵、康必得。

在分析金羚感冒片的成分时发现，金羚感冒片不但是中西药结合成分，而且还发现了一个非常“扎眼”的成分名词：维生素 C。经过技术人员对 200 多种感冒药进行了成分检查，结果发现：主流竞争产品中，没有含有维生素 C 的感冒药。

中西药结合，还有维生素 C，这是产品自身所具备的一个大差异点。经过消费者认知调查，调查结果显示，几乎所有的消费者都认可这个观点：感冒期间，抵抗力差，需要增强抵抗力。同时，对于服用维生素 C 能够增强抵抗力，也被消费者所普遍认知。

最终做出了金羚感冒片的核心卖点策略：含有维生素的感冒药，不但治疗感冒，还能增强抵抗力！

把卖点翻译成为简单易懂的传播语言

根据消费者信息行为中的“傻瓜”假设，消费者在接受信息时懒惰而无耐性，他们喜欢直观、简单易懂的信息，讨厌说教。因此，必须对卖点策略进行直观化“翻译”——翻译成消费者一看就明白的传播语言。

至此，金羚感冒片卖点诞生了：中药＋西药＋维生素，三种力量对抗感冒！

卖点表现，借力打力

卖点虽然找到了，但是卖点的诉求策略、表现策略似乎更为重要。在卖点的诉求策略上，把握了“借力”和“打力”两个要点：

第一，借力：在“中西药结合”的消费者认知大趋势下，必须跟这个风，因为金羚感冒片本身也是中西药结合感冒药；

第二，打力：根据产品独有的“含有维生素”的特征，强调对抗感冒，需要中西药结合的感冒药，但是这并不够，还需要补充维生素，增强抵抗力。这种诉求策略，既借了“中西药结合”之风，又从侧面对单纯的“中西药结合”进行了打击，可谓一箭双雕。

在这个策略指导下，电视广告创意自然产生：

画面震动一下，画外音：“阿嚏！又感冒了！”

男主人公：“对抗感冒，中西药结合……”

女主人公突然出现：“还不够！还要补充维生素，增强抵抗力！”

女主人公：“中药，加西药，加维生素”

女主人公：“3种力量对抗感冒！”

女主人公：“金羚感冒片！”

画外音：“润华药业”

2006年8月上旬开始，金羚感冒片的电视广告开始在山东电视各频道以每月超过100万的投放量高频度播出，8月底，户外广告、车体广告、墙体广告等全部到位，1000家药店的终端布置也全部完成。

随着感冒药销售旺季的到来，随着新的卖点、新品牌代言人的大力度传播，渠道首先被注入了一股新动力，金羚感冒片迎来了一个发展的高峰：单独10月上旬的发货量已经是9月份整月发货量的3倍。

现在，金羚感冒片的出货量正以倍数递增，在强者林立的感冒药市场，金羚感冒片用卖点切割实现了市场越位，同时，依靠明星代言、广告拉动、终端传播迅速拉动了销售。

（资料来源：中国营销传播网）

案例讨论

1. 金羚感冒片广告成功的案例中体现了哪些营销理论？
2. 金羚感冒片整合营销策划成功的启示有哪些？

第三章 医药广告市场调查

导言

在竞争日趋激烈的市场经济中，医药企业如果想要把握医药市场的脉搏，更好地满足消费者的需求，赢得市场竞争优势，就必须使企业和产品的广告与众不同。医药企业要做好医药广告，必须拥有大量的信息和资料。也就是说，从医药市场入手，有效地运用各种市场调查方法，对医药广告市场环境、医药广告产品、医药广告企业、企业竞争对手、医药广告受众等情况进行调查，收集和分析各种有关的市场信息和资料。

引导案例

21 城市感冒药市场调查报告

为了进一步揭示我国城市居民对感冒的认知、了解国内感冒药市场的现状，央视市场研究股份有限公司于 2001 年 11 月份在全国进行了一项“中国感冒药市场研究”的大型调查，调查范围包括北京、上海、广州、沈阳、成都、西安、武汉等 21 个大中城市。本次调查采用了定量研究与定性研究相结合的方法，运用了计算机辅助电话调查(CATI)、对医生的深度访谈、消费者小组座谈会等多种调查方式。

在计算机辅助电话调查中，央视市场研究股份有限公司(CTR)的研究人员对 21 个城市 5044 个家庭进行了访问，访问对象为家庭中 18 ~ 55 岁、过去半年内患过感冒、购买或服用过感冒药、并且是家庭感冒药购买的决策者。在对医生的深度访谈中，CTR 的研究人员访问了 7 个重点城市三级甲等医院的 21 名副主任医师以上职称的呼吸内科医生。

这次调查内容涉及消费者对感冒的保健知识、消费者购买感冒药的影响因素，国内感冒药市场中各主要品牌感冒药在消费者心目中的知名度、美誉度和使用情况，以及消费者对各种感冒药治疗功能的认知等。

消费者治疗感冒的方法

调查结果表明：在我国城市居民家庭中，选择西药和中成药是治疗感冒最常用的方法。12 岁 ~55 岁的城市居民中，80% 以上的消费者会选择西药治疗，片剂是消费者首选的剂型；65% 的消费者会选择中成药治疗，还有 36% 的消费者认为不用吃药、多喝水、注意休息也是治疗感冒的方法。12 岁及以下的儿童中，服用西药治疗依然是主要选择，口感好的糖浆制剂最受欢迎。

消费者治疗感冒的花费

计算机辅助电话调查发现，人们患普通感冒在医院门诊治疗的花费，一般在100元左右。有85%的消费者选择感冒药时考虑品牌因素，其次考虑价格。有超过6成的消费者可以接受每盒单价在10元以上的感冒药，其中每盒单价在10元~15元之间的感冒药被消费者接受的比例最高。

消费者青睐主流感冒药品牌

2000年11月发生的“PPA”事件后，感冒药市场重新洗牌，“白加黑”、“感康”、“新康泰克”、“泰诺”、“百服宁”等品牌在消费者中的知名度居前列。

在不提示品牌的情况下，“白加黑”、“感康”、“新康泰克”等品牌的提及率均超过25%，提及率没有明显差异：“泰诺”和“百服宁”均被近10%的消费者提及。而在提示品牌的情况下，“白加黑”居首位（91%），以下依次是“感康”（84%）、“新康泰克”（79%）、“泰诺”（78%）和“百服宁”（50%）。

消费者最喜欢的感冒药品牌是“白加黑”，其次是“银得菲”，“新康泰克”、“百服宁”、“感康”和“泰诺”。市场渗透率比较高的感冒药也集中在那些主流品牌。调查结果显示，在过去半年内，我国12岁以上的城市居民服用过的感冒药品牌中，“白加黑”、“感康”、“泰诺”、“新康泰克”、“感冒通”也是城市居民服用较多的感冒药。12岁以下的儿童感冒药中，“泰诺”、“百服宁”等品牌依然处于领先地位，“小白糖浆”等成为后起之秀。糖浆、冲剂是儿童最乐于接受的剂型。消费者对主流品牌感冒药的满意度评价基本相当，“白加黑”和“百服宁”的满意度最高。

企业营销手段风格各异

调查显示，主要感冒药品牌广告在消费者心目中认知度有所不同，“白加黑”广告的认知度最高，达到84%，其次是感康（62%）、新康泰克（58%）、泰诺（56%）、百服宁（35%）。

调查表明，主流品牌感冒药中，忠诚度和知名度具有一定的相关性，但没有必然联系。“白加黑”的忠诚度最高（38%），其次是“百服宁”（36%），其他主流品牌感冒药的忠诚度均不超过30%。“百服宁”的提示知名度和广告认知度为第五位，忠诚度却位居第二。可见，高知名度不一定就能带来高忠诚度。

主流感冒药品牌形象特色鲜明

在本次调查中，CTR的研究人员还对“快速治疗”、“不含PPA”、“抗病毒”、“白天不嗜睡”、“全面呵护”等感冒药治疗特点进行了调查，结果表明，各主要品牌感冒药在消费者心目中已经形成自己独特的形象。

调查结果表明，在消费者提及的具有“全面呵护”功能（所谓“全面呵护”即针对普通感冒的各类症状起效）的感冒药口，各主要感冒药品牌无显著差异。从医生的反馈来看，他们更愿意给患者推荐具有“全面呵护”功能的感冒药。58%的消费者愿意购买具有“全面呵护”功能的感冒药。

在问及“您知道哪些品牌是白天不嗜睡的感冒药”时，有近30%的消费者知道“白加黑”，远远高于其他品牌，这一特性受到上班族和城市白领人士的普遍青睐，其次是“新康泰克”、“百服宁”、“感康”、“泰诺”，但认知比例明显偏低，均不超过6%。在对医生的访谈中，医学专家们认为以上品牌中只有“百服宁”和“白加黑”采取日夜分开的给药方法治疗感冒。在问及选择感冒药类型时，有94%的被访者愿意选择“不嗜睡”的感冒药。

这些主流感冒药的共同特点是知名度高，有强有力的整合营销措施支持。

（资料来源：中国营销传播网）

第一节 医药广告市场调查概述

一、医药广告市场调查的定义

医药广告市场调查是围绕医药广告活动的全过程而开展的一系列调查活动，具体来说，医药广告调查是指按照一定的程序和步骤，有计划、有目的地收集、分析与医药广告活动相关的各种信息的研究活动。医药广告调查是现代医药广告所特有的、必不可少的环节，是现代医药广告活动的基础。

医药广告调查和医药市场调查之间既有联系，又有区别。医药市场调查的范围包括影响医药企业经营活动的所有市场方面的信息，例如市场分析、产品调查、销售调查、消费者调查、竞争对手调查等等许多方面的内容，医药广告调查从属于医药市场调查，是医药市场调查的重要组成部分。医药广告调查是医药市场调查的典型化和纵深化。所以，在医药广告调查时，既要充分利用医药市场调查已经取得的信息资料，又要为寻找医药广告机会进行更有针对性的广告调查。

医药广告是一项耗资巨大、目的性极强的商业行为，并属于医药营销组合的一个组成部分，为营销决策服务，最终达到提高企业经济效益的目的。因此，医药广告必须通过大量、广泛的市场调查，为广告策划提供关于消费者信息、企业和产品信息等，使医药广告策划更趋于科学合理。有人认为“广告是七分走出来的，三分想出来的”，这就是强调了广告调研对广告的必要性。随着市场环境的变化之大、速度之快，已经有越来越多的医药企业开始注重广告调研所提供的信息，尽量避免广告费用的浪费，使医药广告策划更趋于科学合理。

二、医药广告调查的特点

医药市场营销调查是企业制定经营战略，为进行市场预测和经营决策而开展的调查活动，包括产品调查、销售调查、消费者调查、品牌调查等诸多方面，而医药广告调查只是其中的一部分，其内容只是限于广告活动的相关信息收集、分析。因此，医药广告调查是将调查方法和技术运用于广告领域的成果。医药广告调查涵盖了四个方面的特点。

1. 目的性

医药广告总是针对某一医药企业或医药产品所开展的活动，而医药广告调查又是根据医药广告活动的要求来收集市场信息。因此，医药广告调查的目标是极其明确的，即如何通过有效的广告活动来传播某个医药企业或医药产品，以达到预期的经济目的。目的性是医药广告调研最根本最核心的特点，医药广告调研有了明确的目的，才能制定相应的调研方案，采用相应的调查方法和技术，有的放矢地开展广告调研，从而实现广告目标。

2. 系统性

医药广告调查是一个经过周密策划、精心组织、科学实施的并由一系列工作环节、步骤、活动和成果组成的过程。同时，广告调查的系统性特点也是由广告调查内容的广泛性决定的。广告调查所要收集的信息是与广告活动有关的环境信息、市场信息、企业信息、产品信息、消费者信息等，在整理分析诸多信息时将其视为一个有机的系统，根据市场需求的变化规律，建立科学的广告决策模型,实现医药广告的目标。

3. 实践性

市场调查是实践性极强的工作,只有深入市场运用调查方法,才能搜集到全面、具体、时效性强的信息,才能通过对资料的分析,把握市场变化和需求变化的内在规律,才能使广告策划更贴近现实,贴近广告受众。同时,市场调查本身不是目的,其调查结果本身也没有任何意义,只有在实践中运用市场调查的分析结果,在市场营销活动中取得良好的经济效益,才是市场调查的本质。

4. 时效性

医药广告调查是在一定的时间范围内进行的,其调查的结果也只反映了某个特定时间段的状况,所以只在特定的时间段内才是有效的。任何企业开展市场调查的主要目的之一是为了寻找和挖掘市场机会。一旦医药广告的市场调查报告出来,企业必须迅速评估市场机会并且决定实施的方案。

三、医药广告调查的目的

医药广告市场调查的最终目的是为营销决策服务,将这一最终目的在广告活动中具体化。医药广告调查的目的主要有以下几个方面:

1. 为医药广告策划提供充分有力的信息

广告活动的核心是广告策划,广告策划的重点是广告决策,广告决策的基础是广告分析,广告分析的依据是广告信息,广告信息的主要来源就是广告调研。因此,广告调研最直接的目的就是通过市场调查,最大限度地为广告策划提供各种相关信息,通过对大量的市场信息的分析,使广告策划人员对广告所处的市场环境有一个全面而深入的了解,有助于制定广告战略,进行广告定位、确定广告媒体方式、明确广告传播对象、寻求最佳广告诉求重点等,从而使医药广告策划更具有针对性,更好地激起消费者的购买欲望,以获取良好的广告宣传效果。

2. 为医药广告创意和设计提供依据

医药广告的目的性与功能性很强,其构思和设计必须围绕着医药广告的目的而开展。因此,只有在充分了解市场、产品和消费者的基础上进行医药广告的创意和设计,才能与目标顾客进行有效地沟通,从而有力地宣传企业和产品,达到最终销售的目的。而开展医药广告调研活动就是通过科学系统的调研方法来获取广告创意所需的信息资料。

3. 为医药企业的科学管理提供依据

医药产业是高新技术产业,传统的经验管理已经无法适应日益激烈的市场竞争,过去那种认为只要产品质量好、产品价格合理就能够占领市场、完成销售任务的观念过时了。现在只有通过准确的市场调查和科学管理,及时了解消费者的购买动机和价格承受能力,制定合理的广告目标,选择相应的广告媒体,才能让消费者产生购买欲望,完成购买行为,从而实现预期的销售目标。

4. 为医药企业制定长期发展战略提供依据

医药广告调查不仅能为医药企业制定当前的医药广告提供所需信息,而且对医药市场的未来发展趋势提供相关信息。因为通过医药广告市场调查获取的信息可以帮助医药企业挖掘新的市场机会,开拓新的市场空间,寻找新产品的研发思路,也就是为医药企业制定长期发展战略提供重要依据。

四、医药广告调查的要求

医药广告调查是一次目的明确、系统性与实践性十分突出的工作。没有对市场进行广告调查与分析,广告策划与创意也是无根据的、盲目的,不可能收到预期的广告效益。因此,任何一项医药广告调查都应该做到以下三个方面的要求。

1. 确保信息资料的客观真实性

医药广告调研要求调查所收集的资料必须真实、准确反映市场的客观实际,只有这样才能作出正确的广告决策。要达到医药广告调研客观真实的要求,广告调研人员必须运用科学的调研方法和技术,如设计质量较高的调查问卷,提供访问员的素质,强化调研人员的敬业态度,严格按照调研设计的规范操作流程来进行资料的收集、整理和分析,以确保信息的真实、可靠。例如,很多医药广告调研公司专门建立了调查问卷访问质量控制体系,采取随机抽取调查问卷进行回访,核查资料的真实性,确保信息的高质量。

2. 确保信息资料的及时性

由于市场环境的变化之大、速度之快,信息的更新速度也随之加快,一份好的广告调查资料应该是最新的,因为只有最新的调查资料才能反映市场的现实状况,才能准确地反映消费者的消费态度、消费习惯和消费心理,为企业广告决策的制定提供客观的依据。因此,广告调研要求调研人员应尽可能在较短的时间里搜集更多的资料和信息,避免调查工作的拖延。否则,不仅会增加费用的支出,还会导致广告决策的滞后,对企业的广告是极其不利的。这就要求在广告运作中,把市场调查作为一项经常性的工作,及时把握市场出现的新变化、新趋势、新特点,从而制定适应市场环境的广告策略。

3. 确保广告调查活动的经济性

广告调研是为企业提高经济效益服务的,应该尽量用最少的经费来完成预期的目标。广告活动所需要的相关调查资料可以由广告企业内部获取,也可以通过图书馆、研究机构、统计部门等获取,还可以向专业的调查公司购买,当然还可以为某一特定广告专门组织一次调研。不管采取何种方式,都是一项投资,因此通常应先考虑采用费用较小的现有资料的查阅分析,这样能节省大量的调查费用。在通过二手资料的分析后,还不能达到广告活动的要求时,才考虑委托专业调查公司或是自行组织调查。考核广告调查活动的可行性,调查工作的收益必须要大于成本。

五、医药广告市场调查的类型

在有些情况下,调查人员对所要调查的对象比较了解,调查方案的设计和实施目标明确。但是有些时候,调查人员对所要调查的对象不太了解甚至根本不了解,这就需要进行初步调查,收集有关信息和资料,确定存在的问题及其性质,从而制定正确的调查方案。所以,不同的调查项目需要采用不同类型的调查。

1. 描述性调查

描述性调查是在对企业情况有了初步了解后,为了掌握更详细的信息而采用的调查方法。描述性调查侧重于现象的描述,一般不分析问题的起因结果。例如:市场潜力调查、市场占有率调查、产品销售分析、产品销售策略和产品研究等内容。描述性调查中,要尽量提出所有的相关因素,以便为以后的因果性调查和探测性调查提供资料。如果没有描述性调查所提供的资料,调查就无法进行统计推论。描述性调查一般采用询问法和观察法收集资料。

2. 因果性调查

因果性调查主要是调查问题的原因和产生的结果之间的关系。因果性调查是在描述性调查的基础上，把收集的所有影响因素进行分析，指出各因素之间的关系，从而寻找解决问题的办法。例如，消费者偏爱某种药品的原因是什么？某种药品的销量为什么突然上升？到底是价格变动造成的还是广告的效果？因果调查法特别注重调查方法的科学性。

3. 探测性调查

探测性调查也称为非正式调查，一般用于调查刚开始阶段或新产品开发过程中。因为此时调查问题的性质不清楚，不能确定调查的详细内容，探测性调查目的是为了尽快发现问题、提出问题，从而尽快确定调查的重点。例如，要了解消费者对某种新感冒药的认知度，可以随机调查几十个人作为探测性调查，然后根据情况再进行更进一步的调查。探测性调查一般只能显示市场机会或存在问题，而不能解释市场机会和导致问题的原因，当然也不能发现市场机会和存在问题带来的结果。

信息框

央视市场研究股份有限公司

央视市场研究股份有限公司(CVSC-TNS RESEARCH，简称 CTR)，是中国国际电视总公司和世界领先的市场研究集团——Taylor Nelson Sofres 共同组建的中外合资公司。其前身是央视调查咨询中心，简称 CVSC。经营的媒体数据产品主要包括消费者固定样组调查、全国城市消费者调查、消费品个案调查、消费者搭车调查、全国读者调查、媒体个案调查、电视观众满意度调查、广告监测、网络调查等内容。主要研究方法有调查问卷、面访、CAIT 软件等。

第二节　医药广告市场调查的内容

医药广告市场调查是围绕广告活动而进行的相关市场情况的资料收集与分析，广告市场调查的内容也十分丰富，本节主要介绍医药广告市场环境、医药广告产品、医药广告企业、医药广告市场竞争性和医药广告受众的调查。

一、医药广告市场环境的调查

市场环境调查是以广告目标市场为对象，有计划、系统地收集有关政治法律、经济、人口、社会文化等情况。广告市场环境对医药广告有着一定的制约作用。通过对这些环境系统的调查分析，可以比较准确地判断各种环境因素对广告活动所产生的积极或消极的影响，从而使广告策略符合广告环境。广告市场环境主要包括五个方面。

1. 政治法律环境调查

政治法律环境调查，主要是对一定时期内国内政治局势、国家或地方的政策方针、重大政治活动以及国家或地方政府颁布的各项法律、法规和条例等情况的调查。

2. 经济环境调查

经济环境调查，主要是对经济体制、经济发展水平、经济发展潜力、地区与行业发展状况、城市化程度以及涉及经济领域的各个方面所进行的调查研究。

政治经济环境调查是进行广告决策的依据。全面掌握政治经济环境状况，找出对产品的市场开发和销售有利与不利的方面及内容，为广告策略提供依据。

3. 人口环境调查

人口环境调查，主要包括对目标市场的人口总数、年龄结构、性别结构、家庭结构、社会结构、民族结构、职业分布、受教育程度等进行的调查，通过对这些数据的统计分析，可以为细分市场提供依据，进而确定广告诉求对象和诉求重点。

4. 社会文化环境调查

社会文化环境的调查，主要包括社会文化背景、价值观念、风俗习惯、宗教信仰、教育水平等内容。通过这些内容的分析，可以为确定广告的表现方式提供事实依据。如受教育程度不同的人在需求、爱好上往往表现出较大的差异，了解掌握其特点，是为确定广告目的、选择恰当的广告媒体所必须的调查内容。

5. 地理环境调查

地理环境调查，主要是对目标市场的自然资源、地形地貌、交通状况、气候条件等进行调查，认识和分析了地理环境变化的趋势，可以根据不同的环境情况来设计产品广告，最大限度地利用环境变化所带来的有利因素。

二、医药广告产品的调查

广告活动的目的就是为了销售产品，任何广告调查若不研究产品，不收集产品的信息是荒诞的。产品本身的信息就是广告所需要传播的信息内容。广告产品调查是广告市场调查的重要内容。因此，在进行广告宣传活动时，必须有计划地、全面地对该产品作系统调查，以确定产品的销售利益和广告诉求重点，为广告策划提供重要依据。产品调查包括以下内容：

产品生产：主要包括广告产品的生产历史、生产过程、生产设备、制作技术和原材料的使用、产品工艺过程和技术以及产品获奖情况等。

产品个性信息：主要包括产品的功能、质量、式样、规格、价格、包装、服务等。主要是分析广告产品与同类产品相比的竞争优势，这是确定广告宣传重点和进行产品定位的关键依据。同时，产品服务也可能会出现在广告信息当中，可以增加医药广告受众对产品的信任感。

产品的市场信息：主要包括产品定位、在同类产品中的定位、产品价格、销售额、市场占有率等。

产品的生命周期：产品从进入市场销售到退出市场，一般要经历投入期、成长期、成熟期和衰退期 4 个阶段。当产品处于不同的阶段，产品的消费需求特点和市场竞争状况都会发生变化，因而广告定位、诉求重点、媒体方式等均有很大的不同，医药广告策略应尊重产品本身的规律性。

三、医药广告企业的调查

企业发展历史：主要了解企业何时创立，如何发展壮大，在历史上所取得的成绩，历史上的重大事件、企业风格及其社会地位和社会声誉如何等情况。

企业综合实力：主要了解企业现有规模、资产实力（包括销售额、利润额、资产负债等）、生产设备是否先进、技术水平如何、文化建设如何。尤其是企业的核心竞争力，即所具有的其他企业暂时无法超越的竞争能力和优势，这种信息常用于广告定位。

企业人员情况：主要了解人员规模、知识结构、技术结构、年龄结构、业务水平、工作作风等情况。

广告投放效果：主要了解企业过去的广告投放数量和执行情况、整体广告效果、各地区产品的广告效果。这类信息有助于制定广告策略时要基于以往广告扬长避短，达到广告活动投放效果的最大化。

企业在同行业的地位及形象：主要了解品牌形象、市场形象、企业视觉识别等信息。这类信息有助于企业在广告宣传中保持企业形象、人员形象和产品形象一致，取得广告受众的信赖。

四、市场竞争性调查

市场竞争性调查就是对企业竞争对手的调查研究。调查竞争对手的经营情况和经营优势，可以有助于医药广告定位，广告诉求可以选择直接针对竞争对手，也可以避免竞争对手市场优势，重点诉求产品的比较优势。市场竞争性调查的主要内容包括产品市场竞争状况（产品的市场容量、产品目标市场的竞争者数量、规模和市场份额分配状况等）、分析广告产品和同类产品的销售渠道、分析广告产品和其他同类产品的销售政策和促销手段，分析竞争对手在不同地区、不同季节、不同媒体广告投放情况和广告效果。总之，对于竞争对手的调查内容可以说是囊括了竞争对手各方面情报，具体内容可以参照医药广告企业调查内容。

五、医药广告受众的调查

任何医药广告活动如果没有受众，是没有任何效果的。因此，对医药广告受众调查是最基本的也是最有意义的。医药广告受众调查是指对受众的一般情况、受众对企业和产品的评价、消费需要、购买方式和购买决策等方面的调查。其目的是掌握受众的消费心理和消费行为，从而创造出具有针对性的广告作品，以吸引受众的注意，唤起受众的兴趣，激发受众的购买欲望，进而促成购买行为。

受众一般情况调查，主要包括受众的年龄、性别、民族、职业，文化程度、婚姻状况、收入水平、消费水平、生活方式等一些基本情况的调查。对这些基本情况的掌握，是受众调查的起点，具有很强的指导意义。

受众对企业和产品的认知和评价：包括对企业、产品、员工、领导者的认知和态度；对产品个性情况的意见和要求；受众对新产品的需求趋势。

受众的需求状况：需求变化趋势以及影响消费需求的各种经济、社会、心理因素等。

受众购买行为：是指受众在购买过程中的一系列活动。主要是把握受众的购买动机和购买方式。购买动机可以分为八种：自尊、求实、求新、求美、求廉、求荣、求名、求利。购买方式有经常性购买、选择性购买和考察性购买。通过对这些因素的分析和研究，将有助于正确选择广告的发布时机、决定高的发布频率、确定广告的主题、产生广告创意等。

受众的购买决策，主要是了解购买商品过程中的各个角色的作用、购买地点和购买时间等情况。这对于确定广告的诉求重点、选择广告媒介、确定广告的发布时机等都是极为重要的。

第三节 医药广告市场调查的程序和方法

医药广告调查是针对特定的问题进行信息的收集、记录、分析、评价，调查人员必须掌握科学合理的市场调查程序和调查方法。

一、医药广告市场调查的程序

科学有效的市场调查一般包括确定调查主题、制定调查方案、收集调查资料、整理分析调查资料、撰写调查报告等五个步骤。

（一）确定调查主题

实施医药广告市场调查，首先要明确调查主题，也就是解决调查什么的问题。明确市场调查的主题非常重要，因为市场调查主题不仅是市场调查的出发点，也是市场调查的归宿点。在确定市场调查主题的基础上，选出本次调查的目标，也就是明确本次调查的目的，调查所需的资料，本次调查要解决的问题。

（二）制定调查方案

经过初步的情况分析，找出存在的主要问题后，就应该制定调查方案。调查方案主要包括以下内容：

1. 确定调查的项目和调查工具

广告调查的项目和工具，是医药广告市场调查方案的关键内容。市场调查的项目，是指调查过程中用来反映调查对象的类别、状况、规模、水平等特征的指标。选择什么样的调查项目，取决于调查的目的和目标。例如某药品计划进入某医院销售，事先必须对该医院的情况进行调查，包括该医院的等级、隶属关系、医院性质、有关科室的治疗特色、有关专家的资料，等等。

市场调查的工具是指市场调查指标的有关物质载体，包括调查问卷、调查卡片等。调查项目必须由调查工具表现出来。所以，制定调查项目时，应该考虑调查者与被调查者方便操作，同时也方便调查资料的收集和整理。

2. 选择调查方法

（1）确定调查地点。包括调查的范围以及调查对象的居住地点，是分散在不同地区还是集中在一个地区。

（2）确定调查对象。主要确定调查对象需具备的条件，包括性别、年龄、文化程度、收入水平、职业等。这是为了保证调查对象符合市场调查的目的。

（3）确定调查时间。也就是调查开始时间和调查完成所需时间。调查时间的长短和调查方法、调查对象的规模都有关系，所以要根据具体的调查内容和调查方法，合理安排调查的时间。

（4）确定调查方法。包括收集资料的方法和整理分析资料的方法。调查方法的选择，以最有利于收集到符合调查需要的资料为准则。

3. 确定调查人员

包括调查人员应具备的条件和所需人数。为了保证调查工作保质保量如期完成，参加市场调查的人员应该具备相应的专业知识和社会经验，还要有认真工作的态度。如果这些人员过去没有参加过同类调查，必须对他们进行事先培训，以提高调查工作的质量和调查工作的可靠性。

4. 预算调查经费

合理的市场调查经费是市场调查顺利进行的物质基础和经济保障。调查经费一般包括调查人员的劳务费、调查问卷的印刷费、资料费、调查人员的交通费、调查问卷的信息处理费以及其他杂费。

（三）收集调查资料

收集调查资料是调查工作的实质性阶段，其方式主要有两种：一手资料收集和二手资料收集。一手资料是指调查人员为当前的特定目的首次观察和记录的资料，一手资料收集又称为实地调研。二手资料是指本次调查前已经存在并为某种目的资料而形成的资料，二手资料收集又称为文案调研。

实地调研是在调查计划指导下，调查人员进入调查现场，与调查对象直接接触，当时情景下发生的信息，比文案调研获得的信息更具体、更准确、更有针对性。所以，实地调研往往是决定市场调查质量的关键。

（四）整理分析调查资料

分别利用文案调查和实地调查获取的二手资料和一手资料，往往不能直接提供市场调查目标所需的信息，所以，这些信息必须经过必要的筛选、校核、整理，运用统计技术，对筛选后的资料运用各种统计分析方法，例如综合指标分析、时间数列分析、回归分析、预测分析等方法进行统计分析，揭示调查对象的发展规律，或者发现各种现象之间的相互关系。

（五）撰写调查报告

撰写调查报告是医药广告市场调查的最后阶段，也是医药广告市场调查成果的文字总结。撰写调查报告，一定要紧扣调查主题，突出调查重点，观点明确，文字简练，说服力强。调查报告的内容包括三个方面：

（1）序言。包括调查目的，调查过程的简单总结，调查方法。

（2）主体。包括调查的问题，采用的方法、步骤、样本分布、统计分析方法、调查结果，以及对企业的影响分析。

（3）附言。与调查有关的资料，如资料汇总统计表等。

二、医药广告市场调查的方法

医药广告调查方法是指广告调查人员为获取各种与广告活动相关的信息资料所采取的具体

方法。广告调查的方法很多,在这里主要介绍二手资料调查法和一手资料调查法两大类。这两种调查方法是根据调查资料的来源不同而划分的,也是目前医药广告市场调查使用比较广泛的两种方法。

(一)文献调查法

文献调查是指对现有的相关的各种形式的资料库进行的调查研究,即对现有资料的使用。随着社会信息化的程度不断提高,“秀才不出门,便知天下事”的谚语已成为现实。文献资料调查最显著的优点就是节省了广告调查中大量的费用和时间。文献资料调查只要通过文献检索、互联网等方式,花费较少的时间和资金就可以获得与广告调研主题相关的资料。在采用现有资料进行调查时,应该了解资料的来源,并对其进行评估、整理和分析。

1. 文献资料的来源

文献资料的来源非常丰富,主要有企业内部资料和外部资料两大类。内部资料主要是指来自于广告企业内部的自有资料,如企业历年的运营数据、市场环境情报、客户资料、经销商资料、竞争对手资料等,这些资料有的可以马上拿来用,有的要经过调研人员的进一步筛选与处理才能用。目前,许多企业已经采用了网络信息化管理系统,建立相关的数据库已不是一件困难的工作,为文献调查提供了庞大的信息系统。

外部资料是指其他组织或个人提供的已出版或未出版的资料。主要来源有:

(1)出版物类。如国家统计机关或民间组织公布的统计资料,行业协会发布的行业资料、报纸、杂志、期刊和书籍文献。

(2)专业信息公司的调查报告。这部分资料专业性较强,但都需要以一定的价格购买。

(3)网络资料。计算机网络是很重要的文献资料来源,它的引擎搜索正在被越来越多地使用。目前全世界大约有 10 亿个网站,他们的综合信息的容量比起任何一个传统的图书馆都要大得多。

2. 文献资料的整理与分析

文献资料的来源复杂多样,导致了所收集的文献资料参考价值的不稳定性。因此,在文献调查中要特别注意对资料的评估与分析。

(1)资料可信度。调查资料的可信度,也就是资料的准确性。文献资料的准确性与资料出处的权威性是成正比的。因此在对文献资料进行分析的时候,必须要注意资料来源机构或出版物的权威性,以确保资料的准确性,帮助企业作出正确的市场判断。有时候,同一个调查主体会出现多个资料来源,识别资料的准确性的方法是再找数个可以用作比较根据的资料来源。如果不同组资料来源最后得到的是同样的结果,就可视为该资料真实可靠。

(2)资料的时效性。由于统计调查工作有一个较长的工作周期,因此文献资料的最大缺点就是时效性差,如市面上最新的医药行业各种数据至少也要滞后一年。对于一些市场变化较快的行业,过时的信息数据只能导致错误的决策。因此,我们在使用文献资料时必须注重资料收集的时间,也可根据历年的资料进行纵向分析,可以把握到市场变化发展的大致规律,从而可以对未来趋势作出预测和判断。

(3)资料统计口径的一致性。不同国家、不同机构对统计指标的定义不同,即统计口径不一致。因此,很多文献资料不能简单地直接拿来用,可能要经过换算或者细化才能运用于调查研究之中。如文献资料的原有分类可能太宽，而实际应用时需要更细的分类。调查分析中若引用了统计口径不一致的资料，会导致分析结果与客观事实大相径庭，作出错误决策。

（二）实地调查法

实地调查法是市场调研人员通过现场调查获取一手资料的方法。一手资料的收集过程复杂、工作辛苦，但又直接影响调查结果。一般来说，实地调查主要有访问法、观察调查法和实验法三大类。

1. 访问法

访问法是市场调研人员采用询问的手段，从调查对象的回答中获得信息资料的一种方法。很多书籍上又称为直接询问法。访问法又根据访问的手段和调研人员与调查对象接触方式的不同，分为人员访问法、电话访问法、邮寄访问法和网络访问法。

（1）人员访问法。人员访问法是调研人员直接面对调查对象了解情况、获取市场信息的一种调查方法。它又是访问调查法中应用最广泛的一种调查方法。人员访问法的优点有：①与其他方式相比，人员访问能得到较高的回答率。这是因为一个有经验的调查者亲自去调查总是能或多或少地得到调查对象的回答，即便是遇到拒答，也可以通过访谈技巧得到问题的答案。②资料准确性高。当调查对象对某一问题误解或不理解时，调查人员可以当面解释，使调查资料的准确性和真实性大大提高。③灵活性强。由于是调查人员与调查对象面对面的接触，交谈的主题双方均感兴趣，就可以突破时间限制。如：针对某一妇科药品的调查，调查对象恰好是妇科医生，调查人员就可以灵活深入地交流问题，获取更多的资料，为广告和营销策略提供依据。

当然，这种方法也存在着调查费用较高、对调查人员素质要求较高等不足。因此，结合人员访问法的优点和不足，需要注意该调查法的技巧：①调查人员应仪表大方，自信乐观。调查者的精神状态很大程度上影响着被调查者的情绪，要以热情、礼貌、友好的态度去感染对方，从而争取合作。调查人员应准时到位，穿戴整洁，并表现出对调查对象的尊重。这是因为，调查对象一般不认识调查人员，他们往往根据访问人员的服饰、发型、性格、年龄、语言来决定是否采取合作态度。因此，访问人员必须保持本身端庄的仪容，用语得体，口齿伶俐。②询问的问题应按一定顺序进行，以便调查顺利进行。一般先问简单有趣的问题，提高调查对象的兴趣，而涉及调查对象的个人资料问题如年龄、收入、教育、联系方式等，应放在最后询问。③问话不要以任何方式引导调查对象回答。在调查访问的全过程中，除了表示出礼节性的兴趣外，不要做出任何其他反应。访问员的惊奇表情、对某个回答的赞同态度，都会影响到调查对象。问话中不能包含诱导性的语言。如：您不喜欢这个药品的广告？您是指广告太长吗？这个问句就存在着较强的诱导性，这个问题会导致最终的统计结果显示这个药品广告太长而令受众不满意。但这可能与客观事实不符。④掌握调查时间。调查时间不宜过长，一般在20分钟内的访问，双方注意力是最集中的，时间过长就会令人厌倦而不愿意继续配合作答。

目前，很多调查工作都为了感谢调查对象的配合，备有小礼品。在访问开始时，访问人员可以委婉地暗示我们将耽误您一点时间，届时备有小礼品或纪念品以表谢意，希望得到您的配合。但切不可过分渲染礼品，以免让人难堪，有贪小便宜之嫌。

（2）电话访问法。电话访问法是调查人员通过电话向调查对象获取调查资料的方法。截至2005年年底，中国的电话用户数量已经达到了7.4亿，其中移动电话数量是3.9亿，固定电话用户数量是3.5亿，电话普及率已经达到了57.3%。随着我国电信事业的发展，电话访问作为一种快捷有效的调查方法将会愈加得到广泛重视和运用。

电话访问通常的做法是选取一定的受访者样本，通过拨打电话的方式，访问问卷上所列出的一系列问题，在访问过程中用笔记下答案。电话访问的简单方式就是传统电话拨号方式，目前电话访问与计算机联系起来使用，如 CATI 访问系统，省掉了访问员拨号、问卷跳问、数据录入、自动录音等程序，操作更为规范，时间更为快捷。

电话访问是一种简便、快捷和经济的方法。但由于调查时间一般较短，只能问一些简单的问题，而无法进行深入调查。因此电话调查适用于一些急于收到资料但问题比较简单的调查。例如，某医药广告的收视率。

由于电话访问的形式决定了调查人员无法在调查对象的现场，因此电话访问中被调查者配合度较低，对于挂断电话的拒答者，很难做进一步的规劝工作。

为提高调查对象的配合意向，电话访问需掌握下列技巧：①电话问题尽量简单，并选择调查对象熟悉和感兴趣的热点问题，可以获得较高的回答率。②提前寄一封信或卡片告之调查对象将要进行的电话访问及其内容与目的。预约，在现代社会是应具备的礼仪之一，同时，提前要调查对象了解调查目的，能够引起调查对象的兴趣并配合电话调查。③应选择恰当的通话时间。调查对象并没有义务接受调查，因此电话访问的时间应该选择调查对象空闲的时间，从而赢得较轻松的访问气氛。如对于在家的调查对象，可以选择晚上 7:00 ~ 9:00，如果调查对象是企业，可以选择早上 8:30 ~ 9:30，但应尽力避免选择在周一。

（3）邮寄访问法。邮寄访问法是指调查人员将设计好的调查问卷邮寄给调查对象，由调查对象根据要求填写后寄回的一种调查方法。随着电子计算机在调查中的应用，调查人员可以从电脑中大量的客户名单中查询筛选出符合与特定广告调查相符的调查对象，统一装入调查问卷和打印邮寄地址。邮寄访问法在广告调查中也是较常用的方法之一。

邮寄访问法的优点是调查的空间范围很广，只要邮政所达之处都可以选为调查对象，不受调查人员和调查对象的地域限制。同时，邮寄访问法的成本较低，只需花费少量邮资和印刷费用，无需对调查人员进行专门的培训和管理，也不需要调查人员出差外地收集信息，节省了差旅费等。运用调查邮寄法还可以避免了人员访问和电话访问调查中可能受到的调查人员的倾向性意见的影响，使调查结果比较客观。

邮寄访问法最大的缺点是回收率低。参与邮寄访问法的调查对象往往因为工作繁忙或不感兴趣而不答卷。据统计资料表明，一般情况下，邮寄访问法的回收率大约在 5% ~ 24% 。回收率低是邮寄访问法最大的缺点，容易影响样本的代表性。并且由于各种主客观原因，问卷滞留在调查对象手中的时间较长，当很多问卷回收到调查人员手中时，往往已经失去其分析研究的价值。例如：新药品的广告策略调查。

回收率低一直是困扰调查人员的一个难题，因为它不仅影响调查样本的代表性，也与调查费用有直接关系。如果回收率仅为 20% 左右，那么回收一份问卷就要花 5 个问卷的费用，违反了广告调查的经济性原则。

为了提高邮寄访问法中的问卷回收率，应从实践中总结出运用此种方法的技巧：①附加一点实惠的东西，比如有奖征询某医药产品的广告语、赠送购物优惠券等。②寄调查表的同时，附上回邮信封和邮票等。经此，调查人员就打消了调查对象因为麻烦而放弃填写的念头。此技巧充分体现了市场营销学的以消费者为中心的思想。③邀请权威机构主办。如果广告调查能与有关行政主管部门联手搞调查,调查自上而下邮寄到下属单位,自下而上返回到上级单位,能大大地提高调查问卷的回收率。

(4) 网络访问法。网络访问法是随着网络事业的发展和电子计算机的普及而兴起的最新访问方法,是调查的一场革命,让调查告别了纸张时代。目前,进行网上访问主要有两种基本方法:E-mail 调查法和网上在线调查法。其中 E-mail 调查法已经被广泛使用,主要是利用 E-mail 发送,调查对象收取答复并又以 E-mail 回复。网上在线调查是互联网服务器直接与数据库连接,调查对象对调查问卷回复的答案及时传输到数据库,直接进行储存分析。

网上访问最大的优点是辐射范围广,这是任何调查方法无法比拟的优势。同时网络访问法还具有信息反馈速度快、调查费用低和匿名性好的优点。

2. 观察调查法

观察调查法是指调查人员在调查现场或通过仪器对调查对象进行直接观察和记录从而获得资料的一种调查方法。

(1) 直接观察法。是指调查人员直接以旁观者的身份观察调查对象收集资料的一种方法。例如交通流量的调查、人流量的调查和户外广告注目率的调查等。采用直接观察法,调查人员通常备有计数仪器、计数表格,以减轻调查人员计数的负担和提高资料的准确度。

(2) 行为记录法。是指调查人员在调查现场安排一些电子仪器,来记录观察对象的一切行为。美国尼尔森公司通过电子计算机系统,在全国各地上千家庭的电视机上装上电视收视自动记录器,每 90 秒扫描一次,记录开机时间、收视时段、频道、节目和有多少人看电视。这种方法常用在电视节目或广告收视率的调查。另外一种应用广泛的观察仪器是监视器,主要用来消费者购买行为的调查。例如,通过监视器记录下消费者的连贯购买行为,为广告策略提供依据,使广告设计更符合消费者的购买心理。

(3) 痕迹观察法。调查人员不直接观察调查对象本身,而是分析调查对象行为后所留下的线索和行为。例如,某公司为了调查哪种媒体能更好地把信息传播出去,便选择了几种媒体做同一个广告,并在广告中附上回条,顾客凭回条可到公司参加有优惠折扣的活动,调查人员就根据回跳的统计数量找出最佳的广告媒体。这种方法的另一种应用就是研究消费者的生活垃圾。通过对生活垃圾的分析,来判断调查对象的消费水平。这种方法通常可用来收集有关市场占有率的信息。

(4) 亲身经历法。是指调查人员在不暴露自己身份的前提下亲自参与某项活动而收集资料的一种调查方法。目前企业用的最多的就是神秘顾客调查法。神秘顾客是由经过严格培训的调查员,在规定或指定的时间里扮演成顾客观察调查对象的言行。美国肯德基国际公司对于遍布全球 60 多个国家总数 9900 多个分店的管理,也是通过"神秘顾客"的方式,雇佣、培训了一批人,让他们佯装顾客、秘密潜入店内进行检查评分。由于这些"神秘顾客"来无影、去无踪,而且没有时间规律,这就使快餐厅的经理、雇员时时感受到某种压力,丝毫不敢疏怠,从而提高了员工的责任心和服务质量。

观察调查法真实性强、主观因素小。由于调查人员不正面接触调查对象,而是在调查对象未意识到被观察的情况下获取信息,结果自然比较真实。正因为这样,采用观察法进行调查时,一般不能让调查对象意识到自身在被观察,否则就失去了研究意义。

观察调查法的最大缺点就是观察不到调查对象的心理动机等因素,即只能了解到事实本身,而较难发现事件发生的原因。例如，某广告公司要了解行人对公司广告牌的关注程度，从而分析广告实施效果，调查人员就在公司广告牌下采用观察法收集资料。观察资料显示，27%的行人用4～10秒把目光停留在广告牌上；18%的行人会停下脚步仔细观看广告牌内容；1%的行人会用4分钟以上的时间伫立在广告牌下观看广告的内容。若根据观察资料，可以得出广告实施效果较好的结论，但公司通过后续调查，对行人进行个别面谈发现，伫立在广告牌下许久的行人都是等约好会面的人，因心情浮躁即便是面对广告牌但全然没有看到广告的具体内容。

3. 实验法

实验法是来源于自然科学实验室的实验方法，即在市场环境下进行实验，调查人员改变一些变量，用以观察由它而引起其他因素的变化。一般我们会用这种方法来测试诸如产品、价格、渠道、促销等营销组合变量对产品销量的影响。

实验法根据应用形式不同可以分为无控制组的事前事后对比实验、有控制组的事后实验和有控制组的事前事后对比实验。

（1）无控制组的事前事后对比实验。这是最简单的一种实验调查法。采用这种方法，不要设置控制组，只考虑实验组在引入实验因素前后状况的变化，即实验效果。这种模式可以用表3-1表示。

表3-1 无控制组的事前事后对比实验模式

组　别	实验组	控制组
事前测量值	X_1	/
事后测量值	X_2	/

绝对实验效果可表达为

$$E = X_2 - X_1$$

但这是一个绝对量，在某种程度上不能说明问题。例如，如果甲城市的规模比乙城市的规模大，那么甲城市的销售规模要大于乙城市的销售规模，如果用绝对实验效果衡量，甲城市的绝对实验效果显然会大于乙城市的绝对实验效果。因此，为了消除因销售规模等所带来的误差，能更真实地衡量实验效果，选用相对试验效果表达RE，即

$$RE = \frac{X_2 - X_1}{X_1} \times 100\%$$

这种无控制组的事前事后实验法的最大优点是操作起来简便易行，但估计实验效果时无法排除因各种非实验因素（即除实验因素以外的其他因素，如在事前事后监测的时期里的自然季节、传统节日、心理因素等）的影响，从而影响实验结果的准确性。

（2）有控制组的事后实验。这是一种横向比较实验，他同时设立试验组和控制组，试验组引入实验因素如改变包装、降低价格等进行实验，而相应的控制组实验前后都不受实验因素影响，所有的影响环境和条件都不变。通过比较经过实验期后的实验组与控制组来考察实验效果。这种模式可以用表3-2表示。

表3-2 有控制组的事后实验

组　别	实验组	控制组
事前测量值	/	/
事后测量值	X_2	Y_2

实验绝对效果可以表达为

$$E = X_2 - Y_2$$

相对实验效果可以表达为

$$RE = \frac{X_2 - Y_2}{X_2} \times 100\%$$

由于这种有控制组的事后实验是一种横向对比实验，在同一实验时间里，像自然季节、传统节日、心理因素等非实验因素基本相同，在实验对比中可以抵消，因此克服了无控制组的事前事后实验所存在的非实验因素影响，降低了估计效果误差。这种实验法的不足是，选择控制组难度较大，因为这种方法应用的前提条件就是控制组与实验组应具有可比性，即两组之间的各个方面条件都应该相同，而且两者之间的条件越接近，实验效果的准确性越高。但这只是一种理论上的方法，选择控制组非常困难，会有各种各样的原因造成控制组与实验组之间的差异。

(3) 有控制组的事前事后对比实验。这种实验法是对上述两种实验法的结合，即在实验中，同时设立控制组和实验组，实验组引入实验变量，控制组不引入实验因素，并同时考察控制组和实验组在实验前后的变化所进行的实验。这种模式可以用表 3-3 表示。

表 3-3 有控制组的事前事后对比实验

组 别	实验组	控制组
事前测量值	X_1	Y_1
事后测量值	X_2	Y_2

绝对实验效果可以表达为

$$E = (X_2 - X_1) - \frac{X_1}{Y_1}(Y_2 - Y_1)$$

现在分析上述绝对实验效果公式，$(X_2 - X_1)$表示实验组的某一经济变量在实验前后的变化量，包括了实验因素和非实验因素所产生的影响。$(Y_2 - Y_1)$表示控制组受非实验因素影响的变化量，而$(Y_2 - Y_1)/Y_1$表示某一经济变量的每单位上受非实验因素影响所产生的变化量。由于同样的非实验因素对同一经济变量的影响程度是相同的，因而$(Y_2 - Y_1)/Y_1$也是非实验因素对实验组的每单位的变化量。此时，非实验因素对实验组所产生的绝对变化量就是$X_1 \cdot (Y_2 - Y_1)/Y_1$。所以，通过$E = (X_2 - X_1) - \frac{X_1}{Y_1}(Y_2 - Y_1)$这一表达式测算出剔除了非实验因素的影响而只受实验因素影响的净实验效果。

同理，绝对实验效果可以表达为

$$RE = \frac{1}{X_1}\left[(X_2 - X_1) - \frac{X_1}{Y_1}(Y_2 - Y_1)\right] \times 100\%$$

有控制组的事前事后实验法解决了前两种实验方法的不足，既消除了非实验因素对实验效果的影响，又能避开了选择控制组的难题。对于调查精度要求比较好，最好采用此方法。但这种实验方法操作比较复杂，工作量大。

[例] 某药品生产企业在其销售区域中，选择杭州和温州两地区进行 A 广告方案投入效果的实验。杭州地区为控制组，不改变其所有营销条件，即不投入 A 广告方案，温州地区为实验组，实验组在实验期间投放 A 广告。实验对比期为 3 个月，实验前后的销售量如表 3-4 所示。

表 3-4 A 广告方案实验效果 (单位：盒)

组 别	实验组(温州)	控制组(杭州)
实验前销量	4000(X_1)	3850(Y_1)
实验后销量	5000(X_2)	4450(Y_2)

根据有控制组的事前事后对比实验效果公式知实验效果为

$$
\begin{aligned}
E &= (X_2 - X_1) - \frac{X_1}{Y_1}(Y_2 - Y_1) \\
&= (5000 - 4000) - \frac{4000}{3850}(4450 - 3850) \\
&= 377(\text{盒})
\end{aligned}
$$

相对实验效果为

$$
\begin{aligned}
RE &= \frac{1}{X_1}\left[(X_2 - X_1) - \frac{X_1}{Y_1}(Y_2 - Y_1)\right] \times 100\% \\
&= \frac{E}{X_1} \times 100\% \\
&= \frac{377}{4000} \times 100\% \\
&= 9.42\%
\end{aligned}
$$

上述结果表明，该医药生产企业通过投入 A 广告，可以使其药品销售量上升 9.42%，企业 3 个月可以增加的总销售量是

$$(4000 + 3850) \times 9.42\% = 739(\text{盒})$$

本章小结

1. 医药广告市场调查是围绕医药广告活动的全过程而开展的一系列调查活动，具体来说，医药广告调查是指按照一定的程序和步骤，有计划、有目的地收集、分析与医药广告活动相关的各种信息的研究活动。医药广告调查是现代医药广告所特有的、必不可少的环节，是现代医药广告活动的基础。

2. 医药广告调查和医药市场调查之间既有联系，又有区别。医药广告调查从属于医药市场调查，是医药市场调查的重要组成部分。医药广告调查是医药市场调查的典型化和纵深化。

3. 医药广告市场调查的内容也十分丰富，包括医药广告环境、医药广告产品、医药广告企业、医药广告市场竞争性和医药广告的受众。

4. 医药广告市场调查的程序：确定调查主题、制定调查方案、开展实地调查、整理分析资料、撰写调查报告。

5. 目前医药广告市场调查使用比较广泛的两种方法：文献调查法和实地调查法。文献调查是指对现有的相关的各种形式的资料库进行的调查研究，即对现有资料的使用。实地调查法是市场调研人员通过现场调查获取一手资料的方法。

思考题

1. 医药广告市场调查的定义和特点分别是什么？
2. 医药广告市场调查内容有哪些？
3. 医药广告市场调查的程序如何？
4. 医药广告市场调查有哪些方法？

典型案例与讨论

冬凌草含片市场调查企划

受河南济药(集团)股份有限公司的委托,郑州轻工业学院咨询公司对该集团的主导产品复方冬凌草含片郑州市场进行了系统的调查,在此基础上,制定了冬凌草含片的广告方案。

调查方案设计

调查方案的优劣是决定调查质量的关键因素,制定调查方案主要应考虑以下几个因素:调查目的、调查精度要求、调查人员素质、被调查对象素质及合作程度、调查费用、调查范围。

1. 确定调查项目

调查内容确定为:

(1) 咽喉类含片总体市场容量、容差。

(2) 咽喉类含片总体市场需求特点及变化趋势。

(3) 冬凌草含片郑州市场销售状况及市场地位。

(4) 竞争品及竞争对手营销策略。

(5) 冬凌草含片营销组合策略及相应措施的运作效果。

(6) 问题点与机会点。

(7) 附带宣传冬凌草含片。

2. 人员组织

本次调查人员包括市场营销专业60名三年级学生和专业任课教师。

3. 信息收集途径

信息收集分两个步骤:

(1) 案头调查。主要收集统计信息,属于“二手资料”,包括企业内部和外部两类来源。企业内部统计信息主要通过济药集团销售科、驻郑办事处两个途径;企业外部统计信息主要通过《郑州市情》、有关报纸杂志、统计机构及工商行政管理机构、医药管理部门,及各类商业性营销调研公司的调研报告等途径获取。

(2) 原始信息收集。主要通过调查人员上门获取“第一手资料”。本次调查确定采用实地观察、问卷、交谈三部曲连续协同进行的方式。实地观察法如观察各零售药店咽喉类含片销售实况,收集探索性原始信息;问卷法则坚持即时填表法,一者避免延期填表可能造成的低回收率缺憾,两者可双向质疑、答疑,提高可信度、准确度。主要用于收集描述性原始信息。交谈法则主要用于了解深层次的探索性问题,其范围和深度均超过调查问卷本身。上述三部曲可归纳为“一看(观察)、二填(填调查问卷)、三谈(深层交谈)”。

4. 调查对象及抽样方案

我们将调查对象确定为以下几类:消费者、医院(药房、相关科别医生)、医药经销单位(药品批发机构、零售药店)、学校、企业;行政单位、其他事业单位。其调查目的及侧重点各不相同。其中医药经销单位和医院采用全数调查方式,消费者调查采用配额抽样,即先对总体按区分组,然后由调查人员从各组中任意抽取一定数量的样本;学校、企业、行政单位、其他事业单位则采用根据单位名录薄查随机数表随机抽取。抽样比不等。

5. 调查问卷设计

问卷设计的基本要求是:覆盖面能满足预期调查目标的数据要求,语句亲切、简洁、明了、逻辑性强、有对象针对性、导向客观。问卷共4份,其中消费者1份,医院1份、医药经销单位1份,其他类1份。消费者问卷尽量采用关闭式提问,医院及医药经销单位问卷可适当增加开放式提问。主观宣传内容放在最后一条,调查人员应要求填表人按先后顺序填写,以免产生先入之见,影响调查结果的客观性、公正性。为使问卷调查取得预期效果,问卷初步设计好后经过一组调查试用,试用结果满意再正式发放和使用。

市场及营销组合分析

1. 咽喉类药品整体市场容量及容差分析

自从"江中草珊瑚含片"投放市场并获得成功以来,各类含片竞相推出,市场竞争异常激烈。新一轮竞争将是质量、品种、口感、产品形象的竞争。影响含片市场扩张的主要因素有两条,一是目前实行公费医疗的单位,健字类产品难以报销,国民自费买药吃的意识尚不浓,使含片失去了很大一片市场,随着自费医疗比例的提高,含片市场有较大的扩张潜力;二是目前不少含片疗效较差,偏重口感,很难起到真正治病(尤其是急性病)的作用,已引起服用者的怀疑。

根据郑州市统计局提供的资料,郑州市市区人口188万,年人均消费支出1993年为2540元,其中医疗保健支出为每人56元,而1994年人均消费支出为3388元,比上年增长33.39%,其中医疗保健支出为每人92元,增长64.29%。从统计数字可以看出,郑州市民购买力提高幅度较大,而其中用于医疗保健的支出增幅又远高于购买力增幅。郑州气候较为干燥,风沙大,咽喉病患者相对较多,此外,教师、演员等嗓音工作者也较集中,健喉护嗓的需求较强烈。从以上人口、购买力、购买动机三个方面分析,郑州市咽喉类保健药品需求是很大的。

2. 冬凌草含片竞争产品分析

目前冬凌草含片面临两类竞争产品:一是各类含片,如草珊瑚、西瓜霜、健民咽喉片、黄氏响声丸、四季润喉片、甜凉喉片、清凉薄荷片、回音必含片、紫胆舒喉片、金鸣片、金嗓子I号、青橄榄,均为外地产品。其中大多有卫药准字证,冬凌草含片则是卫药健字证,在公费药品市场上较为不利。二是冬凌草为原料的系列药品,如冬凌草、冬凌草口服液、冬凌草糖浆,均为本地产品。第二类竞争者往往容易被忽略,尽管它们是内服药,但无疑具有替代性质。而含片实际上仅起辅助治疗作用,这是对冬凌草含片不利的一面。目前郑州市场上,草珊瑚是市场主导者,江中草珊瑚入市时间早,广告促销效果好,但草珊瑚含片已进入产品成熟期阶段。其他能构成直接威胁的竞争产品包括"西瓜霜"、"健民咽喉片"。其中"西瓜霜"目前销量居第二位,其口感、润喉效果、包装较好,受到妇女儿童的喜爱。"健民咽喉片"的最大优势是企业形象宣传优势,但武汉健民咽喉片并不是"武汉健民"的主导产品。此外,"四季润喉片"价格优势较明显,在工矿企业,低收入消费者中有一定的市场。"冬凌草含片"目前绝对市场占有率居第二位,但相对市场占有率较低,估计在15%左右,但其市场增长率远高于同类产品。

3. 冬凌草含片营销组合分析

(1) 产品分析。目前,市场上新老药片,新老包装并存(老产品尚未卖完),人们对冬凌草含片的评价大多是基于老产品的

1) 疗效。调查结果显示,各方普遍认为冬凌草含片药剂含量高,疗效好,副作用小,优于同类产品。

2) 口感。老冬凌草含片味太苦,中药味太浓,粗糊,含化不尽,有残渣,小孩不愿吃。新冬凌草

含片在同类产品中稍偏苦，但已有较大的改进，并已逐步被消费者所接受。

3）药片外观。含片颜色灰暗，有斑点，不光滑，不能给人一种清新、亮丽、洁静、细腻、精工制作的感觉，比同类产品差。

4）包装。包装太“土”。

可见，该产品的强力支撑点是疗效，主要问题是产品形象尚不统一，外在质量有待提高。

（2）价格分析。冬凌草含片出厂价为 2.35 元/盒，正常零售价为 3.85 元/盒（调查的药店中，最高价 4.20 元/盒，最低 3.60 元/盒），按正常零售价计算，中间差价达 1.50 元/盒，与同类药品比较，出厂价最低，零售价相差无几，渠道差价最大。批发商得利较高。厂家目前采取的价格策略是适当的。

（3）渠道分析。冬凌草含片目前采用多级批发的线路进入消费者手中，渠道较长、较宽，渠道成本较高，但其分配不尽合理，花费在协助中间商促销上的成本太低（如宣传招贴标牌、产品说明书等），中间商又不愿意在这方面花费代价，以后应有计划地将一部分渠道成本转移到促销上，可厂家统一安排、管理，也可给经销商广告、陈列津贴，但要监督使用。

（4）促销分析。冬凌草含片在郑州市场占有天时、地利、人和等有利条件，但促销活动并没有达到预期效果，有待加大力度。

1）广告效果。经销商普遍反映冬凌草含片广告力度不够，远不及草珊瑚、西瓜霜、健民咽喉片，尤其是草珊瑚广告做得好，大人小孩耳熟能详。

2）公关活动。济药集团 1995 年教师节万盒冬凌草大赠送活动取得了一定效果，提高了企业及产品的知名度。

3）营业推广。冬凌草含片开展的营业推广活动极少，现行效果较好的是发特优卡。

冬凌草含片郑州市场广告企划

1. 企划目标

本企划的有效实施将达成如下目标：

（1）通过三年的实施期，使冬凌草含片的绝对市场占有率从目前的第三位跃升为第一位，变市场挑战者为市场主导者。

（2）提高品牌忠诚度，使“济药”牌成为含片市场的首选品牌，借此提升济药集团的影响力，并惠及济药集团的其他产品。

（3）使本区域市场成为营销“样板市场”，能对其他区域市场的开发提供示范、指导。

（4）诱导消费观念，刺激总需求。

（5）提高市场获利能力。

2. 机会点与问题点分析

（1）机会点。

1）主场作战，地利人和兼备，营销成本低，市场驾驭能力强。

2）产品疗效佳，产品定型基本完成，正步入成长期阶段。

3）原料独特，济源是冬凌草的主产地，冬凌草的医用价值正逐步为人们所认识。

4）济源已成为我国新的经济热点地区，其知名度迅速提高，便于企业“借势造势”。

（2）问题点。

1）产品入市时间晚，未取得药准字批号。

2）企业财力有限，难以发动强力的多媒体广告宣传攻势。

3）企业及产品识别混乱。

3. 企划要点

（1）产品定位。定位为：高疗效，中高档价位，以王屋山上“灵草”为主要原料，略带自然中药苦味，面向成人市场，满足辅疗及健喉护嗓需要。采取“反潮流”策略，以“疗效型”与“口感型”、“包装型”、“广告效应型”展开竞争。

（2）诉求要点。“中国公认名牌”、“济药济药，济世良药”、“百闻不如一见，百见不如一验”、“嗓音工作者的伴侣，咽喉患者的福音，济药集团的奉献”、“王屋山上产灵草，良药苦口利于病”。

（3）营销建议。

1）保持现有产品的基本质量特性（配方、疗效），改进产品生产工艺。

2）在促销方式上，以营业推广为主，以下依次为人员推销、广告、公关。

3）要建立一套有利于促进销售的激励措施，培养一批推销尖兵，充实驻郑办事处的力量。

（4）广告策略。

1）适当提高广告费用在销售额中的比例，增加广告密度和媒介面。

2）广告诉求重点转向品牌形象和企业形象。

3）以电影演员张凯丽为固定广告模特，以收到宣传统一的效果。其“出镜”身份以“教师”为主，以相同形象出现在不同媒体上。广告创意上应使受众自觉或不自觉地将张凯丽与《渴望》电视连续剧中的刘惠芳联系起来，通过“借光”强化广告效果。

4）广告以外大众媒体为重点，车辆广告、路牌广告、POP广告、宣传印刷品广告应大力开发。报纸广告以《郑州晚报》为主要媒体，并力求系列化、“软性化”。电视广告以河南电视台为首选媒体，以照顾整个河南市场广告宣传的需要。广播广告以郑州经济台“郝大夫谈卫生”节目插播广告为主。

（5）促销方案（略）

（资料来源：销售与市场，1996年第二期）

案例讨论

1. 保健食品的广告市场调查应该如何进行？

2. 结合案例，谈谈如何运用不同的广告调查方法？

第四章　医药广告的主题和定位

导言

本章首先从广告主题的概念入手，对广告主题的概念进行说明。广告主题的概念是在广告产品中提炼出来的，对消费者有着实质的或心理上的价值。其次，介绍了医药广告主题的要素，即广告目标、信息个性和消费心理。提出医药广告主题策划的基础，即建立医药产品价值网和建立医药产品价值链。继而说明医药产品的差异与广告主题的确定。最后，对医药广告定位的原则和前提及法则进行阐述。

引导案例

白加黑——策划从产品开始

白加黑推出时，已值1994年末，比1989年进入中国的康泰克和1993年随后进入中国的泰诺都晚。而且，在这两个品牌中，康泰克凭借独有的缓释胶囊技术，第一个建立了全国性强势品牌，其广告是“早一粒晚一粒，远离感冒困扰”，在当时普遍6小时吃一次的感冒药中，确立了“长效”定位；泰诺则依赖“30分钟缓解感冒症状”诉求成功，其定位于“快效”，与康泰克针锋相对。

面对强大而又被消费者所广泛认同的竞争对手，白加黑没有跟进康泰克或泰诺，而是在长效、快效之外，提出“白天服白片，不瞌睡；晚上服黑片，睡得香”，将两位领先者重新定义为黑白不分的感冒药，自己是“日夜分服”。

“白加黑”确定了干脆简练的广告口号：“治疗感冒，黑白分明”，所有的广告传播的核心信息是“白天服白片，不瞌睡；晚上服黑片，睡得香。”产品名称和广告信息都在清晰地传达产品概念。

“白加黑”上市仅180天销售额就突破1.6亿元，在拥挤的感冒药市场上分割了15%的份额，登上了行业第二品牌的地位，在中国内地营销传播史上，堪称奇迹，这一现象被称为“白加黑”震撼，白加黑凭此定位进入了三强品牌之列。

最好的营销就是创造好的产品（概念），满足了消费者的个性化需求就是占领了市场。“白加黑”创造了一个好产品，它看似简单，只是把感冒药分成白片和黑片，并把感冒药中的镇静剂“扑尔敏”放在黑片中，其他什么也没做；实则不简单，它不仅在品牌的外观上与竞争品牌形成很大的差别，更重要的是它与消费者的生活形态相符合，达到了引发联想的强烈传播效果。

就一件具体的广告作品而言，在明确了广告目标、广告对象后，下一步的主要问题便是选择和确定广告主题，即广告的中心思想，它是广告主与目标受众沟通的凝聚点。为了达到预期的广告效果，广告创作人员必须要在医药产品或医药企业中找出最重要的部分来加以诉求发挥，这就是广告主题的策划，它是广告创意展开的基点，也是广告成败的关键。

（资料来源：中国营销传播网）

第一节　广告主题理论与实践的发展

广告宣传与其他宣传一样，必须有其特定的宣传主题。所谓主题，就是你主要想向大家诉说或说明的问题。一则广告必须鲜明地、突出地表现广告的主题，使人们在接受广告之后，很容易理解广告告知他们什么，希望他们做些什么。

一、广告主题

（一）广告主题的含义

国外广告学家认为，所谓主题，就是要找出商品的意义或确定商品的位置。具体而言，广告主题就是广告为达到某项目的而要说明的基本观念。这一观念是在广告商品中提炼出来的，对消费者有着实质的或心理上的价值。广告主题，像一根红线贯穿于广告之中，使组成广告的各种要素有机地组合成一则完整的广告作品。

确定广告说什么或广告主题，看起来好像一句话就能概括，是一件很容易的事情。但在广告的实际创作中，却是一件十分困难的工作。这不仅在于广告主题的概括对广告创意的展开，而且对整个广告作品的成败有着至关重要的作用。因此，在确定广告主题时要慎重，同时要从广告商品众多的信息个性中提炼出能引发消费者共鸣的广告诉求点，确实需要在科学的调查研究获得大量资讯的基础上，经过对产品、市场、营销战略、广告目标、目标群体的生活形态、心理、社会文化背景等进行综合分析，经过反复思考和构思才能形成。

（二）广告主题的要素

在主题构思中，策划者可能有很多可供选择的立意点，那么，在诸多立意点中，哪一立意点应该成为广告主题？哪一立意点最具震撼力和吸引力？这一问题的解决必须考虑到广告主题的构成要素。广告主题由广告目标、信息个性和消费心理三要素构成。

广告目标是根据企业营销决策、广告决策而确定下来的，它是广告主题的出发点，离开了广告目标，广告主题就会无的放矢。

信息个性是指广告内容所宣传的商品、劳务、企业和观念，要有鲜明的个性，即要与其他的商品、劳务、企业和观念明显地相区别，突出自己的特点。信息个性也可称销售重点，在广告诉求中，即为诉求重点。信息个性是广告主题的基础和依据，没有信息个性，广告主题就会空洞贫乏，没有特色。

广告目标和信息个性应该符合消费者某一方面的心理需要，也就是要考虑消费心理。广告的目的应是使消费者产生共鸣,这种引起共鸣的力量来自融合于广告主题中的心理因素。这种心理因素融合得越巧妙、越合理,广告的共鸣效果就越好。反之,广告主题失去了消费者心理基础,广告也不会对受众产生任何强烈的震撼效果。

因此,任何一个成功的广告主题应当是广告目标、信息个性、消费心理三要素的和谐统一。广告目标是广告主题的基础和依据,离开了广告目标,广告主题就变成随波逐流的小舟;信息个性是广告主题针对特定消费者的条件,离开了信息个性,广告主题就变成为他人做嫁衣;消费者心理是广告主题的活力所在,离开消费心理,广告主题就变成枯燥无味的说教。

二、医药产品广告主题策划的基础

广告目标、信息个性和消费心理为广告主题的产生提供了基础和条件,广告主题策划就是在这些基础和条件下展开的。通常,一种医药产品具有很多种属性,这些属性从不同方面满足了消费者的需要,它们构成了医药产品的特定价值。那么如何发掘和发现医药产品的价值?这是医药广告主题策划中的首要问题。

(一)建立医药产品价值网

根据菲利普·科特勒提出的“产品的整体”概念来看,一个医药产品的属性是多样的,它不仅要提供某一基本功能和效用的医药产品核心,同时,医药产品的形体,包括质量、品牌、包装、款式以及医药产品的附加值也能给消费者提供一定的价值,这些价值就构成了医药产品的价值辐射网。

1. 从医药产品实体因素出发

医药产品实体是医药产品价值的载体,是消费者利益实现的基础,实体价值可以作为医药产品广告主题的立意点。许多广告都侧重于对产品实体进行描绘,因此,通过展现医药产品实体从而告知消费者能获得某种利益。

(1)医药产品的品质、原料、构成成分、结构、性能等。如益佰制药“克咳”专业止咳家族;天和药业的“骨痛贴膏”;“斯达舒”中西药结合治胃病,疗效好。

(2)医药产品的生产和管理的方法、生产过程、生产条件、生产环境、生产历史等。如“七粒清”排毒胶囊;天然苗药的贵州百灵“咳速停”糖浆就是对产品生产过程进行介绍——“‘咳速停’采用苗家草药,融合国际先进工艺精制而成,不仅快速止咳,而且全面养肺……”

(3)医药产品的外观、品牌、包装等。如从包装上与其他产品进行区别,“三精葡萄糖酸钙”——蓝瓶的、好喝的。

2. 从医药产品的使用情况出发

医药产品的使用情况是指消费者在药品的使用过程中能获得什么价值,这是在广告中大量出现的主题,也是最不容易把握和表现的主题。因为广告创作人员很容易将消费者熟知的用途作为广告主题,而这些熟知的用途都不能给消费者提供广告医药产品的个性信息。因此,从商品使用价值中挖掘广告主题更具有挑战性。

(1)医药产品的用途和用法。如“肠虫清”、“两片”的广告,“白加黑”感冒药的“白天吃白片不瞌睡,晚上吃黑片睡得香”。

(2)医药产品使用的实际价值和效果,即医药产品可能给消费者带来的利益,这是大多数广告的诉求点。江中牌“复方草珊瑚”含片——感冒了,嗓子又痛又干,咽喉炎犯了,嗓子又痛又干,咽喉不适试试江中牌“复方草珊瑚”含片。

（3）消费者对医药产品使用的反应。哈药六厂的“护彤”，通过多个孩子母亲的介绍，来唤起“从众效应”。

3. 从医药产品的价格，档次出发

企业对自己的商品从价格、档次、品位等方面都有一个基本的定位，这一定位也可被选择为广告主题。如进口药品或新药。

4. 从医药产品与其他医药产品的关系出发

（1）从医药产品与其他相关医药产品的关系出发。人们生活的需要是相互关联的，而一种医药产品只能满足人们生活的某些部分需要，而有了这部分需要又常常引发对另外部分医药产品的需要。医药广告通过点明这种医药产品间的相关联系，间接地揭示和传达了广告商品价值信息，从而唤起人们对该种医药产品的需求。如女性去斑产品与女性内分泌调节产品的广告。

（2）从医药产品与竞争品的关系出发。医药产品在市场上并非孤立存在的，它总会与同类医药产品和替代医药产品发生竞争关系。竞争品牌的广告会影响和制约本品牌的广告信息，这种影响可能是正面的，也可能是负面的。具体表现为：①促进。竞争品牌广告信息与本品牌广告信息有某种相关或相对立的因素，从正向或反向对品牌广告信息的心理效应起着促进和助长作用。②屏蔽。那些在时间上出现较早、医药产品知名度较高、传播上处于强势的竞争医药产品广告，其所传播的信息会形成一道心理屏障，从而使得弱势品牌或新品牌的相似广告信息难以抵达消费者。③同化。弱势或新进入市场的医药产品品牌有时不仅会被强势或领先品牌所遮蔽，甚至其所传达的信息被后者所吸纳、同化和利用，从而为他人做嫁衣裳。

因此，如果广告创作人员选择从竞争关系出发来确立广告主题，一定要十分小心。首先，应明确自己医药品牌产品与竞争品牌建立差异的可能，这种差异消费者能否接受；其次，就要掂量一下自己的份量，有没有资格将竞争者拉来作自己的陪衬。

但毕竟以竞争关系出发，通过对比更能突出自己医药产品的价值。例如：“皙秀”去斑产品。

5. 从消费者对医药产品的关心点和期望出发

消费者关心点是消费者在对某一医药产品产生注意或有需求欲望时，对该医药产品的那些最为在意的价值功能。广告创作人员应该顺应这种关注指向，将广告主题建立在消费者关注价值之上。对于同一医药产品，消费者会有不同的关注点。例如利君药业的系列产品。

（二）建立医药产品价值链

医药产品能给予消费者的价值不止于价值网中的一些客观因素，因为医药产品的一项价值可以产生出另一价值，另一价值又可产生出另外的价值，这种价值的衍生便构成了医药产品价值的链式关系：医药产品某一价值→价值的第一层引申→价值的第二层引申。这一价值衍生的逻辑在“蓝天六必治”牙膏的广告中可以明显地看出来：“……牙好，胃口就好，吃饭倍儿香，身体倍儿棒……”。这则广告中，牙膏对于牙齿的洁净保健功能被引申到对胃口的价值、对身体的价值，从而实现了“六必治”牙膏的价值扩展。因此，广告主题策划还应注意挖掘医药产品的价值链，从价值链中提炼那些最有特色最有吸引力的环节作为广告主题的立意点。

1. 建立医药产品的社会价值链

人在社会中不是孤立存在的，总是要以多种方式同自己的相关群体发生各种社会关系，这种社会关系需要某一特定的行为、语言或实物来表达，同时也需要消费者以自认为有价值的东西来体现这种社会关系的价值。这时，医药产品不仅对消费者个体消费有价值，而且通过其某一属性价值在消费者社会关系中的扩散，体现了其社会价值，这种社会价值就是我们通常所言的友谊、亲情、爱情等，它也可以成为我们确定广告主题的立意点。

2. 建立医药产品的主观价值链

广告主题策划可以从医药产品及其相关因素的某一点出发，发挥想像的作用，赋予医药产品某种主观价值。韦伯·扬在《怎样成为广告人》一文中写道："由于人活着并不是只吃面包，广告人可以进一步去给医药产品附加各种'无形的'价值，这样可对消费者产生超过具体有形价值的真正满足感。……由于科技进步趋向导致医药产品间的日趋雷同，致使广告增加医药产品主观价值日益重要。……主观价值实际上并不比有形价值逊色。……我要在此阐释的非常重要的论点就是主观价值在生活中扮演的重要角色。"赋予医药产品主观价值是一种主观性的想像，这些主观价值是人们对医药产品的感受、联想或象征意义的挖掘，它不是产品中的物质实在性的存在，但它可能在人的心中存在，它存在于药品与人的心理和文化之间的一种精神性联系中。

(1) 医药产品给人的感觉。人是通过自己的感觉包括视觉、听觉、味觉、触觉等来感知客观事物的诸如大小、轻重、软硬、酸甜苦辣、粗糙、细腻、冷热、清晰、模糊等属性的，这种属性的感知常常会给消费者带来一种积极的或消极的体验，如舒畅、惬意、可心、美妙、快活、痛苦、不舒服等，这些感觉和感受可以成为广告主题的立意点。如"'脑白金'里有金砖，送礼更送'脑白金'"，画面中有一块金砖的模型，上面印有"999 金"的字样。

(2) 医药产品的性格。医药产品的品质、形态、功效、档次及给人的感觉、感受等，使其在人们心中有了一定的性格特征，这是人类感知和理想过程中自我投入和移情的结果。阿德温·埃贝尔在《广告计划》中曾说："每种商品都有其性格，是什么东西赋予其性格？制造商希望他的商品所得到的印象又是什么？它是男性的商品还是女性的商品，或者是属于两性的？它是有限市场的高价商品或是以价值诉求的低价商品？或者它是一种低价品，但如果做得好会有一种高价品的印象。"广告创作人员通过对以上问题的思考，可以大致了解或界定商品的性格特征。而商品的性格有细腻、温顺、高贵、典雅、浪漫、飘逸、灵秀、精巧、雅致、质朴、清纯、憨实、笨拙、粗俗等性格特征。广告可以商品的性格为出发点，确定广告的主题。如竹林众生药业的"竹林众生"牌双黄连口服液提出"一支比过去两支，两支比过去四支"。

(3) 医药产品的象征。医药产品的档次、品位、品牌声誉以及它给人们的感觉、感受与社会文化的关系等，会成为个人的某种象征，如个人身份、地位、事业、命运、能力、品格、权威、个性等。这正如 T. 维什得克和 K. 希沃德在《广告语言》一书中说的那样："广告应当使每一位读者都感到某种身份有某种需要，使个人感到自我展示能证明其生活方式和价值观念。这也证明了他们的生活方式和价值观念的正当性，从而产生关于世界以及自己在世界中的位置的意识。这里，我们所面对的是一种赋义过程，这个过程把某种特定商品转化为一种具有特定内容的生活方式和价值观念的表达。显然，这种赋义过程的最终目的是把某种特定的商品同所期望的身份联系起来，以使对某种身份的需要转化为对特定商品的需要。"

在挖掘医药产品价值链以确立广告主题时，一定要注意，医药产品的价值是有一定限度的，不能任意延伸扩展。社会价值和主观价值的赋予，应该符合一定的事理逻辑和心理逻辑。

三、挖掘医药产品潜在价值，创造医药产品新价值

医药产品的价值，有些是消费者能够感知的，有些则是消费者未能感知的。这是因为：一方面，医药产品与消费者的某一方面相关性呈现不够明显，另一方面，由于人们往往处于经验常识等心理定势的局限中，造成对定势视野之外的医药产品价值不够注意，或听而不闻、视而不见。广告主题策划中应努力突破经验常识的局限，开阔视野，把医药产品放在更广阔的关系中考察，发掘医药产品的潜在价值，创造医药产品的新价值。例如，祛斑霜产品，能除去女性脸上的斑点，更重要的是挖掘美容产品的新价值就能让女性充满自信。

（一）唤醒消费需求

消费者除了对医药产品属性具有现存需求外，还有潜在需求，即潜伏于消费者心理和社会关系中，消费者自身还未充分认识到的需求。据美国商业部统计，只有28%的消费者是有意识地行动，而72%的购买行为则是受朦胧欲望支配的。这类需求变成现实需求，既可以由消费者的生理或心理上的内在刺激引起，也可以由外在刺激物引起。广告作为一种外在刺激诱因，其任务就在于把握消费者深层心理，并根据消费心理和行为特征，展示与其潜在消费需求相符的商品、劳务，使广告能从意向情感的诉求与激发上唤起消费者的共鸣，激发其购买欲望。

在日本，一般工薪阶层很少有在家用早餐的习惯。日本电通广告公司却从无需求中看到巨大的潜在价值。为唤起对家用早餐的潜在需求，电通为“玛琪汤”（Maggi系一种不费烹调时间的速成汤）创造了一个有名的以“早安！玛琪”为主题的广告活动。广告利用工薪族上班时往往不得已空着肚子，以父母、太太为这种不正常的生活习惯而替他们担忧和操心的情况为核心，展开广告主题，获得了较大成功。

（二）创造消费需求

消费者有时对某一医药产品处于一种“无需求”的状态，即消费者对某一医药产品不感兴趣或漠不关心，这一般是由于消费者对医药产品的价值没有认识，在这种情况下，广告可以起到引导和创造消费的作用，而广告主题也以开掘医药产品的新价值为立意点。

例如“玉兰油”防紫外线润肤霜的广告主题就是通过告知人们某种生活知识，唤起人们对该产品的需求。广告画面上，一女子在遮阳伞下独白：“不晒太阳就能保持肌肤白皙吗？错了！因为即使在阴暗处，依然有能晒黑肌肤的紫外线。现在，有玉兰油防紫外线润肤霜，它含有FPF 15防晒功能，可以分泌与青春肌肤分泌很相似的成分，能有效挡住令肌肤变黑的紫外线。防紫外线润肤霜，早晚一次，令肌肤润白，时刻焕发青春美。玉兰油，青春美的奥秘。”

（三）突破消费观念障碍，挖掘医药产品价值

在一定的社会文化背景和生活方式下，往往会形成人们特定的观念，这种观念往往会影响他们对客观事物的认识和评价。因为人们并不根据事实来作决定，他们只是用事实来支持他们的决定，这就是知觉的选择性特征。观念在人们面临某一问题时，往往会成为一种先入为主的成见。如果符合人们观念的，人们较乐意接受，若不符合时，则不情愿接受，甚至会加以排斥。观念成为人们对医药产品价值取向的判断标准。在这种情况下，广告的主题立意应避开那些与

消费者观念相冲突的价值,而选择那些切合受众观念的医药产品价值。或者,通过一定的宣传转变旧观念建立新观念,使医药产品价值能为人们接受。如避孕套的使用,与当前人们的价值观念有一些不相吻合,但它的正确使用具有较大的社会价值。

(四)逆向思维,从负价值中挖掘新价值

医药产品不仅有正价值,而且还会产生一定的负价值,这会给消费者带来不利或不便。例如食物美味可口但可能会使人发胖,美酒好喝但可能会伤身体,高档商品气派有面子但又费钱,洗涤品可以洁物但可能对衣物或人体有害,化妆品助人俏美,但也可能会导致皮肤受损……医药产品的负价值,会造成消费者的动机矛盾,影响消费者对医药产品的接受。广告可以利用或避开这些负价值,或恰如其分地给予解释,这也是广告主题立意选择的一个角度。

有时,医药产品的不足之处,或者说医药产品的负价值,如果反过来利用,可能是一个好的立意点。

第二节 医药产品的差异与广告主题的确定

一、医药产品的差异

处方药品是一特殊的消费品,它的营销方式与普通消费品和 OTC 药品不同。普通消费品及 OTC 药品直接面对的是使用者,所以营销手段就多为针对直接使用者设计。而处方药品却要由医生开处方后病人才会使用的,这样直接使用者是被动的,而医生是一个主动的执行者。因此,一个处方药品是否能够取得良好的营销业绩,主要取决于医生对该药品的认可程度。因为医生开一个处方就是一次选择。首先有一个病人使他有一个明确的需要,然后在思想上经过思考与权衡,再选择某一个药品开处方给病人,这才完成了药品的真正销售过程。因此,在我国法律规定该类产品是不做广告的。这里主要是针对非处方药的广告主题进行确定。

OTC 药品,大多是由处方药转来的,具有处方药品的特征,但是又必然会带着处方药的影子,不注重包装,品牌力弱化,不注重终端形象化建设,宣传更多的是采用平面软文铺开,整个细分市场不成熟,因此面临的同类竞争压力较小。如天麻头风灵胶囊,针对的是经常头痛的消费群,头痛市场基本上没有知名实力品牌,因此经过一定的传播,天麻头风灵胶囊很快成为头痛市场中品牌记忆度最高的第一品牌。但在这一类 OTC 市场也会面临种种困惑,如狭小的市场空间,巨大的投入。在这一类市场运作阻力重重,首先是国家的宏观政策,传播宣传要受约束,使广告作用有一定的削减性。其次是面对着泛人群的低认知,不仅是对新医药产品的低认知,更是对整个疾病诊疗的低认知,因此医药企业不得不思考对本身医药产品品牌的开发培育和投入。医药企业对自身医药产品的定位和宣传,目标消费群到底是针对泛人群,还是慢性疾病的群体,只有确定了目标消费群,才能相应针对其心理需求进行市场营销。如果是针对泛人群,宣传应该要浅显易懂,相关疾病的宣传教育和功效势必要争夺权重,必然要求宣传有一定的娱乐性与吸引性,这些与针对慢性疾病的群体的宣传策略是截然不同的。慢性长期疾病的群体对其自身和疾病认知较深入,更为关心的也是药品的功效,他们不需要宣传的吸引性,他们需要有关药品机理和功效的信息,他们相信医生的建议,因此根据这些特点,针对慢性疾病的消费群的宣传上市工作,包括一些营销策略都应带有特色。但是这方面的群体界定成为其市场营销的难题。泛人群会带来一定的销售量,但慢性疾病的消费群是长期固定且忠诚度较高的消费群体。

药品是人们用来防病、治病的一种特殊商品。医药消费者在消费过程中如果使用不当或误用、误服不仅延误疾病的治疗,加重病情,而且还会对人民生命安全产生直接影响。市场对药品的要求总的来说是疗效好、毒副作用小。这种有别于一般日用消费品的特征,使医药企业在生产经营时,不仅要在生产过程中严格执行国家有关规定,保证药品质量,而且要在销售过程对消费者负责,指导其科学合理用药,并提供售后服务。药品的这种特殊性直接关系着每一个人的身体健康和生命安危,关系到千家万户的幸福与安宁。主要表现如下:

(一)药品作用的两重性

药品可以防病治病、保健康复,但多数药品又有不同程度的毒副作用。如管理得当,使用合理,就可治病救人,保护健康,造福人类。反之,管理混乱,使用不当,则危害人们的生命安全和身体健康,破坏社会生产力,甚至祸国殃民,产生严重后果。这两重性说明加强药品管理防止误用滥用的重要性。

(二)药品很强的专用性

大部分药品只能通过医生的检查、诊断后,并在医生的指导下合理使用,才能达到防病治病和保护健康的目的。若滥用药物就很可能造成中毒或产生药源性疾病。

(三)药品质量的重要性

药品质量关系到病人的安危,因此至关重要。符合质量标准要求,才能保证疗效,不符合标准要求,则意味着疗效得不到保证。所以,进入流通渠道的药品,只允许有合格品,绝对不允许有次品或等外品。为此,国家授权卫生部组织医药专家制定并颁布药品标准,未经卫生部批准,任何个人或单位都不得更改。所有不合格的药品不准出厂、销售或使用。

(四)药品时效的限时性

药品是治疗疾病的物质,这就要求药品生产、经销部门及医疗卫生单位对药品要有适当的储备。但因为药品有一定的有效期,凡过期的药品,一律不能销售和使用。

(五)药品等级的一致性

一般商品往往有等级之分,所谓一等品、二等品、等外品等,甚至残次品亦可削价销售。而药品只有合格与不合格之别,凡不合格的药品绝不能出厂、销售和使用,否则,就是违法。

(六)药品管理的科学性

药品质量的优劣、真伪,一般消费者难以辨别,必须由专门的技术人员和专门机构依据法定标准,应用合乎要求的仪器设备、可靠的方法,才能做出鉴定或评价。世界各国均设有专门的药品检验机构,负责对药品质量的检测。

必须指出的是，许多药品，特别是新药，还需要通过上市使用一段时间后，经过长期的、大量的调查、统计和分析，进行再评价，才能发现其毒副反应。为此，我国已经在努力逐步完善药品不良反应监测和药品质量信息反馈系统。药品质量是药品的生命，在相同的市场和相同的医药产品结构条件下，质量好的药品也是影响医药消费者购买的重要因素。医药消费者使用药品的最终目的是获得身体的康复，所以衡量一种药品是否具有生命力和市场竞争力的标准之一就是其疗效。影响药品疗效的主要因素是：

1. 药物的构效关系

指药物化学结构与药效的关系，这是药物作用特异性的物质基础。化学结构相近似的药物一般能产生相似的作用，称拟似药，产生相反作用的，称对抗药。药物的化学结构完全相同的光学异构体，其作用可能完全不同。

2. 药物的量效关系

药物的药理效应，一般是随药物剂量的大小而增减，两者之间的规律性变化，称为量效关系。与此相关的指标有：最小有效量、治疗量、极量、最小中毒量、致死量等。

3. 药物与剂型的关系

剂型是药物应用的形式，对药效的发挥作用极大，主要表现在以下五个方面：

（1）剂型可改变药物作用的性质。例如硫酸镁口服可作泻下药。但25%硫酸镁注射液10ml，用10%葡萄糖注射液稀释成5%的溶液静脉滴注，能抑制大脑中枢神经，有镇静、镇痉作用。

（2）剂型能调节药物作用速度。不同剂型，药物作用速度不同。如注射剂、吸入气雾剂，属于速效制剂，可用于急救。丸剂、缓控释制剂、植入剂等属于慢效或长效制剂。

（3）剂型的改变可降低或消除药物的毒副作用。如芸香油片剂治疗咳喘病，药效发挥慢，且疗效不佳，但改成气雾剂后则药效发挥快，副作用小。

（4）某些剂型有靶向作用。如静脉注射乳剂、静脉注射脂质剂等，是具有微粒结构的制剂，在体内能发挥靶向作用。

（5）剂型直接影响药效。如药物的晶型、药物粒子的大小不同，会直接影响药物的释放，进而影响药效。

二、医药产品广告主题的确定

由于医药产品具有以上特点，所以在确定广告主题时，应该注意广告主题是为广告目标服务的，广告主题的目的在于传达销售信息，告知医药产品的价值，引起受众的兴趣，从而诱发购买动机或采取购买行为，广告主题的任务对广告主题的选择有一定的要求。所以医药产品的广告主题的确定可以从两方面着手。

（一）广告主题构想必须与医药产品有关联性

广告宣传对象有产品、服务、观点以及运动。但对于医药产品主要是宣传产品和服务，因此广告主题构想必须与产品有关联性。广告专家巴克认为，广告与商品关联是成功广告的特征之一，广告与产品的关联性有的是直接的，有的是间接的；有时是明显的，有时是不明显的。

（二）广告主题构想必须为消费者提供利益承诺

消费者购买药品是为了满足治疗疾病的需要，解决身体某一方面不适的问题，这就是医药企业为消费者提供的利益。广告主应该特别注意所做广告的药品，能够明确为消费者解决什么问题，能够给消费者带来多少好处，而将这些有利于消费者的事实表现出来……要使消费者了解“利”之所在，或在脑海中浮现出“有利”的印象。例如“胃痛，胃酸，胃胀，请用斯达舒”。提供利益承诺，出现上述症状，就使用该产品帮消费者解决。因此，一项正确的广告承诺，有三个极为重要的组成要素，即：①这一承诺必须为消费者提供利益或解决消费者的问题；②这一承诺所提供的利益或所解决的问题必须是重要的，并且是潜在顾客所欲求的或需要的；③这一品牌必须整个地融入所提供的利益或所解决的问题中。

由此可以看出，承诺的核心是产品价值，即产品能够替消费者解决什么样的问题，能够给消费者带来多少好处。正如丹·舒尔茨在其《广告运动策略新论》中所说：“利益是你所作的承诺，而销售特点则是你传达承诺的证明方式。这是一个明显的特点，但值得再说一遍：除非在其中有某种对潜在顾客有价值的东西，否则潜在顾客就没有兴趣。”

正如我们在前面分析的，广告商品的属性是多种多样的，因此医药产品提供给消费者的利益和价值也是多方面的。在诸多利益和价值中，应该以哪一项作为广告承诺呢？解决这一问题仍要回到广告主题的三个构成要素，即广告目标（对医药企业而言）、信息个性（对医药产品而言）和消费心理（对消费者而言）上来。

1. 选择那些能解决销售难题的承诺

一个医药企业在市场上开展营销活动、推广其产品或劳务并非总是一帆风顺的，总会遇到这样或那样的问题，其中最主要的是医药企业与消费者沟通中发生的障碍，这往往要借助广告等促销沟通手段来解决，而销售难题也就常常表现为广告目标。

在广告策划中，可以将产生难题的各个方面审视一遍，逐个地考察各个可能导致销售难题的方面，使难题及其原因最终显露出来。具体可以按下列程序进行：

（1）是不是产品本身或市场营销过程中的问题？或者说，是不是广告可解决的问题。例如，如果产品在最近曾加以改良，而公司并未将此信息传达给消费者，这就是一项广告能解决的问题。可是，如果品质低劣，广告则不能解决，或者只能对其发生有限的影响。因此，牢记广告能做什么及不能做什么是非常重要的。

（2）是不是消费需求方面的问题？有没有这方面的需求？是否存在潜在需求未发掘？是否可创造出需求？例如口腔溃疡是一直困扰消费者的问题，它影响人们的日常生活，于是太太药业推出一种能迅速治疗口腔溃疡的“易可贴”。

（3）是不是受众认知上的问题？是否不了解该类药品？是否对本产品有误解？是否有观念或习惯上的障碍？是否被竞争品牌所影响？……

找到销售难题所在，广告创作人员就可根据具体情况，针对这一难题，确定主题内容和广告策略。

2. 选择那些和消费者关心点相切合的承诺

消费者对产品的关注和期望是从消费者对产品的需要中产生的，它要受到消费者购买目的、生活方式、自我意识等因素的影响。消费者对某一问题的关注使得其注意和兴趣集中指向有关这方面的信息，如果广告主题的承诺能切合消费者的关心点，就能够吸引消费者的注意力，刺激其购买的兴趣和欲望。

在具体的策划中，可以从各个角度分析消费的需求，找到消费者对产品的关心点。

(1) 从消费者购买目的中发现产品关心点。购买目的是指消费者通过购买产品所要满足的特定需求，消费者对产品的关心点往往与自己的购买目的有关，购买目的不同，对产品的关注点和期望也会不同。例如东阿阿胶集团临清华威药业推出的临药牌"健脑补肾丸"就是为解决消费者的失眠、健忘等问题，它针对消费者产品的关注点就是能解决消费者的失眠、健忘等症状。

(2) 从消费者生活难题中寻找产品关心点。消费者在生活中会遇到一系列生活难题，这些难题决定了其特定需要和对产品的关心点。如"中华草本5珍牙膏"提出可以牙膏中含有的5种针对性治疗消费者面临的5个问题：黄牙、牙龈红肿、牙齿脆弱、口气、蛀牙，从而研制出一种配方可以解决5大难题：强健牙齿，预防蛀牙，洁白牙齿，健康牙龈，清新口气。这样只要购买中华草本5珍牙膏就可以一次性解决5大问题。

(3) 从受众自我形象中发现对产品的关心点。受众的自我形象是受众对自己的形象、身份、地位风格、地位、特性的自我感觉、认识和评价。自我形象和实际的自我并不一样，后者是自我的客观实际状况，而前者则是我觉得或我想是怎样的。自我形象影响人们对产品的态度和选择，凡是那些能肯定和提高自我形象的信息，消费者就容易接受；反之，则可能采取回避和排斥的态度。例如"花语梦"女性去斑产品。

(4) 从消费者潜意识中发现产品的关心点。按照弗洛伊德的动机理论，造成人类行为的真正心理力量大部分是无意识的，人类在成长和接受社会规范的过程中，不断压抑其冲动，但这些冲动永远无法消除或完全予以控制，它们会在梦中出现，在不经意中脱口而出或表现在神经过敏的行为中。因此，广告创意策划者应善于体察和研究人潜意识深处的涟漪，将这种受众无意识的心理力量，作为广告主题选择的依据。例如广西玉林制药推出的玉林牌"湿毒清胶囊"。

3. 选择那些最能体现产品信息个性的承诺

广告主题如果没有自己的独特之处，就很容易在广告的汪洋大海中被淹没，或者不能给人留下深刻的长久的印象，因此，选择那些最能体现产品信息个性的承诺就显得十分重要。

信息个性有时来自于药品中不同于其他商品的独特的特性，这一特性有时并非是产品所能提供给消费者的最重要的利益。例如"金妇康"传递女性消费者健康的需要。有时广告主题中的信息个性并不一定是本品牌产品事实上独有的，如果构想者能慧眼独具，从产品、市场和受众心中找到未被占领的有促销力量的主张和个性，也能在受众心中树立起独具特色的印象。

三、确定广告主题时应该注意的问题

1. 广告主题应单纯、集中和精练

最好的广告主题以及广告策略通常是由对单一目标市场的一种清晰、实用的利益，或者一个解决问题的方法构成的。广告主题应该力求单纯集中，不要试图对太多的人说话。

2. 广告主题应保持统一性和连贯性

广告是企业和产品的"脸"，同一个企业或药品的广告由于时机不同，或者是诉诸观念或者是诉诸形象；或者是情绪的，或者是功利的。也就是说，广告表现形式和方法是千变万化的，风格上的调整和创新可以保持受众对广告的兴趣，是十分必要的。但在一个特定时期内，如果表现形式不断翻新，不能以一个较为固定的广告主题一以贯之，就不会使接触到广告的人建立牢固的印象。因此，一旦确定了一个广告主题，经过市场监测较为理想，除非遇到市场困境或形势发生变化，最好不要轻易改变。例如脑白金的宣传策略，追求最有效的途径、最合适的时段、最优化的组合，不求全但求到位。始终是围绕"送礼就送脑白金"。

3. 广告主题要易懂

广告主题是广告为达到某项目的而要说明的基本观念，传达这一观念希望受众能做出心理或行动的反馈或反应，也就是说，传播不是目的，传播的效果才是目的。如果受众连对广告主题所要表达的观念都搞不清时，你就不要期待他能做出如你所愿的反应了，如果有的话，那也只能是迷惑、烦躁或厌恶，而这却是你避之惟恐不及的。总的来说，受众是被动接受广告的，面对着充斥于生活每一角落的广告，消费者是以很快的速度穿越广告丛林的，他决不会停下来去解扑朔迷离的广告之谜，因此，广告主题应尽量做到简洁易懂，直截了当，不要试图和受众捉迷藏，否则，被捉弄的只是你自己。

第三节 定位理论

一、定位理论的概述

沟通传达定位概念，意思是说，"定位"已在产品问世之前做好。传播或者说广告，只是把定位的概念传达给消费者。定位这个概念无疑是现今营销和传播领域最富魅力的术语之一。"定位"，英文是 positioning，也有人译为"占位"。定位策略是由美国著名营销专家里斯和屈特于 20 世纪 70 年代早期提出来的。认为："定位从产品开始，可以是一件商品，一项服务，一家公司，一个机构，甚至于是一个人，也可能是你自己……"；"定位是在我们传播信息过多的社会中，认真处理怎样使他人听到信息等种种问题之主要思考部分。"他们对定位下的定义是："……定位并不是要你对产品做什么事情……定位是你对未来的潜在顾客心智所下的功夫……也就是把产品定位在你未来潜在顾客的心中。"从中可以看出，定位是对现有产品进行的一种创造性试验。"改变的是名称、价格及包装，实际上对产品是完全没有改变，所有的改变，基本上是做修饰而已，其目的是在潜在顾客心中得到有利的地位"。这种定位，纯粹是一种传播策略，让产品占领消费者心中的空隙。根据定位原理，人类心智都存有空位，让厂商去争取，假如消费者心中有空位的话，定位就比较容易；但是，假如已被竞争者占去的话，定位就困难了，那么为了在消费者心中占据某种空位，厂商就必须在竞争市场中重新定位了。里斯和屈特因提出"定位论"而奠定了他们在营销界的地位。这个理论，由他们于 1972 年在《广告时代》杂志上发表的名为"定位"的系列文章后流行开来，后来集中反映在他们的第一本著作《定位：为你心智而战》(*Psitioning*：*Battle for your mind*)一书中，正如他们自己所言，这是一本关于传播沟通的教科书。1996 年，屈特整理了 25 年来的工作经验，写出了《新定位》(*The New Positioning*)一书。也许是更加符合了现代的要求，但其核心思想却仍然源自于他们于 1972 年提出的定位论。

目前，定位论对营销的影响超过了原先把它作为一种传播技巧的范畴，而演变为营销策略的一个基本步骤。这反映在科特勒对定位下的定义中：定位是对公司的提供物（原文是 offer）和形象的策划行为，目的是使它在目标消费者的心智中占据一个有价值的地位。因此，

"营销人员必须从零开始,开发所有的4P,使产品特色确实符合所选择的目标市场"。科特勒把里斯和屈特的定位归为"对现有产品的心理定位和潜在定位"。显然,除此之外,还有对潜在产品的定位。在本节中,我们讨论作为传播学派的里斯和屈特的定位论。

二、定位的原则

在里斯和屈特看来,定位的基本原则并不是去塑造新奇的东西,而是去操纵人类心中原本的想法,打开联想之结,目的是在顾客心中,占据有利的地位。惟其如此,方能在市场上赢得先机。

屈特认为近年来的定位问题有两类:一是在市场逐渐成熟后,如果企业不能及时构思新的定位,就会陷入新的困境;二是近年来企业不断扩张生产线和进行多元化角逐,而使消费者对产品的印象愈来愈模糊。美国雪佛莱汽车公司就经历过这样的问题,过去雪佛莱是美国家庭汽车的代名词,但在雪佛莱将生产线扩大到涵盖卡车、跑车等车型后,消费者心中原有的"雪佛莱就是美国的家庭房车"的印象焦点反而模糊了,而让福特占上了第一品牌的宝座。

因此,消费者的心智才是第一战场。定位不是要琢磨产品,而是去洞悉顾客心中的想法。

要抓住顾客的心,必须了解他们的思考模式,这是进行定位的前提。"新定位"列出消费者的五大思考模式,帮助企业抓住消费者的心智。

模式一:消费者只能接收有限的信息。在超载的信息中,消费者按照个人的经验和喜好、兴趣甚至是情绪,选择接受哪些信息,记住哪些信息。因此,较能引起兴趣的产品种类,就拥有打入消费者记忆的先天优势。

模式二:消费者好简烦杂。消费者需要简单扼要的信息。信息简化的诀窍,就是不要长篇大论,而是集中力量将一个重点清楚地打入消费者的心中,突破痛恨复杂的心理屏障。

模式三:消费者缺乏安全感。由于缺乏安全感,消费者会买和别人一样的东西,免去花冤枉钱或被朋友批评的危险。

模式四:消费者对品牌的印象不会轻易改变。虽然一般认为新品牌有新鲜感,较能引人注目,但消费者真正能记入脑子的信息,还是耳熟能详的东西。

模式五:消费者的想法容易失去焦点。虽然盛行一时的多元化、扩张生产线增加了品牌多元性,但是的确使消费者模糊了原有的品牌印象。

三、定位的方法

1. 首次或第一

定位对象首先进入空白心智。赋予定位对象的主张内涵可以是多方面的,但对受众来说,这方面的信息要是心智所第一感知的,要占得最先与最大。

2. 比附(关联)定位

使定位对象与竞争对象(已占有牢固地位)发生关联,并确立与竞争对象定位相反的(否定的)或可比的定位概念。

3. 特色定位

在遇有无竞争对手的情况下,定位的策略是利用自己在潜在受众心智中所拥有的地位,并巩固之,使之确立为心智中同类对象的新位置。

4. 单一位置

处于领导地位者,要以另外的新品牌来压制竞争者。因为每一个品牌都在其潜在顾客心智中安置了独自所占据的一个特定处所。

5. 扩大名称

处于领导地位者，要用更广的名称或增广其适用范围来保持其地位。

6. 寻找空隙

寻找受众心智中的空隙(而不是制造新的空隙)，然后加以填补。这需要反其道而想的能力。关于这空隙的概念有大小、价格(高低)、性别、年龄、一天中的时段、分销渠道、大量使用者的位置等。

7. 类别品牌定位

当一个强大的品牌名称成了产品类别名称的代表或代替物时，必须给公司一个真正成功的新产品以一个新名称，而不能采用"搭便车"的做法，沿袭公司原有的产品名称。这像"跷跷板"原理，当一种上来时，另一种就要下去。因为一个名称不能代表两个迥然不同的商品。

8. 再定位

也就是重新定位(deposition or reposition)，意即打破事物(例如产品)在消费者心中保持的原有位置和结构，使事物按照新的观念在消费者心中重新排位，调理关系，以创造一个有利于自己的新秩序。这就意味着必须先把一个旧的观念或产品搬出消费者的心智，才能把一个新的装进去。虽然重新定位一定要说点有关竞争者产品的情况，但这与比较性广告不同。比较性广告未给竞争者重新定位，而以它们作为自己品牌的基准点。

第四节　医药广告中的定位法则

一、医药广告定位过程

如果根据市场调查把定位过程分为六个步骤，那么，制定定位战略就变得比较清楚。这六个步骤分别是：确定竞争对手；决定如何认识和评价竞争对手；确定竞争对手的定位；分析顾客；选择定位以及对定位进行监测。在其中的每一个步骤中，我们都可以利用市场调查手段获取我们所需要的信息。六个步骤中我们只讲述前四个步骤。

(一) 确定竞争对手

在大多数情况下，一个品牌可能面对一个基本的竞争对手，但同时还可能有一个或几个次级的竞争对手，明确这两类竞争对手非常有用。通过多种方法进行分组以判别竞争对手颇具实践意义。其方法有二：一种方法是通过产品的购买者进行判断，看看他们考虑哪些产品；另一种方法是建立与产品和使用场合间的联系。

通过这两种方法甚至不用实际市场调查就可获得判别竞争对手的概念性标志。顾客选择替代品及产品适用场合的概念用来理解竞争环境。

(二) 决定如何认识和评价竞争对手

要认识竞争对手，就必要选择一系列适当的产品进行比较。这里的特性不仅包括产品特性和顾客利益点，同时还包括其他产品的关联因素，如产品的使用度和产品的使用者。对所有的产品类别，通常都有很多可能性，而判明其中的可能性，则可能是困难的。我们的任务是判明潜在的相关特性，去除名单中无关紧要的东西，选择那些对描叙品牌形象最有用的和最有关系的特性。其方法有二：一种是利用凯利汇总表，他是建立特性清单的方法。这种方法常常会产生一个较长的产品特性清单，有时要达到几百个，通常会超过 40 个。下一步是将多余的特性从清单中剔除，另一种剔除多余特性的方法是因子分析法（factor analysis）。该统计技术要求被调查者对产品特性的每个方面进行排序。在获得了一个没有多余特性的清单之后，下一步是要选择那些对产品形象最有意义和最重要的特性。

（三）确定竞争对手的定位

确定竞争对手的定位可采用多维排列（multidimentional scaling）的统计方法，其目的是在多个方面（或特征）进行对象划分。多维排列既可基于特征数据，又可基于非特征数据。基于特征数据的多维排列是要求目标群体在不同特性方面对不同产品打分。一种是用 7 分制的同意程度打分法，另一种是使用语言区分法。基于特性划分有一些概念上的不足之处，而一个完整的、有效的和相关的特性清单并不容易获得。另外一个目标也可能要被作为一个整体的评价，而不是分解成各种特性评价。正是因为这些不足，我们也使用非基于特性的多维排列方法，即并非基于特性的数据，如相似性数据等。

相似性的方法反映了被调查者观察两个事物所得到的相似之处。例如可能要求每一位调查者对每一事物的相似程度打分，这样被调查者就没有一份有关特性的清单暗示他们应考虑什么或不应考虑什么，由此获得的结果就是每对事物的相似性评分。一个多维排列项目可以将事物在二维或三维（如需要可以更多）空间中定位。这种空间又可以被表达为一种“知觉图”（perception map）。

（四）分析顾客

最终的定位决策要明确品牌在“知觉图”上应处于哪一位置。作出决定很显然要了解图中的哪些区域对顾客有吸引力。在大多数情况下，即使顾客对品牌的认识相似，他们在知觉图中也会有明显的不同。我们的任务通常是根据顾客在知觉图中的偏好位置，找出明显的顾客群。因此，决策就包括选择顾客群及目标定位。

区分顾客群的一种方法是判明哪些特性或顾客利益点是最重要的，然后判明认同相似特性或利益点的顾客群。在统计上可以采用联合分析法（conjoint analysis），其目标是获得特性和特性水平的重要程度，这与直接评价法相同，不同之处在于数据的收集和分析方法。另一种方法是利用理想事物的概念。那些具有相似理想事物的顾客形成相似的顾客群。从多特性态度模型评价中发展而来的理想点模型（ideal-point model）假设：可以找到一个或整个市场“理想的”不同特性水平的特定组成，从此来收集数据。它要使用到知觉图技术和多维排列方法。

考虑顾客对某一特性的不同使用场合的偏好十分重要。偏好对使用场合十分敏感。在每一项关于咖啡的使用场合的焦点小组研究中，发现上午饮用咖啡者和下午饮用者之间的差异很大。

二、医药广告的定位法则

下面列举一系列定位法则，针对医药企业而言，可以根据各个医药企业和不同医药产品进行针对性的选择。

1. 市场领先法则

主要是在市场中实现“第一”胜过“更好”，主要从以下几方面进行：①产品创新，你若不能成为某类产品的第一，就应努力去创造另一类新产品；②观念竞争，市场营销不是产品之争，而是观念之争；③财力支持法则，没有足够的资金，任何创意都不可能实现。

2. 深入人心法则

抢先深入人心胜过抢先进入市场。主要从以下几方面进行：①观念集中，市场营销中最强有力的战略是在用户心目中只拥有一个概念；②阶梯定位，在产品的市场阶梯中的位置决定了你所应采取的营销战略；③概念专有，两个不同的公司不可能在用户心目中享有同一个概念；④针对第一，若想争取市场第二，你的战略就应针对市场第一。

3. 品牌延伸法则

品牌延伸不可避免地给人以品牌雷同的印象。主要从以下几方面进行：①品种细分，随着时间的推移，产品的品种会细分为两个或者更多；②远期效果，市场营销行为应在长期内显现效力；③有所牺牲，有所失才能有所得。

4. 对立特征法则

对任何一种产品的特征，总存在着另一种与之相对立的有效特征。主要从以下几方面进行：①坦诚相见，潜在用户会在你承认自己的短处时发现你的长处；②惟一策略，在各种场合中，只有一种举措会产生重大的效果；③不可预见，除非你亲自为你的竞争对手制定计划，否则你无法预见未来。

5. 骄兵必败法则

成功往往会导致骄傲，而骄傲又必然导致失败。

6. 正视失败法则

失败难以避免，但应正视失败。

本章小结

1. 广告主题就是广告为达到某项目的而要说明的基本观念。这一观念是在广告商品中提炼出来的，对消费者有着实质的或心理上的价值。广告主题，像一根红线贯穿于广告之中，使组成广告的各种要素有机地组合成一则完整的广告作品。确定广告主题的要素，在主题构思中，策划者可能有很多可供选择的很多立意点，但医药产品及其相关因素为广告提供多种可能的主题构思出发点，广告主题由广告目标、信息个性和消费心理三要素构成。广告主题策划的基础：建立医药产品价值网，即从医药产品实体因素出发，从商品的使用情况出发，从商品价格，档次出发，从医药产品与其他医药产品的关系出发，从消费者对医药产品的关系点和期望出发。建立医药产品价值链：建立医药产品的社会价值链，建立医药产品的主观价值链。挖掘医药产品潜在价值，创造医药产品新价值。

2. 医药产品的差异与广告主题的确定。医药产品的特点为医药产品的差异，药品作用的两重性，药品很强的专用性，药品质量的重要性，药品时效的限时性，药品等级的一致性，药品管理的科学性。医药产品广告主题的确定包括广告主题构想必须与医药产品有关联性，广告主题构想必须为消费者提供利益承诺。广告主题应单纯、集中和精练。广告主题应保持统一性和连贯性。广告主题要易懂。

3. 医药广告定位的原则和前提定位的方法包括首次或第一，比附（关联）定位，特色定位，单一位置策略，扩大名称，寻找空隙策略，类别品牌定位，再定位。

4. 医药广告中的定位法则从以下几方面着手：确定竞争对手，决定如何认识和评价竞争对手，确定竞争对手的定位，分析顾客。

思考题

1. 解释下列概念。

   广告主题　　定位理论

2. 如何理解广告主题？举例说明二至三个广告的广告主题。
3. 如何展开对广告主题的思考？
4. 如何理解广告主题与广告承诺间的关系？
5. 广告主题策划应注意哪些问题？
6. 简述定位的原则和前提。
7. 你在广告主题构想方面有哪些新的观点和看法？

典型案例与讨论

妇科千金片——医药广告如何在限制下突围

在严格的药品管理体系下，如何让女性患者消除心中尴尬，轻松面对妇科疾病从而选择妇科千金片？这是对广告人智慧和创造力的巨大挑战。

千金药业是一家有着近30多年历史的老企业，主要生产、销售女性药品，自1993年起快速壮大，通过其拳头产品"妇科千金片"在市场上取得了巨大成功，拥有良好的知名度，率先建立了全国营销网络和良好的终端，并积极开发新产品，其低价格产品定位吸引了大部分农村、城郊的市场份额，广告语"有千金是福气"传播率很高。

贴心还是千金——消费者洞察

中国女性受传统影响几千年，面对身体的隐私不轻易启齿。市场调查证实，女性碰到妇科问题，一般很少去医院，也很少与人提及，要么放在心里，要么与最亲密的人（比如说丈夫、闺中密友等）商量，因此才有了"贴心还是千金"的广告语。

广告语在原来的"有千金是福气"的基础上延伸到一种情感体味，表达了妇科千金片对女性善解人意的体贴，更具有亲和力。影视广告片"苍耳篇"顺势温馨出笼：

一家人外出郊游，女儿亲热的将脸贴到母亲身上，却被什么东西刺了一下，仔细一看，原来是母亲身上勾了很多的苍耳，于是女儿就仔细的为母亲拣除苍耳，然后再幸福地依偎在母亲的怀里。

整个片子画面干净、美丽，一改许多药品广告中得病后苦恼不安场面的颓风晦气，将母亲不小心粘到身上的苍耳巧妙地喻为妇科疾病不期而至；将女儿为母亲除去苍耳恰到好处地喻为"千金"为女性解除病症，苍耳对应妇科疾病，女儿对应千金片，将女人的难言之隐委婉地点了出来。

锁定眼球——终端差异化传播

能否决胜终端取决于很多因素，但首要条件不是促销员的口舌与促销品，而是产品的包装。首先更新了已很陈旧的产品包装。

产品换装继承了原来的主要识别元素。妇科千金片主色是绿色，与妇科药品千篇一律的红色、粉色相比，易于第一时间被消费者发现。新包装放大了消费者耳熟能详的产品名——千金片，加强了终端的可识别性。作为企业标识一部分的圆形成为了包装的装饰性图案，一方面保证了产品与企业品牌接合，同时也为千金品牌延伸奠定了视觉识别基础。

无论是杂志广告，还是报纸广告，还有其他终端POP，都采用一样的版式，一样的形象。这样，强烈的识别符号很快在人们脑海中留下了深刻记忆，产品和企业形象也不断累积起来了，企业的无形资产也很好的延续利用了。

千金更贴心——全方位消费者接触

为企业的公关营销提出了一些建议，比如成立“千金医生俱乐部”，利用医生权威的形象加深产品的功能诉求，从而带动OTC市场；成立“千金女性会员制”，加强企业的凝聚力和企业亲和力的品牌形象；同时还定期编制女性健康手册，给广大消费者以亲切自然的问候；特定节日如“三·八妇女节”与相关部门进行有关妇科知识讲座培训等等。

让感到欣慰的是，在此策划案实施之后，妇科千金片新包装、新形象上市的反应是超乎我们所想的好，销售一线频频传来好消息。

（资料来源：中国营销传播网）

案例讨论

1. 请说出妇科千金片广告的主题是什么？
2. 结合实际谈谈对妇科千金片广告的主题的评价。
3. 列举一至二个医药产品的广告主题并进行讨论。

第五章　医药广告的创意

导言

本章首先介绍广告创意的概念，即是广告主题意念的意象化，广告创意必须要遵循独创性和实效性两大原则。其次阐述广告创意的基本原理是通过意念的意象化体现出来，意象是被赋予了一定意义的表象。接着介绍广告创意的步骤即信息开发，概念构建，主题构思，创意表达，创意评论与分析。同时阐述了医药广告的三种较为流行的思考方法：垂直思考法、水平思考法和集脑会商法。最后对广告创意的策略进行介绍。

引导案例

排毒养颜胶囊——大创意造就大成功

排毒养颜的概念绝对是一个大创意，说它是个大创意是因为：这个创意大在排毒养颜胶囊的成功不仅成功地推出了一个产品，将自己做成了全国的老大（不止一次排名全国药品销量和销售额之首）、历久不衰，饶是其跟进产品无论怎么折腾，终没能撼动其排毒鼻祖地位，而且排毒养颜胶囊还成功地造就了一个“排毒”行业。

这个创意大还大在从“补”到“排”的反向思维。在“排毒”之前，几乎所有的保健品（排毒养颜胶囊最初是保健药品，后转为OTC）都是强调“补”的，虽然也有个别产品也提了比较接近的概念，如昂立一号的“清除体内垃圾”，但从字面上不难看出，这两个概念无论是在接受度和刺激度上存在着明显的高下之分。虽然，总的来看，昂立一号也算一个非常成功的产品，但绝大多数的销量来自上海本部，说起来，自己也底气不足，自然也不那么令人信服。

这个创意大在“毒”的巧妙的构思，这个带恐吓性的字眼，给消费者带来强烈的刺激并引起消费的迫切性，传统的中医理论基础也不会让消费者在接受上存在着过多的障碍。

这个创意大在“排毒”和“养颜”的功能组合，乍一看似乎没有太多的联系，稍一琢磨则会觉得非常有理。体内有“毒”，皮肤自然美不起来，这应该是普通消费者最直接、最朴素的理解，能被消费者接受并信服。

（资料来源：中国营销传播网）

现代广告的核心在于创意,其魅力也在于创意。根据广告宣传商品的特性构思、创作融艺术品位与感人情节于一体的广告作品,是广告创意的基本任务。广告创意是一项灵感性、技巧性很强的工作。创意是广告宣传的生命线,它不仅决定了广告宣传活动的品位及其市场吸引力,而且其表现直接影响企业形象和产品销售。因此,广告界历来重视广告创意,有人说,创意是广告的灵魂,没有好的创意,就不可能形成一流的广告作品,更不会有成功的广告宣传活动。创意好的广告作品,不仅是一件优秀的宣传品,也是艺术殿堂里的珍宝。为了获得优秀的广告创意,广告创作人员必须根据企业的经营战略、商品信息传递的要求,按照广告创意的宗旨、操作程序、技巧方法,创作出融艺术性和促销功能于一体的广告作品,使广告作品既有强烈的视觉冲击力,又有塑造企业形象、促进产品销售的强大功能。

第一节　医药广告创意的概述

我们生活在一个商业社会中,广告充斥着每个角落。但是这些广告给我们的印象却是不一样的:许多广告平淡无奇,令人不屑一顾,激发不了兴趣,更谈不上留下印象,更有甚者,个别广告还会引起人们心理上的反感;而有些广告却表现新颖、独特,从而留下深刻的印象。为什么同样是广告,差别却如此之大呢?除了设计、制作方面的因素外,最主要的在于广告创意水平的高低。

一、医药广告创意的含义

在英语中,我们常常用“creative”表示“创意”(另有一些文献中的“ideas”也表示“创意”),意思是“创造、创建、造成”。创意是广告的灵魂和生命。随着我国经济持续高速增长,市场日益扩张,竞争不断升级,商战已开始进入“智”战时期。顺应这种竞争的变化,广告也从以前的所谓“媒体大战”、“投入大战”上升到广告创意的竞争。“创意”一词也成为我国广告界最流行的常用词,对一些广告人来说,甚至到了言必称“创意”的地步。

然而,创意一词究竟指的是什么?其内涵如何界定?对此国内学者和广告界人士却见仁见智,众说纷纭。大致来说,人们一般在以下几种意义上来使用创意一词。

1. 广义上的创意

创意是指广告活动中有创意性的活动,这是对广告创意较广义的把握。例如广告主体创意、广告表现创意、广告媒体创意等。这种认识使创意一词几乎包括了广告互动的所有环节,很容易造成概念混乱。

2. 狭义上的创意

创意是指广告的艺术构思(不包括制作)。这是一种使用较为普遍的含义。

3. 一般意义上的创意

创意是指整个广告作品,这是将创意等同于广告的一种认识。

以上这些反映了当前我国广告界对创意这一概念认识上的混乱。一方面我们开始认识到创意在整个广告运动中的重要作用,这是一个良好的开端,但另一方面从基本概念的把握和界定上来认清什么是广告创意更是十分必要,这一认识过程将有助于广告人在广告活动中通过科学的思维产生真正的创意,而不仅仅乞灵于缪斯女神触摸你额头。

4. 医药广告创意的含义

创意是广告活动全过程的一个重要环节,它处在广告主题的选择与广告表现和制作之间。我们知道,广告主题仅仅是一种思想或观念,这种抽象的意念必须借助于一定的形象来表现。“创意”,从字面上理解,是“创造意象之意”,从这一层面进行挖掘,我们认为医药广告创意是介于医药广告策划与医药广告表现制作之间的艺术构思活动,即根据医药广告主题,经过精心思考和策划,运用艺术手段,把所掌握的材料进行创造性的组合,以塑造一个意象的过程,简而言之,即医药广告主题意念的意象化。

二、意念、表象和意象

为了更好地理解广告创意、有必要首先弄清楚意念、表象、意象几个相关概念。

(一) 意念

意念通常指念头和想法。在艺术创作中,意念是作品所要表达的思想和观点,是作品内容的核心。而在广告创意和设计中,意念即是广告主题,它是指广告为了达到某种特定的目的而要说明的观念。我们常说“广告立意”,也就是为广告选择和确定一个基本的主题意念或称广告主题。

意念是无形的、观念性的东西,它必须要借助某一有形东西才能表达出来。也就是说,在艺术创作中,立意后,还有一个按自己的审美理想“造象”的过程,“造象”即“创造意象”,也就是广告创意。“造象”过程是一种艺术构思活动,因此,它也要符合艺术构思和创作的一般规律。艺术是用形象思维的方法来反映现实和表达思想的,即通过艺术家们的努力,将现实生活中的客观事物艺术地概括和提炼,转化成能为公众注意和接受的特定艺术形象并再现出来。这种转化过程融入了艺术家们的感情、思想和创作技能。所以说,艺术是一种形象表现的手法,离开了形象也就不存在艺术。

任何艺术活动必须具备两个方面的要素:一是客观事物本身,它是艺术表现的对象;二是用以表现客观事物的形象,它是艺术表现的手段。而将这两者有机地联系在一起的构思活动,就是创意,例如,我们常常用鲜艳的花朵来比喻漂亮的姑娘,这属于一种艺术表象。姑娘是被表现的客观事物,花朵是用来表现姑娘的艺术形象,而选择花朵来表现姑娘就是一种创意。通过这一表现活动能使人们清晰地感受到姑娘的娇美,即使是没见过漂亮姑娘的人,也能从花朵的娇艳中领会和想像到姑娘俊俏的模样。

在艺术表现过程中,形象的选择是很重要的,因为它是传递客观事物信息的符号。一方面它必须要比较确切地反映被表现事物的本质特征(或所希望表现的方面);另一方面又必须能被公众理解和接受,即公众在该形象和被反映的事物之间能产生合理的联想,而不至于曲解误解。除此之外,形象的新颖性也是很重要的,否则就可能由于表现形式的陈旧化而失去艺术感染力。这正如人们常说的:第一个把姑娘比做花的人是天才,第二个把姑娘比做花的人是庸才,而第三个再这样比的人就只能是蠢材了。

(二) 表象

在广告创意活动中,创作者也要力图寻找适当的艺术形象来表达广告主题意念。然而由于广告并非是对主题思想的简单传达,而是要通过意念的传达去刺激、感染和说服消费者,因此,在广告的创意活动中,艺术形象的选择更为重要,也更多地反映了创作者的思想。

符合广告创作者思想的可用以表现商品和劳务特征的客观形象,在其未用作特定表现形式时我们称其为表象,是我们通过感官对客观事物的原型形象的感知和映照。表象一般应当是广告受众比较熟悉的,而且最好是已在现实生活中被普遍定义的,能激起某种共同联想的客观形象。如果表象的联想定义不明确或容易产生歧义,一般就不应选来作为广告的艺术形象。如果一定要选用这种表象,也应当首先以某种方式赋予其前期定义。

(三)意象

在人们头脑中形成的表象经过创作者的感受、情感体验和理解作用,渗透进主观情感、情绪和一定的意味,经过一定的联想、夸大、浓缩、扭曲和变形,便形成转化为意象。意象是用来表现人们思想和情感的客观形象,是思维化和情感化了的感性形象,它以表象的客观性为基础,又蕴含了创作者的主观感情,比生活中的实际形象更富有想像色彩。表象一旦转化为意象便具有了特定的含义和主观色彩,而这种含义的形成,又必然同一定的客观事物和表现形象联系在一起。如"太阳神"口服液的广告用不断向火堆中加木柴的形象,来表现"太阳神"口服液对延续生命之火的功能和效用,既贴切又富有感染力。在这一广告创意中,"火中添柴"这一生活中常见的表象同"太阳神"口服液结合在一起,便成为赋予了特定含义的意象,而广告受众则可通过这一意象自然地感受到广告创意人员所要宣扬的"太阳神"口服液具有保健强身作用这一主题意念。

意象对客观事物及创作者意念的反映程度是不一样的,其所能引发的受众的感觉也会有差别。用以反映客观事物的格调和程度即为意境,也就是意象所能达到的境界。境界是衡量艺术作品质量的重要指标,所选择的意象对客观事物反映得越广泛、越深刻,所引起的受众心理反响越大,其意境也就越高,作品也就越成功。

三、医药广告创意的实质

根据创意融创新与构思于一体的特性,可以对广告创意的实质理解如下。

(一)医药广告创意的前提:科学的调查与分析

广告创意当然需要"顿悟",但并不仅仅是"灵魂"的产物。不熟悉医药市场情况、社会文化、品牌形象特性、公众用药心理习惯的人是不可能真正创造性地设计出有市场影响力的宣传意境的。即便能产生出创意,在这种无凭无据的创意指导下,策划出来的广告容易违反市场、违反文化、背离商品特点和企业的品牌特性。对于创意人员而言,应该掌握各方面的信息,如市场自然条件信息、营销促销信息、竞争信息、商品信息、公众需求信息、公众文化信息、公众经济信息、顾客消费模式、企业内部生产和管理信息、政府法律信息以及涉外商务信息、社会变迁信息等。例如哈药集团"泻利停"的成功,得益于对市场的分析和对广告人物的选择上。这版广告成就了广告语,"都知道啊?"以及赵本山特有的幽默,也让人们把对明星的好感转移到产品上,给消费者增加了更多的精神利益。

(二)医药广告创意的关键:符合公众心理

在传统广告理论中,有一个著名的 AIDA 模式。AIDA 是英文"注意"(attention)、"兴趣"(interest)、"欲望"(desire)和"行动"(action)四个单词第一个字母的简写,其基本内容就是说,广告宣传应该根据公众的心理变化过程,依次施加影响:第一步是引起公众对宣传商品的注意；第二步是培养公众对商品的兴趣与好感；第三步是引导顾客产生购买商品的欲望；第四步是诱发顾客购买商品的消费行为。这个公式说明，只有具有心理震撼力和感染力的广告宣传活动，才能触动公众心理，产生引起注意——提起兴趣——培养好感——激发欲望——引发行动——加深印象的心理功效。如果广告创意平淡无奇，或者脱离公众心理需求，广告作品和宣传活动缺乏心理震撼力，是不可能有强劲的宣传功效的。

当然，强调广告创意要富有心理震撼力和感染力，并不是追求“奇”，追求“怪”。创意的新奇要以公众心理为依据，以公众心理需求为准则。过分新奇、荒诞的创意，虽能给公众以强烈刺激，一时引起公众的高度注意，但是并不能有效地对公众的兴趣心理、记忆心理、欲望心理和消费决策心理产生积极影响，甚至还会给公众留下不良的印象。我们强调的创意，并不是脱离公众心理和民族文化背景的新奇，新奇要合情合理，符合我国国情，符合我国公众的接受心理。例如哈药集团“泻利停”的广告词“拉肚子，选好药，选药也要有诀窍，别看广告。看什么？看疗效啊？”“泻利停，泻利停，痢疾拉肚……都知道啊？”在巨大的投放量下，不仅消费者都能背下这版广告的全部方案，也使得“都知道啊？”这句话成为一度的流行语，“泻利停”从此深入人们的脑海，建立了“拉肚子就用泻利停”这样一种牢固的、很难被取代的品牌印象。满足消费者的心理满足，包括对产品的满足和对明星欣赏的满足，符合公众的心理。

（三）医药广告创意的表现形式：创新与优化

创新不是创意的全部，但却是创意的本质特性。其实，创意这个词，是个舶来品，“creative”这个词有多种含义，如创造、创新、革新、产生、制造……从词的本义上看，创意是一项创造性工作，是源于创新和智慧的创造性思维活动。缺乏创造性的广告是没有生命力的。呆板守旧、抄袭旧程式不是广告创意的本色。广告创意的活力和魅力在于创新，强调的是以新颖的主题、新颖的形势、新颖的手法形成广告作品和宣传活动别具一格的风采，争取公众的注意和理解，形成市场影响力。

广告创意，一方面表现为创新，另一方面还表现为优化选择。只有一个人的“创新”和灵感，不可能真正形成好的创意，即使创意成功，也具有很大的偶然性。广告创意过程中，在依靠广告主创人员的基础上，还要充分调动其他所有广告人员甚至公众的创造性，借助头脑风暴法、博采广选法等手法，引发大家围绕宣传商品和宣传内容畅所欲言，相互启发，随意发表自己的看法，形成多种创意方案，然后从中找出最佳组合方案。只有这种经过优化选择的创意方案，才能真正具有生命力。

例如斯达舒在强手如林的胃药市场，斯达舒只是一个毫无根基的小字辈。不管是产品的特点，还是品牌的基础，都无法在强手众多的市场中占有优势。由于斯达舒名字难记，在广告创意之初，如何能快速让消费者记得产品的名字、扩大知名度成为中心目的。于是有了那个令人感到“恶俗”的广告：紧张的鼓点节奏下，一位年轻的母亲焦急地翻找着抽屉，原来丈夫胃病又犯了，找不到胃药，年轻的母亲急忙让儿子去找斯达舒，结果儿子却找来了一个呆头呆脑的男人，原来是所谓的四大叔。妈妈气鼓鼓拿出真正的斯达舒胶囊纠正了儿子的错误。该广告很快在央视大量投播，一时间“四大叔”家喻户晓，偶尔会成为人们茶余饭后的“幽默”话题，而斯达舒的品牌知名度不知不觉的在全国范围内建立起来。

（四）医药广告创意的成果：形成富有吸引力的美好意境

广告创意的成果与文学创意的成果具有一定的相似性，即以构筑意境为目标。不同的是文学创意强调通过意境表达某种思想、观念，而广告创意则通过意境来展示商品信息和品牌特性。广告只有通过创意，设计出具体、形象、生动、美好的意境，公众才会接受影响，并按照意境的暗示，产生美好的体验进而对宣传的商品形成好感。现代公众在购物过程中，不仅期望购买到物美价廉的商品，而且还期望“购买”到愉快的心情。与此相联系，公众在接受广告宣传的过程中，不仅希望从广告宣传作品中获得充足的商品信息，而且还希望从中得到美的艺术享受。因此，广告创意在构思过程中，不仅要准确、清晰地表现商品的特性，满足顾客在商品信息方面的需要，而且要营造美好的意境，满足顾客的欣赏需要。例如蚁力神的那句“谁用谁知道啊”的广告词给人以美好的意境。

第二节 医药广告创意的原则

对于什么是好的广告，著名广告人大卫·奥格威在其《一个广告人的自白》中将其概括为三种意见：一种人认为，客户认可的广告就是好的广告。另一种人同意雷蒙·罗必凯的观点：“上乘广告的最好标志是它不仅能影响群众争购它所宣传的产品，而且它能使群众和广告界都把它作为一件可钦可佩的杰作而长记不忘。”而包括奥格威本人在内的第三种人则认为，广告佳作是不引起公众注意就把产品推销掉的作品，它应该把广告诉求对象的注意力引向产品，诉求对象说的不是“多妙的广告啊”，而是“我从来没有听说过这种产品，我一定要买它来试试。”

创意是广告的灵魂，一则广告成功与否在很大程度上取决于广告创意的优劣，因此，在某种意义上我们可以说，优秀的广告来源于优秀的创意。上面三种观点从不同角度衡量了广告作品优劣的标准，我们也可以将其看作是对广告创意的要求。具体而言，雷蒙·罗必凯强调了广告创意的独特性，即好的广告（创意）是那些具有原创性的艺术作品或构思；而大卫·奥格威则强调了广告创意的实效性，即好的广告（创意）必须具备在消费者感觉不到任何推销压力的情况下，自觉地接受广告产品。由于创作风格的不同，这两位广告大师对广告创意的评判未免有失偏颇，其实，只有同时具备了独特性和时效性的广告创意才是优秀的广告创意。

台湾有一位广告专家曾对“创意”做过一种不失为精辟的分析。他认为“创意”必须抓住两大要诀：①创意是旧元素的新组合。他用万花筒的原理来解释这一说法：万花筒中装有一定数量的彩色碎片，同一万花筒中这些碎片的数量和质量是不变的，但只要转动万花筒，使这些碎片发生了新的组合，就会有无穷的新图案和新花样。创意正是将各种广告活动所涉及的要素进行重新组合，使之产生新意的活动。②创意的产生有赖于对事物因果关系的观察能力。人类的创意与万花筒不同的地方在于万花筒的转动是随意的，无论变化成哪种图案都无所谓；而人类的创意活动都是有目的的，即必须是创意的结果符合实现目标的要求。具体到医药广告创意来讲，就是要使药品广告的发布者的期望和消费者的欲望相一致，这就需要创意人员能够根据其对各要素之间关系的观察，预计到各种要素按一定方式组合所可能产生的结果。这里所讲的两大要诀实际上也是广告创意独特性和实效性原则。医药广告的创意也遵从这两大原则。

一、医药广告创意的独创性原则

广告界有句名言：“在广告业里，与众不同就是伟大的开端，随声附和就是失败的根源。”它揭示了广告创意最根本的一项素质。独创性是广告创意最鲜明的特征。所谓独创性的原则，是指广告创意中不能因循守旧、墨守成规，而要勇于和善于标新立异、独辟蹊径。我们知道，人们平时的行为以及处理各种情况的方式，是受到先天的本能反应和后天的学习经验影响的，我们也可将这一行动过程看作是人们对外部环境所传递的信息的反应过程，当外部环境趋于稳定，输入信息极少变化时，人们的反应将趋于一种被动的惯性反应，或我们经常所讲的下意识。按神经学家的解释，当刺激信号没有变化时，脑细胞将停止反射活动。因此，就不可能引起人们对信息的关注或产生积极的心理体验，而只有当这种刺激信号变化时，才能引起反射。这种变化越是出人意料，反射也就越强烈。这就是创意独特性原则的心理基础。独创性的广告创意具有最大强度的心理突破效果。与众不同的新奇感总是那样引人注目并引起广泛的注意，并且那鲜明的魅力会触发人们强烈的兴趣，能够在受众脑海中留下深刻的印象，长久地被记忆，这一系列心理过程符合广告传达的心理阶梯的目标。一个普通的商品信息或观念，经过独特性的创意塑造，广告传达就能达到不寻常的震撼效果。

基于此，世界上著名的广告公司和广告人都无不将保持创新的活力放在首位，通过不断的创新来开掘灵感之源，启发创意的思维。以萨奇兄弟广告公司为例，从公司成立的第一天起，其创办人萨奇兄弟就为自己的企业制定了开拓业务的宗旨，这就是在保证质量的前提下，仅仅盯住“需要、独特”这四个字。所谓需要，是指要满足客户多样化的需求；而独特，则是要敢于与众不同，不怕标新立异，在广告创意上要能人所不能，言人所未言。而萨奇公司在广告业务中初步确立自己的地位也正归功于查理·萨奇所推出的一则超越常规的绝妙的广告创意——“怀孕的男人”。这则广告是为英国健康教育委员会制作的，其目的是在社会上掀起反对早孕和未婚先孕的运动。广告的画面上是一个挺着大肚子的男人，旁边有一行文字：“假如怀孕的是你，你是否会更加小心一些呢？”这则广告没有有关社会责任的任何说教或言辞指责（而这恰恰会使这则广告与其他公益广告雷同而流于一般），只是用了一个不合常理的男人怀孕的画面，外带一句问话，便将广告主题形象生动地表达了出来，新鲜有趣，别出心裁，从而取得了良好的劝导效果。而“怀孕的男人”则以充分体现了独特性原则的广告创意也因此被视为广告中的经典构想。

二、医药广告创意的实效性原则

我们强调独创性是广告创意的首要原则，但独创性不是目的，广告和广告创意的目的只有一个，那就是“促销”，正如 B&B 广告公司所认为的那样：“不促销，就不是创意”。

如果说独创性揭示了广告创意最本质的内涵的话，那实效性原则则体现了对广告创意最基本的要求，它为广告寻找、选择和确定广告创意提供了一个基本方向和标准。我们崇尚广告创意的首创性精神，但我们却不能为了追求独创而独创，这或者可能会使我们沾染上“哗众取宠”之嫌，或者可能因过分追求艺术的原创性而导致“曲高和寡”，从而使广告人不得不感叹在广告受众中“知音难觅”。但在涉及广告创意的目标效果时，有一点应引起我们注意。我们说广告创意的目的或终极使命是促销，但广告并不等于销售。它只是一种旨在促成消费受众产生某种心理上的、感情上的或行动上的反应的一种说服过程，或者说是一种信息传达过程。因此，传达的效率直接影响着消费受众的反应形式和反应强度，从而最终影响广告产品的市场接受。换言之，广告创意能否达到促销的目的基本上取决于广告信息的传达效率，这就是广告创意的实效性原则。为保证实效性，广告创意还应符合以下几个要求：

（一）可理解性

广告创意最终要落实到广告受众，受众对广告创意的理解影响着广告传达的效果，因此，广告创意不仅要强调新颖性、独创性，还要强调可理解性，要注意协调两者之间的关系。按照信息论美学（由传统美学和信息论结合而产生的作为广义信息论一个分支的现代美学理论）的观点，在一个给定的时间单位中，信息接受者只能理解作品的一个有限的量。那么，怎样的艺术作品才能在有限的时间内最大限度地为受众接受呢？信息论美学遵从自然科学的研究方法，把美看成是可以分解为一系列能在电脑指令系统中加以辨识与计算的基本符号，通过对艺术作品信息量的测量，得出这样一个结论：艺术作品要能适应个体接受者，它的基础之一就是作品中信息自身和信息之间的组合必须达到最优化。而“最优化”就是指艺术作品的“可理解性”与“新颖度”之间的辩证反比关系。一件艺术作品，它的信息量越大，新颖的量越大，它的可理解的量越小，即越容易被人所接受。因此，艺术作品既不能是完全新颖的，那意味着完全不可理解；同时又不能是完全可以理解的，那意味着信息是完全陈旧的，毫无新颖之处，即信息量等于零。因此，从一定意义上来看，艺术家的匠心经营实质上就是按照最优化的要求来创造艺术作品，即在新颖性与可理解性之间的辩证关系中，寻找一个最佳结合点。

根据信息论美学基本原理，我们在进行广告创意时，就要善于将各种信息符号元素进行最佳组合，使其具有适度的新颖性和独创性。其间的关键就是要在“新颖性”与“可理解性”之间寻找到一个最佳结合点：既要新颖别致，又不能光怪陆离的令人不知所云，这就需要我们把握住“不即不离”的审美距离。正如美学家朱光潜先生在《文艺心理学》中所指出的那样：“创造和欣赏的成功与否，就看能否把‘距离的矛盾’安排妥当，‘距离’太远了，结果是不可了解；‘距离’太近了，结果又不免让实用的动机压倒美感，‘不即不离’是艺术的一个最好的理想。”

（二）相关性

相关性是指广告创意中的意象组合和广告主题内容的内在相关联系。我们知道，一个意象或意象组合具有多方面的特征，每一特征都与一定的意义和意味相对应，代表一定的意思。意象的复杂性对于创意构想来说，一方面为广告意象的运用提供了多种角度和多种可能性；另一方面，我们也应看到，并不是任何一种意象（意象组合）都能准确地表现广告主题内容。如果意象（意象组合）和广告主题内容没有联系，这种所谓创意不但无助于广告主题的表现，反而会转移人们对广告内容的注意，干扰人们对广告内容的认识，甚至会造成对广告内容的误解。

第三节　医药广告创意的原理与过程

广告创意，就其本质是指意念的意象化，也即根据广告意念表达的需要，选择和创造一定的意象，并将这意象整合成具有一定意味的意象体系的过程。因此，从一定意义而言，意念的意象化体现了广告创意的基本原理。医药广告创意的原理与一般广告创意的原理是保持一致的。

一、意象的意义

前面指出，表象一旦被用来反映广告创作者的思想，便转化为意象，从这个角度讲，意象是被赋予了一定意蕴或意义的表象，那么，意象究竟有哪些类型的意义呢？

（一）意象的象征意义

象征是指表达精神内容的具体形象物。在某种特定环境和语境中，某种物体和形象，情景或情节，观念和思想，成为表达另一意义的手段。卡西勒指出："一种'象征形式'被理解为一种精神能量，借其为助，使一种精神的意义内容和一种具体的感性符号相连，并内在地属于该符号。"因此，象征是从可见的物质世界的符号过渡到不可见的精神世界的符号，象征符号所指物是精神与心理世界，所指称的物质世界也是因其具有精神意蕴而有意义的。在艺术创作中，象征是一种常用的表现手法，如松象征坚毅顽强，竹象征正直坚贞，红豆象征情侣相思，鸳鸯象征夫妻恩爱，等等。当这些蕴含着约定俗成的象征意义的表象（客观事物）被用于广告中时，便成为能贯彻创意人员意图的意象。

（二）意象的指示意义

象征主要表现的是两者之间间接的、隐蔽的、深层的关系，象征符号所指物是精神和心理世界，而指示只表示两者之间直接的、表面的、浅层的关系，它是用一种事物或现象来指示另一种事物或现象，这两种事物或现象之间原本存在着相关关系，其间并不需要深刻的、抽象的心理活动。如为表示"嗜睡"这一现象，"丽珠得乐"广告中用一个正在工作的动画人物趴在桌上睡着这一意象表现，而"息斯敏"则用沉重的眼皮压折支撑着的小棍这一意象来表现，这两个意象都具有明确的指示意义。

（三）意象的感情意义

感情是人对客体对象的态度，它是人对他人、对社会、对事物、对客体化自我的一种趋近或疏离的心理趋向。它表现为对对象的亲近、依恋、喜爱或疏远、躲避或厌恶等。感情是由于客体满足或损害了人的需要和愿望的目标而产生的。意象作为人的心理对象，它的形态、状态及感觉，潜在地激发或抵触人们需要和愿望的因素，这些因素就是存在于意象中的感情意义，因此，在人们面对某一意象时，这些感情因素就会引发人们心中的某种情感。例如汇仁肾宝"汇仁肾宝，他好我也好。"强烈而巧妙地完成了意象的感情意义。

（四）意象的情绪意义

情绪和感情是情感的两个方面，是两种既相互联系，又相互区别的心理因素。同感情不同，情绪的指向是非对象性的，是指向主体自身的一种心理状态，具体而言，它是由于外界事物对人的需求的满足与缺失或自身生理状况和心理因素变化引起的内动性的内在体验或内心状态，它是一种囿于主体自身的一种紧张或释放、激动或平静的心理状态。

情绪有喜、怒、哀、乐、忧、惧、焦虑、内疚、愧疚、骄傲、秀色、昂扬、消沉等。各种情绪都具有一定的内心动势，而且会通过某些表情和动作表现出来。比如，羞涩的内心动势是一种既想往前，又想退缩的状态；高兴是一种跳跃式向上的内心状态。而意象也具有特定的形态和状态，具有一定的动向和动势，这些动向和动势与人的情绪动态具有相互对应性，是潜在的情绪诱因。它可以激发人的情绪，人的情绪也可以借其得以宣泄。它可以使人产生喜悦、兴奋、快乐、轻松、舒畅、忧伤、悲痛、哀怨、愤懑、冷静、焦虑、烦躁等情绪。如达克宁脚气霜的一则广告中，一束草穿过脚板从脚面长出的意象，给人以紧张和痒痛难受的情绪体验，较好地传达了脚气给人带来的痛苦这一意念。

（五）意象的诱惑意味

意象的性质、形态和动态，不仅会引发受众感情和情绪上的反应，还会对人的欲望发生某种激起和诱因的力量。泡沫流溢的啤酒杯瓶，女性飘逸的长发，披着薄纱的柔美的身体，漂亮的衣装，精美的家具，豪华的轿车等都蕴含着一定的诱惑因素。20 世纪 30 年代欧美流行的“美女 + 商品 = 广告”的广告创意模式就是利用了广告中美女这一意象的诱惑意义。而乐百氏果奶广告中一群果奶“滋养”的健康活泼的儿童对家长和小孩来说也未尝不是一种诱惑，而这一诱惑又被片尾整齐响亮的童声“今天你喝了没有”进一步强化。

二、意象的选择、创造和组合

意象意义的多样性为广告创意提供了构想条件和基础，构想者可以在此基础和条件下，发挥自己的想像力和创造力，围绕着主题意念表达的需要和广告策略的要求，有针对性地对意象进行选择、创造和组合，以形成丰富的多姿多彩的意象结构，更充分形象地表达广告主题。

（一）意象的选择

一个意象具有多方面的特征，每一特征都可能用来与一定的意义相对应。如“牛”这一形象，其行动迟钝缓慢的特征对应着笨拙或沉稳的意义；埋头前行，牵拉不回头的特征对应着性格倔犟、迂直的意义；能负重干活对应着它是能干的意义；受人驱使、听从招呼与顺从老实、听话等人格意义相对应。这样，“牛”就有了多方面意义的可能性。意象意义的多重性，造成一个意象展现在受众面前时，会形成多种感觉、感受和理解的可能性，其中有些对主题表达和品牌塑造有益，有些则无益甚至有害。因此，广告创意人员在利用意象来表达某一特定意念时，必须首先明确意象的哪些方面对广告主题和品牌有益，哪些不利。例如借用体育明星做广告的“健力宝”和“李宁”广告中，成功地突出和渲染了明星的飒爽英姿和健康向上的精神，这与广告产品所要传达的意念就十分吻合。有时候，意象意义的复杂性也可以为创意者从多个角度利用和挖掘意象提供可能，即通过充分利用意象的复杂性，使一个意象在受众心中产生多层次、多位度、多重性的感觉、感受和理解，增强广告意象的丰富性和魅力。这也就是李奥・贝纳所强调的“戏剧性”。例如广药集团“潘高寿”、“敬修堂”产品的意象选择。

（二）意象的创造

广告意象的创造是广告创意者对客观事物在头脑中的表象的加工和创造，它包括变形、夸张、拟人化、错位、嵌合、替代、嫁接等。

1. 变形

在广告创意中，将意象作超出原形形象实际和可能的扭曲、变形和状态改变，可以起到烘托、渲染主体的作用。变形包括文字的变形，画面的变形，声音的变形，动作的变形等。意象变形创造出现实中不存在的形态和状态，这种超常的特点使意象具有一定的神秘感和奇妙感，具有较强的视觉冲击力和心理震撼力。例如益佰推出的感冒止咳糖浆，在广告中将感冒药和止咳药各截取药瓶的一半，进行变形，将两个合二为一。

2. 夸张

夸张是将事物的某种趋势做超常的夸大和延展。夸张是广告创意中最常见的表达方法，它又包括以下几种情况：

（1）情态的夸张。例如三九胃泰通过动画的形式，将胃在各种状态下进行煎熬，非常难受，解决的办法是用三九胃泰。

（2）形态的夸张。例如“九华痔疮栓，屁股笑了篇”的平面广告（见图5-1），简单的双弧形曲线既是人的屁股造型又像是在微笑的嘴，它告诉读者，用了“九华痔疮拴”后，连屁股也发出笑容，夸张得恰到好处，给人留下回味的余地。

（3）动态的夸张。例如邦迪牌创可贴犹如弹弓上的橡皮筋，可以任意伸缩，较好地揭示了创可贴的伸缩自如的特性，见图5-2。

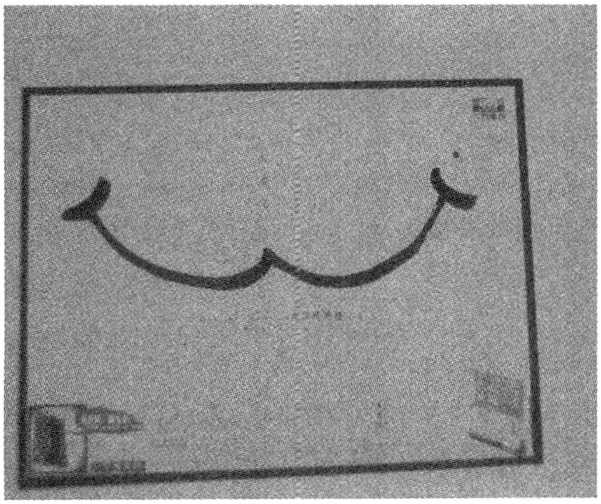

图5-1　九华痔疮栓广告

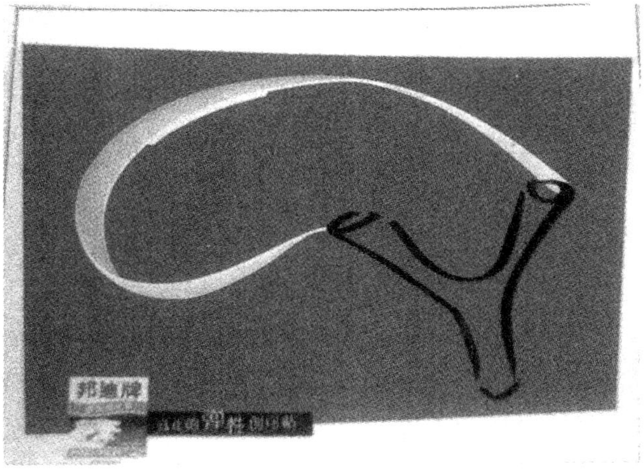

图5-2　邦迪创可贴广告

（4）关系夸张。例如宣传防治艾滋病使用安全套的公益广告，图中的安全套被夸张放大成筒柱状，并配以“出人平安”的标题（见图5-3），使人过目不忘。

（5）情节夸张。例如有一则华菲“白花油”的广告（见图5-4），在画面中是被武松拳打的老虎手持华菲白花油，寓意有了白花油，即使遭受拳打脚踢也安然无恙。

图5-3　安全套广告

图5-4　白花油广告

3. 拟人化

赋予非人的事物以人格或人性的特征，使其人格化，也是广告意象创造中常用的手法。例如广西玉兰制药推出的“痔疮片”，画面中采用的是一个卡通人物坐在一个不断燃烧的火球上来表现得了痔疮的难受情节，但有了“痔疮片”，一切问题迎刃而解。

4. 错位

错位是将事物自然状态的位置关系作人为的超乎常规的改变，形成一种错位意象，从而表现出一种新奇感和谐趣感。例如海外制药推出感叹号感冒药。画面出来的是一个大的感叹号，这个符号更多的是在交通中出现，给人的错觉是与交通有关的广告，当介绍“感叹号”感冒药能治疗各种感冒，广告以这种错位意象表达了“感叹号”的意念。

5. 嵌合

嵌合是将一个意象嵌入另一个意象。如英国 Bunlopillo 睡床广告，为了表达人的背部的舒服感，把微笑着的安静祥和的面部形态移植在女性背上。

6. 嫁接

两个意象的嫁接，也会生成新的意象品种，这种新的意象将原有意象的感觉、印象和意味融合一体，产生出一种新的感觉，新的印象，新的意味。例如国外有一则鼻炎药的广告，将人的鼻子意象和仙人球意象嫁接在一起，形成一个新的意象，巧妙地将患了鼻炎给人带来的痛苦表达出来。

三、医药广告创意的基本过程

广告创意具有较强的创造性，讲究“灵感”，但是在操作上也有自己的过程，整个创意过程可以划分出若干个基本环节，这些环节丝丝入扣，呈现出流畅的程序性和反馈性。遵循广告创意的操作过程是成功创意的方法论保障。

（一）信息开发

广告创意不是凭空想像，而是建立在客观信息基础上的创造性思维。因此，开展创意调查，对调查资料进行信息开发，不仅可以丰富广告创意的生活来源，而且有利于寻找广告创意的机会点。开发广告调查资料，就是从纷杂的信息资料中判断出公众的心理需要和商品及企业品牌在公众心目中的实际形象，找出广告的创意点子，形成创意方向的过程。为了提高广告创意信息开发的效果，在实际工作中，应注意以下五个要求。

1. 灵性

广告创意人员分析信息时，应当充分利用自己的“零星思维”，敏锐地发现问题、悟出信息的内在特点与潜在的宣传机遇，形成基于广告调研资料之上的创意点子。

2. 快捷

现代社会是一个快餐式的社会，公众的消费呈现浪潮特征，以时尚更迭为周期，因此信息资料特别是消费者资料都具有较强的时效性。广告创意人员应该及时对信息加以分析、研究，从中得出有用的创意性结论，并据此进行广告决策，开展促销宣传活动，这样才能产生巨大的宣传效应。

3. 细心

绝大多数信息所包蕴的内涵，都不会显露于外，如果分析信息资料是粗心大意，就会让有价值的信息结论轻易地溜走。只有细心分析，认真判断，积极思索，才能从看似平常的信息中，发现有价值的创意性点子。

4. 富有逻辑

对于从市场中收集得来的信息,不能孤立地、简单地进行主观判断,而应运用社会学理论和现代科学方法论,如系统论、信息论、控制论等,进行合乎逻辑的判断,使创意性点子符合事物内在的规律,使其具有较高的实用价值。

5. 预见性

广告调查的信息资料带有一定的静止性和过时性,但是其内部又往往蕴含了一定的趋向性动态发展内容。广告创意人员对信息资料进行分析、开发应用时,不能简单地就事论事,而应有意识地挖掘其中的动态性信息结论,进行预测分析,以期掌握主动权。在信息开发过程中,进行预测性思维分析的常见方法有以下三种。

(1) 顺"势"预测。即根据某个时间已经形成的信息发展趋势,推测未来的变化状况,形成创意性点子。

(2) 顺"事"预测。即根据影响事物的某个关键要素的变化趋势,对某种公众现象的未来进行预测。这里讲的关键要素,有时可能是自然环境因素,有时可能是社会偶然事件,有时可能是政策因素,它们随着时间的推移,逐步落实到位,必然产生诱导性影响,给相关的商品、公众消费生活甚至社会格局带来相应的变化,只要能断定某个关键要素的发展趋势是必然可能的,就能轻而易举地预测出未来的公众要求,据此形成创意性思维。

(3) 顺"时"预测。即根据时间推移,尤其是时令季节变化,预见公众的需求趋势,分析出公众将来可能出现的要求。

(二) 概念构建

进行广告创意的前提是找出明晰的概念,概念是广告创意的核心。广告创意人员通过调查了解了公众市场的基本情况,又通过信息开发形成了创意性点子,接下来的工作就是确定广告宣传的核心概念。

从哲学角度来看,概念是"人们对事物本质的认识,是逻辑思维最基本的单元和形式"(《中国大百科全书·哲学卷》)。从广告宣传角度来看,概念是用有意义的广告术语表达的精心阐述的构思。广告所有的创意都围绕核心概念而展开,所以核心概念是广告创意的立足点,是策划的根源。概念构建的过程,实质上就是把创意性点子发展为具体表述字词的过程。在这个过程中,需要回答以下问题。

问题1:谁接受广告信息?从角色上看,接受广告信息的公众主要分为三类,即消费倡议者、消费决策者和消费购买者。从与药品的关系来看,接受广告信息的公众包括非公众(即不可能成为消费者的抽象性虚拟公众)、潜在公众(即未来一定时期内可能购买药品但是目前不可能购买商品的公众)、知晓公众(即目前已经了解药品并有可能购买药品但是还没有购买计划的公众)和行动公众(即具有明确消费方向并打算近期购买或者已经购买某种品牌药品的公众)。

问题2:广告作品和宣传活动给公众输送的主要益处是什么?是分享信息、提供生活榜样、增进沟通、提供娱乐、传播新知识还是其他什么内容?

问题3:公众获得的益处属于什么类型?是实用性的生活信息、象征社会地位的心理感觉还是情感的寄托?

根据这些问题的判断,就可以形成多个宣传核心概念。

概念1:情感亲善概念,营造温馨的生活氛围、友善的人际关系,渲染情感主题。例如严迪广告"天气变化,请预防感冒。"

概念2:古典怀旧概念,展现过去的某种生活风情,引导公众回忆昔日情怀。

概念3:实用信息概念,向公众传播关于商品性能原料特性技术成就的信息。例如九鑫集团的"专业除螨"的独特核心竞争力。

(三)主题构思

基于信息开发而形成的、带有朦胧意识的创意性点子,经过深思、挖掘、整理,形成宣传核心概念后,就可以进行主题构思了。

所谓主题构思,就是以广告宣传核心概念为轴心,明确广告作品和宣传活动的中心思想、主题基调、核心内容的思维过程。在这个过程中,广告创意人员要善于把广告作品和宣传活动视为文学作品、影视作品、戏剧小品,进行编写、编导、编演,这样才能提高主题构思的水平,使广告宣传作品既有明确单一的主题思想,又有丰富愉快、感性化强的美好梦想,从而赢得公众的注意,有效地影响公众的消费心理。

(四)创意表达

广告宣传核心概念、主题定位后,即可围绕核心概念、中心主题确定创意的具体表达方式。具体包括三个方面。

1. 拟定广告宣传文案

广告宣传方案包括标题、标语、口号、正文等,是广告宣传核心概念、主题思想经过艺术加工而形成的文字,即要切合概念、主题,又要富有文字感染力。否则,尽管概念、主题定位准确,但是表达文案没有冲击力,广告作品和宣传活动仍然无法有效地影响公众。

2. 编制宣传作品的表现情节与图案

在这个过程中,主要是围绕广告核心概念、中心主题以及宣传文案(包括标语、口号及正文),创作、编写广告宣传作品的情节性剧本(针对电视广告及网络广告),涉及广告图案(针对平面广告及网络广告),借助视觉符号,以感性素材形象地烘托出意境的氛围,强化商品的影响力。

3. 确定广告作品的音乐音响

在电子传播媒介中,音乐音响的表现力虽不及画面情节,但是借助听觉符号,也可以有效地展示广告主题、烘托宣传意境,他们不仅可以准确地表现广告意境,而且可以影响公众的心理。因此,我们不能忽视音乐音响的创作和组合。

(五)创意评论与分析

在创意构思阶段,编制了某个广告作品的宣传概念、图案、画面情节、模特、文案、颜色、音乐、音响、节奏等方面的内容以及作品的组合方式,接下来就可以进行评论分析了。广告创意的评论分析可以从两方面进行:一是运用广告学及其相关科学知识,如创意谋略学、市场营销学、社会心理学、公共关系学、技术美学、文化美学、人体美学,对广告作品的各个组成部分进行理论性分析,判断出广告作品的可取之处、存在的问题和公众的可接受性程度;二是运用详尽的成败实例,进行对照分析，看广告作品在哪些方面与成功的广告作品有异曲同工之妙，哪些方面超越了成功的广告作品，在哪些方面与失败的广告作品存在相似乃至雷同之处，这样，就可以从对比中发现广告作品的优劣，找出问题之所在，然后，就可以制定出相应的调整对策，提出宣传核心概念、文案、设计、编制诸方面的修正意见，最好把这些结论和对策方案综合起来，形成可执行的广告创意方案，其操作流程见图 5-5。

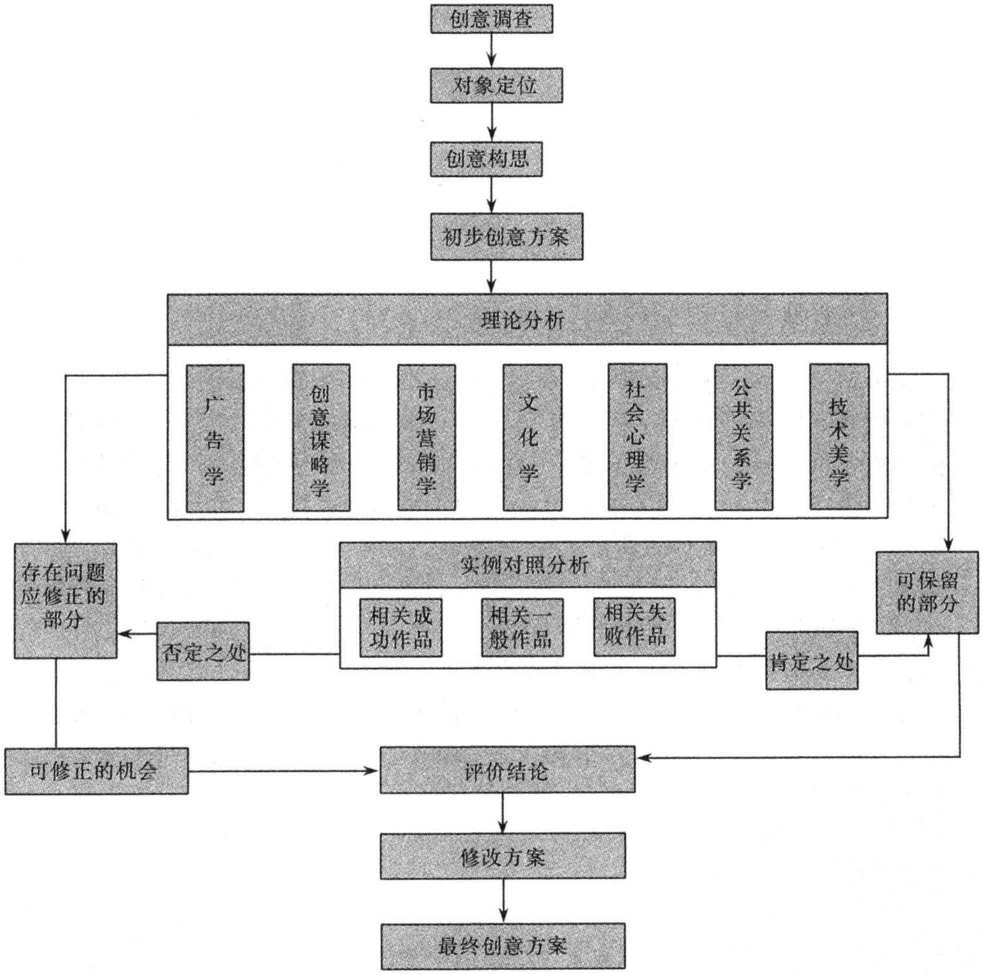

图 5-5　广告创意评论分析流程

第四节　医药广告创意的方法

“创意”重“思考”，创意是建立在思考的基础之上的，不经过思考的创意，绝对是不够成熟的。因此，广告创意人员不仅要掌握产生广告创意的原则和程序，还必须学会思考的方法。实际上，广告创意中的思考方法这一问题，早在 1969 年在日本东京举行的第 21 届国际广告会议中便已引起广告界重视，与会的有关各国广告代表希望对这一问题详加研究，以便使广告人在思考中较易产生新的创意。经过二十余年的探索和研究，现在广告界已发展出一套较为成熟和较为全面的广告创意的思考方法。下面我们将介绍三种较为流行的思考方法：垂直思考法、水平思考法和集脑会商法。

一、垂直思考法

垂直思考法(vertical thinking)，是指按照一定的思考路线进行的，向上或向下的垂直式思考，均不脱离出这个洞的范围，只是逐步掘深或掘大。在这个洞内，拥有许多旧的经验、旧的观点(这些都有成功的事实存在)，人们就利用这些经验和观点进行创意的思考。

垂直思考法过去一向被评价为最理想的思考法，其优点是比较稳妥，有一个较为明确地思考方向。但垂直思考法也有一个很大的缺陷，那就是这种思考方法偏重于以往的经验、模式，跳不出老框框，只不过对旧意识进行重版或改良。因为旧的经验、旧的观念对人们的思考具有强烈的影响力，会包围其思考方向，使其难以产生新的创意。

二、水平思考法

水平思考法(lateral thinking)，又称横向思考法，系指在思考问题时向着多方位方向发展，英国生态心理学家爱德华·戴博偌博士认为："凡是一个人，都具有走路、呼吸与对事物思考的能力，思考的方法也因人而不同。现行的教育方法，只注重知识传授而忽略了思考能力的启发，严重影响了一个人的创造能力。"还认为大多数的人过于重视旧知识与旧经验，根据所谓旧经验，逐渐产生了"创意"，这就是以垂直思考法观察或思考某一件事。这种思考方法往往会阻碍"创意"的产生。与其利用垂直思考法去产生创意，不如用水平思考法来得有效。水平思考法是完全脱离既存的观念，对于某一件事情重新思考与检讨的一种方法。

戴博偌博士以一个妙语说明了水平思考法与垂直思考法的不同：古时候，有一商人向高利贷者借了许多钱，贪婪的高利贷者看重了商人年轻漂亮的女儿，逼着商人立即还债，并提出以女孩代偿债务的要求。这名高利贷者故示大方地提出一个办法：把黑白各一颗小石子放在袋子里，由女孩任取一颗。如果取出黑石子，则以女孩代替债务。如果取出的是白石子，不但还给女孩子自由之身，还自动放弃债务的权利。如果女孩子不愿这样的话，就要提出控告，威胁商人同意这种办法。正当高利贷者从地上拾小石头放入袋子的时候，女孩发现他所拾得的两颗石子都是黑色的。这时，女孩如何处置?

如果按照垂直思考法，女孩子可能采取下列三种办法：①拒绝取出石子；②立即打开口袋，揭露其阴谋；③自我牺牲，取出黑石子，解救父亲困境。

显而易见，这三种办法都无益于自己和父亲。

女孩子采取了出乎意料的行为，她从容地从袋子中取出一粒石子，故意掉在有很多小石子的地上，然后说："啊，怎么办——真对不起！但是看一看袋里剩下的石子，就可以知道掉的那颗石子是黑子还是白子。"由于女孩子的机智，解救了她自己和父亲。这个比喻告诉我们，垂直思考法，是一既定的观念、既定的角度和方向，以"女孩必须黑白两者取一"这一思维定势去思考应对办法。而女孩实际的策略却是以水平思考法，从一个新的角度观察，产生出一个新的方向，以"剩下的石子"这一点去构想去思考，从而产生出一个让人始料不及的创意。

戴博偌指出，一般的人对自己的看法总不免受"先入为主"的观念影响，竭力主张自己的看法，因此,想从旧观念中摆脱出来,确实是一件相当困难的事。某些情况下,还非得借助于外来的力量才能办到。在广告创意思考中,要运用水平思考法。但水平思考法并不能取代垂直思考法,只能弥补后者的不足。任何构想的思考,仍应先用垂直法,因为垂直法的分析与挖掘可靠性高,同时,水平思考法又可提醒创意者在思考时不能固步自封,墨守成规。两种方法相互配合,加以灵活运用,可收到事半功倍的效果。

三、集脑会商法

集脑会商法(brains forming),也称为头脑风暴法、脑力激荡法等,按韦氏国际大字典的解释,是指:“一组人员运用开会的方式将所有与会人员对特殊问题的主意,聚集起来以解决问题。”它是由美国 BBDO 广告公司负责人奥斯朋提出来的,现在已经成为一种极有价值的创意思考方法。

集脑会商法之所以推崇以小组的方式集思广益,其中原因由奥斯朋归纳为以下四点:①主意的大量产生有赖于联想。小组中的一员得到一个主意,更多的主意可能相继而出,尤其是他的灵感亦可刺激同组中其他人员的联想力。因此,当一人的主意提出来之后,其他个人的主意也会相继引发而产生一种连锁性的反应;②许多心里试验显示,一般人在小组讨论中比单独思考更能发挥其创造性的想像力,因为这些人很适应高密度的信息环境;③试验亦显示,心智的工作在竞争的情形之下增加了 50%,这种增加尤以灵感为甚。这种情形在经济方面显而易见,在高手如林的比赛中容易出现优异成绩;④在小组中个体的好主意会立即得到奖励,由此会激发更多且更好的主意。一个主意是一个原始起点,嫁接到每一个成员的头脑中会同时出现多种方向的发展趋势——假如接上轨的话。

在开展集脑会商时,应注意五个方面。

1. 选择恰当的问题

集脑会商法的主要作用在于引发许多和某一特殊需求(或问题)有关的主意,因此问题必须是开放性的,凡是以各种认知性、单纯记忆性、汇合性、评鉴性为基础的问题是无法用集脑会商法来解决的,因为集脑会商的目的是在于产生“创意”,而不是产生“决议”。必须是小范围的题目,而非大范围的题目。例如“如何使这种商品在销售上能压倒市场中其他十余种品牌的同类产品”,这就是个大题目,其中牵涉问题太多,应该将这个大题目化成多个小题目,例如“如何使这些商品陈列在市场中十余种同类商品内,显得鹤立鸡群?”就是一个小范围的题目。

2. 良好的外部环境

这是指要有一个专用的房间,室内的气温要不冷不热,灯光保持适当,要有舒适座椅,要安静而无噪音,最好没有电话装置,上述的外部环境条件,均有助于参加思考的人员能集中脑力思考。

3. 懂得集脑会商技巧的主持人

(1) 主持人的言谈要有幽默感。

(2) 主持人在大家提出创意期间,不能用任何动作、表情、语言阻止任何人发言,甚至发言的内容近乎想入非非也没有关系。

(3) 主持人要及时阻止参加思考人员之间的相互批评。

(4) 主持人要切实把握题目的范围,勿使大家迷失方向,浪费时间。

4. 会商一定要有时间限制

一次会商应限于一定时间,如两个小时或三个小时内结束。广告人之中,许多具有艺术家的气质,只注重作品的"质",往往不注重时间的限制。而有了时间的限制,对创意有催生作用,还可避免浪费时间。

5. 组成小组

(1)小组人数以10~12人最为理想。人员过多则没有畅所欲言的机会,人员过少则场面冷淡,影响参与者的热情和思考的积极性。

(2)参加会商的人员,应一律看成是同等级的人,没有年龄大小的分别,没有职位高低的分别,没有男和女的分别。为营造一个平等对话的氛围,最好采取以下方法:①会议的桌子最好不用长方形,要用圆形;②集脑会商应该有主持人,但主持人要时刻注意不能过于表现和突出主席的身份,让大家感到形式上是没有主席的;③对于两性,尽量避免造成男性的优越感,女性的娇美感,要将两性看成是一样的。在美国广告界,举行集脑会商时,决不提男人和女人两个字,以表示包括两性在内。

(3)提倡轮流发言制,应用此法时,若有人一时想不出主意,她可以放弃这一轮的机会以待下轮,如此循环,以使每个人都可以贡献主意。

第五节 医药广告创意策略

广告是现代贸易的引擎和市场经济的润滑剂。广告创意的一般表现策略,就是根据广告的这个基本职能提出来的。一般表现策略就是说明产品劳务给消费者带来的利益。这看似简单,但做起来未必都能遵循这个原则。翻阅报刊、注目荧屏,有不少广告设计了令人眼花缭乱的情节,虽然吸引了人们的眼球,但在兴奋激动之余却不知道广告产品为何物。还有风行一时的"厂长、经理名录广告",大力突出厂长经理的形象,把企业的产品劳务放在极不显眼的位置。这些广告目标不明,诉求模糊。一则广告要引起人们的注意和兴趣,一般都要说明产品劳务给人带来的利益。一则广告不能给消费者带来利益,即使有再多的花招,只能博人一笑,起不了促进销售的作用。广告创意是突出广告主题的基本思路,也是广告表现的主要策略。

一、USP广告策略

(一)USP策略的要点

USP(unique selling proposition)是瑞夫斯在20世纪50年代提出的一种广告创意策略。USP策略是强调产品特性的战略。在市场上具有相同功能的商品不止一种,有时甚至几十家厂商生产同种商品。这时广告必须强调产品的差异性,通过广告是消费者对产品大类的初级需求,转化为对具体品牌产品的选择性需求。瑞夫斯关于USP策略提出了以下三个主要观点:

(1)每一个广告都一定要对消费者提出一个说辞,给消费者一个明确的利益。即广告要说明购买这种产品的好处,通过适当的形式说明产品特色。如康泰克治感冒30分钟起效,不含PPA。"30分钟起效,不含PPA"这是产品特色。

(2)此一说辞一定要是其他竞争者不能提出或未曾提出的说辞。这就是说,这个说辞是该品牌独具的,别的产品或者不具备这样的特色,或者在广告中未曾表现过。如美国氰胺公司生产的

“宝纳多”是专供孕妇使用的营养品，它在广告中有这样的说辞：“一人吃，二人补。”这句广告语，说穿了并不深奥，每个厂家都会说。但在此之前，竞争者未曾提出这样的说辞，所以氰胺公司对此说辞具有独占性。另一种情况是这个说辞是这种产品所独有的，如果产品不具有这样的特色，就不能使用这样的广告说辞。

（3）这一说辞一定能够招来更多的消费者，促进产品销售。如果广告说辞很有特色，但无助于产品销售，那也没有实际意义。

USP 策略表明，一是广告产品要有特色；二是产品要有一个别具特色的广告说辞；三是这种说辞有利于产品的销售。这三者是相互联系，密不可分的。这种策略在广告中得到广泛的应用。

（二）USP 策略的理论基础和心理基础

USP 策略虽然是瑞夫斯在总结广告创作实践中概括归纳出来的，是广告作家个人风格和技巧的反映，但它在广告创意中的广泛、成功地运用又说明它也符合一定的市场营销原则和消费者心理特征，而这才是这一策略保持活力的基础所在。

1. USP 策略的理论基础

广告策略是市场营销策略中的一个重要组成部分，发展广告策略要受到公司营销目标和其他营销策略的影响，并体现出市场发展的内在要求。USP 策略强调诉求点即说辞应是“独具”的，是其他竞争产品不具备或是没有明示的，以同其他竞争者区别开来。这种旨在寻找并建立产品间差异的诉求正反映出市场营销战略思想的演变。从历史上看，西方国家企业最早的营销战略是大量营销，即企业向所有顾客大量生产、大量分销和大量促销单一产品，企业的着眼点在于尽可能地降低成本，以低价来赢得市场，而以生产流水线为代表的工业化生产又为大量生产以获得规模效应提供了可能。大量形式单一的标准化产品尽管节省了产品的生产和营销成本，但却忽略了顾客需要的差异性，只不过由于当时市场需求还未能获得充足的量上的满足。因此，差异化的需求同单一标准化的产品供应之间的矛盾还没有尖锐化。

随着经济的发展和生产力的提高，市场商品日益丰富，竞争也趋于激烈，依据标准化的同质产品或同质信息诉求很难再赢得消费者，因此差异化营销成为企业主要的营销战略选择。差异化营销充分考虑到了消费者需求的多样性和异质性，因此，是企业经营观念的一大进步。USP 策略正适应了这种营销战略的要求，因为，差异性信息诉求是建立在差异的产品基础之上的，包括产品的核心差异、产品形体的差异以及产品附加的差异。

2. USP 策略的心理基础

消费者的购买动机和行为要受到认知过程的影响。所谓认知，是指消费者通过感官对外部刺激物所获得的直观形象的反映。心理学认为，认知过程是一个有选择的心理过程。有三种认知过程：选择性注意，选择性曲解和选择性记忆。也就是说，人们在日常意识中，不可能也无必要去注意、了解和记忆全部实物和实物的全部细节。那么这种选择性体现在哪些方面呢？

（1）人们的注意和兴趣往往集中在那些重要的有价值的或与自己需要相关的事物和方面。

（2）人们往往用事物某一独具的特征来标识、把握某一事物。如认知一个人，人们往往以其外部某一特征来把握。

USP 策略正是利用人们认知的心理特点，在广告中宣传产品独具的特征及利益，使消费者注意、记住并对其所提供的利益产生兴趣，从而促成其购买决策。

（三）USP的特点和适用范围

1. USP策略的优点

诉求明确，能够向消费者直接提供产品信息和利益知觉。受众可以从广告中了解到产品的主要特征和功能，了解产品可能提供满足自己需要的利益点和给自己带来的好处。

2. USP策略的缺点

独特的销售主张容易被模仿。在现代生产条件下，产品同质化、类型化不断加强，独具的说辞一旦被模仿，就很难追究模仿者的责任。

3. 适用范围

尽管如此，USP策略在现代广告中还是有着广泛的应用价值。在下列情况下，使用USP策略比较合适。

（1）新产品、新功能出现时，将这些信息告知广告受众。

（2）产品的功能特色在较长时间内难以被模仿。

（3）广告主在传播中首先抢占某一"卖点"（即广告说辞），使其成为品牌产品的标志或"专利"。

（4）产品的档次、专业化程度较高，企业实力雄厚，产品在消费者心目中建立了良好的信誉和忠诚度。消费者相信只有它们才能生产出具有某一特征的产品。

二、品牌形象策略

（一）品牌的含义

美国广告专家拉里·赖特谈到未来30年营销趋势时说："未来的营销是品牌的战争——品牌互争长短的竞争。商界和投资者都认识到品牌才是公司最珍贵的资产，拥有市场比拥有工厂重要得多，而惟一拥有市场的途径是拥有具有市场优势的品牌。"

所谓品牌，根据美国市场营销专家菲利普·科特勒的定义，品牌是一种名称、名词、标记、符号或设计，或是它们的组合运用。品牌的作用是借以辨认某个产品和劳务，使其与其他产品和劳务区别开来。品牌通常包括名称部分、标记部分、可注册的商标以及受法律保护的部分。广告中的品牌概念和市场营销的品牌概念是不一样的。广告学的品牌是附加了某种心理感觉、印象和意象的品牌概念。奥格威1955年曾说过："品牌是一个错综复杂的象征。它是品牌属性、名称、包装、价格、历史、声誉、广告方式的无形总和，品牌同时也应是消费者对其使用的印象，以及由自身的经验而界定的。"台湾奥美广告公司总经理庄淑芬说："每个品牌中都一定有个产品，但不是所有的产品都可以成为品牌。如果这个产品没有与消费者有更强劲的关系，它只是个产品，不会变成一个品牌。"庄淑芬还认为品牌应该包括四个层面：一是品牌的名称和标志的知名度；二是品牌品质的认知度——好坏高低；三是品牌联想，受众一想到品牌便会联想到某种东西；四是品牌忠诚度。

由此可见，广告学所说的品牌与市场营销学的品牌含义是不同的。广告学所说的品牌是产品所具有的特征以及广告和受众经验在受众心中的融合。品牌与产品（或作为客观存在的品牌）是有区别的。斯蒂芬·金曾说过："产品是工厂所生产的东西，品牌是消费者所购买的东西。"品牌是一种主观存在，是产品印象、广告和各种传播及受众经验赋予了产品之外的某些因素，形成一定品牌。试想如果没有这些因素，离开受众心智，产品就是产品而不能成为品牌。

（二）广告品牌的形成及其作用

广告和各种传播创造并赋予了产品虚幻的形象、个性和象征，会使人们对同样的东西产生不同的感觉和情感，这正是品牌形成的心理基础。人们可以利用广告和传播赋予某种产品或劳务一种预定的印象。这时品牌在销售中的重要作用，是广告创意的目标和归宿。美国 BBDO 的广告理论认为：“广告的作用是调剂一个品牌在消费者心目中的形象。”

人们可以赋予品牌形象，但它不是人们主观臆定的，而是由诸多因素在人们心目中融合而成的品牌印象。或者说品牌形象是由一系列的外界因素，经过人们头脑的加工而形成的品牌印象。正如一个人的形象由他的姓名、外貌、品德和行为等因素形成。影响品牌形象的因素有：产品性格和人们的感觉印象、使用印象；品牌在人际传播中给人的印象；品牌的社会舆论和在大众传播中的印象等的“化合反应”，乃至各种因素的累积效应。由此可见，品牌形象是产品本身特征和广告传播共同作用的产物。许多产品的品牌形象是在大量的广告宣传中形成的，正如广告专家奥格威所说，品牌印象是广告长期投资的结果。长期投资是品牌在消费者心中长期积累，从而形成对品牌的认知和忠诚。

品牌形象虽然是由多种因素形成的，但在产品品质特征一定的条件下，广告在塑造品牌形象方面起到举足轻重的作用。我们完全可以通过广告，创造品牌印象，使一个产品焕发出新的光彩，在人们的心目中形成新的感觉和印象。商标、品牌是注册者独家享有的无形资产。在商品日益标准化的现代社会，品牌往往成为人们选购商品的重要依据，所以企业必须突出品牌，加深消费者对品牌的美好印象。广告专家奥格威说：“在产品内在质量难以看到、差异性不易表达时，广告采用品牌印象表现战略是十分有效的。”用人或物作品牌形象的象征，是建立品牌形象的有效手段。

三、广告定位策略

（一）定位观念的提出

我们的时代是一个信息爆炸的时代，尤其是广告信息无处不在，无孔不入。广告信息对沟通产销、指导消费起到了一定的促进作用，但同时也增加了人们对信息选择的难度。在众多的产品中有不同的品牌，消费者面临如此纷繁复杂的广告信息，他们该怎么办，选择什么商品，选择什么品牌？面对潮水般的信息，受众遇到了信息容量、信息选择的问题。“人类的心智是一个完全不够大的容器。”根据美国哈佛大学米勒博士的研究，一般人心智不能同时与 7 个以上的单位打交道，因为会受到受众心智容量的限制。

过多的产品、品牌信息与人类不太大的心智容量之间存在着尖锐的矛盾。如何解决这个矛盾？艾・里斯和杰・屈特 20 世纪 70 年代提出的定位理论，主张在广告沟通中应用这一理论，进行有效传播。艾・里斯指出，定位的基本目的就是要“突破过多传播屏障”，“把进入潜在顾客的心智作为首要目的”，使广告和品牌信息在受众心目中找到一个位置，“不必对特定产品的优点做广告，定位广告遂能在特定产品类别中，使品牌消费者的全部需要和欲求”得到满足。

所以，定位观念强调的是通过突出符合消费心理需求的鲜明特点，确立特定品牌在商品竞争中的方位，以方便消费者处理大量的商品信息。

(二)定位观念的要点

从以上可以看出,定位观念的要点是"消费者心中"和"相对于竞争对手"。没有这两点,广告定位策略或与"独特的销售主张"雷同,或与"品牌形象"策略一样。

1. 定位的心理基础和特征

定位是一种攻心战略。定位不是去创作某种新奇的与众不同的东西,而是去操作已存在于受众心中的东西,定位以受众心智为出发点,去寻找一种独具的定位,而不像传统的逻辑那样,从产品中寻找。也就是说,你不可能在七喜罐里找到"非可乐"的构想,只能在饮用者的心中才能找到它。定位观念使得广告创意的出发点从商品转向了消费者,要求更细致地消费心理研究。因此,里斯和屈特说:"定位是一种观念,它改变了广告的本质。"这种说法并不为过,因为定位观念比以前的广告策略更明显地体现了"消费者导向"。以消费者为导向,或更具体地说,从受众心理层面考察,定位观念具有以下几个特征:

(1)定位为受众有限的心智提供了一种简化的信息。受众面临过多产品品牌和纷繁的信息时,容量有限的心智不可能掌握所有情况和每一个细节,为了应付这种复杂,人们学会了把一切简化。如何简化呢?里斯说:"为了与产品爆炸抗衡,人们学会在心智上划分等级。也许最好把它看成心智上的一系列阶梯,每一阶是一个品牌,而每一个阶梯代表一类不同的产品。"这种心理小阶梯是受众对产品类别印象和类别中各品牌印象为序排名而构成的一种印象序列网络,它使复杂的世界变得简化,使受众面对复杂信息环境压力时一种便利的解决途径。定位正是适应了受众的简化心理。定位直指受众心智,它不去说产品如何如何,而是在受众心理阶梯上寻找一个位置,或者重新建构一定的心理阶梯。这个位置给受众一种简单的购买理由。这个品牌之所以值得信赖,值得购买,是因为这个品牌在同类产品中所具有的地位,而这一位置则包容了与之对应的品牌和产品的全部信息。这样,定位广告便为受众的购买决策提供了一个最简单实用的信息,是对抗我们信息传播过多的社会而采用的最好的方法之一。

(2)定位借助的是一种位序符号。人类标识和理解纷繁复杂的世界,必须借助一定的符号。所谓符号,是根据既定的社会习惯可被看作代表其他某种东西的东西。人是适用符号的动物,人类运用的符号有多种多样,形成多种形式的代码体系,这种代码体系既是一种外在语言,又是一种内在语言或认知结构。不同的广告创意策略所借助的是不同的代码体系。USP 策略运用的是一种特征借代式代码,即利用人类通过把握事物特征把握事物的原理。它从产品概念中抽取某些特征来指代产品,让受众在心中将这些特征意象转换为产品意象,从而标识和理解产品。品牌形象策略运用的是象征式代码,广告意象与产品是象征和被象征的关系。这一策略是利用广告投射一个形象,用这一形象的性格和意义象征品牌,使受众在心中将形象性格、品牌及消费者自身融合起来,把对象征体个性的感受和理解移情于品牌。定位策略运用的是数列代码中的位序代码,同上述两种符号一样,位序符号也含有一定的意义和意味,也有一定指代功能,但它较上两种代码体系更简化更抽象。位序中的位置含有一定意义,它代表着一种消费者评价的排序和量度。当广告定位将某一位置赋予某一品牌时,这一品牌就成了位置符号所指物,人们在心中就会将这一位置具有和包容的价值和其他信息附加在品牌上,从而将对品牌位置的感觉和评价转移到对品牌质量、价值等的评价上,将对位置的信赖转移到对品牌的信赖上。

(3)定位与受众心理的保守性和可塑性。里斯认为:"人的心智拒绝其所不能'计算'的资讯,他只接受与现行的心智状态相符合的新的资讯,而把其他一切过滤。你只看到你所期望的事物。”所谓现行的心智状态,就是指受众心中已有的位序序列网络或心理阶梯。这种心智状态决定了人们皆期待的方向和视野。这也就是消费心理中的认知的选择性,即选择性注意、选择性理解和选择性记忆。因此,一个品牌的广告一般要与受众心中已有的东西联系起来,要考虑到受众心中已有的位序状态。里斯强调了认识结构的保守性和顽固性,同时也承认其在一定条件下的可变性和可塑性。这种改变是在受众已有心智状态基础上的改变。他认为,广告可以在受众心中创造一种新的次序。当然,要想把一个新的观念或产品搬进人的心智中,你必须先把一个旧的搬出去才行,旧观念一旦被推翻之后,推销一个新观念常常易如反掌,事实上人们常常是主动地寻找新观念以填补空缺。现代接受理论也认为,人们在接受某一文本时,一方面在原有的认识结构所形成的期待视野中进行,另一方面,文本的作用又可打破原有的认识结构和期待,接受的结果是文本视野与期待视野的一种融合。这说明了受众接受心理的稳定性和可变性关系,一方面受众受到原有心理结构的制约,另一方面新的信息又可能对这一心理结构进行修正和改变。因此,广告定位一方面要考虑到受众心中已有的位序网络,另一方面又可在原有位序网络的基础上,修正、改变或重建心里位序,形成有利于自己品牌的心理位序序列。

2. 定位的竞争特征

定位要“相对于竞争对手”,表明定位广告是一种竞争性广告,也就是说,定位所试图在消费者心中建立的位置是和竞争者相比照的,从而体现出鲜明的“竞争导向”。但是,定位广告又和一般的竞争性广告如比较广告有所不同,以上都反映了定位的竞争特征。

(1) 定位是一种心理位置上的竞争。一般的竞争性广告在提到竞争品牌时,往往涉及产品(整体产品,包括核心产品、形体产品及附加产品)或产品某一方面的比较,如功能、质量、款式、售后服务、所提供的利益等。而定位广告中,不仅要考虑到产品自然差异,更着重于两者在受众心理位序或阶梯上的位置关系,是一种位置占领上的竞争。

(2) 定位承认并利用竞争品牌的位置和优势。一般竞争性广告总是以自己的优点比照他的缺点,以将自己描述的比对手强,而定位广告则承认对手的优势,以对手的位置为自己定位的前提,同时,还充分利用对手的优势和位置,使自己的品牌在受众心中与竞争对手位置发生某种关联,借助或避开这一位置,以获得自己应有的和可能占据的位置。

(三) 广告定位策略

1. 领导者定位——建立领导地位

这是一种旨在占据某一产品类别中第一或领导位置的定位策略。“第一”是最容易进入心智的途径,因为这时的心智是一片空白的、天真的心智,一个还没有被别的品牌所擦亮的心智。“最大”也有同样的效用,所以,争取“第一”、“最先”、“最大”,你就可以成为领导者。历史说明,最先进入人脑的品牌,平均而言,比第二的品牌在市场占有率方面要多一倍,第二的品牌比第三的又会多一倍,而且这种关系是不易改变的。

2. 比附定位——紧跟行业领导者

这是在竞争品牌领先位置相当稳固,原有位序难以打破的情况下,或自己品牌缺乏成为领导品牌的实力和可能的情况下可采取的一种定位策略。这种定位策略是将自己的品牌与领先品牌发生一定的比附性关系,在承认竞争品牌领先地位的基础上,占据紧随其后的位置。这似乎有些

"狐假虎威"之嫌,但聪明人总是善于利用一切可以利用的东西,包括竞争者。

3. 细分定位——寻找市场空隙

细分定位是在原有的位序序列中,分解出更细更小的类别,在大阶梯中分解出小阶梯,然后将自己的品牌定位于小类别或小阶梯上的领导位置。这就是里斯所讲的"在小水池中作为一条大鱼(然后再把水池增大),比在大水池中作为一条小鱼要好,然后首先要确知,你不能让称为第一的其他事物着了先鞭。"在广告创意中,寻找空隙的策略还有很多:①价格的空隙,包括高价位的空隙;②性别的空隙;③年龄的空隙。正如我们可以利用不同的变数(包括人口变数、地理变数、心理变数、行为变数等)来细分市场一样,通过这一手段我们确实可以寻找到像以上那些成功品牌所寻找到的市场空隙,来作为我们广告创意和进行广告诉求的立足点。

4. 重组定位——重新为竞争定位

在市场上每种产品类别都成百上千的今天,想要去寻找一个虚位以待的空隙,实在是机会非常之少,而领导者和"第二"的位置更是惟一。面对上述困难,最不幸的选择也许是退出竞争,但是通常企业也可以利用重组定位的策略,为自己创造机会,也就是说一个企业可以将竞争者们占据在人们心智中的位置重新定位,创造一个新的次序。重组定位策略的要点是根除一个既存的观念、产品,然后再把一个新的观念或产品搬进人们的心智中。这其间,可能会发生冲突,但永远不要惧怕冲突,因为冲突常常是一幕戏剧高潮所在,而高潮又最吸引人。

5. "高级俱乐部"策略

公司如果不能取得第一名或某种很有意义的属性,而市场空隙又不存在时,便可以采取这种策略。公司可以宣传自己是三大公司之一,或者十大公司之一等。事实上,三大公司的概念是由第三大汽车公司——克莱斯勒汽车公司提出的,而市场上最大的公司是不会提出这种概念的。通过这一概念的提出,将本处劣势的公司纳入"高级俱乐部"中,而俱乐部的成员在受众看来,都是最佳的。受众会逐渐淡化公司在行业中的实际实力和地位,而将其同行业中最好的一群公司放在一起考虑,这无疑提升了公司在受众心目中的位置。

本章小结

1. 广告创意是介于广告策划与广告表现制作之间的艺术构思活动,即根据广告主题,经过精心思考和策划,运用艺术手段,把所掌握的材料进行创造性的组合,以塑造一个意象的过程,简言之,是广告主题意念的意象化。广告创意必须要遵循独创性和实效性两大原则。

2. 意象是被赋予了一定意义的表象,而表象是我们通过感官对客观事物的原型形象的感知和映照。意象具有象征意义、指示意义、感情意义、情绪意义和诱惑意味。在这种意义多样化的基础上,构想者可以发挥自己的想像力和创造力,围绕着主题意念表达的需要,有针对性地对意象进行选择、创造和组合,以形成丰富的意象结构,这就是广告创意原理。

3. 广告创意是一个艰苦的脑力创造过程,根据著名广告人韦伯·杨的理解,这一过程可分为五个步骤:信息开发,概念构建,主题构思,创意表达,创意评论与分析。

4. 介绍医药广告三种较为流行的思考方法:垂直思考法、水平思考法和集脑会商法。

5. 广告创意的策略主要是 USP 广告策略、品牌形象策略和广告定位策略。

思考题

1. 名词解释

   意念　表象　意象　独特的销售主张　品牌策略

2. 谈谈你对广告创意原理的理解,并试举两例说明广告创意原理的应用。
3. 简述广告创意的一般过程。
4. 如何看待意象的多种含义?
5. 简要回答广告创意中所使用的思考方法。
6. 简述 USP 策略的要点。
7. 简述品牌形象策略的要点。
8. 简述广告定位策略的要点。
9. 广告中的品牌与市场营销中的品牌有何区别?
10. 从 USP 策略、品牌形象策略和定位策略这三种创意策略中概括其共同之处。

典型案例与讨论

"白加黑"感冒药的广告创意

感冒虽是一种常见的普通病,然而人们对它的看法和态度却相去甚远。基本上可分成两类:有些人非常重视,积极、及时地服药,并尽量呆在家里休息,直到自己觉得好转;另外一些人,则不管自己觉得如何,仍会拖着身子上班工作。考虑到有这两类消费者的不同情况,同一家公司就生产了两种感冒药。"康泰克"的广告说:"当你打第一喷嚏时……","康得"则定位成"可使你勇往直前的感冒药"。而中国本土感冒药品牌中的佼佼者——"白加黑"短短 180 天的时间,"白加黑"就在拥挤的感冒药市场上赢得了 15% 的份额,销量达 4 万箱,创造产值 1.6 亿元。其成功的基石首先是富有创意的产品概念。

一个偶然的机会,江苏盖天力制药股份有限公司的一位工程师访美归来,他在闲谈中谈到了美国的一种感冒药,白天和晚上服用组方成分不同的片剂,说者无意,听者有心,盖天力老总徐无为顿时来了灵感,能不能洋为中用,开发一种新型的感冒药?

当时,市场上的感冒药不下几十种,在市场上站稳了脚跟的知名品牌也有 10 余种,在这种情况下开发感冒药,竞争压力相当大。盖天力决定用一种全新的思想来研究开发这一新产品。他们先后召集了近百次专门会议,提出的各种方案有 100 多个,经过否定、肯定、否定之否定,终于筛选出一套完整的产品概念创意方案。

这套独特的产品概念创意方案最后以"白加黑"命名产品名称,意为白天和黑夜服用组方成分不同的片剂。白颜色片剂中,抽掉了感冒药中几乎都有的易引起嗜睡的扑尔敏成分。平平淡淡的三个字,确有平中见奇之功。公司老总徐无为自豪地说,凭着这三个字,我们已经成功了一半。

接着,在广告公司的协助下,"白加黑"确定了干脆简练的广告口号"治疗感冒,黑白分明",所有广告的核心信息是"白天服白片,不瞌睡;晚上服黑片,睡得香。"产品名称和广告都在清晰地传达定位概念!

同时，盖天力公司还积极动用全方位的公共宣传工具，从“白加黑”的新闻价值入手，先后采写了消息：“全新感冒药‘白加黑’投放市场”，言论“为产品创意拍案”，科普文章“治疗感冒新概念”等一组文章，发往各新闻单位。不久，全国约60多家报纸、杂志、电台、电视台陆续刊播了这些文章，短短两个多月时间，有120多篇稿件见诸报端，总字数在8万字以上。这些付出，都是在传达一种新型感冒药的定位信息。

“白加黑”推向市场前，公司的广告预算就已高达1000万元。“白加黑”在全国100多家大众传播媒体上展开了高密度的广告轰炸，取得了短时间里在消费者中形成了强大冲击波的震憾。

其实，这种产品概念并非首创。然而在中国市场上，“白加黑”抢了先。后来在1996年，中美上海施贵宝制药有限公司才向市场推出它的“百服宁”系列中的“日夜百服宁”，它也是基于同样的产品概念创意原理。产品为复合包装，日片为深橙色薄膜衣片，夜片为深蓝色薄膜衣片。日片的主要成分是对乙酰氨基酚，夜片只是在日片的成分中多加了2毫克扑尔敏。这也许正是上面提到的那位工程师所说的美国产品。

（资料来源：中国健康产品网）

案例讨论

1. 定位是营销战略还是沟通战略？两者能够统一起来的基础是什么？
2. 感冒药市场可以从哪些方面进行细分？目前市场上的一些知名品牌定位于何种目标市场？
3. 你能否列举一至两个类似的例子？

第六章 医药广告策划

导言

广告策划一方面是现代广告公司经营运作的核心。它确定了广告活动的基本原则、方向、战略、策略、媒体、表现手法、广告效果的测定等内容。另一方面广告策划必须服务于企业的营销，它是企业诸多营销活动的一部分内容。

本章首先从宏观上介绍了广告策划的内涵、特征和地位，然后结合医药广告的特点，阐述了医药广告策划的基本内容以及医药广告策划书的结构，接下来分析的是医药广告策划的基本程序，最后介绍了广告沟通说服过程与广告策划的关系。

引导案例

当年健力宝的成功广告策划案例

1984 年 3 月，一家手工作坊式的广东省三水酒厂经过 20 多批次、720 多个不同香型和风味的试验，生产出一种可消除运动性疲劳、添加活力，且清甜可口的电解质新型运动饮料，取名为“健力宝”。

当时，国内饮料市场被各种中外产品占据，如何将“健力宝”这一新产品打入市场，是一个相当困难的事情。酒厂的厂长李经纬独具慧眼，认为“运动饮料”必须借助体育才能打入市场。不久他获悉亚洲足联代表大会将在广州召开，他感到这是一个很好的机会。在会议期间“健力宝”受到了中外足球界知名人士的赞赏与推崇。同年 6 月，在北京举行的为 23 届奥运会中国体育代表团自带饮料的评选会上，“健力宝”被指定为首选饮料，在这次奥运会上，中国运动员成绩突出，抓住这个机遇，李经纬借助新闻大炒“健力宝”之名。几乎在一夜之间，“健力宝”扬名天下，成为与中国运动健儿齐名的“魔水”。

1987 年，健力宝集团耗资 250 万元购得第六届全运会运动饮料专用权，并给全体全运会工作人员发了他们的厂服，对所有参加开幕式的观众赠送健力宝饮料。一时间，广州天河体育中心成了健力宝的海洋，这一体育盛事经电视传播将健力宝的形象送到天涯海角。

1988 年，健力宝随中国登山队登上珠穆朗玛峰，成为“世界最高峰饮料”，并向 24 届奥运会金牌的中国选手赠送价值 2 万元的健力宝金罐。

1989 年，李经纬邀请退伍的体操王子李宁加盟健力宝集团，成为总经理特别助理，同年开发了以李宁姓名命名的李宁牌运动服。

1990 年,健力宝集团以 600 万元巨资买下第十一届亚运会运动饮料专用权,又以 260 万元买下火炬传递活动的专利权,也把“李宁牌”和“健力宝”的名字随着火炬传向全国各地。

借着体育之名,凭借独特的品质,健力宝获得了惊人的成功。1986 年销售额为 5000 万元,1987 年 1.3 亿元,1990 年 4.07 亿元,1991 年 6.3 亿元,1992 年上半年 6.1 亿元……

启示:当今的社会,想推销商品或企业而不做广告,犹如在黑暗中向情人频送秋波,所以任何一个产品的问世,一个企业的诞生,都必须借助广告宣传。在广告宣传时一定要切记“巧”字,即定位明确的广告策划。

(资料来源:中国广告人网)

第一节 广告策划的概述

古语云:“凡事预则立,不预则废”。预,实际上就是事先做好充分准备,并进行必要的策划。人类的活动是一种有目的的实践活动,其策划思想及实践也源远流长。人们在干每一件事之前,都有个思考与抉择的过程。无论是安邦定国、军事战争、宏伟工程、宇宙登月计划,还是朋友聚会、旅游购物、产品推销、企业竞争,都蕴涵着丰富的知识与高超的智慧,都要经过策划之后再进行决策。随着社会的进步和生产力的发展,人们在策划活动中的经验和知识越来越丰富。

一、广告策划的内涵

在当今世界,知识的释放已经市场化、产业化和系统化,知识特别是高科技的知识成为经济竞争的主要力量,不仅是自然科学,社会科学也成为生产力、竞争力的一种体现,特别是以咨询、策划、信息服务为特征的第四产业,已经成为经济发展中最迅速、最活跃的领域之一。近年来,一些独领风骚的策划家在经济领域、政治领域长袖善舞,通过对经济资源、社会资源、人文资源的优化整合,创造出一个又一个奇迹,一个企业的兴衰、一个品牌的推出、一张报纸的面世、一个活动的展开、一个项目的实施都离不开精心而巧妙的策划,可以说,每一个成功的故事背后都有策划的功劳。

(一)策划的含义

“策划”,在当今工商业发达的社会中,是一个颇为流行的新名词,而且,它已经成为“智慧和谋略”的代名词,被人们广泛接受,无论是体育盛会、影视歌舞、产品包装、形象推广,都言必称“策划”。

其实,策划并不是现代社会发明的术语,而是一个非常古老的概念。翻开史书,我们可以找到许多关于策划思想的论述,比如“好谋而成,多算而胜”、“事成于谋,行成于思”、“运筹帷幄,上兵伐谋”、“以奇计为谋,以绝智为主”等,这里的“谋”、“算”、“计”、“运筹”都表现了古朴的策划思想,从广义上讲,都属于“出谋划策,策略规划”的策划范畴。

从中文词源来看,“策”同“册”,最早是指古代书写的一种文字载体,古代用竹片或者木片记事著书,成编的叫做“策”,以后又发展成为应考者参加科举考试的一种文体,至今已演变成“计谋”、“谋略”之意,比如,我们常说的“献计献策”、“束手无策”等都属于这种用法;“划”同“画”,也是

“计划”、“打算”之意，由此可见，策划是指与计谋相关的一种行为过程和方法系统。

从英文词源来看，“策划”是 strategic planning，而不是 strategic plan（计划），因为策划是一个动态过程，是一系列围绕广告策略战术而展开的研讨活动和决策活动。

美国哈佛《企业管理丛书》编纂委员会将“策划”定义为：“策划是一种程序，在本质上是一种运用脑力的理性行为。基本上所有的策划都是关于未来的事物预定做什么、何时做、如何做、谁来做，以目标为起点，订出策略、政策、详细的作业计划，达到目标及成效评估及反馈，再返回起点做第二轮反馈。策划是一种连续不断的循环。”

（二）广告策划的含义

“先谋后事者昌，先事后谋者亡。”任何一项活动都离不开策划，策划意味着成功，广告活动也是如此。广告活动的成功与否，在很大程度上取决于广告展开前的策划工作是否周密准确。因此，要确保广告活动的成功，就必须做好广告策划。

在广告与营销中，广告策划并不是与广告活动同时产生的，它是商品经济发展的必然，是现代广告活动规范化、科学化的标志。广告策划思想最早是在 20 世纪 60 年代，由英国广告人波利特（S. Politt）提出，此后受到广告与营销活动的广泛重视并得到了进一步发展。目前广告策划已成为成功广告的核心，受到广告界的高度重视。

广告策划是一个现代概念。以策划为主体，以创意为中心是现代广告活动的重要特征。那么什么是广告策划呢？一般认为，广告策划是指根据广告与营销目标和对象，依据对特定产品或服务市场调查情况，制定出一个与市场情况、产品或服务特点、消费者心理相适应的、营销上有效的广告计划方案（内容、时机、地区和媒介），并对实施活动进行决策的过程。

由此可见，一个完整的广告策划应包括策划目标、策划对象、策划依据、策划方案和实施策划等五大要素。这五大要素也可以归纳为来自内、外两方面的因素，外部因素主要是对环境分析、对象分析和广告策划；内部因素主要是对消费者的沟通与说服过程。这样，广告效果就是广告策划的内、外要素相互作用的结果。广告策划的要素及关系构架如图 6-1 所示。

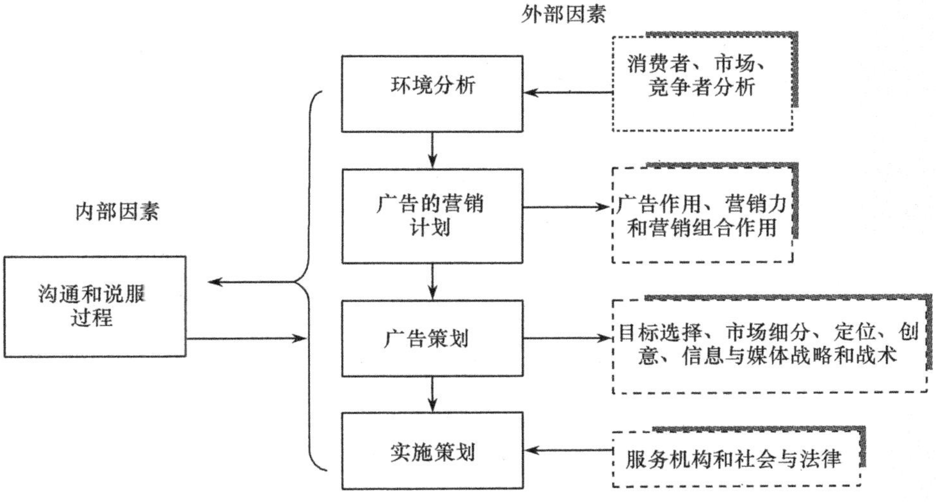

图 6-1　广告策划要素及关系构架

由此可见,广告策划所要解决的任务包括广告的目标、广告对象、广告计划、广告媒体和广告评估等,要解决广告"对谁说,说什么,如何说以及说的效果"等一系列问题。

目前广告界对广告策划并没有形成一个统一的定义,对广告策划的认识主要有三种观点:

1. 广告策划是一种管理和决策活动

这一观点认为:广告策划是对广告进行管理和决策的一种程序或过程。它是一种前瞻性工作,规定了广告活动的进程并且对广告的目标对象、广告的诉求策略、广告媒介、广告评价进行决策。

2. 广告策划仅是广告运作中的一个重要环节

这一观点认为:广告策划是广告运作的一个重要环节,与广告创意、广告设计、广告制作和发布等环节同等重要。同时,在整个广告运作中,广告策划是核心性质的,它对其他环节具有指导意义。

3. 广告策划是在确定条件下,对广告行动方案的一种组合

这一观点认为:广告策划是对广告活动的各种行为计划进行组合,以形成一个总的计划。这一观点具有一定的片面性,忽视了广告策划对整体广告战略进行决策的作用。

二、广告策划的特征

广告策划不是广告计划,也不是营销策划,有它自身的特性,集中表现在五个方面。

1. 智谋性

广告策划活动是一项运用智谋进行创造性思维的理性活动,是策划者足智多谋的行为过程,也是运用创造学、心理学、广告学开发创造力的过程。在广告策划活动的全过程中,智谋既是它的逻辑起点,又贯穿策划行为过程的始终。广告策划是在战略层面上对广告运作进行统筹规划,起到了指导性的作用。所以说,智谋性是广告策划的核心特征。

2. 目的性

任何商品的广告策划有明显的目的性,即为促销、提高产品知名度或塑造企业形象。达到广告策划目的的途径首先是针对特定问题、产品、或消费者进行策划的市场调研,在调研的基础上确定具体的广告策划,最终达到广告策划的目的。一般说来,广告策划目的的明确性是保证广告策划顺利进行的关键所在,也是制定广告效果的基本依据。

3. 系统性

系统性是策划区别于点子、谋略的一个重要标志,是广告策划工作的哲学基础,它要求在广告策划活动中要整体把握,系统运作。广告策划是一个整体性的系统方案、系统工程,它涉及广告目标、广告预算、广告主题、广告媒体、广告定位、广告制作、广告发布、广告效果测定等方面的内容。而广告的系统性就表现在对以上各个方面、各个环节进行权衡,最终达到协调统一,达到系统的最优化。

4. 可行性

一般我们可以将广告策划的适应性和可操作性概括为可行性。

适应性主要是指在现实生活中,市场和消费者的情况是不断变化的。广告策划的内容必须适应变化的环境,及时调整广告策划内容。也就是说,一个成功的广告策划也必须是一个依据市场变化而变化的策划,而不可能是一个永恒不变的策划。

可操作性是指广告策划虽然是一个创造性的活动，但绝非脱离现实的凭空想像，他必须要符合实际意义，具有明显的可操作性，这样广告策划才能具体实施，最终达到广告目的。

5. 科学性

广告策划是一个创造性的思维活动过程，但它绝不是随心所欲的，而是具有严谨的科学性。这首先表现在广告策划要遵循一定的程序：在采取广告宣传行动之前，必须对市场形势、消费者态度、社会环境、竞争对手的情况进行周密的调查研究，然后根据所掌握的资料和信息进行综合分析，找出问题的关键点，确定广告目标，拟定广告计划及其具体实施方案，最后还要对广告效果进行评估，直到实现企业的广告目标和营销目标。广告策划的科学性还表现在它是一个众多学科知识交叉融合的过程，在充分运用广告学、心理学、传播学、营销学等多学科的基础上为广告主提供广告决策的依据和最优方案。

三、广告策划的地位

1. 广告策划是广告活动的核心

总的来讲，广告策划是核心，规定了后续的广告表现、媒体发布和广告效果的测定，并为他们确定了广告活动的基本原则、战略方向，而广告表现、媒体发布和广告效果的测定这三者只是广告策划的具体执行环节（图 6-2）。

2. 广告策划在企业营销活动中居于服从地位

企业营销策略一般包括产品策略、价格策略、分销渠道策略和促销策略。广告只是企业促销策略之一，是市场营销的一部分。它不能孤立地发挥作用，而只能从市场营销环境分析出发，服务于和服从于企业的营销目标。

总之，在广告活动中，我们要充分认识到广告策划的核心地位。但从整个营销活动中，广告策划只是一个子系统，一个服务于企业营销目标的手段。

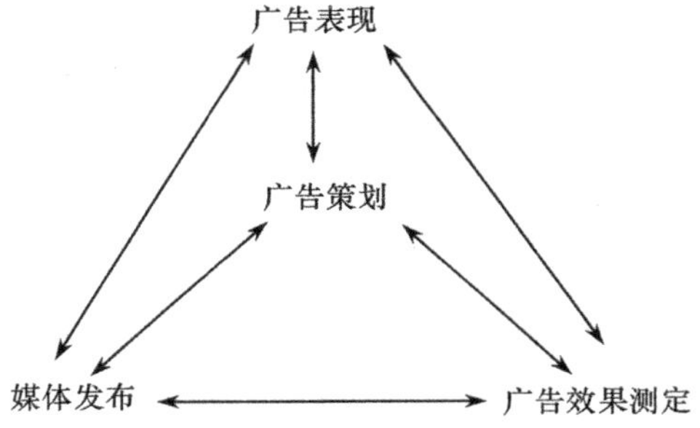

图 6-2 广告策划的地位

第二节 医药广告策划的内容

在整个医药广告活动中，医药广告策划是各广告环节的中心环节，具有核心和枢纽作用。当前，我国必须在规范医药广告管理的基础上倡导医药企业运用科学的方法，通过精心的医药广告策划才能提高我国医药行业广告的水平，转变我国医药广告活动中存在的无序和混乱局面。

一、医药广告策划的含义及构成要素

（一）医药广告策划的含义

医药广告策划是对医药广告活动整个过程所进行的超前性和全局性的决策和谋划。具体而言，医药广告策划是医药广告人通过周密的医药市场调查和系统的分析，推知和判断医药市场态势以及医药消费群体的需求，利用已掌握的知识、情报和手段，合理而有效地控制医药广告活动的

进程，以实现医药广告目标的活动。

医药广告策划在整个医药广告活动中处于指导地位，贯穿于医药广告活动的各个阶段，涉及医药广告活动的各个方面。医药广告策划一般有两种形式：一种是单独性的，即为一个或者几个单一性的广告进行策划；另一种是系统性的，即为规模较大的，一连串的为达到同一目标所做的各种不同的广告组合而进行的策划。单个医药广告策划可以使个别的广告活动或者设计增强说服力，提高广告效果。但要从总体上实现医药企业的促销目标，使医药企业以其医药产品在市场中占据应有的位置，仅有个别的医药广告策划就不够了，而需要一个系统、全面、周密的医药广告策划，这种医药广告策划就称为整体医药广告策划。例如，"脑白金"的广告就是属于单独性或者说单个的医药广告策划，它只为了追求产品的销售这一目标，因此其广告自始至终没有进行多大的变化，而"海王银得菲"为了广泛地拥有市场，其医药广告策划就是从整体上加以安排，以"求爱篇"、"中奖篇"、"理发篇"、"许愿篇"等不同的广告内容重复其广告主题"关键时刻，怎能感冒！'海王银得菲'"。

医药广告策划是整个医药广告运动的核心和灵魂，对医药广告运动具有指导性和决定性作用。要想开展任何成功的医药广告运动，都要预先精心策划，尽最大可能使广告"准确、独特、及时、有效、经济"地传播信息，以刺激需求，引导消费，促进销售，开拓市场。医药广告策划的优劣，是决定医药广告运动成败的关键。

（二）医药广告策划的构成要素

医药广告作为医药企业的营销手段之一，是医药企业营销活动的重要组成部分，因而医药广告策划同样也是医药营销策划的重要组成部分。一个完整的医药广告策划基本上都包括策划主体、策划内容、策划依据、策划对象、策划方案和策划效果评估六大要素。

1. 策划主体

医药广告策划的主体就是医药广告的作者，是医药广告策划活动的中枢，在广告策划过程中起着"智囊"的作用。医药广告策划主体有时在医药企业的内部，主要是市场营销部门，有时在医药企业外部，即医药广告经营机构，他们也可以为那些无力进行整体医药广告活动与策划的医药企业提供医药广告策划服务。

2. 策划内容

医药广告策划在遵循一般程序与步骤的基础上，对医药广告活动的内容也必须进行全面策划。其主要包括分析医药广告环境、确定医药广告目标、明确医药广告对象、确定医药广告传播区域、明确医药广告定位、医药广告创意、选择医药广告媒体、预算医药广告费用、评估医药广告效果等。

3. 策划依据

策划依据是指医药广告策划人必须拥有的知识和信息。一般说来，医药广告策划的依据主要有两部分：一是医药广告策划人本身的知识结构和信息储存量，如策划人所拥有的市场营销学知识、广告学知识、心理学知识、传播学知识等，它是进行科学策划的基本依据；二是有关策划对象的专业知识，如医药行业所特有的市场规律和相关信息、医药营销的一般战略和策略、医药产品独有的特性、医药消费者的消费行为特征、医药市场竞争者的状况、医药广告环境的特殊性等，这些是进行医药广告策划的重要依据。

4. 策划对象

策划对象是指医药广告主或者所要宣传的医药产品或服务。策划对象决定着广告策划的类型，以医药广告主为对象的广告策划属于医药企业形象广告策划，以某一医药产品或服务为对象的广告策划为医药商品销售广告策划。

5. 策划方案

策划方案是医药广告策划人员为实现策划目标，针对策划对象而设计创意的一套策略、方法和步骤。策划方案必须具有指导性、创造性、可行性、操作性和针对性。

6. 策划效果评估

策划效果评估既包括对实施策划方案可能产生的预期效果和已经产生的现实效果进行的判断和评估，据此可以评判广告策划活动的成功与失败。在整个医药广告活动中，它可分为事前、事中和事后测评。

医药广告策划的六大要素相互影响、相互制约，构成一个完整、系统的有机体系。

二、医药广告策划的内容和原则

（一）医药广告策划的阶段与内容

在医药广告策划中，依据实际的广告运作过程的各个环节对广告对象、广告内容、广告目标上的不同，将广告策划运作划分为：市场分析、战略规划、制定广告计划和形成广告计划文本等四个阶段（如表 6-1 所示）。

表 6-1　广告策划的阶段与内容

广告策划阶段	具体广告策划内容
市场分析阶段	对医药广告与医药市场营销环境、消费者心理、医药产品特点与竞争对手广告特点的分析
广告战略规划阶段	1. 对医药广告的各目标、目标市场策略、产品定位策略、广告诉求策略、广告媒介策略以及广告组合策略进行决策。 2. 制定广告计划、确定广告费用预算、确定广告效果测定方法和对广告策划书进行修改。
制定广告计划阶段	确定医药广告活动进行时间、地点、范围、媒介频率等内容。
形成广告策划文本阶段	撰写医药广告策划书文本、对广告策划书作修改并定稿。

（二）医药广告策划的原则

广告策划过程就是对医药广告活动进行决策的过程。要实现广告策划的决策，应遵循以下 6 个基本原则。

1. 整体性决策原则

医药广告战略决策必须有全局整体观念，首先是应从企业营销战略整体的角度来把握广告战略决策，将医药广告与其他营销要素间相互配合的整体效果，作为衡量战略决策优劣的一个重要标准；其次是应从广告战略整体角度统筹医药广告运作，优化配置医药企业广告资源，合理解决主次关系，集中攻克重点、难点，合理安排广告活动流程，统一整合广告信息和媒体。

2. 科学性决策原则

以科学理论为指导，运用科学的方法，掌握科学工具，建立科学预测、决策的信息支撑系统。运用统计学、心理学和行为科学等学科的科学方法来提高医药广告调研、策划创意、设计制作、效果评估、经营管理等活动的科学性。运用科学程序、方法和工具对多个方案的筛选、优化来提高医药广告战略决策的质量。

3. 前瞻性决策原则

无前瞻性即无战略可言。广告战略决策应处理好企业的微观与宏观营销问题、短期与长期经济效益与社会效益的关系。使之成为连接创造近期市场效益与追求长期产品形象、企业形象的最有效管理手段。战略决策要体现良好的前瞻性就必须对企业长远战略目标十分明确;对广告战略目标与过去和未来的关系十分清楚。

4. 可行性决策原则

可行性可以从几个方面来把握:一是具有战略意义又合理可行的目标;二是战略应明确简练,便于记忆,易于掌握;三是切实考虑广告活动主体的执行力和社会的接受度;四是广告预算可行,符合投入与产出比率最优的经济规律。

5. 调适性决策原则

应有一种可持续性发展的广告战略观,在决策里贯穿企业持续经营的精神。保有决策的可调适性,才能确保战略思想的一贯和持久。广告战略决策的制定应该留有一定余地,给具体广告执行过程中的种种始料未及的变化以调适的可能,这样才能增强企业的应变、竞争和抗冲击的能力。

6. 创新性决策原则

这是由广告行业特点所决定的。广告效果常随广告创意的重复使用次数的增加而递减。任何广告,创意是成功的关键,因袭他家的广告创意,往往会不得要领,所以很难取得成功。

三、医药广告策划书

医药广告策划是对医药广告活动进行规划的一系列决策的动态过程,而医药广告策划书则是具体体现策划内容的文件形式。所以,医药广告与医药营销策划人都主张将医药广告策划经过加工后转化为医药广告策划书,以指导、调控和评价广告活动。因此,医药广告活动与医药广告策划书是相互联系、相互影响的,成功的医药广告活动不能没有医药广告策划书,同时医药广告活动也不能仅按医药广告策划书行事。

(一)医药广告策划书的特点

1. 医药广告策划书是一项行动文件

实施一项医药广告策划活动是非常复杂的工作,需要多方面的协调配合。医药广告策划书正是将多方面的工作用文字的形式表达出来,它标明了所要采取的步骤、时间安排等,用以指导和控制整个医药广告策划活动的运作。医药广告策划者可以根据医药广告计划有条不紊地开展广告宣传活动。

2. 医药广告策划书是对某一医药广告目标及如何完成这一目标的一种解释

医药广告目标是医药广告策划的核心。在广告策划中,规定了某项广告策划活动所要实现的目标,并对如何完成这一目标、医药企业所面临的问题及市场机会等加以阐述。医药广告策划解释了要完成何种广告任务,达到何种广告目标,并解释和规划了实现广告目标的具体步骤。

3. 医药广告策划书是企业开展营销活动的一项承诺

医药广告活动是医药企业的一种投资行为,它所获得的是增加产品的销售额或扩大企业、品牌的知名度。医药广告活动的规模越大，投入也越大，只有通过详细的医药广告策划才能进行周密的预算安排。另一方面，医药广告策划书是开展广告策划活动的保证。无论多大规模的广告宣传，只有通过了广告策划的合理性论证，才能具体执行。

总之，医药广告策划书一旦制定，就成了医药广告活动必须遵循的行动准则，因此，医药广告策划书有一定约束性。

（二）医药广告策划书的一般格式和内容

目前在营销、广告业界，不管哪个行业的广告策划书的格式都是灵活多变的，这里的一般格式，仅是提供一种常用的思路与模式以供参考。医药广告策划书主要包括以下内容：

一是封面。一般印有策划书的名称、客户、策划机构、编号和日期等。

二是内容摘要。内容摘要刊于第一页。主要对本策划要实现的目标，实现目标的策略、手段、途径，以及整个活动投入做简明扼要的陈述，目的是让决策者对策划书能一目了然，便于总体把握。

三是目录。刊于第二页。目录内容包括：内容摘要、目录、前言、市场分析、广告战略、广告实施计划、广告效果预测与评估、广告预算与分析、附录及附录中各主要文件。

四是正文。正文主要内容有以下几个方面：

（1）前言。这是策划书的开头部分，以说明制定策划书的背景与意义，指明所要解决的矛盾或问题，说明广告的目标与任务。必要时应说明企业的营销战略。

（2）市场分析。这是对广告环境分析研究的最终结果而形成的文字。主要由医药市场研究、医药消费者研究、医药产品分析、医药企业经营机会与问题，以及竞争状况研究等四部分组成。其中，医药产品分析、医药消费者分析和竞争对手分析是核心内容。

1）医药产品分析主要包括与竞争者相比，医药产品在特点、成分、用途、消费者、接受等方面的竞争结果如何？在过去几年中，有何增加或改进、删除或放弃，新用途、新市场等。医药产品被认为是新巧的、现代的，还是旧式的、保守的？它是一种流行的产品并受消费者风俗习惯的变迁影响吗？产品的价值何在？是好还是尚可，或是不好？现在的使用者满意吗？销售范围广泛吗？是否在任何地方都能买到本产品？零售商对产品感觉如何？他们愿意经销本产品吗？包装怎样？标贴呢？品牌认知度和理解度、接受度怎样？本产品与竞争对手相比，有何独具的或与众不同之处？服务方面的情况怎样？

2）医药消费者分析主要包括医药消费者的基本情况，如性别、年龄、收入、职业、教育、种族、家庭收入、人口、社会阶层、地理区域等；消费者态度情况，如对本产品的知晓程度、喜爱程度，是同情、认可、赞同、支持还是冷漠、敌视、否定、反对，原因在哪里？是漠不关心还是偏见作怪，或者形象不好？消费者购买行动情况，如在何处使用本产品，如何使用，使用频率，使用平均数量，对同类产品尤其是对竞争对手的产品的品质、价格、包装、型号、品牌荣誉、服务等评价如何？消费者对目前广告的认知度是多少？本产品为消费者解决什么问题？消费者知道这些利益吗？现有顾客的忠诚度如何？发生品牌转移了吗？如果已发生，是本名牌中，还是在其他品牌？谁是本品牌的最佳潜在顾客？他们住在什么地方？能否影响他们？

3）竞争对手分析主要包括竞争者的包装设计、品牌命名、广告策略特别是广告主题和广告媒体的选择上有什么优势。

(3) 广告战略。这是策划书的核心部分,是对广告谋略的阐述。包括广告目标对象、广告区域、广告时机、广告信息战略、广告媒体战略几大要素的内容。

(4) 广告实施计划。它包括主要的广告活动项目和广告运动的行动计划方案。

(5) 广告效果的预测与评估。说明按照广告策划实施广告活动前提下预期可能达到的目标。这一目标以"前言"部分规定的目标为基本准则。

五是广告预算与分析。

六是附录。为使主体策划书不至于太过臃肿庞大而不利整体把握。一般将完整的调查报告、项目策划方案、具体的媒体发布计划等编入附录。

值得说明的是,在医药广告策划基础上进行广告策划书的撰写主要有两层意义:一是医药广告策划书自身具有对医药广告策划所需信息的整理作用;二是医药广告策划书是广告策划人与广告客户进行沟通的基础。要想让广告策划书具有较强的说服力,就必须做到:增强广告策划书的通俗性与易于了解性;增进广告策划书的可信性,数据、图表要准确、直观形象;有利于与广告客户的沟通,内容要明确、不能含糊。

广告策划书案例

血复康胶囊广告策划方案

目 录

第一部分 市场分析
一、一般市场状况
二、目标市场
三、竞争状况
四、产品分析
五、市场策略
第二部分 媒介计划
一、媒介目标
二、媒介策略与组合
三、媒介预算(草案)
四、媒介日程安排

第一部分 市场分析

一、一般市场状况

高血压是一种常见病,在我国19岁以上标准人口中的发病率约为11.88%,而且每年新增加的患者就有350万人。由于城市居民运动较少、高脂食品摄入较多,以及北方地区气候寒冷,户外活动较少,高血压患者的覆盖面呈现"城市多于农村、北方多于南方"的区域性规律。因此,北方各大中城市成为抗高血压药品消费的主要市场。

基于上述情况，我们对北京地区有代表性的44家医院和46家药店进行调查走访后，认为现阶段的抗高血压病药品市场已被琳琅满目的各种药品所充斥，即便对不同情况的患者，可选择性也很大。国内产品如心痛宁、开搏通、复方降压片、牛黄降血压……众多药品，都已成为高血压的常备药。

销量可观而稳定。合资和进口药品种也十分丰富。较有实力的拜心通、抑平舒、悦宁定、洛汀新等，由于这些厂家资金雄厚，所以在广告宣传上占据较大优势。同时，一些新药也不断推向市场，积极挤占市场份额。

在抗高血压药品市场上，中低价位药品已趋于饱和，高价位和进口药品间竞争也非常激烈。那么在这样一个相对饱和而又竞争激烈的市场上，"血复康"如何脱颖而出、占有一席之地，就必须缜密地进行市场研究和策划。

二、目标市场

在我们的调查中，几乎每一位医生都认为由于高血压是一种十分复杂的病，为提高疗效和避免不良反应，需要有选择的用药，所以大部分患者都是遵医嘱服药。在对患者的调查中发现，90%的患者，特别是病情较重的患者也都是遵医嘱服药，即便听说了新药，也会先听取医生的意见决定取舍。在走访药店中发现，许多患者都是凭处方来购药或是购买自己常用的抗高血压药。可见对高血压患者来说，医生的意见成为其购药的重要依据。因此，如果不能做通医生这一环节，药品的销量将会大受限制，所以广告的诉求对象也不能仅仅局限在患者身上，还应特别加大对医生的说服力度。

（一）患者

1. 年龄

高血压是常见病，在青年和中老年人中都有一定比例，但是40岁以上的患者人数是40岁以下患者的45倍，而且在调查中也发现：就医吃药的患者大部分集中于中老年人。

2. 购药地点

（1）公费医疗和大病统筹的患者基本上都在医院开药，以为涉及报销问题。由于社会全面实行公费医疗和大病统筹，这部分人在高血压患者中占了大多数。

（2）自费的患者，不必考虑报销的问题，则会选择就近的药店购药。

3. 购药行为

在对药店的调查中我们发现：病史较长、在维持用药阶段的患者大多数是买自己常吃的药；而买新药或进口药的患者70%以上都是带着处方或向医生询问后才来购买。同时我们发现，绝大多数患者对新药的态度都很积极。无论是在医院开药的，还是在药店买药的患者，如果听说了新药，他们都十分乐于尝试。但是大部分患者，特别是老年人和病情复杂的患者在购买新药前，都会先向医生询问、了解新药情况后试用。对于价格偏高的药，大多数患者都认为只要疗效确实好，对病情大有帮助，是不会在乎价格问题的。另外，90%以上的医生都提到患者十分相信广告，指名购买或向他们了解新药的情况很多。"常是新药一做广告，很快就会有患者向临床医生点名要药。医生指导病人用药，常常颠倒过来，成了病人指导医生用药。"（《健康报》记者语）

4. 信息渠道

新药的信息来源主要是电视广告、报纸杂志、亲戚朋友推荐等。

综上所见:高血压患者购药行为最主要的特征是购药时多以医生处方建议为依据,同时也深受广告的影响。所以“血复康”提高患者中的指名购买率就必须创立产品在患者中的知名度;要提高处方销量,就必须以软性广告等方式让医生了解“血复康”,并乐于试用它,从而达到推广的目的。在整个广告活动中,两者相辅相成,缺一不可。

(二)医生

1. 处方行为

在我们对近50位医生的调查中,绝大多数医生开药的依据都是患者的病情和身体状况,其次还要考虑其经济条件,是否自费医疗等方面。80%的医生在其处方行为中只给病情确实需要的,以及公费医疗可报销的和部分大病统筹及经济条件好的患者开价格昂贵的药;对轻度患者和自费购药、经济承受力差的患者则开一些价格偏低的常备用药。因此,公费医疗、部分大病统筹的患者和经济条件较好的患者应是我们极力争取的那部分患者。

2. 对抗高血压药品现状的评价

绝大部分医生都认为:现有的治疗高血压的药还没有特别好的,西药降压效果显著,但副作用较大,中药虽然副作用较小,但仅适于中、轻度患者;一些进口药和新药价格昂贵,但疗效并不比老药好。现阶段的抗高血压药品市场正热切期待着有重大突破的新药。

3. 对新药的态度

被调查的医生几乎百分之百肯定他不会推荐或建议其患者去吃一种医生自己从未听说过的新药。如果这种新药他们听说过、有一定了解,并且其疗效确实不错的,他们才会向患者推荐或给患者试用。绝大多数医生都十分重视新药的临床实验结果和有关依据,但仅仅看到药品的使用说明书他们是不会马上试用的,只有经过多种途径的反复宣传、讲解,工作做到家,他们才会给病人试用。而先行一步的临床疗效及科研总结,又进一步提高了新药的知名度和应用范围,所以早期靠营销代表的细致宣传是必要的,但要想在更大范围内促销,就不得不借助广告的威力了。

来自厂家的营销代表由于数量和医学水平有限,不可能短时间内把新药的信息传播的深而广,必须利用各种方式、各种渠道进入医生经常接触的信息网,使医生反复接受新药的信息,专业媒体的广告及有关新药的科研论文和其他形式的软性文章都是必要的。

4. 了解新药的渠道

(1)大型医院的医生。一个是药房进药后,召集科室医生了解新药的药理、疗效。这种形式的信息来源占大医院新药信息来源的60%~70%;另一个渠道是从专业杂志或学术会议上获得。

(2)中小型医院医生。由于中小医院受上级医院影响很大,因此新药的信息来源一般也是从上级医院查房、会诊或听学术报告会议上获得。

综上可见,新药要打开市场,仅靠营销人员对药品粗浅的介绍是远远不够的,还应对新药进行深层次的论证,在报刊、专业杂志、广播、电视等多种媒体上与医生和患者见面,才能提高新药的知名度,从而树立企业形象。

三、竞争状况

现阶段治疗高血压的药品很多,但也并不是每种药都是我们的竞争对手。例如,目前在抗高血压药品市场上以心痛定、卡托普利、复方降压等价格低廉的药品所占比例较高,但因其不良反应较重,病人的顺从性差,所以我们可以不作为主攻对象:一些进口药由于价位高,特别是疗效一般,所以销量有限,也构不成很大威胁。但下列药物疗效尚可、宣传攻势较强,我们不得不认真对待。

倍他乐克:是高血压常用的药,价格便宜,但其广告宣传十分有影响,同时在处方上的应用也比较广泛。总体而言,倍他乐克在疗效等方面对"血复康"还构不成影响,其威胁还主要在于宣传方面。

洛活喜:几乎所有的药店、医院都有售,售点普及面较广,可谓异军突起的新药。大攻势的广告宣传已结束,广告效果十分不错,已打开了知名度;但是价位较高,50元/盒,仅够服用七天。在对几个医院专家的访谈中,70%的医生认为疗效并不突出。疗效欠佳加上价格昂贵,它的处方销量势必大受限制。

拜心通:是进口西药很有影响的一个,其生产厂家德国拜耳公司历史悠久,实力雄厚,但是在中国市场上宣传并不多,许多人知道拜耳,但并不了解拜心通,对其理解度低,另外,是进口西药,处方受一定限制。

其他同类进口药:进口西药一般价位都很高。在对专家的调查中,大部分专家认为,对高血压这一病症进口药的疗效并不比国产药有太大的优势。在处方上,进口药是受一定限制的。在绝大多数药店,进口药的销售状况也都不好,一是其价位高,最主要的还是因为高血压病人大都遵医嘱吃药、按医生处方购药,而医生却较少推荐进口药。但从目前大趋势看,随着进口药促销攻势的不断深化,其市场占有率已有明显上升之势。所以,在"血复康"的广告策略制定上,这一点不可等闲视之。

四、产品分析

1. 问题点

(1) 没有知名度。在竞争激烈的现代社会,产品的知名度是一种隐形的巨大资本。可以说,产品没有知名度,就不会有市场。许许多多药品和药品厂家的成功已证明了这一点的重要性。

(2) 潜在对手多,药品的可比性和医生、患者的选择性大。

2. 机会点

竞争产品虽多,但形成气候的较少。即便有宣传,也仅仅是较为简单的产品介绍,专业水平薄弱、命中率低。另外竞争药品没有新突破,还是局限在原有降压药的几类品种范围内,虽然更新的产品疗效上有进步,但并没有从根本上解决其不良反应的缺点。市场对疗效好、副作用又少的新药潜在需求很大。

3. 支持点

(1) 纯中药。

(2) 几乎无不良反应,适于长期服用。

(3) 疗效肯定,平稳降压。

(4) 保护靶器官。

4. 产品定位

在调查中,90%以上的医生提到了药品的不良反应问题,所以在广告宣传中,应以暗示的方式让受众了解到这一点,同时还应强调保护靶器官的功效。

五、市场策略

(1) 广告目的。初期打产品广告、创知名度,提高对新药特点的了解。

对患者群:着重知名度的宣传

对医生:着重药理和药效的宣传

(2) 诉求对象。医生和患者,特别要注重对医生的宣传。

(3) 营销建议。高血压是一种常见病,目前无根治的办法,为维持血压的稳定,患者需长期服药。绝大多数患者都是在医院就医,在确诊后的维持用药阶段,社区中型医院成为大部分患者就医开药的主要地点。也就是说,我们要打开市场,就必须抓住大部分患者就医开药的中型医院。而中型医院进药又是受很大限制的,而且他们受上级医院影响十分明显,一种新药的推广往往是先进入大医院药房,而后逐步推广到其下级医院;而且中级医院的医生对新药的认识和试用也多受上级医院的影响。对于这种"大医院进小医院用"的现状,若要打开市场就必须先打进大医院药房,让药品首先出现在各大医院。下一步就是加快其推进速度,让医生了解、试用它。在调查中我们发现,医生们都十分注重临床实验总结,所以在药品进入医院的同时,让推销员向医生分发临床实验总结。同时,还就配以广告宣传让中小医院医生了解"血复康",为其进一步推广奠定基础。另外,有效的广告宣传还可以增加药品对患者的影响,提高指名购买率。所以,我们的营销战略是大医院做足,小医院做巧,有效启动中小医院等基础市场。

第二部分 媒介计划

一、媒介目标

1. 传播目标

据调查分析而知,由于高血压是一种较为复杂的病,大多数患者都是在医生的处方下购买所需药品,即使有的患者对广告很信赖、乐于尝试新药,也都会先听取医生意见,可见医生意见已成为患者购药的重要依据。如果不能先打通医生这一环节,药品的销量会大受限制。因此,我们的传播目标主要是医生。但由于患者是消费者,若想增加患者的指名购买率,提高产品的理解度,"血复康"的传播目标还应包括患者。

2. 传播定位

"血复康"的传播定位是:开拓市场、扩大知名度的同时提高理解度,从而达到促销的目的。就目前市场状况看,治疗高血压的药品很多,"血复康"在北方市场还并不被大众所知,这就意味着,我们若想挤入这个市场就要扩大知名度,被更多的大众所认知,从而达到促销的目的。

3. 传播区域

以北京为主的全国大中城市,特别应加强发病率高的北方市场广告投入量。

4. 传播时机

	日 期	所需时间
投入期	2001年8月~2001年10月	共三个月
成长期	2001年11月~2002年2月	共四个月
成熟期	2002年3月~2002年7月	共五个月

"血复康"的一期广告初定为一年。在投放期间,可分为投入期、成长期和成熟期三个时期。投入期:可集中火力于这个阶段,造成较大的广告声势,被广大医生及消费者所认识以开

拓市场。成长期:可做短周期间歇,这时主要是提高产品的理解度,被消费者所认知,提高指名购买率。成熟期:在经常性和小投入的媒介活动的基础上,实行短周期集中发布,以提高重复购买率并建立牢固的声誉。如表所示:

5. 特别传播

特别传播具有一定的特殊性、突出性、不可重复性。如节日、庆典及全国重大会议的召开等,可以作为备用方案,随时调整(有关特别传播方案另行协商、策划)。

二、媒介策略与组合

1. 媒介选择由于药品广告的专业性、特殊性,所以要根据不同情况进行媒介选择。"血复康"的主要传播目标是医生。根据走访得知,医生接触最多,最有效的媒介是《中华内科杂志》和《中华心血管杂志》。这两种杂志是由中华医学会主办的医学杂志,是国内最具权威性的医学专业学术期刊,反映国内医学领域的最新进展,读者对象主要是国内高、中级医学专业人员,是各大医院医务工作者的必读刊物。

《健康报》是国家卫生部的机关报,是具有权威性的中国第一大卫生专业报,从中央到地方的各级政府部门、所有医疗卫生机构都普遍订阅,所以医生就成为最稳定的读者群,也是最大的专业报纸。

《中华医学论坛报》是以报道国内外医药学的最新进展、科研动态、先进临床经验和国家药品政策与全国性医药科技新闻为主的专业报纸。读者主要是各类临床医生、药剂师、医药科技人员、教学人员、医政药政管理人员、药检人员、药品生产经营人员及医药工程技术人员等。"血复康"的传播目标还包括患者,其读者群比较广泛。

《中国电视报》的覆盖面广,发行量为每期400多万份,每周发行,持阅时间长,有效地引导全国观众收看电视节目,几乎成为广大观众的必备报纸,可做为重点媒介。

《人民日报》是中共中央的机关报,是最具有权威的综合性报纸。其发行量很大,覆盖全国,具有相当稳定的读者群,是党政机关、工矿企业的必订之报。

《健康》杂志是专业媒体中颇具影响力的大众媒体,是惟一在医院可见到的大众健康类杂志。它是由北京市卫生局主管、市健教所主办的医学科普期刊,其受众面广,是读者接触较多的杂志。在做报纸广告及杂志广告的同时,还应配以相应数量的软广告。据调查,多数医生非常注重临床观察的疗效,根据临床观察的结果,结合患者的具体情况开适合的药品。上述媒介中有关软性广告之安排,可另行协商。

2. 媒介组合

在现代广告活动中,孤立地、简单地应用某单一媒体往往不能达到理想的广告目的。"血复康"想要开拓市场、扩大知名度就要运用多种媒介相互配合、协调运作,即在做报纸广告杂志广告的同时,还应运用POP广告及礼品作辅助宣传,这样可以提高信息的重复传播率,扩大信息接触面,提高扩散度,使信息送传到主要媒介未达到的受众。

在药店做POP广告,能够引导和诱发消费者对商品产生兴趣,作出选择,能够唤起消费者的潜在意识,激发我们的购买欲望,促进他们的购买行动。POP广告还能加深或提醒消费者的购买印象,有利于提高商品的指名购买率。

由于药品广告的专业性、特殊性,送医生礼品已成为药品广告中必不可少的传播方式。礼品的投入小,但效果不可低估。它能加深医生的潜在意识,提醒医生给药的可能性。

三、媒介预算(草案)

1. 具体媒介刊例

(1) 报纸

报纸名称	发行量(万)	覆盖地区	发行日期	整版(万元)	半版(万元)	通栏(万元)	半通栏(万元)
健康报	50	国内(外)	周二、周五	12	6	1.6	0.8
中国医学论坛报	10	国内(外)	周四	2.4	1.3	0.7	0.4
人民日报	220	全国	日报	25	12	2.5	1.25
中国电视报	400	全国	周一	15	7	1.8	0.95

(2) 杂志

杂志名称	刊期	发行量(万)	内页(元)	插业(元)
中华内科杂志	月刊	4	6000	7000
中华心血管病杂志	双月刊	2.5	5500	6500
健康	月刊	15	8000	6000

2. 金额分配

根据所确定的目标市场进行划分。

专业媒体:70 万元

大众媒体:140 万元

售点广告:10 万元

其他:7.5 万元(包括设计费、出软片费、制版费、报批费以及一些不可预知的广告费用)

广告预算金额:227 万

3. 频率分配

频率分配依据:《中华内科杂志》与《中华心血管杂志》是医生的必读刊物,所以这两种杂志频率分配较密。使之相互组合,具有一定重复阅读率。

《健康报》与《人民日报》是按一年为 50 个周期来进行频率分配。由于价格较贵,所以投入期频率较密,成长期与成熟期较稀。

《中华医学论坛报》由于价格较低,所以在频率分配上密一些。

《中国电视报》是按一年为 50 个周期进行分配。因为其能有效引导观众收看电视节目,持阅时间长,重复阅读率高,所以频率分配较密。

《健康》杂志是大众专业媒体,在频率分配上,投入期与成熟期第一阶段较密些,在成长和成熟期第二阶段较稀些。

广告频率分配表

媒体名称	投入期(次)	成长期(次)	成熟期(次)	费用累积(万元)
中华内科杂志	2	2	2	4.9
中华心血管病杂志	2	1	1	3.25
健康报	22	18	1	45.3

续表

媒体名称	投入期(次)	成长期(次)	成熟期(次)	费用累积(万元)
中国医学论坛报	10	9	9	16.6
健康杂志	2	1	2	3.6
人民日报	23	9	9	67.5
中国电视报	11	18	9	68.4

四、媒介日程安排

不同的媒介由于刊播日期及组稿、发排时间不同,在进行媒介日程安排时,还要做些调整。

《中华内科杂志》由于是月刊,需提前两个月进行媒介安排。

《中华心血管病杂志》是双月刊,需提前三个月进行媒介安排。

《健康报》由于广告量较大,需提前30天进行媒介安排。

《中华医学论谈报》是周报需提前一个月进行媒介安排。

《中国电视报》需提前15~20天进行媒介安排。

《健康》杂志是月刊需提前两个月进行媒介安排。

根据不同媒介的不同日程情况,在广告发布过程中应提前计划、整体安排,以确保各媒介之间的有效配合及广告信息的及时、准确的发布。

以上策划是基于极之聚广告公司市场调研部小规模市场调研基础上所作的单项“媒介策划”,至于常规广告策划中有关广告策略,广告创意设计部分,考虑到药品广告操作上的特殊性及一般惯例,上述部分宜在确定媒体投入计划和具体播发版面后再行策划,并送报卫生部审批确定。

为了节约往返时间,特将本公司创意制作部草拟之广告语附后,以供研究确定。

广告语草案:

(1)“血复康”拳拳爱心,一脉相承!

(2)常伴“血复康”血复常康!

(3)比上不足、比下有余,我们要求不高——“血复康”!

(4)平稳降压,全靠“血复康”!

注:以上广告语只是草案,并未报请卫生部审阅,因此宜多确定两条以备不时之用。

附录(略)

极之聚广告调研策划部

极之聚广告创意制作部

二零零一年四月二十五日

(资料来源:“必有路网”:http://www.xhhnet.com/study/ylbj/20070228/2247.html)

第三节　医药广告策划的基本程序

医药广告策划的程序是指医药广告策划工作应遵循的方法和步骤,是为使医药广告策划顺利进行和保证医药广告策划的成功而对医药广告策划工作提出的要求。医药广告策划是一项科学活动,不能盲目进行,而应按一定的方法和步骤进行。虽然每个具体医药广告策划的工作细节不同,但每个成功的医药广告策划的产生过程,都有基本的方法和步骤,都有一定的程序。就医药广告活动的一般规律而言,医药广告策划可以依次分为四个阶段,即调查分析阶段、决策计划阶段、执行实施阶段和评价总结阶段。而每一个阶段又可细分为不同的步骤。现我们从实用的角度提出一个易为操作的广告策划的基本程序。

一、医药广告市场调查与分析阶段

医药市场调查与分析阶段是医药广告策划运作的第一阶段,也是后续各医药广告策划阶段决策的基础。医药市场调研是以科学的方法,有计划、有组织、系统地收集、整理、分析有关产品的信息,客观地测量与评价,发现各种事实,为医药广告策划决策提供依据。

医药市场调查与分析主要会涉及市场环境、消费者分析、产品分析和竞争对手分析等不同方面。在实际操作时,要因具体产品情况做出相应的决策。特别要注意以下几个方面:

第一,调查与分析要把握医药市场发展脉络。任何现状都有其过程,把握它们从何而来,既可以对它们向什么方向发展有比较准确的预测,也可以为它们的现状找到分析依据。

第二,调查与分析要注重对现存状态的分析,这是调查与分析的核心内容。因为产品处在这种现状中,现存的各种因素都对它们的现存问题和市场前景起着重要作用。

第三,调查与分析要注意对未来发展趋势的认识。医药广告策划是具有前瞻性的工作,它所做的不仅要有利于解决目前问题,还要有利于企业的长远发展。

通过广告调查与分析要实现以下几个基本目的:

第一,为医药产品定位找到依据。通过市场调查,可以将某种商品的市场位置加以确定。通过这种产品定位,进而推导出产销策略定位,并且做出产品的广告定位。可见,市场调查的一个重要目的就是使广告的定位更切合市场的实际,扩大产品的知名度和美誉度,进而巩固产品的市场。

第二,为医药广告策略与广告诉求点找到依据。广告策略是多种多样的,没有固定的或单一的模式。确定以何种广告策略来达到营销的目的,归根结底在于对市场的符合实际的了解。只有通过对市场的分类与市场的不同层次消费群体的分析,才能提出有针对性的广告策略与广告诉求点。“消费者是上帝”这一格言意在说明消费者在现代市场经济中所处的重要地位。对于广告活动来说,广告策划主体也必须十分关注、研究消费者。消费者的消费态度、消费方式是受多种因素制约的。某类商品的推销,关键就在于寻求到最佳的广告诉求点,这是广告心理策略的集中体现。没有深入的市场调查,具体的有效的广告策略与广告诉求点便无法制定。所以,市场调查是选择广告策略的基本手段。

第三,为确定广告媒体找到依据。市场调查的目的是通过对资料的分析概括,确定传播某类商品的广告媒体方式,以达到经济有效的结果。这是因为:不同的商品,不同的消费者,不同的消费区域,其广告媒体方式所起到的促销作用都是不同的。广告市场调查,可以使广告策划主体根据不同的市场行情、消费走势乃至社会文化的背景条件,确定以何种广告媒体去达到推销促销的目的。

医药广告策划的市场调研主要内容有五个方面。

(一)医药广告环境调研

医药广告环境调研主要指地理环境和人文环境的调研。广告的地理环境主要指广告传播地区的自然环境,特别是广告目标市场所处的地理位置、交通状况、生态特征、气候特点等。这些因素显然都是与广告产品有着密切联系的。广告人文环境调研包括的范围极广,主要包括政治环境、法律环境、经济环境和社会文化环境。它们对广告活动的具体开展具有很强的制约作用。如政治法律环境调研,主要包括国家政策法规、地方政府政策法规、具有政策性、法律性的条例、重大政治活动、政府机构情况等。对政治法律环境的分析、了解和掌握,对企业的市场营销和广告策划都十分有益。经济环境调研,包括世界经济环境、国内经济环境、行业经济环境等内容。企业的市场营销和广告活动都是在一定的经济环境下进行的,而世界经济一体化的趋势正加快发展,各国间的经济影响也越来越大,因此,掌握国内外的经济发展趋势对广告人员十分重要。社会文化环境调研,主要包括人口状况、家庭结构、民俗风情、文化特点、生活方式、流行时尚、民间节日和宗教信仰等内容。广告企业必须对目标市场的社会文化环境进行充分的分析和研究,尤其要注意少数民族禁忌和宗教信仰,这样才能将广告的表现方式把握好。否则,不仅浪费了金钱,还会降低甚至破坏企业的声誉。

（二）医药广告目标市场调研

企业的目标市场是指企业根据自己的生产经营能力、人财物的资源状况,以及目标顾客群的不同要求,将市场按照一定的标准加以细分,来确定销售服务对象市场。广告的目标市场客观上受到企业目标市场的约束。企业及广告公司确定广告的目标市场必须在市场细分化的基础上,经过充分的调查研究,从中选择最有效应的市场面,作为广告宣传的主要对象。

广告目标市场调研包含在市场细分的过程中。通过市场细分,目标市场的消费者情况一目了然,有助于广告创作人员把握不同消费市场的特点,准确地把广告焦点对准广告目标,使广告制作有的放矢。

细分目标市场所依据的参数比较多,如地理参数、人口参数、心理参数和行为参数等,它们对广告目标市场的影响是不同的,因此也规定了广告目标市场的调研内容。

1. 按地理参数细分市场

按照目标顾客所处的地理位置来细分市场。比如,根据国家、地区、城市规模、气候、人口密度、地形地貌等方面的差异,将整体目标市场划分为不同的小市场,针对消费者的不同需求与偏好,采取不同的广告策略,制作出不同的广告。

2. 按人口参数细分市场

以人口统计参数,如年龄、性别、家庭规模、家庭生命周期、收入、职业、教育程度、宗教等为基础细分市场。消费者需求、偏好与人口统计变量有着很密切的关系。比如,只有收入水平很高的消费者才可能成为高档服装、名贵化妆品、高级珠宝等的经常买主。人口参数的有关数据相对容易获取,企业及广告代理公司进行目标市场细分调研时,常将该参数作为市场细分的重要依据。

3. 按心理参数细分市场

根据广告目标顾客所处的社会阶层、生活方式、个性特点等心理因素细分市场。社会阶层是指在某一社会中具有相对同质性和持久性的群体。一般来说,处于同一阶层的成员常具有类似的价值观、兴趣爱好和行为方式,不同阶层的成员则在上述方面各存在较大的差异。很显然,目标顾客所处社会阶层的细分市场不同,可以为广告创作提供重要依据。生活方式通常是指一个人怎样生活。人们追求的生活方式各不相同,如有的追求新潮时尚,有的追求恬静、简朴，有的追求刺激、冒险，有的追求稳定、安逸。据此细分市场，有助于广告创作人员创作出不同的作品。个性是指一个人比较稳定的心理倾向与心理特征。通常，每个人的个性都会有所不同，个性会通过自信、自主、支配、顺从、保守、适应等性格特征表现出来。因此，个性可以按这些性格特征进行分类，从而为市场的细分和广告创作提供依据。

4. 按行为参数细分市场

根据目标顾客对产品的了解程度、态度、使用情况及购买行为等将消费者划分成不同的群体，采取不同的广告策略。如习惯型，消费者在购买和使用产品的过程中逐渐形成了信任态度，例如有些女士习惯于购买某种品牌的化妆品。经济型，消费者在购买商品时，由于各种原因，比较注重商品的价格。如有的人喜欢价格高的商品，追求刺激、炫耀身份；有的人则选购价格低廉便宜的商品，追求实惠等。理智型，这类消费者在购买商品时，经过严密思考和逻辑分析，从购买的必要性、购买时机到商品品牌、价格、质量、售后服务等进行全面的比较，一旦确定购买，就会毫不犹豫。冲动型，这类消费者容易受外界影响，如看到广告上商品美好的形象，奇特的性能，就可能产生购买欲望；看到标注大减价促销广告的商品，也可能冲动地购买，而不考虑是否真的需要。

（三）医药广告市场竞争调研

在市场经济条件下，同类商品的竞争十分激烈，作为一个公司或企业，要在激烈的市场竞争中得以生存和发展，必须充分了解竞争态势和竞争对手的状况。广告调研中，对市场竞争和竞争对手的调研，主要从以下几方面考虑：

1. 同类企业或产品的市场竞争状况

对同类企业即竞争对手的调研，首先要查明竞争对手的数目，然后分别调查其市场状况，如这些企业的市场占有率、生产能力、产品质量、成本、价格、税负、市场控制能力以及与贸易伙伴的关系等方面的情况。比较各个竞争对手的产品特点，与自己的产品进行细致的对比，从中找出自己产品的优点和不足。对自己产品的优点，要加大宣传力度，作为广告的诉求重点，增强消费者对这些优点的认识和信赖。对产品的缺点，企业要设法加以改进，以全面提高企业及产品的竞争力。

2. 竞争对手媒体情况

通过大众媒体和其他广告媒体的监测，了解竞争对手的广告投入费用、广告代理商、广告媒体、广告表现形式及广告效果等方面的情况，研究分析竞争对手在广告宣传策略、广告内容创作和广告媒体选择上的成功经验或失败教训，从而不断改进和修正自己的广告策略和表达方式，这样既可以在广告创作中避免作品的雷同，又可以在他人基础上，创作出独具匠心的广告。西方国家有着比较完善的广告监测手段和服务系统，一般是由专门的广告调查公司来专职进行广告监测工作，一旦有客户提出要求，他们就可以提供这方面的资料。有些大公司为了适应激烈的市场竞争，还建立了自己的媒体监测体系，随时监测竞争对手的广告活动，以不断进行自我改进和提高。

（四）广告媒体调研

广告媒体调研是指对各种广告传播媒体的特征、效能、经营状况、覆盖面、收费标准等进行的调研。通过媒体调研，可以根据广告的目的要求，运用适当的广告媒体，取得更好的广告效果。

二、医药广告目标确定阶段

医药广告目标是测量与评价广告效果的主要依据，广告目标制定既要考虑传播目标，又要考虑营销目标。所以，广告目标要具有沟通与导向特性。消费者从对产品品牌的一无所知到最后采取购买行动这一过程中，广告目标就是沟通。同时，一般意义上的广告主要都是指商业广告，因此都必须有一个广告的营销目标。在广告信息传播过程模式中，广告目标设定的层次结构实际上反映了消费者因广告刺激产生的不同心理层级反应过程。

另外，制定广告目标还需要考虑目标的可测量性，美国广告专家科利的理论核心就是：以传播效果衡量广告；将各种广告目的转化为若干易于衡量的目标，使之成为一个特定时期内，对于某类特定的观众所要完成的特定的传播任务。实际上，这里广告目标与广告效果是紧密相连的。广告目标设定有三种方式：一是广告的促销目标；二是广告改变消费者行为的目标；三是广告的传播效果目标。

三、医药市场细分与广告定位策划阶段

面对当今的医药市场，由于消费者行为的多样性，在医药广告与营销策划中，广告人必须要对有着共同需要特征的不同消费者进行分类并选择其中一个或多个进行广告宣传以影响目标消费者。

市场细分不仅用于广告调研，同样也可用于广告定位策划中。目前较为流行的是以消费者特征的九个主要方面作为市场细分依据。它们包括地理因素、人口统计因素、心理因素、生活方式特征、社会文化变量、使用情况、使用情境、利益因素和混合因素，见表 6-2。

一般来说，经过市场细分后就会有一个目标市场，如何针对目标受众进行有效宣传，这就需要进行医药广告定位。从广告理论的发展来看，如何确定医药广告定位大致经历了三个时期：

第一时期，USP 时期。20 世纪 50 年代左右，市场观念正处于从产品观念向推销观念的转变时期，市场处于竞争初期，产品品种较为单一，同类同质商品少，市场竞争主要通过产品本身的性质特点及功能利益造成差异性来实现。受生产力发展和消费水平的限制，消费者较为注重实效。美国广告理论专家 R. 瑞夫斯(Rosser Reeves)迎合这一时代特点，提出“独特的销售主张”(unique selling proposition)，即著名的 USP 理论。此时广告诉求以理性诉求为主。

表 6-2 市场细分的基础与内容

细分基础	细分内容
地理细分	地区、城市大小、地区密度、气候
人口统计细分	年龄、性别、婚姻状况、收入、教育程度、职业
心理细分	需求、动机、人格、感知觉、学习、卷入、态度
生活方式细分	节约型、热衷户外型、谋求地位型等
社会文化细分	文化、宗教、亚文化、社会阶层、家庭生命周期
使用情况	使用率、了解程度、品牌忠诚情况
使用情境	时间、目标、场所、人物
利益细分	便利、社会认可、长久、经济、金钱价值
混合细分	综合上述几项内容

第二时期，形象至上时期。20 世纪 60 年代中后期处于推销观念向市场营销观念转变时期。买方市场的出现使商品差异性越来越小，随着消费者生活水平的提高，消费观念也发生了变化，更加重视心理上的满足，此时企业的声誉形象凸显到了一个重要的位置。“每一广告都是对品牌印象的长期投资”就是被称为“形象时代建筑大师”的 D. 奥格威提出的著名理论“品牌形象论”，并在实践中获得成功。品牌形象论基本要点：

(1) 广告就是要力图使品牌具有并且维持一个高知名度的品牌形象。

(2) 任何一个广告都是对品牌的长期投资,从长远的观点看,广告必须尽力维护一个好的品牌形象,而不惜牺牲追求短期效益的诉求重点。

(3) 随着同类产品的差异性减小、品牌之间的同质性增大,消费者选择品牌时所运用的理性就越少。因此,描绘品牌的形象要比强调产品的具体功能特征更重要。

(4) 消费者购买时所追求的是"功能利益 + 感性利益",对某些消费群来说,广告尤其应该重视运用形象来满足其感性的需求。

在这一理论指导下,D. 奥格威成功地策划了哈撒韦衬衫、劳斯莱斯汽车等经典广告。也正是伴随他的成功,广告界刮起"品牌形象论"的旋风。

随着竞争进一步加剧,产品日益同质化。当你拼命鼓吹你的企业及产品形象的同时,你的竞争对手更加变本加厉地如法炮制。尽管形象论出现使越来越多的企业在进行企业形象的设计和实施中,力求树立一种公众喜欢的理想形象,但竞争的结果却使企业失去了在顾客心理的独特形象,变成千篇一律的模式化形象在互相比拼。这说使得整个广告市场变得没有了"什么是真正好的东西"的标准,让消费者无从选择。

第三时期,定位时期。随着营销观念不断发展,大规模营销的观念被差异化市场营销所取代,随之而来的是目标市场营销观念的兴起;为超量超速、纷繁复杂的信息所包围的受众,渐渐减少了对个别信息的注意。定位理论的产生与发展就是基于这样的背景。有代表性的观点如,美国 A. 里斯和 J. 屈劳特所著《广告攻心战略——品牌定位》中所提出的,今天"广告已进入了一个以定位策略为主的时代。在定位时代,你一定要把进入潜在顾客的心智作首要之图。"实际上,"定位"这个词就是由艾尔·里斯和杰克·屈劳特在 1972 年的《广告时代》杂志发表了名为"定位时代"的系列文章之后而流行的。里斯和屈劳特把定位看成是对现有产品进行的一种创造性实验。定位并不是你对产品本身做些什么,而是你在有可能成为顾客的人的心目中做些什么。这也就是说,你得给产品在有可能成为顾客的心目中定一个适当的位置。这种观点完全把广告定位建立于对消费心理的研究上,而不是商品之间的差异,即"从外向内"的研究。

在定位理论基础上,近年来美国广告理论专家 A. 强森又提出了"跨位理论"。跨位理论是对定位理论的发展,跨位策略的终极目标是使处于二流地位的品牌超越与一流品牌之间的差距。要实现"跨位"就要消除和突破传播障碍,将定位信息真正进驻消费者心里,并不断强化消费者满意程度。

四、医药广告媒体策划阶段

决策影响医药广告媒体策划的因素是一个相当复杂的事,但从医药广告策划的角度讲主要研究市场环境因素对媒体目标的影响作用。研究认为,媒体目标应符合市场目标和广告目标。假设我们把媒体目标与市场目标、广告目标联系在一起时,一般要有如下考虑,市场目标是维持现有市场占有率,广告目标就是要保持现有消费者对本品牌的忠诚态度。媒体目标就要确保广告在现有产品使用者中的高到达率和一定的频度;如要增加市场占有率,则应对所有该类产品使用者做广告。从以上的联系中可以看出,把市场目标转换成具体的预期广告媒体目标,可以促使广告有效地到达它所针对的消费对象。预期广告媒体目标,一般可用应达到的覆盖面、接触率和影响力等指标来衡量。具体包括:覆盖面,指的是媒体的传播范围和对象。任何媒体都有特定的传播范围和对象,范围、分布与对象三者是不可分割的。接触率,指的是媒体传播所及人数,如印刷媒体的

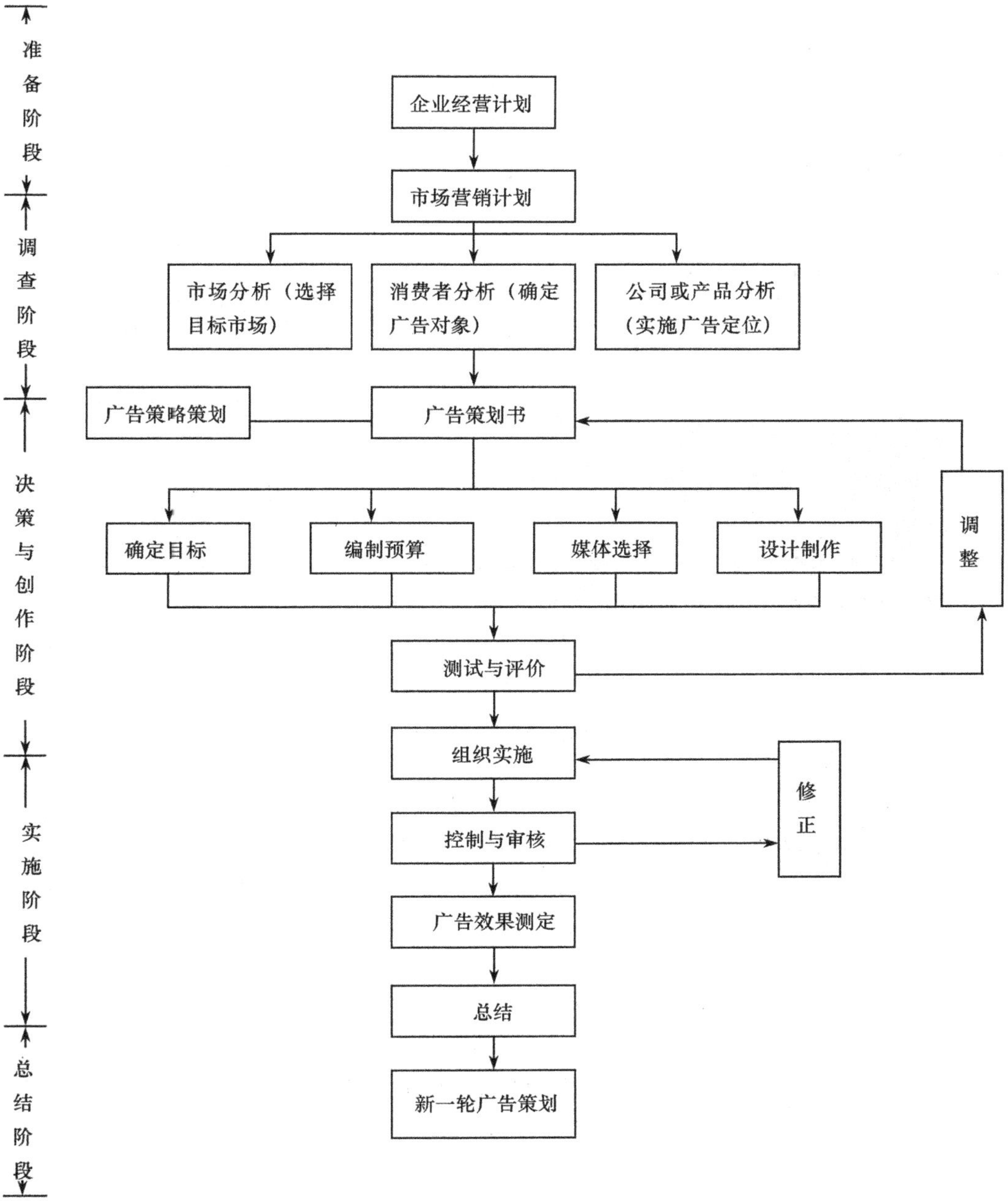

图 6-3　广告策划的一般流程图

阅读率，电视媒体的收视收听率，广告的被注意率。研究接触率还要注意到不同媒体在反复性、传阅性、保存性等方面的影响力。媒体影响力主要可从几个方面来衡量：一是媒体威信，即媒体的权威性和信誉度；二是媒体的传真度，即传播媒体的商品实物、照片、美术设计等的如实反映传达水平。媒体的这种还原、传真如果不理想，就会限制某些广告的有效传达；三是媒体的适用性，即指广告内容与媒体节目、内容等的协调配合的程度；四是媒体的使用方便程度，如购买广告时间或版面的难易程度、服务质量及信誉等。

五、医药广告创意策划阶段

这里的广告创意是指对广告信息设计的创造性构思。所以,广告创意是指广告人根据广告目标、广告对象和广告任务的规定,对广告信息进行创造性的构思以达到传播广告主题,满足消费者利益的目的。

六、广告策划执行阶段

这一阶段主要是执行广告策划,包括对广告文案、广告构图、广告色彩设计与表现和广告制作与广告发布。

七、广告策划评价阶段

这一阶段主要是针对广告策划执行即传播与促销的效果进行评价,以测定广告的效果和总结广告活动的经验。

总之,广告策划是系统行为,应遵守一定的步骤,有目的、有计划地展开工作,最终形成可供操作的策划方案。广告策划的一般流程图如图 6-3 所示。

第四节　广告沟通说服过程与广告策划

广告基本策略实质就是说服策略,说服本质是一种沟通方式,是通过有效的信息诉求改变消费者头脑中已形成的某种认知,促使形成新的认知并由此改变人们的行为。说服旨在通过广告活动让消费者对广告产品以及品牌产生良好态度,进而说服去购买广告传播的产品或服务。

一、医药广告沟通说服的基本方式

1. 以理服人的呈递方式

消费者的态度组成结构中有认知成分。不同消费者的认识能力是不同的。针对知识水平较高,理解判断能力较强的消费者,采用双向式呈递较好。双向式呈递是把商品的优劣两方面都告诉消费者,让他们感到广告的客观公正,结论由他们自己推出。因为这个层次的消费者普遍是对自己的判断能力非常确信,不喜欢别人替自己做判断。如果广告武断地左右他们的态度,会适得其反引起逆反现象,拒绝接受广告内容。但对判断力较差,知识狭窄,依赖性较强的消费者,采用单向式呈递信息的方式较适宜。这个层次的消费者喜欢听信别人,自信心较差。所以针对这些特点,广告应明确指出商品的优势,它给使用者带来什么好处。直接劝告他们应该购买此物,效果更明显。当然选用哪种方式呈递信息,首要问题是认清广告对象是哪一层次的消费群体。

2. 以情动人的呈递方式

在消费者态度的三种成分中,感情成分在态度的改变上起主要的作用。消费者购买某一产品,往往并不一定都是从认识上先了解它的功能特性,而是从感情上对它有好感,看着它顺眼,有愉快的体验。因而广告如果能从消费者的感情入手,往往能取得意想不到的效果。前几年有个电视广告:画面上妈妈在溪边用手洗衣服,白发飘乱。镜头转换,是我给妈妈带来的威力洗衣机,急切的神情。接下去是妈妈的笑脸,画外音是:“妈妈,我又梦见了村边的小溪,梦见了奶奶,梦见了您。妈妈,我给您捎去了一个好东西——威力洗衣机。献给母亲的爱!”画面与语言的配合,烘托出一个感人的主题:献给母亲的爱。虽然整个广告只字未提洗衣机的优点。但却给人以强烈的情感体验。谁能不爱自己的母亲呢!这个广告巧妙地把对母亲的爱与洗衣机相连。诱发了消费者爱的需要,产生了感情上的共鸣,在心中留下深刻美好的印象。对此洗衣机有了肯定接纳的态度。因此,在广告有限的时空中以理服人的呈递信息,固然显得公正客观。但以情动人的方式,更容易感染消费者,打动他们的心。

3. 奖励式的呈递

在医药广告中增加一些额外的奖励信息,使消费者在接受广告的同时,可获得一些与广告无关的东西,如小礼品或其他信息等。奖励是一种外在的正强化刺激。行为主义理论认为,这种正强化刺激可以增加消费者对广告及广告宣传的产品的好感。心理学研究中的可口可乐效应就证明了这一点。把被试者分成两组,让他们看某个广告传单,其中一组在发给广告传单时每人赠送一瓶可口可乐饮料,此组为实验组,而另一组则无任何奖励,称为控制组。之后让被试者说明自己对广告及广告宣传产品的评价。研究表明,实验组的评价普遍高于控制组。这说明可口可乐的实物奖励起了积极的作用,它帮助消费者接受了广告。这种奖励式呈递在应用时,应格外注意,所强调的奖励一定要能兑现,否则适得其反。

总之,广告的说明具有其独特的艺术性。无论其信息呈递的方式如何,其基本原则是要在市场调查的基础上,找到广告对象的主导需求是什么,他们关心的焦点是什么,这样才能有的放矢地选准诉求点。

二、沟通过程与广告策划

在药品广告策划中,沟通非常重要,它关系到广告的效果。从根本上讲,广告策划中的沟通是关于如何使广告主、广告代理公司、广告媒体、广告受众四者之间保持一致的问题。由于个体和组织间的差异,决定着沟通不仅范围大,而且复杂。要使广告目标顺利实现,必须建立起一定的行之有效的机制,以便解决沟通不足而引发的管理冲突。

管理学中的沟通是指可理解的信息或思想在两个或两个以上人群中的传递或交换的过程。一般来说,沟通在广告策划中具有以下几方面的重要意义。

首先,沟通是协调广告策划过程中各个体、各要素,使广告达到预定目标;其次,沟通是领导者激励下属,在广告策划中,沟通可以使广告代理公司内部具有较高效率;最后,沟通是广告主与外部环境之间建立联系的桥梁。广告主的要求使得广告主不得不和广告代理公司之间进行有效的沟通。

在沟通发生之前,必须存在一个意图,我们称之为“需要传递的信息”。它在信息源(发送者)与接受者之间传递。这一信息首先被编码(转化为信号形式),然后通过媒介物(通道)传送给接受者,由接受者将收到的信号转译回来(解码)。这样,信息的意义就从一个人那里传给了另一个人。

沟通的过程一般包括八部分内容(见图6-4):信息、编码、传递、接受、译码、理解、反馈和噪音。具体表现为:

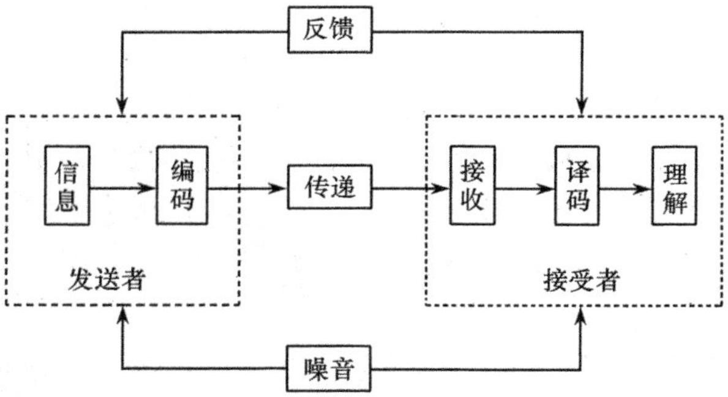

图 6-4 广告的沟通过程

第一，发送者向接收者讲话或以其他方式发出信息。

第二，发送者同时会细心观察接收者的表情、姿势和其他动作，以判断其理解程度。

第三，接收者除了注意接收对方语言信息外，还必须注意他的表情、姿势等动作，以便接收完整的信息。

第四，接收者向发送者表达自己的理解程度。

第五，如果接收者还不能完全理解，发送者应该重申刚刚沟通过的内容。

第六，如果接收者已经理解，发送者就可以继续刚才的话题，或转换话题，或终止沟通。

在广告策划中沟通无处不在，当广告主委托代理公司时，在代理公司确定广告媒体等情况，沟通都在发生。

三、沟通的方向与广告策划

沟通的流向可以是垂直的，也可以是水平的。垂直沟通可以分为自上而下的沟通和自下而上的沟通。

1. 自上而下的沟通

自上而下的沟通又称为下行沟通，即主管人员将指示传递给下属人员。下行沟通有五个目的和作用：为有关工作下达指示；了解工作任务和其他任务的关系；给下属人员提供有关资料；向下属人员反馈其工作绩效；对职工阐明其组织目标，增强其任务感和责任心。其不足是容易形成一种权力气氛，影响士气；对下属人员是一种负担；逐级传递信息有曲解、误解和搁置现象。

2. 自下而上的沟通

自下而上的沟通是下属向上级反映情况、问题，提出要求和建议等。这种沟通是管理者从下属人员中得到信息的一条重要渠道。

3. 水平沟通

水平沟通指在组织结构中处于同一层次的个人和群体之间进行的沟通。

在广告策划中，以上三种沟通方式都存在，在不同的广告策划阶段、不同的广告策划主体中选择不同的沟通方向。

本章小结

1. 广告策划是一个现代概念。以策划为主体，以创意为中心是现代广告活动的重要特征。

2. 广告策划是指根据广告与营销目标和对象，依据对特定产品或服务市场调查情况，制定出一个与市场情况、产品或服务特点、消费者心理相适应的、营销上有效的广告计划方案（内容、时机、地区和媒介），并对实施活动进行决策的过程。

3. 医药广告策划是对医药广告活动整个过程所进行的超前性和全局性的决策和谋划。具体而言，医药广告策划是医药广告人通过周密的医药市场调查和系统的分析，推知和判断医药市场态势以及医药消费群体的需求，利用已掌握的知识、情报和手段，合理而有效地控制医药广告活动的进程，以实现医药广告目标的活动。

4. 一个完整的医药广告策划基本上都包括策划主体、策划内容、策划依据、策划对象、策划方案和策划效果评估六大要素。

5. 广告策划过程就是对医药广告活动进行决策的过程。要实现广告策划的决策，应遵循整体性决策原则、科学性决策原则、前瞻性决策原则、可行性决策原则、调适性决策原则、创新性决策原则。

6. 医药广告策划的程序是指医药广告策划工作应遵循的方法和步骤，是为使医药广告策划顺利进行和保证医药广告策划的成功而对医药广告策划工作提出的要求。就医药广告活动的一般规律而言，医药广告策划可以依次分为四个阶段，即调查分析阶段、决策计划阶段、执行实施阶段和评价总结阶段。

7. 广告基本策略其实质就是说服策略，说服本质是一种沟通方式，是通过有效的信息诉求改变消费者头脑中已形成的某种认知，促使形成新的认知并由此改变人们的行为。

思考题

1. 谈谈你对广告策划概念的理解。
2. 医药广告的构成要素有哪些？
3. 根据你对医药广告策划程序的理解，以某一医药产品为例制作一份广告策划书。
4. 在广告策划中如何进行有效沟通？

典型案例与讨论

"亮点"颗粒（近视眼药品）武汉市场推广案例

（1）广告环境分析。我国近视眼疾病患者人数众多，据统计我国近视眼疾病患者人数已达2.24亿人，其中青少年近视已经成为一个受到普遍关注的社会问题。这些人群经过长期发展形成了一个巨大的"近视市场"。这个市场对治疗近视的各种仪器、药品需求巨大，刺激着行业规模的扩大。

（2）广告主体分析。"亮点"作为2000年国药准字药品，经过临床验证，疗效显著。其功效保证了"抓住病因从内治"的科学性及有效性。

（3）广告目标分析。主要开拓因眼部血液不足，眼部微循环障碍，使眼部的营养相对供给不足而形成的近视患者。

（4）广告对象。主要针对5～17岁青少年近视患者。

（5）广告策略分析。

1）经国家工商局受理的注册商标。独特的商标名"亮点"所带来的一系列在消费联想、形象传播、营销策划上的便利将成为产品市场推广的有力武器。

2）遍地开花的媒体策略。简单而言就是药店、宣传单、条幅、学校墙报、车身广告、课本书壳等地面媒体广泛运用。这一轮媒体攻势的目的在于"在最贴身的地方接触消费者，以最贴心的方式打动消费者"。以武汉市场为例，通过地面遍地开花的低成本宣传之后，在武汉各大街小巷里，"亮点”已经家喻户晓。各中小学校中,朗朗上口的“亮点歌”更是被广为传唱。

3)在产品的各个周期采用不同策略:前期宣传以学校为主;随后电台眼保健专家讲座每天播放,进行近视知识教育。武汉市场部选择了两家电台进行每天30分钟的眼健康讲座,吸引了大批青少年及家长参与。产品的独特功效及销售主张也在不知不觉中传达给了消费者。

4)武汉市场部在选择媒体上以《家长报》、《学语文报》、《青少年报》等小报为主,它们虽然发行量不大,但针对产品最直接的消费群体,引起的“有效反响”很大。

(资料来源:管理知识百分百网)

案例讨论

1. 广告策划书应包括几方面?
2. “亮点”颗粒(近视眼药品)想要在全国销售,它的策划案应在哪些方面进行调整?

第七章　医药广告的媒体策略

导言

当“哈药六厂”等几大医药集团通过强势媒体广告进行高密度、高强度宣传时，这一切似乎意味着中国医药市场强势媒体广告战时代的到来。然而，长久以来，媒体策略相对于广告策划创意、制作等环节而言，谈得少之又少。也许是媒体发布的变化性、区域性相对较强，难以总结出答案；也许是过于科学和理性，难以被接受和理解的缘故。但事实上，在整个广告活动中媒体发布的预算常常占整个广告预算的80%左右。整整80%的费用一旦有差池，对于医药企业来说是何等的惨痛。所以，对于广告来说，“说什么”、“如何说”固然重要，但“通过什么途径说”显得更为关键。否则，广告就如同为一个视障患者安排一场精彩的舞蹈，为一个聋哑患者安排一场盛大的音乐会。

引导案例

人间冷暖，“丽珠肠乐”
——丽珠肠乐15秒电视广告(办公室篇)

随着人群往会议室拥动，行销部经理肩膀被办公室主任撞了一下。

抬眼一看，正遇见办公室主任。听得他小声道：“今儿当心点。”

总经理在会议室召开各部门经理会议，表情严峻：“最近的销售情况愈发地不理想……”

行销经理神情紧张，眼珠滴溜溜乱转。

行销经理突作腹痛状，抱住腹部欲起身离席。总经理的话响起：“现在各部门经理总结一下这个月的工作情况！行销部……开始吧！”

大家目光一齐转向行销经理。

“……对不起，实在抱歉，肠胃最近有点不舒服，先方便一下。”行销经理很窘的样子。

各经理面面相觑，低下头欲乐又不敢出声。总经理欲发火又无奈的样子，挥挥手令他速去。

会议室嗡嗡声乍起，秩序混乱。

(半小时后)会议室大门重又打开。开完会的各经理交头接耳地议论着走出。最后是垂头丧气的行销经理，不断地擦着热汗和冷汗，狼狈不堪。

一只手托着药盒送到行销经理的眼前，“好好恢复，尽快回转被动局面！”然后感到肩膀被拍了一下。

回头看去却是办公室主任。

行销经理目送着远去的办公室主任的背景。低头看到手上赫然是“丽珠肠乐”的药盒。

结束语：“人间冷暖，丽珠肠乐。”

该电视广告成功之处在于首先将造成行销经理尴尬的原因交代得一清二楚，使那些有同感的患者好像从广告中找到了自己的影子，容易使他们产生购买欲望。

广告成功地利用电视媒体传播性强的特点，通过人物的动作“撞、抬眼、滴溜溜、抱住、转向、挥挥手、擦着……”，表情“严峻、紧张、很窘、面面相觑、垂头丧气……”，声音“嗡嗡声、交头接耳……”，将一个正饱受病患煎熬的人和丽珠肠乐对他的关心表现得淋漓尽致。

（资料来源：苏毅超，康欣华，洪艺彬．2002．药品广告．广州：广东经济出版社）

第一节 医药广告媒体及其特点

广告媒体是随着商品经济和科学技术的发展而发展的。在现代社会的医药广告活动中，广告媒体空前活跃，已经成为现代广告活动的重要组成部分。医药广告媒体不仅把形形色色的广告创意变成了活生生的广告现实，而且通过其长期的图文展示或者千万次的解说诉求，将医药企业及医药营销人员和消费者联系起来，实现医药营销的目的。

一、医药广告媒体的含义与功能

（一）医药广告媒体的含义

“媒体”又称“媒介”，属于典型的外来语，即英语 media。媒体为 media 音译，媒介为 media 的意译，在应用中，两个词基本通用不加区分。其意为：把信息传输给社会大众的一种工具或者手段。从广告信息传播的角度来看，医药广告媒体是广告主用来进行医药广告活动的物质技术手段，是沟通买卖双方医药广告信息的传播渠道，也是传播医药广告信息的重要载体。如报纸、杂志、电视、广播、互联网更是广泛使用的医药广告信息载体，统称为五大媒体。除此之外，路牌、灯箱、交通工具等流动性传播媒体以及售卖点（POP）、包装、工商名录等其他媒体，也都是医药广告媒体。

医药广告与医药广告媒体之间有着十分密切的关系。首先，医药广告与医药广告媒体是相互依存的关系。医药广告必须借助于媒体来表达，媒体是医药广告借以表现自己的物质形式，不依赖媒体也能传达给受众的医药广告是不存在的。离开媒体，医药广告就会失去其应有的功能和作用。其次，医药广告媒体与医药广告是表现与被表现的关系。医药广告媒体是用以传播表现广告的，医药广告是被传播表现的对象。医药广告媒体表现医药广告内容，并不是将所有广告信息一股脑儿托出，无主次之分，无轻重之别，而是有选择，有主次的，它选择那些有传播意义的广告内容来传达，以引起广告受众的注意。

（二）医药广告媒体的功能

1. 承载功能

医药广告媒体的承载功能即物化的能够携带医药广告讯息的实体性功能。不能承载信息的物质载体就没有信息传播的功能，每一种医药广告媒体都有其专门的信息物化形态，不同类型的医药广告媒体承载物化信息的方式各不相同，由此决定了医药广告讯息的表现方式和内容，如印刷媒体只能承载文字符号和图形符号。广告媒体的承载功能是广告讯息传播的物质基础。

2. 传播功能

医药广告媒体是连接医药生产企业、销售企业与消费者、客户之间的重要桥梁，这是广告媒体的传播功能。没有传播就没有广告，只有通过各类广告媒体各种各样的、广泛的、有针对性的广告讯息传递，才能告之更多有需求的购买者发生购买，实现生产与销售、消费的全社会性的商品流通或观念的传播。广告的传播是一种信息服务，作为现代化生产力中的信息要素，广告媒体使讯息发布者和受众之间互通、共享以至互动，促进了社会经济和文化系统的生态循环与发展。广告媒体的传播功能是实现广告目标的前提条件。

3. 正态功能

广告主的广告讯息经过市场定位策略和创意表现策略等一系列营销策划之后，必须借助于具体的媒体承载和传播才能使目标受众接触并感知，没有广告媒体就不能完成并实现医药广告，从这个意义上讲，广告媒体的功能就是实现广告的功能。没有合适的广告媒体传播，就不会产生良好的广告效应。

广告媒体将企业商品、品牌、企业名称或经销商服务等公诸于社会大众或目标受众之后，这些公开了的商业信息便容易受到大众瞩目，使广告主处于无形的社会监督之下，对于多数广告主或经销商而言，他们都会别无选择地努力实现广告的承诺，这是广告媒体产生的信誉资产。

由于历史和地域性的形式以及今天媒体的品牌化经营，广告媒体的形象良莠不齐，在人们心目中早已自发形成了关于媒体的品类和品位，如中央电视台的广告收效一般都要好于其他地方台。不同的频道、不同的栏目对广告讯息传播的影响是无形的，但不是虚无的。优质的广告媒体可以提升广告品牌定位，增加广告讯息的光环，可以带给广告受众联想与幻觉，可以对消费者产生较大的心理影响力；著名的媒体品牌可以产生“背书”的魔力，对广告讯息形成巨大的背景支持力量。

广告媒体在传递信息、促进沟通、建立和提升商品和品牌形象、指导消费、丰富人们生活、协调社会经济和美化社会环境等诸多方面都发挥了正态功能。

4. 负态功能

医药广告媒体承载并传播广告讯息是为了达到特定的目的，广告主要投资，甚至掷巨资购买媒体做广告是为了达到他们的广告目的。正如美国广告公司协会主席约翰·奥图尔（John O’Toole）指出的“是因为他们希望广告能帮助他们卖出某种商品、服务或者观念”。

由此可见：广告，尤其是商业广告，本身就是一种功利行为，广告的本质决定了广告不可能是

“完全信息”，为了达到吸引受众、诱使购买的目的，广告总要表现有利于广告主或其商品品牌的内容。因此，一些过分夸张的、带有欺骗性的、甚至虚假的医药广告也会出现在广告媒体上，甚至出现在具有较强公信力和社会影响的大众性广告媒体上，其对社会公众和广大消费者产生的负面影响是不言而喻的。

对于医药广告讯息内容，医药广告创意和表现形式本身已经出现且还会出现各种问题，如医药广告中含有的性别歧视、暴力、性诱惑等，文案中出现的低俗甚至恶俗的谐音广告，医药广告诉求中出现的违背社会伦理道德的情节，对青少年成长不利的价值观渲染等，这些消极的东西通过广告媒体的传播便会放大并加剧这类问题的社会影响，造成较大范围的文化误导或对社会环境的污染。媒体的品牌虽然可以提升广告讯息的诚信度，但是，不良的广告讯息也会玷污媒体的品牌形象。

正是由于广告创意表现的有限自由和广告媒体传播的无限影响，医药广告在媒体刊播和发布之前需要层层审查，需要政府有关部门的严格管理，需要规范医药广告市场和广告媒体市场以保持其良性循环。

二、医药广告媒体在医药广告活动中的作用

医药广告媒体策略是医药企业营销策略和广告策略能否成功的关键因素，是现代医药广告的主要策略之一，它与定位分析策略、创意策略、文案策略一起，构成了医药广告活动的主体。

1. 广告媒体的选择直接决定广告目标能否实现

广告主的广告目标一般是塑造企业或商品的形象，促进并扩大商品销售，等等。医药广告媒体的类别、媒体版面大小、时间的长短、刊播的次数、讯息传播时机等广告媒体的选择和组合都直接决定广告目标能否实现，直接决定广告是否有的放矢。例如，在医药广告活动中，延长广告时间是广告媒体策略之一，它包括广告时间的绝对延长和相对延长。一般而言，时间长比时间短更易引人注意，但是绝对延长时间而内容枯燥乏味，反而会降低注意力。相对延长时间即广告反复重现，增加广告的频率也易引人注意。但是，反复出现广告也有一定界限，过分长久的反复，会使受众感到厌烦甚至产生对抗心理。因此，在广告媒体的选择上，采用媒体空间大小和时间的长短，会直接影响到广告目标的实现。

2. 广告媒体决定医药广告是否能够有的放矢

任何一则医药广告其目标对象只能是一定数量或一定范围内的社会公众。广告目标对象是医药广告信息传播的“终端”，也是医药信息的“接受端”，社会公众或消费者又称为“受者”、“受众”。撇开“受者”也就无所谓传播，医药广告也就无效。如果在医药广告活动中对广告目标对象把握住了，但是媒体把握不当，那么整个医药广告活动也就前功尽弃。

3. 广告媒体决定医药广告内容与采用的形式

在任何医药广告中都包含有“说什么”的问题，在不同的传播媒体上，“说的内容”和“说的形式”有着很大不同，这是由不同的广告媒体的特点所决定的。对于某些医药广告活动，在其广告内容上要注意分析和把握不同传媒的价值功效，以相适应的传播媒体去完成特定广告信息传播。

各种广告媒体都拥有一定数量的接触者，但是各种媒体的吸引力又是不相同的。由于许多医

药信息都拥有特定的消费群体，医药广告的内容和组织形式应该结合广告媒体的特点进行组织，使目标受众有可能接受到相关的医药广告信息。

4. 广告媒体决定广告效果

任何一个企业做广告都希望以尽可能少的广告费用取得较好的效果，或者以同样的广告费用取得最好的效果，由于广告费用中的绝大部分用于媒体，从这个角度来分析，与其说是广告效果的大小，倒不如说媒体费用决定广告效果的大小。按照国际惯例，在一种正常的经济运行状态中，用于广告媒体的费用占企业广告费用的80%以上。

三、医药广告媒体的特性

为了更好地掌控广告媒体的传播功能和效果，首先需要以宏观视角从媒体类别这一层面分析各类医药广告媒体的特性，进而认识医药广告讯息的传播方式对受众心理活动及感知过程的影响。医药广告受众对医药广告讯息的接收，主要是通过感官而完成的。不同的媒体传播形式不同，其对受众感官的作用也不同。为了能够从宏观视角分析媒体传播特性，根据传媒诉诸受众的不同感官，这里将医药广告媒体归纳为视觉传媒、听觉传媒和视听传媒三种基本形态，分析其功能特性并进行综合比较，以有针对性地合理选择、搭配和组合各种广告媒体，这是制定广告媒体策略的基础。

1. 视觉传媒

视觉传媒是通过对受众的视觉器官产生刺激以传达讯息。报纸、杂志、邮递、海报、传单等各种印刷媒体、户外媒体及展示媒体等都属于视觉传媒形式。其主要特点是运用视觉语言和阅读能力影响受众的心理感觉，从而对广告讯息产生印象。

以报纸、杂志等主要构成的视觉媒体，其优势为可容纳的信息量大，内容广泛、阐述深刻；便于阅读，读者可以自由决定阅读的时间、地点、速度，便于携带；可以长期保存，随时查阅、多次研读；可以大量复制，保证接触与传播面。

单一的视觉媒体弱点也比较突出：如感受单调；一旦印出不能刷新，致使信息内容的相对滞后；对于少数不能识文读字者无法使用。

2. 听觉传媒

听觉传媒是通过对受众的听觉器官产生刺激以传达讯息。无线和有线广播、广告宣传车、电话、录音带等都属于听觉传媒形式。其主要特点是运用语音和各种声音激发受众的心理感觉，从而对广告讯息产生印象。

以广播媒体为主要构成的听觉广告媒体，可以几乎不受任何时间和空间限制而做到瞬时传播。广告讯息的传播迅速和及时；传播范围可跨越时空，与其他媒体比较，广告讯息的传播最为广袤辽阔；声音符号传播即听即懂易于沟通。

但是仅靠听觉的广告讯息传达容易稍纵即逝，无法重复使用；很难留下深刻印象；单一的声音符号信息直白，缺乏生动性，难以联想，不易记忆；听众一般是在被动的情形下接收广告讯息，其主动选择性较差。

3. 视听传媒

视听传媒是通过对受众的听觉和视觉器官的双元刺激传达讯息。电视、电影、电子音像出版物，以及其他表演性媒体等都属于视听传媒形式。其主要特点是运用视听语言，将语言文字、音响声音、形象动作等以综合一体的传播方式,在双重感受下同时激发受众的心理情绪,从而对广告讯息产生印象。

以电视媒体和电子出版物为主要构成的视听广告媒体优势突出,对社会大众具有非凡的影响力。视听媒体进行画面传播,使其既可以图文并茂,又可以音像结合,易于理解;视听媒体集声、光、电一体化传播,可以激活受众的感官和心理情绪,通过强大的视觉冲击力、生动的形象传递和特制的视听语言能够产生较强的穿透力和影响力,产生较强的传播效力。

视听传媒的画面及视听语言的影响力有时也会形象化、放大的传递带有倾向性的广告创意,由此带来广告对社会的负面影响。但传统的视听媒体仍使受众处于被动的接收状态,尚存在一定的局限性。

新的广告媒体形式,如交通工具上的移动电视等流动媒体,自身带有强烈的垄断传播、强制接受等特点,价格上又低于电视媒体,因此对广告主有较强的吸引力。

第二节 医药广告媒体分析

不同类型的医药广告媒体,由于自身载体物质、技术手段不同,在长期的发展过程中形成了各自的性质及风格,决定了各类型医药广告媒体效果的不同。深入了解各类医药广告媒体的特点是制定有效的媒体策略、充分发挥各类媒体的优势、及时、准确、有效地传递医药广告讯息的前提。

一、电视

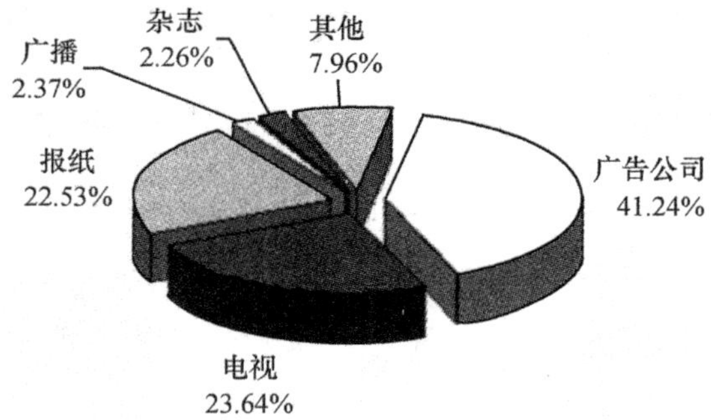

图 7-1 中国广告媒体市场广告份额比较
(数据来源:2003 年国家工商管理局)

电视广告是信息高度集中、高度浓缩的节目。电视广告兼有报纸、广播和电影的视听特色,以声、像、色兼备,听、视、读并举,生动活泼的特点成为最现代化也最引人注目的广告形式。电视广告发展速度极快,并具有惊人的发展潜力(图 7-1 表示了中国广告媒体广告份额的对比)。1979 年 1 月 28 日上海电视台播出的第一条电视广告,揭开了我国电视广告发展史的序幕。

电视广告覆盖率高,但不易针对目标受众进行宣传。与广播媒体一样,电视也是瞬时媒体,受众对电视广告所持的是“爱理不理,可有可无”的态度,要使电视广告成为面对面的销售方式,就要在创意方面加倍努力,以独特的技巧和富有吸引力的手法传达广告讯息。

电视广告借以表现广告信息的基本要素,包括图像(video)、声音(audio)和时间(time)。图像,即呈现在电视屏幕上的映像。它是具体、动态的景物形状与颜色的影像,是摄像机或摄影机拍摄下来,再通过电视机还原的一种幻像。图像是电视广告的主要构成要素,具有生动、直观、具体等特点,往往一个镜头就可以提供综合多样的视觉信息。声音是电视广告表现的另一个重要因素，它是声波通过电视机还原的结果，是各种声音信息的再现。声音与图像配合，向观众提供丰富的信息，具有很强的表现力和真实感。电视广告的主要特征是将所有传达的信息存放在时间的流程中，离开了时间因素，信息就无法传达。在电视广告中，时间有三个含义：其一是指广告的实际长度；其二是指电视广告的表现时间；其三是电视广告观众的心理感受时间。视觉和听觉这两个要素，也是通过时间来构成变化和节奏的。

目前，国内医药电视广告主要有三种表现形式。

（一）感知型

这种类型电视广告采用自然的手法去进行介绍，给观众以更多的信息，并留下较深刻的感知性印象。

（1）介绍型。这是把广告信息直接传播给受众的一种类型。目的是告诉人们有这么一件事。这种方式的电视广告一般采用简单的切换镜头、重景、溶入和简单的移动拍摄，多用中摄镜头，配以主题音乐和新闻风格的口播。

（2）演示型。这是用以介绍产品特征、功能、使用方法和工作原理的电视广告类型。通过简单明确地演示，给人以信赖可靠之感。这种类型一般多用新闻记录拍摄法，采用尽可能少的镜头和剪辑，多采用中摄和中特写，配以轻快的音乐和亲切的谈话。

（3）名人推荐型。这种类型的电视广告以塑造一个消费者领袖人物，或直接邀请知名人士进行推荐。在拍摄时多用半身摄和中特写，选择正面角度和斜线构图，配以有个性的话语，尽量少用音乐和音响。

（4）采访型。这是以现场记录表现形式来介绍他人意见、看法和做法，以达到受众了解和理解的效果。

（5）图解型。这种类型用来介绍抽象的原理以及内容的结构、特性、功能和运动，具体表现形式有图表和图形。

（二）感情型

这种类型的电视广告以艺术表现手法激发受众的情感，并唤起欲求。

（1）欲求表现型。采用表现高度情感的手法造成人们观念上的欲求。

（2）拟人型。这是根据商品的不同特性，赋予其人的特性，表现商品的特点。

（3）幽默型。电视广告中的幽默只是一种表现手法而非目的，不能为幽默而幽默，应使幽默感为传播广告信息服务。

（4）戏剧型。这是指把电视广告内容编成情节简单的戏剧小品的广告类型。

（5）喜剧型。这种类型的广告要求情节内容生动有趣，在最后结尾上往往出人意料。

（6）刺激型。这种广告有意地揭示商品或事物的矛盾、差别和问题，使广告受众在感情和心理上偏向或支持自己。

（三）理智型

这种类型的电视广告，广告诉求要通过理智进行思维分析和判断，才能够得出广告主题和理解广告内容。

(1) 号召型。这种广告主要用于非商业的电视广告,鼓励人的赞同和拥护某种观念、支持某一事业、解决某种社会问题、募捐、保护妇女儿童、母乳宣传、节约能源和计划生育等电视广告,比较适合采用号召型广告。

(2) 公益型。这种广告是企业以非商业性的面目出现,表现为对社会问题的关注和责任感。

(3) 噱头型。这就是西方盛行的"Tease—Appiroach"广告,即:一开始不直接表现出广告的主信息,而把人们的思路引向不可思议的地方,以激起人们的好奇心。

(4) 比较型。在广告中通过与同类商品和事物的比较,突出其长处和特性,使受众在不觉中接受广告主题。

(5) 说服型。采用充足的理由和令人信服的事例,加强或改变人们的观念与行为,此类电视广告常用真实自然的画面和普通镜头拍摄,以解说为主,话声要果断有力,并配以背景音乐和效果音响,以达到强化说服的目的。

二、报纸

报纸,是大家所熟悉的宣传媒介,但报纸广告的历史可以追溯到很古老的唐朝。唐代初期,我国已诞生由官方主办的报纸《邸报》,其主要内容是发布皇帝的诏书、命令,皇室的动态,以及封建王府官员的升迁罢黜、任免、赏罚等方面的消息。到了宋代开始定期发行,明朝使用活字排版,清朝将《邸报》改为《京报》。此种报纸只在宫廷和官邸中流传,不准刊登广告。就其形式、内容、宗旨、阅读对象来说,都与近代报纸不甚相同,广告信息并未通过报纸这个媒介传播。

报纸广告的出现是近代的事。19 世纪我国陆续出现了近代报纸,它们是中国资产阶级报纸的萌芽,多数报纸刊登商业广告,广告占重要地位,以黑白为主。有"各行告白(广告)"、"各货行情"、"航船日期"、"银行市面"、"药房公告"等商行行情(见图 7-2)。

以公开发行的报纸为载体,精美的设计为依托,报纸广告已经成为中国目前最有研究意义的媒体,以软硬结合的医药广告形式成为广告界的新财富。在报纸上刊登广告有着自身的特点。

1. 广泛性

报纸种类很多、发行面广、阅读者多,内容形式也很丰富。所以,报纸上既可刊登生产资料类的广告,也可刊登生活资料的广告;既可刊登医药滋补类广告,也可刊登文化艺术类广告等。可用黑白广告,也可套红和彩印。

2. 快速性

报纸的印刷和销售速度非常快。第一天的设计稿到第二天就能见报,并且不管是寒冬酷暑,还是刮风下雨都能送到读者手中。所以,能适合于时间性强的新产品广告和快件广告。诸如展销、展览、劳务、庆祝、航运、通知等。

3. 连续性

正因为报纸每日发行,具有连续性,广告利用这一点,可发挥重复性和渐变性,吸引读者加深印象。这种连续性通常可以采取三种形式进行表现:第一种,采用在不同时间内重复刊登的方法,在读者的脑海里,不断加深印象,引导购买;第二种,采用同一版式,宣传商品的优越性,但每次的侧重点有所不同,使读者深感贴切,如太阳神广告针对全家人的健康、儿童的健康、胃病患者的健

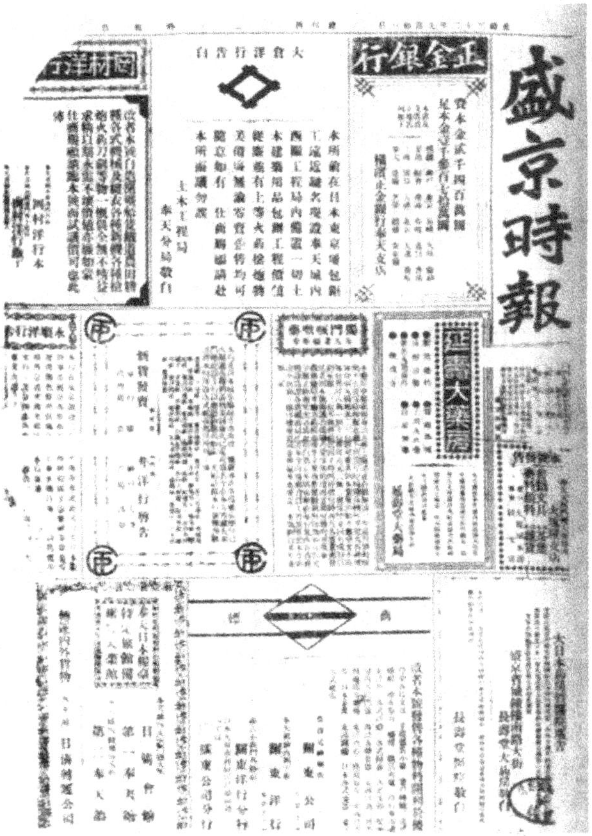

图 7-2　清朝末年的报纸广告

康，设计出“太阳神、吸收好，自然更健康！”的大标题和固定的构图，而在副标题和广告摄影上根据不同的对象设计不同的内容；第三种，同一内容的广告采用不断完善的形象与读者见面，既能调动其好奇心，又会不断加深印象。杭州第二中药厂在“宁心宝”的广告宣传中，第一天推出一个“心”字，第二天添上药名和厂名，第三天才完整地出现全部形象。

4. 经济性

由于报纸本身的新闻报导、学术研究、文化生活、市场信息具有吸引力，给广告引来了读者，所以报纸广告要在文字的海洋中形成个性，让读者的目光多停留一会儿，从中得到信息和美感。表现方法可根据情况采用图形和文字。而运用黑白构成的设计，无疑会相对方便且经济。

根据报纸广告的特点、发挥广告艺术的表现性，在设计报纸广告时应该注意以下几个方面：

第一，认真做好广告字体设计，增强报纸广告的表现力。广告字体一般分为三类，即印刷体、美术体和书法体，不同的字体表现出不同的性格属性，如：粗犷、豪放、庄重、典雅、潇洒、飘逸、纤巧、秀丽、古拙、稚气等。字体设计应遵循以下原则：①按照商品的属性选择恰当的字体；②字体的颜色应该给人的视觉以较强的舒服感；③使公众易于辨认而不能令公众猜字；④有明确的方向性与顺序性，照顾公众的阅读习惯。

第二，报纸广告力求做到针对性强。报纸具有广泛性和快速性的特点，因此广告要针对具体的情况利用时间、不同类型的报纸和结合不同的报纸内容，将信息传递出去。比如商品广告，一般应放在生产和销售的旺期之前，而不是冬天做凉鞋、裙子广告，夏天做裘衣、羽绒被宣传。应把眼前、乃至当天就要发生的事刊登出来。对于专业性强的信息，也应选择有关专业性的报纸，减少不必要的浪费。在选定了的报纸中、要结合报纸的具体版面、巧妙地和报纸内容结合在一起。如国际航班广告利用国际版专栏。

第三，报纸广告布局合理，形象突出，有利于欣赏和阅读。选择报纸头版的“报眼”，刊登在读者关心的栏目边，都会引起读者的关注。另外，利用定位设计的原理，强调主体形象的商标、标志、标题和图形的面积对比和明度对比，运用大的标题或以色块衬托、线条陪托，甚至可采用套红的手法加强。主体图形的生动形象，模特儿与读者交流的目光，画面大面积的空白，线条的区分等都会与版面上的其他文章和广告形成比较，以争得自己的形象。

第四，提高报纸广告表现的艺术性特点。在美国和欧洲很多国家，报纸和平面广告传达的意思是一样的，追求艺术美和广告内涵，但是在中国，除了国际公司的手机和奢侈品还在坚持艺术美感之外，中国的报纸广告几乎和美感无缘。广告就是广告，就是讲究策略概念和圈套，这和中国大众的审美以及产品的特性有密切关系，因为中国大多数消费者对于艺术还处于模糊和朦胧状态，没有普遍的艺术环境熏陶，所以只能以俗气和没有艺术美的作品赢得市场，这是正常的，特别是医药保健品、快速消费品等，顾客追求的就是广告要看的明白，而不是含蓄和深刻，存在即合理，适者生存的道理是对中国市场的准确说明。

为了提高报纸广告的艺术性，尽管报纸广告面积小，但是，在设计中更要注意文字的精练，每次广告宜宣传一个中心，造成比较强的视觉冲击力。除此以外纸张的质量相对而言较欠佳，为了保证印刷质量，宜采用网点比较粗的方法。取得黑白分明的效果。对于层次丰富细腻的摄影照片，可通过复印机多次复印，以减少中间的灰色层次。对于彩色印刷，为了让色彩在灰色纸上达到较佳的效果须提高色彩纯度、增加鲜明度，达到鲜艳夺目的效果。对于连续刊登的广告，要注意连贯性，充分发挥报纸广告的特点。

目前，中国的报纸广告以品牌类和促销类为主，品牌类的都是大企业在按照游戏规则投放，而促销类则五花八门，没有任何的章法，以报花、报眼、分类广告、专题等命名的广告不计其数，但是几乎没有精品，尤其是超市类广告的表格式价格广告，可以说是已经走入了策略的死胡同，但是企业往往看重了企业实力以及消费习惯产生的巨额销售，对于广告的形式研究还不得其门而入。

企业投放报纸广告促销类占据大多数，因为每期报纸产生的效果基本在一周之内就可以表现出来，一周后就基本失去了意义，所以无论是什么形式的广告，基本都是以冲销量为基本目标，整版模式和半版模式成为很多暴利产品的首选，可惜由于顾客越来越明智，报纸广告效果的投入产出比例已经大不如几年以前。

中国报纸的经典还是以脑白金的软文为促销类代表，以中国移动和手机行业为一个品牌派系，汽车则是融合了品牌和促销的代表，有不少值得其他行业学习的作品。未来报纸平面广告将出现大鳄，以新颖创意、全程制作、发布全国一体的大公司将成为广告行业的新锐力量。

三、广播

面临世纪之交的广播广告，似乎已经走入了困境。电视的迅猛发展已经使广播的阵地不断被蚕食，第五媒体——网络又向传统的四大媒介（电视、报纸、广播、杂志）发起了冲击。这种雪上加霜使当今的广播广告与20世纪上半叶的辉煌时代不可同日而语。就连一些广播人自己也认为广播是一种夕阳媒体，再没有什么发展余地了。绝大多数广告公司在为客户制定媒体计划时，也很少把广播包括在内，似乎广播是可以忽略不计的媒体。然而，就医药这个特殊的行业而言，广播广告却成为尤为重要的媒体之一。

（一）广播对于医药广告的优势

国外著名广告大师李奥·贝纳在谈到广告创作时，曾有过精彩的论述。他认为，广告创作人员只要找出产品本身的“固有刺激”，也就是厂家生产和消费者购买的理由，就知道广告的诉求点了。如果我们把广播的广告时段看成商品，分析电台办广播、听众喜欢广播和广告主选择广播的理由，我们就会发现广告对于医药广告具有以下优势。

1. 站在听众的角度

（1）广播有众多富有个性的节目主持人，听众对于自己喜爱的节目主持人抱有亲近感和信赖感。几乎每一个电台都有听众喜爱的名牌主持人,他们是一个电台宝贵的资源之一。

(2)“可以边听边干别的”。广播由于携带方便,在接触不到其他媒体的环境中也能利用。最常见的就是早晨锻炼的老人把收音机放在耳边听新闻,还有司机在车里听交通信息。

(3)可以进行双方向的信息交流,听众可以利用电话或传真等和电台交流。热线电话就是其中的一种。

(4)播放本地的信息量丰富,听众感兴趣的信息多。

(5)由于直播和版块式主持人节目形式的出现,可以随时插播最新信息。

(6)听觉传媒能引发听众的想像力,利用想像力能给人以深刻印象。

2. 站在广告主的角度

(1)广告成本低,效益好。从制作费来说,制作广播广告最便宜只须几百元,而电视广告最便宜须几万元;从播出费来算,广播和电视也相差十几倍甚至几十倍。可是从效果看,据国外调查,广播的总视听率一个百分点只须电视 1/3 的费用。

(2)针对性强,见效快。由于广播大多按听众类别来编排节目,所以客户可以根据宣传对象的不同,在相应的节目中播放广告。

(3)根据各种不同的目的,可以自由地选择广告播放的时间(因为制作费便宜,直播节目多,所以可以实现)。

(4)促销效果大。可以利用主持人的推荐和广播电台多年举办现场活动的经验进行促销。

虽然广播作为医药广告的媒体具有针对性强、目标明确、传递速度快等优势来提高医药企业的知名度,但很多医药企业依然像很多其他企业一样比较冷落广播这一媒体。因为企业的产品要想让消费者购买,仅有知名度是不够的,还需要信誉度和美誉度。这一方面要求企业的产品和服务都非常过硬,另一方面也要利用目标消费者能接触到的所有信息渠道进行全方位的宣传。这也就是国外正在流行的“整合营销传播”。为此,医药公司要想成功地实施广播广告的媒体策略,就必须进一步提高广播媒体传播广告信息的质量。

(二)提高广播广告质量的方法

1. 不断提高创意水平

在创意方面,广播广告与电视广告、报纸广告并没有本质的不同。这正如报社优秀的采编人员到电视台以后,仍然能做出好节目一样。表现方式虽然有区别,但规律是相通的。可是,不可否认,广播广告的整体创意水平相比报纸和电视来说,确实有一定的差距。突出表现在单调乏味、内容空洞、情节虚假、比喻不当、思维不连贯等方面。这就要求广播广告的创意人员多借鉴其他媒体的经验,并结合自身的媒介特点进行创造性的思考,逐步提高创意水平。同时,还要说服客户认识到:劣质和平庸的创意不仅无助于产品和服务,反而会起到负面效应,最起码是导致广告费的浪费。只有客户认识到创意的重要性,给予充足的经费保障,一些优秀的“大创意”才能得以实现。

2. 进一步发挥音响和音乐的作用

在目前的广播广告中,音响和音乐还没有得到使用。虽然许多广告在开头也使用几秒中的轻松乐曲,但是真正能与产品和服务有关联的却不多。由于费用不足,广播广告常常没有资金去作曲,随手找来的音乐很难适合特定的广告。在广播广告中使用音响的就更少了。可是,音乐和音响正是广播广告的生命力所在,且不说音乐可以烘托气氛,音响可以塑造空间,单是它们的“CI”作用就相当大。目前，在谈到“CI”时，一般人只注意到视觉形象识别（VI）的重要性，却没有注意到音乐和音响这种听觉识别系统对于树立企业形象的重要性。在这方面，世界著名的计算机芯片生产厂家英特尔公司就做得极为出色。它要求每个使用它芯片的厂家在做广告时，都要打上英特尔的标志以及“咚咚咚咚咚”的音乐，结果不仅节省了大量的广告费，还常常使听众只记得这段音乐，而忘记了做广告的计算机厂家。

3. 注意广播广告演员的培养

目前，在广播广告中，虽然有些广告的创意水平也比较高，可是由于后期制作不精细而功败垂成。其中，相当部分的原因出在配音演员身上。常常有人认为，广播广告不出现演员的形象，所以不需要像电视广告配音那么讲究，这是一种误区。实际上，正由于在广播广告中听众看不见演员，只能凭声音去想像其境、其人，对配音的要求才更高。如果演员对于情节把握不到位，就必然导致情节的虚假，苦思冥想的创意可能就因为这“小小的虚假”而付之东流。一般来说，一个配音演员水平再高，也难以在同一个广告中客串几个角色（这不像电视中可以通过化妆来解决，声音的化妆可不是那么简单）。因此，配音多样化势在必行。当然，这里有费用的问题，但同时也存在对于业余配音演员发掘不足的问题。如果我们平时能够多注意周围声音有特色的人，并把他们的资料和联系方式分类建成资料库，就是一笔宝贵的资源。既然主持人都可以不经过播音训练，那么要求真实性的广告为什么不能用普通人呢？何况这在一定程度上，还可以减轻播音员的负担。

四、杂志

作为广告媒体，杂志的长处在于它是被读者特意选购的。杂志读者的可靠性是使用杂志媒体的优势，阅读杂志的读者已经处在该杂志的影响之下，可以说登载在杂志上的报道和读者之间的关系，比起其他的媒体处在更自然的关系上。阅读自己喜爱的杂志是处于充分接受的状态，因而，情绪气氛的广告不在话下，理性的劝导广告也就能起到较好的作用。

（一）杂志广告的基本特性

1. 选择性

各类杂志都有不同的办刊宗旨和内容，有着不同的读者群。通过杂志发布广告能够有目的针对市场目标和消费阶层，减少无目的的浪费。

2. 优质性

杂志广告可以刊登在封面、封底，封二、封三、中页版以及内文插页。以彩色画页为主，印刷和纸张都精美，能最大限度地发挥彩色效果，具有很高的欣赏价值。杂志广告面积较大，可以独居一面，甚至可以连登几页，形式上不受其他内容的影响，尽情发挥，能够比较详细地作商品的内容介绍。

3. 多样性

杂志广告设计的制约较少，表现形式多种多样。有直接利用封面形象和标题、广告语、目录为杂志自身做广告；有独居一页、跨页、或采用半页做广告；可连续登载；还可附上艺术欣赏性高的插页、明信片、贺年片、年历、甚至小唱片。当读者接受这份情义，在领略艺术魅力的同时，潜移默化地接受了广告信息。并通过杂志的相互传阅，压在台板下、贴在墙上的插页经常被观摩，不断发挥广告的作用。

（二）杂志广告的优缺点

从广告的持续性来看，杂志有完好的保存性，广告生命长，有被读者相当长时间阅读的机会，另外也可以期待有超过杂志发行册数几倍的传阅率。与报纸广告相比，杂志广告可以以比较低的费用覆盖全国市场，这也是其突出的特性之一。从杂志销售状况来看，有几乎集中于大都市的倾向，杂志广告与报纸一样，对特定地域的广告不适宜。当然，杂志中也有能够向特定地域刊发广告的兼具通融性的媒体。总的来说，杂志的优点在于针对性强，选择性好，可信度高，并有一定的权威性，反复阅读率高，传读率高，保存期长。其缺点是广告购买前置时间长，有些发行量是无效的。

五、网络

随着 Internet 在全球范围的发展，互联网络已成为一个全球性的信息系统，并被人称为是继电视、报纸、广播以及杂志以后的第五大传播媒体。网络广告应运而生，成为一种最新的广告形式，并将随着网络传播的发展和电子商务的应用而成长。

网络广告发轫于 1994 年的美国。当年 10 月 14 日，美国著名的 Wired 杂志推出了网络版 Hotwired，其主页上开始有 AT&T 等 14 个客户的广告 Banner。这是广告史上里程碑式的一个标志。中国的第一个商业性的网络广告出现在 1997 年 3 月，传播网站是 Chinabyte，广告表现形式为 468 ×60 像素的动画旗帜广告。Intel 和 IBM 是国内最早在互联网上投放广告的广告主。

网络广告是基于网络媒体的一种电子广告形式，英文称之为：Net AD（network advertisement 或 internet advertising）。但是，值得注意的是，随着“三网合一”（即广播电视网、计算机互联网和电话（包含固定电话和移动电话）通信网）的不断进展，数字广播、信息家电的出现，广播、电视和互联网这些不同媒介的界限越来越模糊，所以我们有必要从另外的角度明确一下现在网络广告的定义。虽然很难从技术上明确地区分各种网络，但从功能上看，目前，只有基于计算机操作的国际互联网的广告能够体现现代意义上的网络广告和传统广告的差别。同传统的广告媒体相比，基于网络媒介的网络广告拥有众多传统媒体无法达到的优点。

（一）网络广告传播的广泛性

网络广告传播是可以通过国际互联网络把广告信息全天候、24 小时不间断地传播到世界各地，这可以说是风雨无阻的传播。网民可以在任何地方的 Internet 上随时随意浏览广告信息，这些效果是传统媒体无法达到的。实际上这正是网络媒介区别于传统媒介的传播优势之一，体现在网络广告上就是可以面向全世界发布。不过，这个优势对于很多客户来说，似乎并不具有非常强烈的吸引力。

众所周知，企业都希望自己的广告针对特定区域的人群，而不是面向所有人，否则会导致吸引力以及广告效果下降。例如，保健药厂商希望广告的受众是需要保健药的人群。这样的要求也导致一些传统的行业对网络广告产生一种误会，比如房地产，因为房地产商服务对象具有强烈的地域性，主要面向一个城市的居民和企业。因此，在当地的报纸、电视台、路边投放广告，效果无疑比“面向全世界”的网站要好。可以这么说，无论什么企业其营销策略归根到底都要针对于某一地区、某一部分人，中央台的广告收入虽然多，但同全国众多的地方媒体相比，也只是小头。由此可见，网络广告传播的广泛性这个特性，还没有完全体现为网络广告的优势。

（二）网络传播信息的非强迫性

报纸、杂志、电视、广播、户外等传统传媒在传播信息时，都具有很大的强迫性，强迫观众接受它们所传播的信息；而网络传播的过程则完全是开放的，非强迫性的，这一点同传统传媒有本质的不同。从人性化的角度看，网络传播的开放性是一个非常得网民心的优点。不过，从广告效果上来说，传统媒介信息的强迫性传播固然会引起受众的反感，但这样的传播方式能够保证广告信息为人所接收到，实际上有利于广告的经营。多数的广告客户在考虑投放广告时所考虑的往往是该广告能否让更多的人接收到它，而不是让更多的人主动去选择它。

网络作为新的传播媒体，其开放性和自由性是前所未有的，借助网络传播优势的有力翅膀，在传播的空间自由的翱翔。

（三）广告受众数量的可统计性

我们随处可见的一种主流观点是："传统媒体做广告，很难准确地知道有多少人接受到广告信息。而在 Internet 上可通过权威公正的访客流量统计系统精确统计出每个客户的广告被多少个用户看过，以及这些用户查阅的时间分布和地域分布，从而有助于客商正确评估广告效果，审定广告投放策略。"

但是，实际上广告受众的数量是无法统计出绝对数量的，用点击率来衡量条幅广告的效果本身就是错误的，网络广告的作用并不只在于你是否点击。因此，根据这个所谓的统计数量来评估广告效果，其结论是荒谬的。

（四）网络信息传播的感官性

网络广告可以使消费者能全方位亲身"体验"产品、服务与品牌，还可以在网上进行预定、交易和结算，这些是传统媒体所无法实现的。相比之下，同样是在媒体上进行销售活动，无论是电视台的电视购物还是报纸杂志的邮购，都无法同网络竞争。从这一点来看，同传统媒体相比，网络广告确实体现出了其独有的优势。

（五）网络信息传播的交互性

对于网络广告，只要受众对该广告感兴趣，仅需轻按鼠标就能进一步了解更多、更为详细、生动的信息。最能够体现网络传播交互性的是电子商务网站，这类网站对商品分类详细，层次清楚，可以直接在网上进行交易。

不过，目前的网络带宽使得网络广告在发挥交互性时不得不面对种种限制，消费者其实并不能够"全方位亲身体验"产品，网络广告号称是多媒体，图、文、影、音并茂，可实际上无法做到这一点。目前的网络广告内容上虽然比报纸、电视多，但是在传播效果上，不如电视广告等传统媒体的广告有震撼力。可见，网络广告的互动性优势由于网络条件的限制被抵消掉了不少，网络广告要想有更大的发展，必须在网络技术上有新的突破性的进步。

（六）网络传播灵活的实时性

在传统媒体上发布广告后更改的难度比较大，即使可以改动也需要付出很大代价。例如，电视广告发出后，播出时间就已确定。因为电视是线性播放的，牵一发而动全身，播出时间改一下，往往全天的节目安排都要重新制作，代价很高，如果对安排不满意，也很难更改。而对于网络广告而言则容易多了，因为网站使用的是大量的超级链接，在一个地方进行修改对其他地方的影响很小。网络广告制作简便、成本低，容易进行修改。当然，随着网络技术的进步和网络带宽的改善，为了追求更好、更震撼的效果，网络广告的制作会越来越复杂、体积会越来越大，修改也会相应的提升成本，同电视媒体广告的差距会越来越接近。但是从目前来说，修改一个典型网络广告的成本和难度都比传统媒体要小得多，这就是网络广告对于传统广告的一个很大的优势。

六、其他医药广告媒体

（一）户外广告媒体

户外（out door）广告，简称为 OD 广告，是指在露天或者公共场合传播广告信息的物质或者工具。它主要包括以下种类：

（1）招贴、海报。它们属于户外广告中最原始、最古老的形式。这类广告具有设计新奇，制作和印刷精美的特点，对消费者具有很强的吸引力。

（2）路牌媒介广告。这是指设立于街头、路边以油漆绘制或喷绘制成的表现广告商品特性或企业精神的巨型广告牌，由于在较长的时间里，广告牌固定地设置在街头、路边，它既在向行人进行广告宣传的同时，也客观地起到美化环境的作用。

（3）交通媒介广告。这是指设置在公共车辆、船舶、飞机内部的广告。交通媒介因其公众流动性大，接触的人员多，人员阶层分布广泛而成为很有影响的地区性广告宣传媒介。

（4）霓虹灯媒介广告。这是户外广告中最富丽堂皇的一种，它往往是与其他形式的广告结合使用，以互相辉映，不断闪烁的灯光使受众在视觉上产生强烈的动感。它属于夜间影响较大和最为吸引公众注意力的广告媒介。

（5）新型户外广告媒介。在 20 世纪 90 年代，户外广告媒介已经不单纯是铁皮广告版和霓虹灯的天下了。

（二）DM 与 IDM 广告

DM 是全文 direct mail 或 direct mailing 的缩写，在我国一般译为“直邮”。它是指广告直接向目标公众送达广告信的一类媒介。到了 20 世纪 50 年代，DM 发展为包括电话行销、传真行销、印刷品直递、传送公众礼品等各种相关的综合性的直销形式，即“整合性行销”（integrated direct marketing），简称“IDM”。

IDM 是将各种单一直接行销媒体组合起来，互补互辅，发挥其整体的合力。如果说 DM 只是一种平面似的直递广告印刷品，那么 IDM 则是一种立体的、多功能的、更完整的直接行销战术组合。甚至，在一些西方国家，DM 和 IDM 取代了杂志广告，与广播、电视、报刊并称为广告传播的四大形式（或四大传媒）。

DM 广告在盛行的时期里，其形式除传单、折页、明信片、小册子、列物图表、样本目录、年月日历等印刷品外，最主要的还是推销信。推销信十分讲究，为缩短写信人与读信人的距离，有的以红笔附加眉批注解，或在“限量特价”字样上画个大圈，在“免费，请把握良机”，字样下方加线，以吸引读者。与推销信同时，又随件寄来广告印刷品，使收信人不知不觉中接受了DM的广告内容。

（三）POP广告

POP是英文point of purchase的缩写，其意为：“售点”或“销售现场”。因此POP广告又叫售点或销售现场广告。它包括商品销售场所的广告牌、霓虹灯、电子闪光灯、灯箱、货架陈列、橱窗、招贴画、商品招牌、门面装饰等不同方式的广告，还包括在售点发布的各种媒介的广告如包装纸、奖券、有线广播、录音、闭路电视等。其中最重要的是以商品本身为媒介的陈列广告。

除了上述已经分析到的广告媒介之外，还有许多新型的广告媒体形式，如特制品、纪念品、饰物、衣衫等，随着高科技的不断进步，越来越多的新产品新材料等会成为新的广告媒介，广告的形式会日益增多。根据有关媒介报道：美国可口可乐和百事可乐两大饮料公司在1996年把在地上没有分出输赢的广告战转移到太空，他们分别借助美国的“奋进”号航天飞机和俄罗斯的“和平”号轨道站开展了新一轮广告攻势。“5月19日美国奋进号航天飞机升空，除随机携带卫星和充气天线等一大批科学实验设备和材料外，还把可口可乐公司最新配方的可口可乐、减肥可乐和橘子水带上了太空。5月20日两名俄罗斯宇航员把一个半人多高的蓝色百事可乐易拉罐模型，通过太空行走悬浮到了‘和平’号轨道站外。”两个公司把广告推到外层空间利用航天领域的高新技术进行广告宣传，令人对此广告新媒介的出现惊叹不已。我们相信，随着社会的发展，科学技术的进步，一定会有更多更新的广告媒介出现。

第三节 医药广告媒体策略

医药广告媒体策略是指为了达到医药广告的目标而采用的方式、方法和途径。这些策略都具有挑战性。医药广告媒体策略是指医药企业根据广告对象（企业或产品）的特点制定广告媒体目的，并确定实现这些目的的途径。它是医药企业运用各种媒体进行广告宣传活动的指导方针。它主要包括医药广告媒体的选择和医药广告媒体的优化组合。

一、医药广告媒体的选择

（一）影响医药广告媒体选择的因素

广告媒体策略就是选择最佳的媒体渠道传播广告信息，以最少的广告投入获得最大的广告效果。影响医药广告媒体选择的因素是多方面的。

1. 广告中医药产品的特性

广告产品特性与广告媒体渠道的选择密切相关。广告产品的性质如何，其具有什么样的使用价值，其质量如何，价格如何，包装如何，产品服务的措施与项目以及对媒体传播的要求等，这些对广告媒体渠道的选择都有着直接或间接的影响。因此，必须针对产品特性来选择合适的广告媒体渠道。例如处方药、医疗器械等医药技术性很强，构成复杂者就适宜选用说明性、保留性较强的印刷广告能起到更好的宣传效果，而且国家明文规定该类产品的广告只能在专业性报刊、杂志上刊登；保健品、减肥产品常常需要展示产品的高贵品质及效果，就需要借助具有强烈色彩性和视觉效果的宣传媒体，诸如杂志、电视媒体等就比较合适。一般说来，咳嗽感冒、解热镇痛等类别的 OTC 药品适宜采用报纸、电视、交通、户外等各种大众媒体。总之，广告媒体渠道是否适合产品特性，这是制定媒体计划时必须审慎考虑的。

2. 媒体受众的消费习性

广告媒体受众即广告信息的传播对象，也即接触广告媒体的视听众。它是影响广告媒体渠道选择的重要因素。媒体受众在年龄、性别、民族、文化水平、信仰、习惯、社会地位等方面的特性如何，以及经常接触何种媒体和接触媒体的习惯方式等，直接关系到媒体的选择及组合方式。媒体受众的消费习性与媒体选择的关系在于医药产品购买行为与广告媒体接触时空的关系，医药企业要根据目标消费者的消费习性去选择广告媒体，针对那些相对固定的群体的生活习惯作出合理的判断。例如，老年人的生活习惯为早晨锻炼身体，发布适合老年人保健方面的医药广告，选择早间广播或者电视可以取得较好的收听效果。

3. 广告主和竞争对手的市场营销策略

广告主的市场营销策略直接影响着广告媒体渠道的选择与组合。一般来说，在拉式市场营销策略下，广告主就会主要采用报纸、杂志、广播、电视等大众传播媒体；在推式市场营销策略下，广告主就会采用配合人员推销的各种促销媒体，包括产品说明书、产品目录、产品展销、促销赠品等媒体形式。

竞争对手的市场营销策略对广告主（或广告代理）的媒体选择也有着显著的影响。如果没有竞争对手，那么广告主就可以从容选择自己的媒体和安排其费用；如果竞争对手尚少，不足以对广告主构成威胁，就只需要在交叉的广告媒体上予以重视；如果竞争对手多而强大，广告主在财力雄厚的情况下，可采取正面交锋，力争在竞争媒体上压倒对方。在财力有限的情况下，就采用迂回战术，采用其他媒体渠道。总之，广告主要针对竞争对手的特点而采取适合自己需要的媒体渠道及推出方式。

4. 广告媒体的预算费用

广告主投入广告活动的资金费用使用计划，包括规定在广告计划期内从事广告活动所需的经费总额、使用范围和使用方法，即广告预算。一个广告主所能承担的全部广告费用的多少，对广告媒体渠道的选择产生直接的影响。例如，一些效益不佳的中小医药企业，因受其广告费用的限制，就很少采用报纸、杂志、广播、电视等费用昂贵的广告媒体；而一些经济效益好的大型医药企业，因其有较多的广告费用开支，像报纸、杂志、广播、电视、网络等五大媒体就是其经常采用的媒体对象。因此，具有不同广告经费开支的广告主应根据自己的财力情况，在广告预算许可的范围内，对广告媒体渠道做出最合适的选择。

5. 媒体的特性

同样的医药品牌和医药广告文案，使用不同的广告媒体发布时，带给受众的价值和印象是不一样的。究其原因是广告媒体本身的长期价值取向所形成的社会效果给利用该媒体发布的医药广告信息形成一种外在附加的影响。此影响某种程度上会影响受众对该媒体医药广告信息的信赖、接受和采用的态度。不同的广告媒体有其不同的特点和局限性。媒体传播范围不同会影响到媒体受众人数;媒体社会地位不同会影响广告传播的效果;媒体社会声望不同会影响广告的影响力和可信度。例如,包含大量技术信息的处方药或者医疗器械等方面的广告,通常选择比较权威的专业性杂志进行宣传。

6. 医药广告文本的特点

一般地讲,如果是以文字为主的医药广告,选择报纸杂志等印刷媒体就较适宜,而其他媒体如广播、电视就无法使受众对文字内容有较深的理解和认识。相反,如果是以彩色画面及其动作为主的广告,那么选择电视媒体就最适宜,因为只有电视广告能对动态式的彩色画面广告予以最充分的表现。如果是以音乐、歌曲、音响等为主的广告,广播媒体就是最恰当的选择。它可以最充分地发挥声音传播技巧,使受众获得最深刻的感受。

7. 国家相关法律法规

医药产品或者服务是防病治病、维护健康的特殊商品,是医药卫生事业的物质基础。在市场经济中,对医药类商品既要作为普通商品加以管理,又要按照其特殊性实施特殊的管制。对于国际医药广告媒体而言,所在国的政治法律状况、民族特性、宗教信仰、风俗习惯、教育水平,对广告媒体的选择也有重大影响。例如:挪威、瑞典、丹麦等国家,禁止在电视、广播上播放广告;有的国家法令禁止香烟、酒类在电视和广播上做广告;在伊斯兰国家,对于电视、电影的限制比较严格,这些国家的广告选择便偏向于其他的媒介。

我国政府对医药类商品的管理非常重视,特别为医药类商品的广告制定了相关的法律法规。在进行广告媒体选择时,必须全面考虑国家对医药广告活动的各种法律法规所作出的各种限制。

(二) 医药广告媒体选择的原则

正确选择广告媒体必须遵循广告媒体选择的基本原则,这是广告策划取得成功的重要因素。归纳起来,广告媒体渠道选择应遵循以下四项原则。

1. 目标原则

所谓目标原则,就是必须使选择的广告媒体同广告目标、广告战略协调一致,不能背离相违。它是现代医药广告媒体选择的根本原则。

消费者群体不同,他们对于广告媒体的态度也必然有所不同,而只有根据目标对象接触广告媒体的习惯和对媒体的态度来选定媒体,才能符合广告战略的要求,进而顺利达成广告目标,收到良好的广告效果。

从媒体自身而言,如果广告媒体传播信息的受众并非广告目标所针对的消费者或潜在消费者,即使广告主投入再多的广告费,广告创意再新奇独特,也不会取得预期的广告效果,最多也只能是收效甚微。

2. 适应性原则

所谓适应性原则,就是根据情况的不断发展变化,及时调整媒体方案,使所选择的广告媒体与广告运动的其他诸要素保持最佳适应状态。适应性原则包括两方面的内容:一方面,广告媒体的选择要与医药广告商品的特性、消费者的特性以及广告信息的特性相适应;另一方面,广告媒体的选择要与广告管理、广告法规、经济发展、市场竞争、宗教文化,以及媒体经营单位等外部环境相适应。因此,进行医药广告媒体选择时,必须既要站在一定的高度上,综观全局,把握宏观,又要步入现实的市场中，认清各种情况，把握微观，正确处理医药广告媒体与外部环境影响的关系，力求使两者处于最佳的适应状态，保持了这种最佳状态，就是最理想的媒体选择。

3. 优化原则

所谓优化原则，就是要求选择传播效果最好的广告媒体，或作最佳的媒体组合。一般来说，应该选择传播速度快，覆盖区域宽，收视（听）率高，连续性强，色彩形象更好，便于记忆，信誉高的媒体。优化原则强调，广告媒体选择及其组合，应该尽可能寻求到对象多、注意率高的传播媒体及组合方式。然而，就目前的媒体传播技术而言，要想寻找到各个方面都具有优势的某种媒体及其组合是不可能的。例如，报纸广告的注目率相对低一些，形象效果也较差，而电视广告在这些方面取得优势，但从记忆方面分析又不尽如人意。即使是同类同种的传播媒体也是各有长短的。例如，同属于杂志的媒体，由于级别、性质、特点各有区别，因而其优势与不足也就各有不同的具体体现。由此可见，无论是选择单一媒体，还是进行媒体组合，只能是努力趋优避劣，通过反复认真的比较权衡，两弊相权取其小，两利相衡选其大，从中选定最优化的方案。

4. 效益原则

所谓效益原则，就是在适合广告主广告费用投入能力的前提下，以有限的投入抓住可以获得理想效益的广告媒体。现代市场经济条件下，无论选择何种广告媒体都应该将广告效益放在首位，这就要求广告媒体选择应该始终围绕成本较低而又能达到广告宣传预期目标的广告媒体这个中心来进行。一般来说，各种广告媒体因其技术手段、覆盖区域和质量的不同，成本费用也不同。即使是同一媒体，也会因有关因素的影响，成本费用也会有明显的差异。例如，从同一份报纸上看，广告版面的大小、版位的划定，从同一电视上看，播发时间的长短、占据的是一般时段还是“黄金时段”等，都将决定成本费用的高低。考虑媒体成本费用不仅要考虑其绝对价格，还要考虑其相对价格。有些媒体绝对价格看起来很高，但平均成本却较低。

（三）选择医药广告媒体的方法

为了减少广告媒体选择中的偏差和失误，必须善于根据医药产品的目标市场、医药产品的特性、医药产品的特定消费群体和医药广告的记忆规律等不同标准灵活巧妙地进行广告媒体选择和运用。

1. 按目标市场选择的方法

任何医药类产品总有其特定的目标市场，因此，广告媒体渠道的选择就必须对准这个目标市场，使产品的销售范围与广告宣传的范围相一致。

企业的目标市场从区域上划分，可以分为全国范围目标市场和区域目标市场。如果某种医药产品以全国范围为目标市场，媒体的选择就应尽可能寻求一个成本尽可能低，广告信息总暴露量尽可能大的媒介组合，因此，可以选择国家一级的电视台、电台、杂志和全国范围内发行量较大的报纸。如果某种产品是以特定细分市场为目标市场，则应着重考虑何种传播媒体能够有效地覆盖与影响这一特定的目标市场。一般选择有影响的地方性报刊、电台、电视台户外及交通媒体比较适宜。

2. 按产品特性选择的方法

当前同类医药产品在市场中的种类繁多，不同产品适用于不同的广告媒体，这就要求应按产品特性慎重选择其传播媒体。一般来说，印刷类媒体适用于规格繁多、结构复杂的产品；色彩鲜艳并需要进行技术展示的产品最好运用电视媒体。硬性产品(如医疗器械等)属于理性型购买品,如果其技术性较强、价格昂贵,用户较少,通常选择专业杂志、专业报纸、直邮及展销现场媒体;如果其技术性一般(如针对某一疾病的治疗仪),价格适中,用户较多,也可以选择电视和一般报刊。软性产品(如医药保健品)属情感型购买品,通常适宜选择电视、杂志彩页媒体。

3. 按产品特定消费群体选择的方法

任何医药产品都有自己特定的消费群体(即使用对象)。一般来说,软性产品(如保健酒、保健饮品等)均拥有其比较固定的使用对象。因此,广告媒体渠道的选择应根据其目标指向性,确定深受消费者喜欢的传播媒体。例如,广告产品为减肥类医药产品,其特定消费群体就应是女性,而其主要购买者必定是青年女性,那么,根据这一特征,就必须选择年轻女性最喜欢的传播媒体。如果广告产品是一种新型医疗器械,其目标市场是医院,其使用对象自然是专业医务人员,那么就应选择一些专业性、科学性强的医药学术期刊或者直邮广告等。

4. 按消费者的记忆规律选择的方法

广告通过传递商品信息来促进商品销售,但广告是间接推销。人们接受广告传播的信息,却由于时间与空间的原因,一般不会听了或看了广告就去立即购买,总是经过一定时间之后才付诸行动。因此,广告应遵循消费者的记忆原理,不断加深与强化消费者对广告产品的记忆与印象,并起到指导购买的作用。例如,某企业推出的产品是在全国范围内销售,那么这家企业除了选择全国最有影响的报纸媒体外,还应选择最有影响的电视媒体和广播媒体,并认真考虑传播广告信息的连续性,其目的就是为了强化消费者对广告产品的记忆。

二、医药广告媒体的优化组合

各种媒介的功能、特点各异,在进行广告活动的时候,常常采用媒介组合来开展广告工作。所谓媒介组合,是指以一种媒介为主,以其他媒介配合使用,或选取多种媒介,分布使用广告费的媒介使用方法。

(一)广告媒体组合的意义

媒体的组合可以使广告的覆盖面更广、受众更多,而且可弥补一种媒体造成的覆盖面有限、受众有限的弊端。它不仅可以更强烈地传达广告信息,而且会达到 1 +1 >2 的广告传达效果。它还能够大幅度或者较大幅度地提高或充分发挥广告作用,从而达到 1 +1 >2 的最佳广告效果。

美国广告学者吉苏尔马尼克在其所著的《广告媒体研究》一书中,对此提出五条理由,可供我们借鉴:

(1) 达到第一种媒体所未达到的人士。

(2) 在第一种媒体得到最佳到达率之后,再以较便宜的第二种媒体提供额外的重复暴露。

(3) 利用媒体所固有的某些价值以扩展广告运用的创作效果(诸如在广播中运用音乐,在印刷媒介上运用长文案)。

(4) 当媒介计划以广播电视作为主要媒体时,在印刷媒体上送交折价券。

(5) 协同作用(synergism),这是从化学上借用的术语。各种成分经混合所产生的总效用,此种效果远大于各种成分个别相加之总和。

在广告操作中,要真正实现最佳媒体组合,涉及诸多方面的因素,广告界对此进行过不少有益的探索。其中,美国的玛格丽特·赖尔所著《媒体选择备忘录》一书中提出的"主要媒体效果比较表"(如表 7-1),对于广告媒体的优化组合来说,极具参考价值。

表 7-1　玛格丽特·赖尔的"主要媒体效果比较表"

项　　目	电视	电台	杂志	日报	户外
目标传达(18 岁以上的女士)	A	A	A	C	C
创造情绪的能力	A	C	B	C	D
消费者参与媒体	A	B	B	C	C
视觉特征	A	D	B	C	B
支配感觉	A	B	B	B	B
都市集中	A	A	B	A	A
市场弹性	A	A	B	A	A
季节弹性	B	A	A	A	B

玛格丽特·赖尔认为,这是几种主要媒体在各种情况下的效果比较,其中 A 表示优秀,B 表示良好,C 表示尚好,D 表示不适当。

(二)医药广告媒介组合的科学依据

在媒体的组合过程中的确存在投资与浪费的博弈。在媒体组合之初,既要制定科学合理的媒体组合策略,又必须像赌博一样对媒体勇于投资、选择和组合。这是一个存在两个不同效应的博弈关系。

(1)重复效应,是指媒体投放的信息量积累到一定程度所产生的效应。俗话说,谎话传百遍就会变成真理。虽然有点荒唐,却说明了一个道理,就是"重复"的重要性。做广告,必须把同样的信息以足够的时间和密度来重复传播,这样才能引起顾客的注意。如果你所重复的次数不够,就会造成更多的浪费。就像烧水,烧到 80 度就熄火,说明你前期的投入全部白费,因为水还没有烧开。然而,对媒体投放而言,这个"度"的把握可不像烧水那么简单。这就意味着你在科学的策略和监测基础上,还必须有一定的赌博精神。

(2)沙漏效应,则是对"重复效应"具有一定"拆台"性质的效应。也就是你还真的不能把一种信息重复得太多了。太多了,也会导致浪费。在此犯错误最多的品牌可能不外乎脑白金了。他们把一个创意敢投放 3 年,甚至更长。其实,这是一种极大的资源浪费。因为大家都知道,嚼口香糖,刚开始很甜或很刺激,但嚼一段时间就没感觉了。广告投放也类似,把同样的信息重复得太多,其边际效应会开始递减,到一定时期就没有什么效果了。但电视台或报社的广告费却不会因此而减少。

所以,在媒体选择和组合的过程中,必须懂得这两种效应的存在,即有效的组合既要有效的"重复",又要防止"沙漏",把广告投放的效率做到尽可能"少浪费"的境界。通常情况下,媒体组合要考虑这两个指标:目标受众的覆盖率和每次覆盖的相对成本。我们可以用这两个指标形成一个矩阵(如图 7-3)。

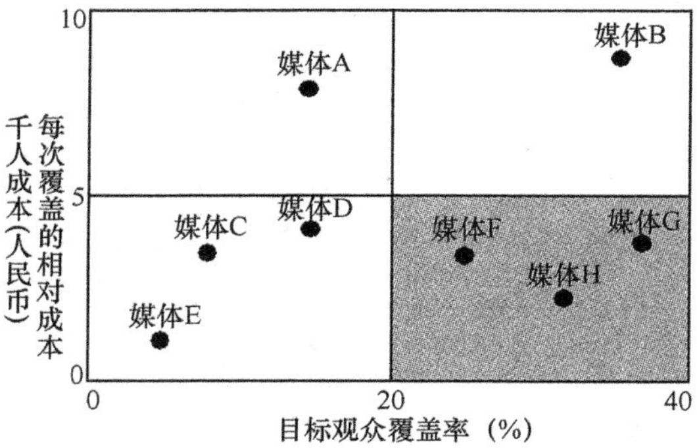

图 7-3 媒体组合矩阵

其中，目标受众的覆盖率是至关重要的。通常情况下，当然覆盖率越高越好。然而，在实际操作中，由于“一分钱一分货”的概念必然形成覆盖率高的媒体不一定便宜。而企业却恰恰追求覆盖率高而便宜的媒体。于是就产生了第二个指标：每次覆盖的相对成本。一般用千人成本(CPM)来表示，即每次覆盖1000人所花的钱到底是多少。如果对所有媒体的这两个指标都搞清楚了，媒介选择就变得简单一些，就是要尽可能的选择覆盖好的、更加便宜的媒体，如图7-3中的“媒体G”、“媒体H”和“媒体F”等。

然而，在实际工作中，这些数据很难得到，更糟糕的是，往往碰到的都是“覆盖率高而昂贵”或“覆盖率低而便宜”的媒体。这时，就必须懂得“取舍”的概念。对媒体组合而言，有效覆盖是第一位的，如果放弃这个目标而去捡“便宜”，实际上是本末倒置的做法。所以，图7-3中，如果遇到对“媒体B”和“媒体E”进行取舍时，当然“媒体B”是更加理想的选择。

除此之外，“媒体E”值得加以特殊分析，它虽然覆盖率低，但价格也很低，这样看可能它的性价比未必很差。遇到这种情形，就应该采用另一个媒体组合的概念——“交叉覆盖”。

交叉覆盖，一般用总收视点(GRP)指标来表示。原理是：某城市你的目标顾客从不同媒体上看到你广告的总的量是多少。比如在北京，这个月，你的目标受众可能从CCTV获得100个点、从北京卫视获得200个点，从北京当地的其他频道上累计获得200个点，还有从外省的卫视频道累计获得100个点。这样下来，目标受众的总收视点就是600个点。这就是不同媒体交叉覆盖的结果。

懂得交叉覆盖的道理，我们对“媒体E”就会有明确的判断了。用这个媒体到底能不能弥补我们的覆盖，如果是，就要做，因为花不了多少钱；如果不是，就要果断放弃。

（三）医药广告媒体组合策略

1. 点面互补策略

这是一种以媒体覆盖面大小为互补条件的组合技巧。当选定某一主媒体作一个或数个目标市场覆盖时，其传播优势在于“面”。可再选择一种或多种局部区域覆盖的媒体，以提高信息的重复暴露程度，其优势在于“点”。例如，以中央电视台为主要传播媒体的同时，又选择一些主要地区的地方电视台作为“点”的补充，这样，点面结合、点面互补，就可以大大提高广告信息的到达率与重复率，加深广告受众对其广告信息的印象。

2. 时间交替策略

这种方法是利用在时间上的交替形式进行媒体组合。当个别主要媒体得到最佳送达率后，另一种较便宜的媒体与之交替作用，以提高重复暴露率，使信息能送达到主要媒体未送达的受众。例如，在连续播发电视广告的同时，又在电台插播广告，这样，使较少有时间看电视的出租车司机能在车上接收到广告信息。

3. 时效差异策略

就是以媒体的时效长短为着眼点，将长时效媒体与短时效媒体相结合，以延长广告信息与消费者的接触时间，提高信息的扩散度，提高广告的效果。

4. 个性互补策略

每种媒体都有其不同的个性和诉求特点，利用这种不同的媒体个性进行互补组合，可以使信息沟通更具全面性与完整性。例如，电视适于产品品牌和外观等的感性诉求，报纸或户外广告适合进行产品质量、功能和特性等的理性诉求，两者组合，有利于达到互补效果。

广告媒体组合策略是一项系统工程，并非是一些媒体简单的拼凑，也并非是搭积木式的组合，这就需要广告人不仅要熟悉掌握每一种媒体，而且要学会有机地科学地组合。

媒体组合运用是复杂的，不能随心所欲，而应建立在研究分析和计划的基础上。在准备使用媒体组合策略之前，应当对媒体组合的使用有一个通盘和整体的认识，包括对媒体的评价，媒体的确定，媒体组合的确定，重点媒体的确定，这是广告活动的基础，也是最基本的保证。

另外，由于各个地区的不同，风土人情不同，生活习惯不同，广告媒体的组合和诉求点不一定非得统一，也就是说，媒体组合应当从不同地区的实际出发，比如，在电视较少的地区，如果仍然把电视作为重点媒体，就会出现广告费的浪费，而且达不到预期的广告效果，那么就不如把广播作为媒体的重点。

（四）媒体组合策略的方式

1. 视觉媒体与听觉媒体的组合

视觉媒体指借助于视觉要素表现的媒体，如报纸、杂志、户外广告、招贴、公共汽车广告等。听觉媒体是主要借用听觉要素表现的媒体，如广播、音响广告。电视可说是视听完美结合的媒体。视觉媒体更直观，给人以一种真实感，听觉媒体更抽象，可以给人丰富的想像。

2. 瞬间媒体与长效媒体的组合

瞬间媒体指广告信息瞬时消失的媒体，如广播电视等电波电子媒体，由于广告一闪而过，信息不易保留，因而要与能长期保留信息，可供反复查阅的长效媒体配合使用，长效媒体一般是指那些可以较长时间传播同一广告的印刷品、路牌、霓虹灯、公共汽车等媒体。

3. 大众媒体与促销媒体的组合

大众媒体指报纸、电视、广播、杂志等传播面广、声势大的广告媒体，其传播优势在于“面”。但这些媒体与销售现场相脱离，只能起到间接促销作用。促销媒体主要指邮寄、招贴、展销、户外广告等传播面小、传播范围固定、具有直接促销作用的广告，它的优势在于“点”，若在采用大众媒体的同时又配合使用促销媒体能使点面结合，起到直接促销的效果。

媒体组合的依据找准了，该选择的媒体也选择完了，就该写出一份标准的媒介计划了。这个计划，要结合上面的媒介选择，必须不厌其烦的回答好以下 7 个问题：

（1）你想要什么效果（投放目的）？

（2）你想对谁说（目标受众）？

（3）你想对多少人说（覆盖面）？

（4）说多少次才能让大家记住你（投放频次）？

（5）选择什么地方的什么媒体的什么时间段说（投放区域及媒体选择）？

（6）什么时候说，说到什么时候（投放时间）？

（7）说这么多花多少钱（投放预算）？

三、OTC广告策略和媒体资源的整合

今天，随着越来越多的OTC企业把广告宣传作为产品推广的主导方式，广告理所当然变为医药保健品企业开拓新区域市场、抢占更大份额、促进消费者购买的一把利器。然而，各医药企业面对日趋激烈的市场竞争，却拿不出有杀伤力的广告，传播受阻，成了制约产品销售的“瓶颈”！

众所周知，企业投放广告的最终目的是为了宣传产品知名度，促进消费者购买、提高销量，但是并非所有人都会接触到宣传产品的媒体，看到广告的消费者也并非都会成为潜在顾客。这就需要企业选择合理的媒体，并投放优秀的广告。

早在1984年，中美史克就踏入中国医药业领域并且通过各种合理的媒体把OTC概念引入中国，OTC广告走近千家万户。近年来，该公司媒体不断升级整合，资源进一步优化，所以凭借媒体优势在品牌知名度和销售网络推广上占据很大先机。广告媒体整合下，中美史克经营的“康泰克”、“芬必得”在中国早已是家喻户晓的品牌，中美史克（已并为葛兰素史克）也成为OTC市场上的著名厂家。

可见，媒体选择与投放科学合理的确可以为企业发展作出贡献。广告媒体在围绕产品受众接受心理的同时坚持走以销售为中心的道路，真正达到整合媒体、优化传播的效果。而在策略上，以整体协同、相互配合的战略发挥广告宣传职能。在电视、报纸、宣传小报、广播等媒体间，根据实际情况“整合搭配”。而整合仍然有法可依。不同媒体间的整合必须要立足产品本身，才能称得上是成功的媒体整合，发挥高力度的广告效果。

（一）整合媒介，延展广度

不同媒介具有不同范围的局限性，因此，需要通过媒体整合运用来达到准确传播，增强广告效力，延展广度的目的。广告正面报道或传播的越大，产品知名度、认知度越高。

例如：“敖东鹿筋壮骨酒”是敖东集团巨资投入推出的甲类OTC产品。在产品宣传推广中运用整合媒介的广告策略，而一炮走火，让同行啧啧赞叹，纷纷效仿。

在高频率、极复杂的信息传播环境中，企业认识到不同媒体有不同的功能，对各种媒体的特性、优缺点都有一个理性的认知，并实现强大的媒体整合支持，使电视与平面媒体高效结合，硬性和软性广告优势互补，网络与声讯媒体得以有效互动。在大众媒体上，针对敖东鹿筋壮骨酒受众人群，将新华社、中央电视台、《人民日报》、《中国医药报》、《中华风湿病学杂志》等国内知名的媒体整合起来，作为宣传产品的“武装力量”。

同时，极尽新闻舆论造势、活动策划作秀之能事，加强上述媒介整合广告传播的说服力与靶向性。良好的舆论加上媒介的整合传播延展了产品的广度，让受众更放心地接受产品，增强认知度，并帮助产品获得良好的美誉度。

（二）反复整合，深度传播

由于各种媒介覆盖的对象有时是反复的，因此，媒体整合兼顾覆盖的反复性特点跟进传播，增加广告的传播深度。消费者接触广告频率越高，对产品的闪亮点、新颖点、功效点、认知度就越高，消费的欲望就会空前高涨，最终促成购买。

例如：OTC 产品芦荟排毒胶囊从主流媒体的拉动到主辅媒体的有机结合，从旅游黄金周造势到系列主题促销，从 1 + 1 模式到 1 + X 手册媒体宣传的反复进行，不厌其烦的推广产品，打响了全方位、立体化普及“深层排毒”的理论。反复灌输、培育“深层排毒引爆美容革命”、“只要青春不要痘”、“科学排毒”等内容的市场攻坚战。还与杂志媒体联合推出排毒美容观念，加强促销力度的广告。长期不间断的新闻营销使“深层排毒”理论和芦荟品牌深入人心，消费欲望空前高涨，产品也日渐旺销。

从此，芦荟排毒胶囊首次打破排毒市场一枝独秀的非常态竞争格局，给市场带来生机和活力。

（三）广告互补，相得益彰

集中数种广告媒介来传播同一产品或相关系列产品的广告内容，对媒介受众来说，可以给企业带来的广告效果是相辅相成、互相补充的。由于不同媒介各有利弊，因此媒介整合还要兼顾取长补短，相得益彰的广告形式，帮助市场迅速实现赢利。

例如：六味地黄丸较早的广告宣传是宛西制药仲景牌六味地黄丸，对消费者形成了先入为主的印象，不但动用山西地区大大小小的媒体，还在央视投巨资做广告。

企业集中 30 多家优势媒体专一地主推仲景六味地黄丸，地方媒体的地域局限性让央视来弥补，央视的整体性地方媒体来精耕细作，相互取长补短，合力大增，将“仲景”品牌无限放大。精美制作的广告片大大提升产品知名度，让消费者感觉到大企业大品牌的魄力。

这样，企业凭借媒体力量、广告传播稳稳地坐上了六味地黄丸第一品牌的宝座。

无论是上述的保健酒、芦荟胶囊还是六味地黄丸，他们的成功很大程度上是合理整合媒体的结果。毋庸置疑，媒体选择及投放要结合当地媒体的实际情况进行。如二三级市场中，因为消费者大多接受电视，所以主要选择电视来做宣传。

此外，电视、广播、报纸等广告媒体在传播速度、覆盖面上也存在差异，必须实现媒体的整合营销，让媒体相互取长补短，发挥抓住消费者心理的强大作用。因此，企业在选择广告媒体时，首先就应在确定目标顾客的基础上根据目标顾客接触媒体的习惯，选择合适的媒体及传递方式，使广告讯息能够有效地覆盖企业的目标顾客。同时，尽可能使市场媒体得到营销整合，突显广告为市场营销服务的职能。

本章小结

1. 从广告信息传播的角度来看，医药广告媒体是广告主用来进行医药广告活动的物质技术手段，是沟通买卖双方的医药广告信息的传播渠道，也是传播医药广告信息的重要载体。它的功能主要有：承载功能、传播功能、正态功能、负态功能。

2. 医药广告媒体在医药广告活动中的作用：①广告媒体的选择直接决定广告目标能否实现；②广告媒体决定医药广告是否能够有的放矢；③广告媒体决定医药广告内容与采用的形式；④广告媒体决定广告效果。

3. 随着 Internet 在全球范围的发展，互联网络已成为一个全球性的信息系统，并被人称为是继电视、报纸、广播以及杂志以后的第五大传播媒体。这五大媒体在医药广告活动中各自发挥其特有的优势，传递医药广告信息。

4. 医药广告媒体策略是指为了达到医药广告的目标而采用的方式、方法和途径。这些策略都具有挑战性。医药广告媒体策略是指医药企业根据广告对象(企业或产品)的特点制定广告媒体目的,并确定实现这些目的的途径。它是医药企业运用各种媒体进行广告宣传活动的指导方针。它主要包括医药广告媒体的选择和医药广告媒体的优化组合。

5. 媒体选择与投放科学合理的确可以为企业发展作出贡献。广告媒体在围绕产品受众接受心理的同时坚持走以销售为中心的道路,真正达到整合媒体、优化传播的效果。而在策略上,以整体协同、相互配合的战略发挥广告宣传职能。

思考题

1. 简要谈谈医药广告与医药广告媒体之间的关系。
2. 四大传统广告媒体在医药广告中各有哪些优缺点?
3. 你认为网络广告作为第五大媒体对于医药广告活动的意义是什么?
4. 举例说明在投放医药广告时如何科学合理地选择广告媒体。
5. 谈谈你对医药广告组合的科学依据的理解。
6. 医药广告的投放要做到媒体选择和组合的科学而有效,你认为应该注意哪些方面的问题?
7. 在实现 OTC 广告策略时可以采取哪些有用的方略?

典型案例与讨论

医药电视广告成功的技巧

打开电视机,随便哪个频道(尤其是卫视频道),都能闻到扑面而来的"药"味。这么多的医药企业憋着劲的"砸"广告,自然是希望自己的声音比别家的大,让消费者能一看到、二记住、三去买。但这只是厂家的一厢情愿,送给消费者的"秋波"多了,真正能打动消费者的可没多少。

卖药自然要吆喝,可是这吆喝也得讲究方法和度。且先不论吆喝的次数(即播放频次),单说这怎么吆喝,就够让人伤脑筋的。吆喝得过了,消费者不但不认账,还会将你的广告冠之以恶俗之名,让产品在市场上永无翻身之日。吆喝得柔了,消费者是看着舒服了,可硬是记不住去买产品,让厂家郁闷不已。那么,在如今医药行业竞争激烈、广告效果不容乐观、消费者难以打动的市场环境下,到底怎样的电视广告才能脱颖而出?在此,笔者总结了"二力原则",拿出来与大家一起商榷!

形象力

俗话说:佛靠金装、人靠衣装。从欣赏角度来说,电视广告片的形象,就是制作的好不好看。可电视广告片的形象力并不是简单的好看不好看,不是单纯的画面制作精美不精美,与整体格调的"雅"与"俗"。它至少包括三方面内容:广告片与消费者的沟通力度、广告片与产品策略的吻合力度、广告片的制作力度。

(一) 与消费者的沟通力度

广告片得要让消费者能看懂。尤其是医药产品,短短几十秒,别的说不了,总得把产品是干什么的说清楚吧。早几年有个补肾产品——御苁蓉。其广告片由国际著名的一家广告公司制作，广告用一支塑料水枪东指西指最后滴下两滴水来暗喻男性某些方面的问题，创意不可谓不好，格调不可谓不雅，问题是大多数人都没看明白。而同是补肾品的汇仁肾宝，其广告则是一名女子依偎在男人旁边，“吃了汇仁肾宝，他好我也好”，创意是有点“那个”，但是够生活化，消费者一看完就明白这东西是干什么的。最后御苁蓉败走麦城，从此不见踪影。汇仁肾宝单品年销售却突破了10亿元。

（二）与产品策略的吻合力度

在产品的不同生命周期，有不同的策略。有的产品一上市，是先树品牌再打开市场。有的产品则是先打开市场再树立品牌。策略不同，广告片宣传的手法自然也不同。

“斯达舒”第一个广告片以谐音“四大叔来了”为形象在电视媒体播出后，许多“大城市”里的人都不认可，甚至认为形象“恶俗”。可是在许多二三级市场，这条广告片很受欢迎，不少消费者则认为这个广告很幽默，很好玩。最终，这个广告片协助“斯达舒”从年销几千万成长为年销8个亿元的胃药领军品牌。“四大叔”固然为“斯达舒”的江山立下了汗马功劳，但是要想再吸引新的消费者，进一步扩大市场份额，“四大叔”的品牌形象就有点俗了。这不，最近“斯达舒”的广告片选用了随着电视剧热播，而火遍大江南北的“银幕硬汉”——张丰毅做代言人。张丰毅在银幕上始终是“铁打的硬汉”形象，其代言“斯达舒”的广告语开头就是——“胃病，铁打的胃也受不了”。让人一看，不但能立刻与其银幕形象联系起来，还能立刻与产品联系起来，可以说是代言人与产品的完美结合。这条很有味道的广告片，就很好的符合了产品的宣传策略，有力的提升了产品的品牌形象。

（三）制作力度

有些企业是能花得起大价钱请大明星，能使劲烧钱地在各大电视台砸广告，可就是舍不得花点小钱来制作。由足球明星罗纳尔多任代言的金嗓子喉宝广告片，且先不说这位脚踢球的先生与咽喉何干，整条广告片画面制作粗糙、情节毫无创意，可以说对产品的形象毫无帮助。既然丰田汽车会请张艺谋为它拍广告，为什么我们的企业就不能花些成本，让自己的广告看起来“漂漂亮亮”呢？套用周星驰的话来说就是，能不能给点专业精神，出来做广告要花本钱的！

说服力

说服力，顾名思义，就是广告片能够说服消费者。说得直白一点，就是广告片要说人话，要说实在的、让人信服的、有道理的话，别尽玉婆卖瓜——自吹自擂，少拽虚词，少说不着边际、让消费者一看就没劲的话。要知道消费者现在的免疫力可强着呢。笔者认为说服力主要体现在三个方面：一是广告词的杀伤力；二是代言人的号召力；三是差异点的记忆力。

（一）广告词的杀伤力

一条15秒的广告片最多能说30～45个字。在有限的时间、有限的字数限制下，要想把要说的都说出去确实不容易，最不容易的还是要让看的人都记住。这确实非常考验创意者的实力。不但创意者如履薄冰，企业也是手捏一把汗啊。湖南电视台超级女声年度总决赛的广告报价每15秒11.25万元，超过了中央电视台第一套最贵的19:45时段11万元的电视剧贴片广告。如果按15秒45字来算，可就是2.5万一个字，不只是一字千金、简直就是一字万金啊！如此高昂的代价就必然要求广告词具有极强的杀伤力，有三点可以作为提高杀伤力的参考：

1. 要逻辑清晰，说清楚产品功效

让我们来看一条由倪萍代言的21金维他“责任篇”的广告词。

21金维他，祝您青春美丽自信（针对年轻人）

21金维他，祝您工作加班有劲（针对中年人）

21金维他，祝您身板硬朗年青（针对老年人）

家人健康，我们的责任　　　　　　（倪萍）

民生药业　　　　　　　　　　　　（标版）

45个字，针对的老、中、青三类人都概括了，补充体力、美容养颜的产品功效也说了。而最后一句“家人健康，我们的责任”，即充分利用了倪萍良好的形象，又将产品的硬性功效巧妙地揉进了消费者内心。同时承上启下，顺利转承出了民生药业的企业文化，可谓点睛之笔。

2. 要有意思、有道理，值得回味

广告片能不能抓住消费者，往往就在开始的3～5秒钟，这几秒钟，也就够说一两句话。这开头的话怎么说、说什么，来看看几条很有意思的广告词，也许就会有一些想法。

家人健康，我们的责任——21金维他

吃亏是福，肾亏可是祸——××六味地黄丸

20、30、40，没问题时用清水，有问题时用湿痒洗液——××湿痒洗液

这几句话，可以说是写得很高明，简洁明了，说了一个道理、又带出了产品功效，从众多广告片跳出来，一下子就抓住了消费者，消费者至少会用心的去琢磨一下。这一琢磨自然就会把广告看下去。当然要说得有意思、有道理，可不能是胡说、乱说，讲歪理。必须是大家都认同的东西和道理。

3. 要实在，切实从消费者角度出发

医药产品本身就是“治病救人”，实实在在的东西。广告词如果再虚了，太脱离消费者，必然就会让消费者产生怀疑，说服力就会下降。我们为康恩贝的前列康片创作电视广告时，广告词就写得非常实在，同时聘请著名影星高明做形象代言人。下面就是广告片的前三句。

得了前列腺疾病

一不要急　二不要乱吃药

我推荐前列康

你可别小看这三句话，它说的可都是实实在在前列腺患者遇到的问题，经过市调，我们发现得了前列腺，很多人都很着急，可出于隐私又不想去明目张胆的看病，就会乱吃药，而康恩贝的前列康已经上市21年了，经过众多消费者验证，确实有效。也确实值得推荐。三句话，层层递进，没有空的、虚的，讲的全都消费者要听的。再加上高明的号召力，怎么能不让消费者信服呢？

（二）代言人的号召力

许多医药企业聘请明星代言人，就是期望通过明星的号召力来提升品牌，打造出产品的可信度。21金维他用倪萍做代言，说“责任”，能让人信服。就是因为倪萍是第一次代言产品做广告，她要为自己的广告处女作“负责任”。她说“责任”，大家信！可明星代言是把双刃剑。耍得好，皆大欢喜，耍得不好，大家一起遭殃。很多人只是看到了这把剑能辟开市场，而没有看到这把剑也能伤到自己。试想如果“斯达舒”不是聘请张丰毅，而是请S·H·E代言，估计结果就是“消费者很生

气、后果很严重”！

（三）差异点的记忆力

这里的差异点，不是单纯的指在表现手法上的差异，而是指在利用产品特性的基础上，充分运用音乐、画面、故事等诸多元素，打造出有别于竞品的诉求，从而吸引、打动消费者。坦白地讲，目前的广告片，要想在表现手法上创新，制造差异，难度不小。动画的、三维的、情节剧式的、无厘头的……，基本你能想到的，别人也想到了。而产品的特性往往是惟一的，就算不是惟一的，只要比别人早说出来，消费者也会认为你是“惟一”的！当年白加黑以“白天吃白片，不瞌睡。晚上吃黑片，睡得香”这一独特点，立刻将其他感冒药抛在身后，引爆了市场。笔者最近看到一条止咳药的广告片，就很好地做出了差异点。这是一种名为可迪的可以嚼着吃的止咳药，在广告片中，它传达出两个产品特性：一是可以嚼着吃的止咳片；二是可迪的商标。表现可以嚼着吃比较容易，做动作就可以了。让人记住可迪这个商标，可就见功夫了，广告片中巧妙地采用了大家耳熟能详的动画片“一休”的片曲，只不过是将词换成了“可迪”。结果让人一听就很熟悉，也很喜欢。这条广告片，笔者看了一遍就记住了，甚至也很想买来产品试一试。

陈道明代言的××永春片，其最后一句广告词为“请记住它”。其实，众多做广告的医药产品，哪个不是希望被消费者记住啊。但只有少数能被消费者记住，大多数都是做了“垫背”的。在此，笔者提出“二力原则”，就是希望能抛砖引玉，引发大家的思考，从而在拍广告时，少走些弯路、少花些冤枉钱！毕竟企业拍广告不是拍着玩的，是希望能在市场上看到切实反映的！

（资料来源：365优·中国办公网）

案例讨论

请你对医药广告成功技巧“二力原则”进行评析。

第八章 医药广告的品牌战略

导言

随着医药行业体制改革的不断深化，医药市场管理与医药市场结构已经发生了很大的变化，医药产业也被推上了轰然而至的市场化轨道，医药行业品牌时代骤然来临。面对激烈竞争的医药市场，消费者可以自己决定购买什么牌子的医药产品或者服务，医药企业也能通过广告同消费者进行沟通，从这个意义上来说，医药市场越来越像日用品市场，而日用品市场最大的特点就是，谁拥有品牌谁就拥有市场，因此，对于医药企业来说，经营好品牌，让品牌在市场上长久生存下去就显得更加重要了。所以说，品牌已经成为医药企业外在形象和内在灵魂的载体，也是医药行业未来核心竞争力的突出表现。品牌经营和品牌消费构成未来医药市场营销，尤其是医药广告的两大主题。

引导案例

"斯达舒"品牌成功之路的广告传播策略

"斯达舒"胶囊于1997年推向市场，据称近50年胃病治疗史上的重大突破，其不局限于一般胃药往往只针对胃病的单一症状，而是既能快速止痛又能促进溃疡愈合。尽管"斯达舒"胶囊有如此强大的疗效作后盾，但它仍不敢过于乐观。毕竟从三九胃泰开始，丽珠得乐、胃炎平、吗叮啉、胃仙U、气滞胃痛颗粒，等等，近十年来胃药市场已形成了众多比较成熟的胃药品牌，他们吞噬了中国胃药市场的大半江山。在医药市场竞争最为激烈、强手如林的胃药市场，"斯达舒"只是一个毫无根基的小字辈。不管是产品的直接销售力，医院的学术推广资源，还是品牌的基础，要想杀开一条血路，"斯达舒"必须突破传统营销模式。最终以其完善的广告传播策略，塑造了一个成功的医药品牌。

"恶俗"广告的有效反应

"斯达舒"胶囊，在投向市场以后发现，消费者很难记住这个拗口的名字。斯达舒要解决知名度的问题，就必须让消费者先记住这个名字。经过反复斟酌，我们很快就在中央电视台(每天12

次)看到这样一条广告:在紧张的鼓点节奏下,一位年轻的母亲焦急地翻找着抽屉,原来丈夫胃病又犯了,找不到胃药,年轻的母亲急忙让儿子去找斯达舒,结果儿子却找来了一个呆头呆脑的男人,原来是所谓的四大叔。妈妈气鼓鼓地拿出真正的斯达舒胶囊纠正儿子的错误。该产品1999年上市之时,修正药业用了近一年的时间,在电视广告里反复强调三个字"四大叔",并获得了该年度"最恶俗广告"的荣誉。尽管如此,人们还是记住了这三个字。在广告的媒体投放策略上,修正没有采用常规的普遍性"轰炸"的方式,而是非常重视广告的有效性和专业投放,最终选择了央视。斯达舒集中力量,在央视仅花了300多万元的广告费,就让人们记住了"斯达舒"这个名字,并且直接带动了销售额的增长。

针对症状,一网打尽

2001年开始,斯达舒的广告摇身一变,把胃病常出现的"胃酸、胃胀、胃痛"三大症状罗列了出来,告诉人们胃酸、胃胀、胃痛要用斯达舒,表达比较平实。可就是这朴实无华的诉求,直指胃药的常见几个症状,将其一网打尽。在人们印象中,恶俗广告"四大叔"版已经家喻户晓,现在出了"症状篇",所以带来了两个广告的心理重叠效应,当人们感觉自己"胃痛、胃酸、胃胀"时,就知道要用"斯达舒"(也许有的想到的是四大叔)。简单明确的诉求带来了天文数字的销售额,"斯达舒"迅速跃居国内胃肠药销售排名第一。

深度沟通,前后呼应

2002年,斯达舒的广告又变为"胃,你好吗?"开始了品牌传播沟通的过程。从战略上来看是一个非常不错的、完整的整合传播策略,从大众印象——显著功效诉求——深度沟通,但是在战术操作层面来看,这个系列的广告缺乏了药品的诉求,将与患者的沟通提升上来,初期还给人以很牵强的感觉,实在担心在这个风云变幻的医药市场,长期背离产品诉求,会淡化品牌力量的!

希望斯达舒一路走好!

(资料来源:中国营销传播网)

第一节　品牌与广告

在这样一个日新月异的全球化时代,想靠祖传秘方经营百年老店,是行不通的。任何新产品一上市,都会被竞争者模仿、抄袭,甚至超越。我们面临的是产品同质化的时代。企业手中惟一的利器就是产品的品牌。产品的外观可以被仿效,核心技术可以被破解,但竞争者不可能在一夜之间塑造出一个相同的品牌。在物质生产过剩的今天,品牌毫无疑问已经成为同类产品之间相互区分的主要标志,我们已经进入品牌消费的时代。一般认为,"品牌"就是产品的别名。然而仅仅作为产品进行销售的实体产品是不会成为名扬四海的传奇品牌。品牌可能更多的是一些无形的方面,即价值或情感效应,使产品与众不同。当人们想到一个产品或一种服务时,他们往往会想到这种产品或服务的属性、特点以及它给消费者带来的实际效用。但是当人们想到品牌时,他们想到的就不止这些,而且想的方式也不同,因为品牌给产品与顾客关系增添了一层情感的色彩,使品牌与众不同的关键是其个性化方面。

一、品牌的内涵

说起品牌大家可能会觉得很玄妙,其实很简单。举个例子,就像老鼠与米老鼠,虽然都是老鼠,却有本质上的区别。老鼠有亿万只,可大家都认识米老鼠。这就是品牌与非品牌的概念。放到医药产品上来说,比如琥乙红霉素与利君沙,化学成分是一样的,没有区别。但销售时两者有没有区别?利君沙卖了多少?琥乙红霉素卖了多少?两者相差甚远。利君沙就是"米老鼠",普通的琥乙红霉素就是"老鼠",利君沙就是品牌,琥乙红霉素就不是品牌。医药企业就是需要通过医药广告等营销手段把自己的产品做成"米老鼠"。

(一)品牌与产品的区别

广告与营销界经常说的一句名言是:"产品是工厂所生产的东西,品牌是消费者要购买的东西。产品可以被竞争者模仿,品牌却是独一无二的。产品极易过时落伍,但成功的品牌却能长久不衰。"这是现代广告策划的鼻祖史蒂芬金的一段话,明确地定义了产品与品牌的分野。

但是从产品到品牌却不是一个简单的、必然的过程。或者说,每个品牌之下都有一个产品,却不是每个产品都能架构起一个品牌。从产品到品牌的过程,是消费者使用产品经验形成品牌体验的过程;是品牌信息长时间保持一致性传播的过程;是品牌始终张扬个性,昭显形象的过程;是企业主、营销人员、广告人员时时刻刻关注消费者的过程;是品牌与消费者持续对话的过程。

从根本上来讲,建立品牌的出发点是满足消费者的需求。但是,人们的需求是多种多样的,有些需求是感情化的,因为,人们的行为并非总是理性的。要决定如何建立品牌,我们必须先建立起能包容这些不同需求的框架——包括功能型需求和情感型需求。相应地,具有成功品牌的产品,也包括两个基本组成方面,即要有特点属性和情感效用。前者是所有产品共有的,而后者是与品牌相联系的。

所谓产品的特点或属性,它与效用直接相关,即为了满足消费者理性的需求和欲望。例如,牙膏中的氟化物成分能防止蛀牙。有实际效用的特点和属性是产品进入市场的前提条件,消费者比较选择一种产品或服务时,特点和属性肯定是最基本的考虑点。

但是,纵观世界上最为成功的品牌创建工作,其核心内容却是满足人们的情感型需求。所谓品牌的情感效应,与产品的提供者不同,消费者并不知道产品所具有的一切特点和属性。然而,他们却知道喜欢什么品牌,不喜欢什么品牌——这种对品牌的喜恶,源自于人的情感需求。品牌的本质正是在于借助无形的利益,给产品和企业增加价值,增加心理上的价值。这些无形的利益是消费者与品牌联系在一起的情感联想、体验、信仰、价值观和感情,即情感效应。正是产品的情感效应(而不是特点和属性)在消费者心目中形成强烈的品牌识别特征。要实现这一目的,首先要为品牌建立一种能给人留下深刻印象的识别特征或个性,然后有策略地使目标顾客记住它。这不是一个简单的、短期的过程,而是品牌成败的关键。

(二)品牌构成的六层含义

有人说品牌就是一种无形的速记方式,其主要的功能是减少人们在选择商品时所需花费的比较及分析商品的时间与精力。消费者实在没有精力把每次的采购都当成是第一次,选择有地位的品牌无疑是一种省时、可靠又不冒险的决定。由此可见，品牌作为商品的形象，是消费者识别商品的标识，它能提高商品在市场上的竞争力。同时，品牌也是一个复杂的符号，它代表着产品特征、利益和服务的一贯性的承诺。

菲利普·科特勒认为，品牌的含义包括六个层次：属性、利益、价值、文化、个性、用户。

(1) 属性。品牌首先使人们想到和带来某种属性，设计高超、做工考究、质量上乘。如“奔驰”牌意味着昂贵、做工精湛、马力强大、高贵等。

(2) 利益。品牌不止意味着一整套属性，顾客不是在买属性，他们买的是利益。属性要转化为功能就要与情感性利益结合起来。如 DE BEERS 钻石由于钻石选料精良，打磨加工精致，所以成为象征永恒情感的代言品牌。

(3) 价值。品牌能体现出消费者的价值认同。如：奔驰汽车代表着高绩效、安全、声望等，品牌的营销人员必须分辨并寻找出对这些价值感兴趣的消费者群体，以便为广告策划做出选择。

(4) 文化。品牌可能附加了一定的文化。如“奔驰”汽车代表或附加德国文化，严密的组织、高效率和高质量，“可口可乐”象征着美国文化，是一种奔放热烈的文化。

(5) 个性。每一个人都有一个自我概念或个性，商品也一样。品牌也可以代表了个性和风格。“朵而”胶囊和“美媛春”胶囊都是养颜美容药品，“朵而”代表一种现代女性形象的美，而“美媛春”代表一种中国贤淑、文雅的女性美。它们的形象是利用人们对品牌个性的感觉产生差异，即使两种产品功能一样，喜欢古典美的女性会对“美媛春”产生好感，而喜欢现代美的女性可能更认同“朵而”。

(6) 用户。品牌体现或暗示了购买或使用产品的消费者类型，包括年龄、性别、身份地位、阶层等。这就好像我们看到一位 20 多岁的秘书开着一辆奔驰车时会感到吃惊，而更愿意看到开车的是一位 50 多岁的高级经理。

二、品牌资产及其构成要素

(一) 品牌：企业重要的无形资产

在市场经济的今天，凡是能够给行为人带来或者增加效益的东西，都可以看成是行为人的一项资产，进而可以把它货币化。品牌也不例外，对企业来说，品牌就是一项能够带来利润的资产。正因为如此，可口可乐的总裁能说，“即使全球的可口可乐公司全部毁于大火，我们仍然可以在一夜之间重建全球最大的饮料帝国。”他之所以能如此自信，是因为可口可乐公司作为全球顶尖的品牌，它具有其他饮料品牌所不具有的资产价值，即品牌资产(brand equity)，它是品牌作为企业的无形资产所不可忽略的重要部分。

“品牌资产”一词在 20 世纪 80 年代被广泛使用，然而对它的界定迄今仍是众说纷纭。一般说来，品牌资产常被定义为，品牌给产品或者服务带来的超越其功能效用的附加价值或者附加利益，这种附加价值或者利益表现为品牌给企业或者消费者提供超越产品或者服务本身利益之外的价值。如果某种品牌给消费者提供的超越产品或服务本身以外的附加利益越多，则该品牌的吸引力就越大，顾客就越喜欢购买这种品牌。

品牌资产作为一种超越企业所有有形资产或者实体以外的价值部分，它对于消费者和企业都具有非常重要的效用意义。品牌资产对于消费者的效用意义主要表现为：通过品牌名称、品牌标识物帮助消费者解释、加工、整理和储存有关产品及品牌的信息；通过消费者购买使用某种品牌而产生的品牌忠诚来增强消费者的购买信心，提高消费者作出购买决策的效率；满足消费者的个性偏好，使之有一种心理上的满足感。

品牌资产对于企业而言，其效用意义主要表现为：通过培养消费者的品牌忠诚，促使消费者产生重复购买的行为；通过品牌所体现的产品品质，使消费者确信自己购买的是高品质的产品，即使支付高价格也理所当然，从而使自己的品牌能够溢价销售；品牌资产还能为企业实施品牌扩张提供条件，而同时也能够为竞争对手设置进入目标市场的障碍。

（二）品牌资产的构成要素

品牌资产，作为一种通过为消费者和企业提供附加利益来体现的、超越产品或者服务本身利益以外的价值，它是品牌知名度、品牌联想、品牌忠诚和品牌品质等内容的集成反映，见图 8-1。

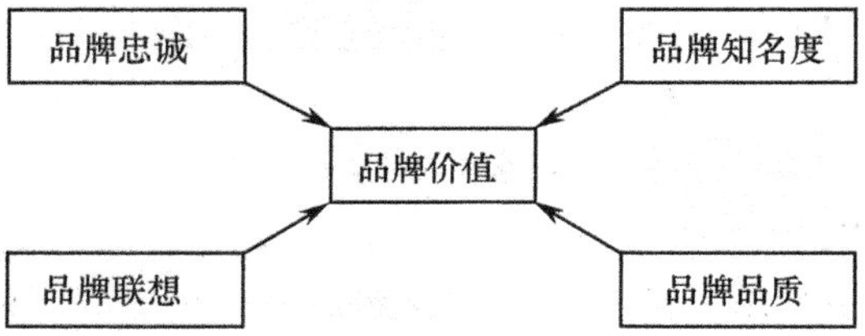

图 8-1　品牌资产的构成

品牌知名度就是指品牌为消费者所知晓的程度，也称为品牌知晓度。对于某一特定的品牌而言，品牌知名度反映了消费者总体中有多少或者多大比例的消费者知晓该品牌。由此可见，品牌知名度反映的是品牌的影响范围或者品牌的影响广度。当然，它也只反映品牌对消费者及社会公众影响的广泛程度，不能或者难以从中看出品牌对消费者的影响深度。

对于品牌来说，不同的品牌往往会使消费者产生不同的联想，进而形成不同的品牌形象。在日常生活中，我们提及“麦当劳”就会联想到汉堡、薯条、洁净的店铺和飘香舒适的环境等。这种品牌联想所形成的对品牌的印象最终将成为消费者选择品牌的重要依据。消费者通过不同品牌产生不同的联想，使品牌间的差异得以显露。广告宣传等传播品牌的目的就是试图使消费者产生“联想”、“差别化认知”、“好感”和“购买欲望”等。因此，品牌联想成为品牌资产的构成要素。

品牌忠诚是消费者对品牌偏爱的心理反应。作为消费者对某一品牌偏爱程度的衡量指标，品牌忠诚反映了消费者对该品牌的信任和依赖程度。一般情况下，忠诚度越高的品牌顾客重复购买行为发生的次数较多。所以，某一品牌拥有的忠诚顾客越多，则该品牌抵御竞争品牌攻击的能力也就越强，换言之，即该品牌的竞争力越强。这也是品牌忠诚具有品牌资产作用的重要原因。

品牌品质，也称为品牌的品质形象，它是指消费者对某一品牌的总体质量感受或者品质上的整体印象。品牌的品质形象是消费者对品牌印象的整体感知，它以产品的实际质量为基础，但又不完全等同于产品的实际质量。一方面品牌品质依赖于产品的功能、特点、可信赖性、耐用性等影响产品质量的各有关因素；另一方面品牌品质作为消费者对品牌在质量上的整体感知，它并非必然与产品的实际质量不可分割。实践中，同一质量的产品用不同的品牌推出，即使是同一消费者，其所感受的品质差异也可能非常大。总之，品牌品质形象相当程度地影响品牌的市场声誉，进而影响品牌或者产品的获利能力。

三、品牌与广告

广告与品牌可以说是一对孪生兄弟，成功的品牌一定离不开成功的广告。良好的广告通过向消费者传达信息，促使消费者产生认知上的共鸣并激起消费者的购买欲望和购买行为的同时，它还可以把一个品牌在较短时间内提升到一个知名度高、美誉度高、忠诚度也高的位置，实现商品的成功销售。但不能因此认为品牌就是由大量广告铸成的。毕竟，品牌的推广不仅仅是靠一两个广告策略就能完成的。品牌推广与广告宣传必须是协调的、整体的、统一的有机结合，这样才能实现企业预期的效果。

（一）做品牌不等于做广告

在"脑白金"和"哈药集团"等以老套的狂轰滥炸式广告投放赢得市场以后，不少企业片面地认为，"品牌是靠广告打出来的！只要加大广告投入，进行铺天盖地的媒体轰炸，就可以促进产品销售，树立一个品牌！"的确，在营销活动中，对于急于提高产品销量和知名度的企业来说，前期最重要的是要做销量，在这个层面上，哈药集团铺天盖地的广告是成功的。但做销量离做品牌的距离很远，品牌成长是一个长期的过程，仅靠一时的广告突击是很难塑造出真正的品牌。品牌是企业通过各种途径和策略在长期动态变化的过程中建立的资产。要知道，广告只能培育品牌的知名度，但高知名度不一定带来高美誉度，而美誉度、知名度、忠诚度都高的品牌才能称得上真正的品牌。作为品牌资产的最重要内容和保证品牌稳定销售的主要指标，品牌忠诚不是短期广告所能达到的，除了品牌长期一致的广告传播等策略在消费者心中建立的品牌间差异效应外，更有完善的品牌规划设计和持续优良的产品品质来获得顾客的满意度。同时，消费者对品牌品质的肯定是广告所无法做到的，它不仅需要品质恒定如一，更对品牌在发展过程中提出的创新要求。

医药行业是一个特殊的行业，其品牌单靠广告和包装是无法实现的，它必需依赖其使用价值。消费者在购买医药产品时，不仅要选择买得放心、用得安心的品牌，而且非常重视医药产品的真正功能和能否满足消费者的需求。因此，医药企业在开发医药产品时，其最基本的考虑就是产品能给消费者提供什么功能，如果功能满足消费者的需求就有市场，否则有功能的产品也没有市场。

（二）做品牌必须做广告

布罗德本特（Broadbent）在阐述广告与品牌关系时有过这样一段精辟的分析：当一位飞机驾驶员关掉发动机时，虽然他认为没有发动机也可以巡航，实际上短时间内的确可能，但人们会对他的操作提出质疑。当飞机进入滑翔状态时，他再次启动发动机，然后再关掉，如此反复操作多次，人们一定会认为他在玩自杀游戏。这一类比分析指出了通过广告在消费者心中建立品牌形象的过程应该是一个长期不懈的。

广告之所以能建立品牌价值，在于其能增加产品的知名度，也能令人增加对产品质量的信心，为产品创造出独一无二的形象和个性，使产品无论从物质方面或心理方面都赢得消费者的欢心。当产品建立其品牌价值后，持续的广告推广会加强消费者对该品牌的喜好，刺激消费者购买该品牌的欲望，以致有新的消费者或令原有的消费者产生重复购买行为。

如果有成熟的品牌推广策略，再巧妙地运用广告进行推广，其效果将会事半功倍。"日夜百服宁”感冒药就是通过广告传播产品差异,从而塑造品牌个性,其广告语为:“早一粒,晚一粒,消除感冒症状。白片治疗感冒的同时不会引起嗜睡,夜片进一步减轻症状,可使你安睡,常备百服宁,退热帮助您”。通过这则广告使消费者将“日夜百服宁”感冒药与一般感冒药吃了嗜睡,影响工作的缺点区分开来,使消费者从感性上产生品牌差异,建立起品牌的气质个性,实现品牌的成功推广。

第二节 医药广告的品牌理念

由美国广告联盟(American Advertising Federation,简称AAF)倡导的“杰出品牌”广告活动启动于2000年10月,以“广告让杰出品牌更杰出”为主题。这次活动重视广告在品牌发展历程中的角色和地位,强调广告对品牌的培育功能和塑造作用。

一、品牌广告塑造杰出品牌

对于品牌广告和促销广告,并不能从外表及其表现形式上加以简单区分。一般说来,品牌广告是指以提高品牌的价值为首要目的的活动,它摆脱了产品功能性诉求的桎梏,关注人类生活方式的变化和需求,目的就是持续地塑造品牌个性,增加品牌价值,影响目标受众的生活态度和价值取向,是长期的、持续的创建活动;促销广告的首要目的则是以促进品牌、产品的销量为目的,进行提案、策划的广告活动,除此之外,它也能提高品牌认识度、改善品牌形象等。在某种情况下,增加品牌价值和促进销售可以同时进行,品牌广告和促销广告只不过是广告主按广告的目的进行的分类,两者并非完全对立。

(一)消费形态变化催生品牌广告

品牌广告是策略性、持续性的创建运动,是一个以品牌概念为核心,以调动人类情感为出发点,以达到塑造品牌个性印象为目的的长期战略。自20世纪80年代后期以来,层出不穷的新科技使新产品不断涌现,企业为寻求自身利益努力开拓国外市场,品牌跨国经营,全球化经济逐渐形成。信息的极大丰富和形象的急速增多改变了人们的交往模式,特别是互联网的出现把整个世界缩小了。经济转型导致消费形态的变化,信息、符号和影像充斥着整个商品社会空间,形成选择多差异少,资讯多吸收少,叫嚷的声音多过滤方法少的局面。所有这些不断激发消费者根据消费体验,对欲望与快感、情感和审美的满足等问题加以概念化的兴趣追求。他们不再接受以纯功能性特征出现的面孔,而是对人性化的品牌越来越感兴趣。面对日益细分的市场和品牌跨地域经营的趋势,企业渴望消费者感受到自己不同于竞争者的产品或者服务,希望用人性化的态度与某一消费族群建立深层次的关系,并努力培养稳固的消费族群。当今,整个品牌管理模式也因此发生了巨大调整,由战术性模式转移到战略性管理上,使品牌反映消费者心目中的形象并通过广告持续地加以传播。因此,越来越多的广告公司抛弃了比较产品特性或者提出购买理由的硬销广告,他们认为品牌个性风格优于物质本身,只有强有力的品牌个性才能唤起人们对品牌的信任,占据消费者的心灵。不少医药公司也开始放弃纯产品诉求的广告策略,而注重品牌形象的塑造和突显。如地奥制药就以“关爱”突显其品牌形象,以“天者至尊,造化万物;地者博爱,凝聚精华;天地至爱,关怀今生——地奥制药”作为广告语。

（二）塑造个性印象——品牌广告的最终目的

品牌广告是做沟通的广告运动，它针对固定的消费者群体，通过持续的广告将消费者的认识引到预先设想的意识层面。品牌概念指引着广告发展的方向，影响着广告创意的思考；广告创意表现为持续塑造品牌个性印象，不断为概念注入新鲜活力。如今，广告主在成本控制下，要求以全球规模、统一性的概念来做有效的沟通活动，如“百事可乐”的品牌广告在全球统一以新一代年轻人为主要诉求对象开展各种广告运动，以“新一代，渴望无限”为广告语。

塑造品牌个性印象、寻求沟通效果是品牌广告和产品广告本质性的差异，“个性”是广告沟通消费者的最高层面。当品牌被赋予了个性，就能拉近与目标受众的距离，使目标受众对品牌产生好感和注意。例如，有些医药集团创造“关爱”的品牌个性，于是消费者便会产生两层体验：一是具体的保证，药品可以治疗好病人的疾病，关爱病人；二是消费者会产生医药集团关爱生命，关爱社会的体验。品牌广告塑造的个性印象既要与众不同，又要接近消费者。当消费者触及独特的影像、符号时，就会勾起联想，将潜意识那些不曾察觉的认识牵引出水面，产生共鸣，形成默契，自觉抛弃成见，建立新知。从耐克真实的体育精神到麦当劳的微笑，从绝对伏特加的热情浪漫到李维斯的世界，广告都把各自的品牌个性充分地展现在大众面前，清晰明确，与众不同。

二、品牌与消费者消费观念

（一）消费观念的变化

消费观念是从价值观引申而来的，原指消费者对消费的总评价和总看法，从消费者心理角度讲，它是指观察和参与消费活动的感觉、知觉和心理活动在大脑中的反映。它可以视为一定时期人们对消费商品、消费目的和消费形式的态度，包括消费的价值观念、消费行为、消费偏好等，也包括消费者持有的对商品、商品范畴和生产商、供应商的看法。

消费者行为学研究专家认为，我国的消费者有实用型消费观、节俭型消费观、传统型消费观、炫耀型消费观和独特型消费观等典型的消费观念。

(1) 实用型消费观。这类消费者十分看重商品本身的实用价值，即商品的实用性是购买决策的首要考虑。比如有“比较耐用、挺结实的、挺实在的”等消费观念。而这种实用型观念并不一定是经济能力原因，许多经济能力较强的消费者也可能持有这种消费观。

(2) 节俭型消费观。这类消费者认为储蓄比消费重要，他们的收入当中，储蓄的比例远远高于消费比例，在价值判断上不接受较高的消费，消费比例过高会出现心理不适或不安，“不存点钱心里不踏实”、“不存钱，将来有点大事情，找谁去?”“挣一个花一个，那是败家子!”他们选购商品时对于价格非常敏感，重视商品的实用价值。

(3) 传统型消费观。这类消费者重视过去的消费经验，经常以过去的消费标准或审美情趣来判断当前的消费行为。“我认为当年的产品质量可靠，现在的东西不经使”；“还是老型号的自行车结实”、“（商品）口味变了，与从前不一样，原来的口味正宗”。与节俭型消费观不同的是，传统型消费者不一定重视储蓄，他们的消费比例也可能较高，只是在选择商品的品牌、风格或式样等方面，受过去的经验影响较大。

（4）炫耀型消费观。这一类消费者十分注重消费商品时别人的赞美性评价和良好的反应，购买商品会把别人的评价放在第一位。消费商品并且能够得到别人的赞美和美好的评价当然是一件好事，如果不能得到直接的赞美和美好的评价，能够激起别人的惊讶也是不错的，甚至引起他人的羡慕与嫉妒也是可以的。他们评价商品是“我认为这种东西挺吸引人”，“很新鲜，能出彩”，“很酷”。如果商品的特点不能达到这些消费目的或效果，他们就很难购买这种商品。

（5）独特型消费观。这一类消费者在审美评价上追求独特的效果。与普通消费者不同之处是，他们对商品的外观、质感、色彩、搭配和使用场合等都有自己的要求与见解，愿意追求别出心裁的风格。如职业音乐人、节目主持人、艺术设计人员、公关人员等。

（二）消费者观念变化导致品牌消费观念的形成

消费者消费观念的变化和发展，使得对消费品无论是在数量上、质量上的需求方面，还是对商品提供的价值、效用和文化内涵等方面有了更广泛的要求。从现代消费观念来看品牌，我们可以发现品牌已经不是商品名称的简单描述，正如营销大师科特勒所指出：品牌反映的是商品特定的核心功能、明确的利益保证、价值尺度、文化内涵、个性化和面向特定的消费者层面的整合结果。这也就使得品牌的发展成为可能和必要，追求品牌和名牌成为自然的消费观念。

品牌的差异化实质上体现了消费者的消费个性化趋向和消费价值观念的提高。在我国实现小康的同时，消费者就有能力根据自己的消费水平，选择多样化、个性化的商品，而品牌的差异恰恰是这种选择的物质和文化条件。提高自己的消费水平，实现个人的生存、发展消费和享受消费需要的要求正是对品牌的选择和要求的反映。

消费观念进步和提高的一个重要标志是消费过程中人们的物质消费和文化消费的融通，人们不仅需要商品给他们带来的简化生活、美化生活的基本利益，而且更注意对商品的精神文化内涵的追求，尤其是商品使用和消费过程所带来的精神和心理上的满足。

随着购买商品由单纯的功能型向效用型转化，消费者常常根据自己的效用原则来判断、选择、购买和使用商品。而品牌由于其所具有的兼备商品基本属性和文化内涵的特点，使得消费者的消费效用原则中不可缺少地包括了品牌在内。消费者效用的最大满足依赖于选择最有利的、最有效的商品消费组合，而这种组合的客观有利性和有效性一方面由商品的功能所决定，而另一方面则由消费者的主观心理判断所决定。

由此可见，消费观念的变化导致了品牌消费的产生与发展，品牌观念的形成又促进了品牌营销策略的发展，两者构成了相互促进的关系。这一点对我们思考品牌营销策略很有帮助。

三、品牌忠诚及其理论

（一）品牌忠诚的含义

品牌与消费者的关系可以被看作是一种合同或者协定，消费者对品牌的忠诚暗示着他们相信这种品牌会有一定的良好表现，且该品牌会通过产品的一贯性能、合理的定价、促销、分销计划和行动向消费者提供某种效用。因此，品牌忠诚就是指消费者对某一品牌形成偏好、并倾向于重复选择该品牌的心理反应。理解消费者的品牌忠诚应该把握以下几点：第一，消费者的品牌忠诚应该是一种非随意性对某品牌形成的购买行为反应，偶然性地连续选择该品牌不能看作是一种品牌忠诚；第二，消费者的品牌忠诚不能单纯地以其口头上的偏好作为依据，而应该是消费者长时间内对某品牌产生强烈的偏好，并将这种偏好转化为购买行为，这也就是说，在确定消费者对某一品牌是否忠诚时，不能仅凭采用问卷法对消费者进行调查所获得的资料，消费者购买行为的历史数据才是衡量其忠诚度的基础；第三，品牌忠诚是消费者在消费过程中进行决策、评价等系列心理活动的结果，这种决策与评价的主体既可以是某一单个消费者或者消费者群体，也可以是某个家庭或者团体、组织等；第四，品牌忠诚可能只涉及消费者选择域中的一个品牌也可能涉及一个以上的品牌，但在同一产品领域中，消费者选择的品牌越多，其品牌忠诚程度就越低。

品牌忠诚对于消费者具有十分特殊的意义。首先，品牌忠诚可以降低消费者寻求中意商品的成本。如果消费者对某种品牌具有明显的偏好，那么他们在选择产品时就不需要再多作思考或者收集和分析有关信息。所以，从经济学的角度看，品牌忠诚可以从两个方面使消费者降低寻找中意产品的成本：内在方面（不必为某个购买行为考虑多少问题，避免因为多种产品的选择难以定夺而苦恼等）和外在方面（不必为选找某个产品而到处收集信息，也不必为购买中意产品而到处寻觅购买场所）。其次，品牌忠诚有利于消费者认识自我，并向别人传达自我。由于品牌是一种象征性的手段，它在消费者心目中树立产品的某种形象。某种品牌与某些使用该品牌的人联系在一起，就反映了某种价值观念或者特点。消费者如果对某个品牌形成忠诚，并多次反复地购买某个品牌的产品，这将成为消费者与别人，甚至消费者与自己进行信息交流的一种手段：他们是什么类型的人，或者他们想成为哪种类型的人。最后，品牌忠诚有利于降低消费者在消费过程中所产生的风险。消费者在购买和使用某一产品时可能会考虑到功能上、身体上、财务上、社交上、心理上和时间上等方面所产生的不同类型的风险。虽然很多消费者也可能有多种方法用来应付这些风险，但品牌忠诚是降低风险时可以采用的最可靠和保险的方法。因为消费者可以通过过去的消费经验来对自己消费行为中的风险进行有效地评估，而且即使对某种品牌的一些产品的品质、特性等不太了解，也可以通过自己对品牌的忠诚来假设这些不了解的地方，形成合理的认识与期盼。

正因为品牌忠诚在消费者的消费行为中具有特殊的重要性，因此，企业的营销活动也致力于使消费者形成品牌忠诚。品牌广告也应运而生，企图通过广告来沟通消费者，增强消费者对品牌的进一步认识，并在此基础上形成对品牌的忠诚。

（二）品牌忠诚的理论

对品牌忠诚的研究，占统治地位的主要有两种理论。一是工具性条件反射理论，认为对一个品牌长期一贯地购买是品牌忠诚的一种迹象。假定消费者的反复购买行为反映出了强化或很强的刺激——反射联系。持这种观点的研究者用消费者学习概率模型，在给定过去对某一品牌购买次数的条件下，估计消费者再次购买相同品牌的概率或可能性。二是建立在认知理论基础上的学习过程理论。有些学者认为，单独行为本身是不能反映品牌忠诚的。忠诚是对某一品牌的信赖，仅仅靠测度连续性行为不能得以反映。例如，某一家庭对某一特定品牌的购买可能是由于该品牌在市场上价格最低。价格略微上升就可能引起这一家庭转向另一个品牌。在这种情况下，连续性购买不能反映强化或忠诚。因为刺激（产品）与回报的联系并不紧密。要想区分出真正的忠诚，需要把行为性测度与态度性测度结合起来。

第三节 品牌经营策略与品牌管理

一、品牌经营战略

(一) 什么是品牌经营战略

要回答这个问题,首先要正确认识以下两个问题:

第一,全球品牌并不等于国际品牌。从某种意义上说,全球品牌就是进入世界上大部分市场的品牌。但是,全球品牌和国际品牌有一个重要区别:全球品牌为所有市场的消费者提供相同的品牌个性和定位,连名称都不改变;而进入全球市场的国际品牌,有时为满足不同对象的需要,要实行不同的定位或改变其品牌个性。对于全球品牌,如果定义更严密些,就要求它在任何情况下都不改变其产品特点。这样一来,像万宝路这样的品牌就属于全球品牌,而像雀巢这样的品牌,由于它为了满足各地不同口味而提供一百多种配方,因此就算不上全球品牌。

第二,市场覆盖区域,不等于市场占有份额。一个品牌被认为是全球品牌还是国际品牌,也许并没什么关系,但这种区分为发展品牌提供了两种策略。例如,某一品牌已进入全球市场,但是市场份额可能不大,而另一品牌进入的国家可能少一些,但是在每个市场中的份额都很大。也就是说,公司必须明确自己想要采用的发展战略,是追求市场覆盖区域,还是追求市场占有份额。

所以,品牌经营战略是指企业为了满足市场需要,适应经营环境变化和经营目标,而对企业品牌展开的一系列全局性的战略策划活动。品牌经营战略的目的在于通过品牌形象的塑造,扩大销售,增加市场份额。

品牌经营战略的确定要在对产品、消费者、市场规模和发展、竞争对手等情况有充分了解的基础上形成。

(二) 品牌经营的主要策略

1. 品牌形象策略

品牌形象策略是确定企业品牌经营发展方向与品牌市场形象的策略。品牌形象策略包括了企业品牌发展要对企业的品牌知名度、品牌美誉度、品牌忠诚度等多方面内容的决策。这些决策内容涵盖了企业品牌经营的目标。

2. 品牌个性定位策略

品牌个性定位是指品牌在消费者心目中的个性风格与市场定位。如果说,品牌是具体的,而品牌形象则是个性化的,在品牌战略中,这是一对矛盾,即个性化与适应性。只有品牌个性与顾客或消费者个性或其理想中的个性一致时,消费者才会购买该品牌商品,品牌个性定位可以增强顾客的偏爱和使用,能激起顾客的感情,并增强对品牌的信任感和忠诚度。

在当今产品同质化的条件下,产品差别化的惟一途径是品牌个性战略。当营销者为自己的品牌创造出独特而富有魅力的品牌个性时,就可以收取比竞争者更高的价格,拥有更稳定的市场份额和品牌忠诚度,还可以更快导入新产品,节约营销费用,提高品牌资产。

品牌个性定位首先包括市场定位,即消费群定位、价格档次定位、区域市场定位等,这是品牌个性定位的基础。同时，还包括品牌形象的定位，即形象风格取向。品牌所具有的象征社会文化消费层次的特点，特别是品牌对于顾客所展示的某种“社会价值观”极为重要，它影响着消费者的消费观念和消费行为的变化发展。品牌个性化策略的基础是目标消费群体的个性或其向往的理想个性。利用品牌个性定位成功的例子很多：金利来的成功男人形象，飘柔的大自然的气息与青春活力等。

从经营战略的角度讲，实施品牌个性策略关键是需要营销沟通，这也就是说企业要将产品的品牌个性通过各种媒体和渠道传播给顾客。在传播过程中要注意品牌个性信息传播的整合性和双向沟通性，企业应根据实际情况制定具体的营销目标，在品牌个性战略和整合营销规则的指导下，认真安排各营销工具和营销战术，使其系统地、全面地、一致性地传播品牌信息。品牌命名、标志、包装、促销组合（直效营销、广告、销售促进、人员销售等），以及顾客服务等都是企业必须重视的品牌沟通工具。

3. 品牌延伸策略

品牌延伸是指原品牌在生产原产品之外，决定是否要生产其他产品或其他行业的产品，将产品品牌延伸到其他产品或市场上去的营销决策。品牌延伸与企业的行业选择密切相关。

品牌延伸策略的成败取决于原品牌自身的优势、原品牌产品与延伸产品的关联程度、品牌延伸区域的市场竞争情况等三个因素。第一个因素决定品牌能不能延伸，如果品牌优势不足，不如为新的产品新建一个品牌，也就没有必要将原有品牌向其他产品延伸；第二个因素决定品牌延伸的领域，如果向一个相同的行业产品或相近的行业延伸，则有助于品牌的扩张，而且可以利用企业对相关行业的熟悉和了解，以原有品牌进入一个新的市场空间，获得新的经济增长；第三个因素决定品牌延伸需要的资源支持和市场进入的难易程度。品牌延伸成功，不但能使新产品的入市成本大大降低，而且能丰富和强化原来品牌的内涵，使品牌资产与市场空间都得到提升。因此，企业品牌战略确定时，必须对品牌延伸问题做出明确而周到的规划。

二、两类品牌战略下的广告营销策略

（一）“一品多牌”和“多品一牌”

一个企业要实施怎样的品牌战略，与该企业的核心竞争力、整体战略、管理水平、产品特性、市场环境等密切相关，并且可以据此参考一些现成的成功模式来加以实施。但更多的还是要考虑企业的实际情况来进行量身定做。目前，在企业中品牌战略的实务操作核心为品牌构架，即体现企业、产品、品牌之间的相互关系和层级秩序。随着科学技术的迅猛发展，市场竞争的日益激烈，产品生命周期越来越短。企业要在现代市场中站住脚，必须不断研究和开发新的产品或者创建新的品牌。从而使现今企业的品牌战略体现出两种主要的类型，即“一品多牌”战略和“多品一牌”战略。

当企业发现自己的产品拥有一个具有延续性的巨大市场容量时，他们面对消费者的多元化需求很可能会采取“一品多牌”战略，创建一些新的品牌满足不同个性化的消费倾向，这样，企业既能提高市场总体份额，控制更大的市场，又能锁定“品牌转换者”。例如，宝洁公司（P&G）拥有汰渍、碧浪等九个品牌的洗衣粉，可口可乐公司旗下雪碧、芬达和可乐等三种饮料。然而对于电子、家电、珠宝、房地产、石油化工等耐用品行业的企业来说，一旦他们的核心主业在市场竞争的大潮中站稳了脚跟，形成了自己的核心能力，他们通常会利用业已成功的品牌进行“多品一牌”的战略，研究和开发新的产品种类，走产品多元化的道路。像海尔、TCL、西门子等企业都是采取的这一品牌战略。海尔从做冰箱一种产品开始，经过多轮的兼并重组，利用同一品牌先后涉足冰柜、空调、洗衣机、彩电、电脑甚至医药和住宅设施等领域。

针对“一品多牌”和“多品一牌”这两种战略方式，采取怎样的广告营销策略比较合适这一问题往往使企业面临两难选择。它们认为，如果不强调产品特色、仅靠企业形象促销，放弃不同产品的自身特点宣传，则会因目标市场不明而难以被市场所认同；相反，如果强调不同系列产品的特色，则又会使企业形象混乱，破坏整个品牌的市场定位，同样影响销售。在企业不断推出新品牌或开发新产品的今天，消费者对同一产品或品牌具有更多的选择，企业这种“产品个性不明、企业形象混乱”之急实属必然。

（二）USP 理论与“一品多牌”的广告营销

著名的广告大师罗瑟·瑞夫斯（Rosser Reeves）根据自己的经验逐步形成了系统的广告理论，即 USP（unique selling proposition，“独特的营销主张”）理论。该理论的核心就是，每一种产品都应该发展一个自己的独特的营销主张或主题，并通过足量的重复传递给受众。对于一个实行“一品多牌”战略的企业，在广告营销中的关键就是对复杂的商品信息进行梳理，选择其最有优势的特点，找到自己各个同产品的品牌与其他产品之间的实质性差异，然后将它们进行归纳成为一个或者几个明确独特的概念，即该产品所具有的 USP。

由于实施“一品多牌”的战略是为了满足消费者多元化的消费需求，从而在一个具有延续性的巨大市场容量中占有更大的市场份额。因此企业必须在产品开发时，新的产品不仅具有其他产品的共同特性，而且应该还具有自己独有的特色。正如与瑞夫斯同时代的另一位广告大师李奥·贝纳所说，每一种能够在竞争中生存下来的商品都必然有着自己独特的地方，即“与生俱来的戏剧性”。这种“戏剧性”需要企业和广告人去共同发现和挖掘，以此作为广告主题自然能够推动商品的销售，成为良好的市场营销的催化剂。

美国 P&G 公司在洗衣粉、香皂、洗发水等市场上不断开发出自己的同质化系列产品。一开始，广告界人士大多认为，P&G 公司所生产的系列“软性”商品应该注重情感诉求的广告策略。但宝洁（P&G）公司却依仗 USP 策略这把广告营销的利器，使它的系列洗发用品和洗洁用品狂潮般地占领了许多国家的高档洗发和洗洁用品市场。自 1988 年在中国成功推出“海飞丝”洗发水之后，宝洁公司从消费心理的角度深入地研究了消费者的不同消费需求及消费习惯等因素，在 1990 到 1994 年又先后在中国市场推出了“飘柔”和“潘婷”两款不同品牌的洗发水，为了使自己的产品能很快激活消费者的消费欲望，宝洁公司对自己不同品牌的洗发水推出了不同的功能诉求点（USP）：

海飞丝——有效去头屑及防止头屑再生。

飘柔——洗发护发二合一，令你的头发飘逸柔顺。

潘婷——含有维生素 B_5，兼含护发素，令你的头发健康，加倍亮泽。

沙宣——由世界著名护发专家推荐，含有天然保湿因子，使头发润泽发亮。

润妍——适合东方人发质的中草药黑发洗发露。

宝洁公司正是因为采用 USP 向消费者强调了各种产品的特殊功效和利益，从而满足了目标市场中多元化的消费需求，集合了不同偏好的消费群体，使自己的产品在追求个性化的市场中具有强劲的销售力。所以说，成功的 USP 策略再加上频繁的广告重复是实施“一品多牌”战略的企业使自己的产品打开市场大门的金钥匙。当然，使用 USP 要有长远目光，注意恰当地与品牌形象相结合。瑞夫斯曾说过，“我们深信，太丰富的品牌形象却没有传达诉求点是广告营销的一个极端；但太生或者太裸露的 USP 同样也是一个极端”，“当我们面临这种两难抉择时，最好还是把感觉融合到诉求中去”。

（三）CI 理论与“多品一牌”的广告营销

一般说来，广告以内容分类大致有三种，即纯形象广告、纯产品广告和形象与产品结合型广告。大卫·奥格威（David Ogilvy）在广告的创作中十分重视企业形象 CI（corporation imagine）的树立，提出了著名的企业形象（CI）设计理论。他主张，在广告策划的长期计划中必须尽全力去维护一个令人欣赏的企业形象 CI，甚至在必要时牺牲一些短期利益也在所不惜。而且他所指的企业形象 CI 的内容很少强调产品的性能，更重要的是指那些高级感、亲近感等情感化的东西。

奥格威认为，对于一个企业来说，只诉求自己那些单一的产品，往往会使受众对企业形象 CI 的印象不明晰、不完整。特别是企业进行“多品一牌”的多元化经营，由于面临几个产品同时需要宣传的问题，这时，如果不能有效统合各产品之间的诉求，难免出现各自为政乃至相互矛盾的说法。事实上，国内几个大型的家电企业之所以运作得非常成功，其共同的原因之一就是在各自的产品广告中塑造了成功的企业形象 CI。例如，海尔的“真诚到永远”，TCL 的“时尚、创新、领先”。

从 TCL 的发展成长经历来看，对企业形象 CI 的良好管理正是它得以快速、稳健发展的重要原因。例如，2003 年初 TCL 在中央电视台、各地方电视台发布了一则名为“马语篇”的广告，画面几乎没有什么语言的表述，只有一匹骏马涉河踏沙、奔腾向前，最后打出五个字：成就天地间。广告播出后，多数人认为，这个广告虽然没有诉求某个产品，只是使用了一个比较熟悉的符号（马），但它传达的意象或者关于品牌的感觉以及广告透露出的企业精神、理念和文化却令人非常明白。这就是 TCL 纯粹 CI 广告的魅力。更值得一提的是，TCL 在统合各产品之间的诉求上也做得比较成功，使产品特色的宣传和企业形象的建构之间没有出现相互矛盾的情况，无论 TCL 彩电的“创新、时尚”诉求，还是 TCL 电脑的“P4 先锋”诉求，或者 TCL 手机的“时尚与人文精神”的诉求，它们都能概括在“时尚、创新、领先”这个大的企业形象之下。正是因为它们加强了企业形象的管理和广告营销，TCL 在家电、通讯、信息产品市场普遍严峻的形势下仍然取得了品牌资产的大幅度增长。

由此可见，实行“多品一牌”战略的企业就如同一个人可以有父亲、丈夫、儿子、领导等多重身份，也可以有足球爱好者、棋牌厌恶者，助人为乐的君子等多重性格一样，企业在其所开创的具有核心能力的成功品牌下也可以拥有多种涵义的个性特征（产品），但实际只须企业构造一个稳定而相关的品牌内涵（性格）作为对外的第一印象就可以涵盖所有的具体产品，并赢得相应的知名度和忠诚度。因此，一个“多品一牌”的企业要想成功地进行广告营销，关键是及时找到企业可包含所有产品的某些核心价值，即企业形象 CI。

当然，无论采取 USP 理论指导下的广告策略，还是 CI 理论指导下的广告策略，它们都只是针对“一品多牌”和“多品一牌”这两种品牌战略方式所设计的一种比较普遍的广告营销策略。至于在实际中何者更为合适，那就要视产品的品质、产品的生命周期以及消费者的需求和目标市场等具体情况而定。

三、OTC 药品及品牌提升的广告策略

医药行业有一个非常显著的特点，就是所谓的“小市场，大营销”。在这个行业中，一个单品的销售额超过 10 亿元人民币的是凤毛麟角，不像啤酒、饮料等产品的市场很大，所以说是“小市场”；为什么说是“大营销”呢？我们看一看电视里的广告就知道了，医药产品的广告投放量相当大，在当前的媒体投放中占有很高的比例。特别是，众多的国内企业和跨国公司的进入，使我国 OTC 市场竞争变得格外激烈和混乱。“名牌唱戏，品牌求异”是其主要特征。由于 OTC 药品是品牌消费，常用品种繁多，消费者自主选择的空间很大，品牌的知名度往往成了消费者购买该类药品的标准，往往几个知名领导品牌占据市场的大半江山，一些不知名的中小品牌只能凭借个性化优势、靠特色填补市场空白，或凭借通路优势占领区域市场。

（一）OTC 医药企业现状

2001 年 6 月，国家药品监督管理局发布了第二批国家 OTC 药品目录，同时另文公布了第一批乙类 OTC 药品名单，至此，我国 OTC 品种已达 1860 个。同第一批公布的 OTC 药品目录相比，第二批 OTC 药品目录的一个显著特点是中成药占据绝大部分比例，中成药制剂在国家 OTC 药品总体中所占的比例达到 80.1%。

我国的西药 OTC 按药品作用系统与作用部位分为十四类，分别是：神经系统用药、消化系统用药、呼吸系统用药、营养滋补用药、皮肤用药、耳鼻喉用药、眼科用药、口腔用药、抗过敏用药、妇科用药、一般外用药、婴幼儿和儿童用药、循环和出血用药以及添加剂。中药主要是抗衰、滋补、保健以及抗菌消炎、防治感冒、镇咳化痰止喘、健脾开胃、祛风湿、止泻、镇静安神、治疗便秘等类的药物。

数据显示，感冒药、止痛药、维生素以及消化道疾病治疗药仍为当今全球 OTC 药品市场上的四大主导产品。

我国现有医药企业 6000 多家，其中合资企业有 1800 余家，大型企业 300 多家，医药商业 13 万多家，其中医药批发企业 1.65 万家，医药零售企业 11.5 万家。在深沪两市中主营医药的 52 家上市公司中，化学制药类有 20 家，中成药类 16 家，生物制药类 10 家，医疗器械类 3 家，医药商业类 3 家。由于历史原因，我国单纯从事 OTC 药品生产的企业并不多，整个行业还保持着浓厚的传统医药色彩，尚未形成完整、成熟的 OTC 营销模式、发展模式。

面对竞争，所有的企业都要将生存和发展摆到第一位，特别是已经生存在夹缝中的中小 OTC 企业，形势更为严峻。摆在企业面前的只有两条路：变还是不变，前者未必是生路，但后者绝对是死路。一方面，企业必须迅速调整、转换经营思路、营销战略和营销组织架构，进行广泛的联合；另一方面，必须大力提升现有的产品，培养、推广和维护品牌，开拓新市场，实现经营目标。

（二）医药企业品牌与医药产品品牌

医药企业内部通常有一个共识：产品卓越，市场卓越，执行卓越。产品卓越对处方药的营销至关重要，市场卓越是对 OTC 产品的极大挑战，执行卓越无论是对处方药还是对 OTC 都是营销管理的一种极高境界。产品卓越是医药企业努力追求的方向。例如，一个企业如果有“万艾可”这样的产品，他们就几乎不用犯愁打广告、搞促销之类的事情，这个药都会卖得很好，因为它相对卓越。

国内众多医药企业虽然在研发经费上不设上限，但是目前中国企业没有哪一家敢一年投入10亿元人民币来做研发的，因为研发来得太慢了。

就现阶段而言，国内的医药企业很少拥有最好的产品，它们的成功大部分是建立在市场卓越基础上的。也就是说，它们是找准市场定位，通过市场营销手段来完成产品的差异化，进而满足消费者的需求。比如引导案例中的“斯达舒”，它的成功就是从适应征和消费者感受的角度来定位，抓住了所有胃病患者的三大症状。而且它说得多了，别人就不能再用它的诉求点，否则反而是在为它打广告。营销本身是需要不断创新的，它最大的挑战就是：我们要创造出区别于他人而又属于我们自己的东西。再如，当我们听说“白加黑”，大家马上会反映出“白天吃白片不瞌睡，晚上吃黑片睡得香”。这就是一个成功的差异化，它将产品和品牌进行了比较完美的结合，从而诞生出独一无二的品牌形象。其实，最好的想法、最好的战略、最好的创意，最终还是需要执行上的卓越。执行是营销管理的核心竞争力，只有严格执行才能实现我们的梦想。我们的一切管理，我们管理的一切，我们的一切需要，都离不开执行。策略和执行永远是配套的。

医药企业做品牌时遇到的另外一个难题是企业品牌和产品品牌的关系。比如当我们提到西安杨森时，大家可能马上会想到吗叮啉、达克宁；当我们提到天士力时，可能马上又会想到丹参滴丸。但很可能当我们提到扬子江时，很多人会哑口无语。事实上，扬子江却是我国销售额位居前三名的制药企业，它的产品一点都不少。可为什么人们不知道它的名字呢？这就是因为它的药更多的是在医院里做处方药，所以它的产品品牌知名度会小一些。再比如说，当我们提到同仁堂时，大家头脑里首先出现的并不是一个产品，而是一家企业，是一个高品质的可信赖的中药系列。我们西药制药企业现在看来还没有办法或者说很难达到同仁堂的这种境界，用自己的企业品牌来带动所有产品的销售。那么对于我们来说就有一个问题，到底是做产品品牌还是做企业品牌？其实西药制药企业内心一直有个愿望，希望摆脱“一牌独大”的状态。但是从目前的情况来看，西药制药企业甚至包括一些中药制药企业，想以企业品牌来带动产品销售是一件非常困难的事情。在这种情况下，我们只好先做产品品牌。

（三）OTC医药企业品牌提升的广告策略

无论是4C还是4P，医药企业的营销宝典都可以简单地归结为两个方面，临床推广模式和广告拉动模式，简称为“推”和“拉”。举个例子，假如一个人感冒了，他到医院看病，医生给他开治痔疮的药，他当然不会相信这个医生的话。但是假如有一套理论说“感冒是由痔疮引起的，治好痔疮就可以治愈感冒”，那么医生给他开治痔疮的药，他就会相信这个医生。值得说明的是，处方药与非处方药不同，处方药营销的对象是医生，所谓“拉动”的概念就是要给医生一个说法，只要有一个说法，那么医生就有理由开处方了。但是，有一个说法之后，现在的药品非常多，医生不一定选择你的产品，在这种情况下，就必须予以“推动”。因此，“推”和“拉”要结合，“拉动”就是给医生一个开处方的理由，树立学术地位，普及医药教育；“推动”就是给医生一个开处方的动力，让自己的药品能进到医院里来。只有“推”“拉”结合，才能让医生有理由开处方且愿意开处方。

由于近来政府相关部门加强对医院用药的监管，实行招标制度，临床推广模式已基本为OTC企业放弃。就广告拉动模式而言，一方面诸多竞争产品竞相进行广告投放，使得广告的影响力趋于淡化，建立一个产品品牌所需投入大大增加，广告投入的边际效应递减；另一方面国内医药广告的发布日趋规范，医药广告的审批愈加严格，广告投入额也有了8%的限制。再者，普通老百姓在目睹“你方唱罢他登场”的车轮广告大战后，其消费行为终将趋向理性。所以，对于非处方药的营销来说就必须做品牌，制定科学的广告策略也显得越来越重要。一个好的 OTC 广告同独特的产品设计、优秀的广告创意、合理的表现形式、明确的关键信息、恰当的传播媒体、最佳的投入时机、完美的促销组合等诸多方面都是密不可分的，具体还应坚持以下原则：

1. 广告创意与表现追求差异化

这是产品同质化和广告同质化导致的必然需求，没有个性的广告消费者很快就会遗忘，但追求创意决不是只讲新奇，“朴素的表达，简单的定位”不妨作为另一种广告追求的意境。

2. 合理定位广告诉求点，树立产品独特个性

成功的广告首先在于准确的产品定位，这是决定广告内容的关键因素。所以进行广告策划时，首先要进行产品定位和市场细分，然后针对目标消费者的特征和他们对产品某种特定功效的追求，形成广告的诉求点，并突出宣传药品的某一特性，塑造与众不同的形象。

3. 选择有效媒介，迅速而生动地传递产品信息

OTC 药品广告的最佳媒体首推电视。OTC 药品多用来治疗常见疾病，又直接面对消费者，广告受众广泛，具有高普及率的电视正好符合 OTC 药品这一广告要求。另一种重要的 OTC 药品广告媒体是销售现场。对于许多消费者来说，药店并不仅仅是药品的购买场所，更是获得药品咨询的地方。所以药店中陈列的 POP 广告，一方面为消费者提供了大量的药品信息，同时可以对潜在购买心理和已有的广告意向产生非常强烈的诱导功效，使潜在意识成为实际购买行为。此外药品、医学专业杂志也是不可忽视的一种广告媒体。

4. 将医生、药剂师等专业人士纳入广告诉求对象之列

药品广告的诉求对象既可以是患者，也可以是医生、药剂师等专业人士。虽然 OTC 药以消费者为中心，但仍然不能忽略医生等专业人员在其中起的作用，除了直接开出的处方外，还会影响到消费者在未来的购买取向。一则吸引医生、药剂师的广告可以达到事半功倍的效果。

5. 软硬广告搭配

在今天，靠单一的硬性广告拉动 OTC 市场越来越难。作为企业而言，必须综合运用好软、硬两种广告手段。一方面，利用硬性广告猛打名气。硬性广告是 OTC 药品营销的主导手段，用于传达产品功能与知名度。存在投入大、传播广、启动快、风险大的特点。另一方面，利用软文广告诉求功效。软文广告不仅费用低，而且较易引起消费者的注意和相信，在 OTC 药品行业也较为有效。软性广告的形式除报道宣传、联系产品的科普宣传、点播、赞助等外，还可以利用与产品相关的有一定新闻点的新闻话题，以调查报告、市场热点等形式发布，或利用消费者关注，新闻媒体热衷传播的事件、活动使产品同新闻话题一样受到社会注意。但近期以来软文广告的泛滥已经引起部分消费者的反感和不信任，因此，刊登软文广告时更要注意内容、形式和策略。

无论硬性广告或软性广告都无法独立担起市场的重任，两者必须有机结合，使产品功能宣传和品牌宣传相得益彰。在配合上要注意时间组合、不同产品生命周期的组合特点，合理投放广告费用，使有限的广告资源产生最大的传播效果。

6. 情感、理性诉求结合

不同时期的广告一定要在表现形式上有所延续、以实现品牌资产的沉淀和积累。对 OTC 而言，品牌不仅仅是产品的功能、利益，更多的是一种感性化的心理联系，所以 OTC 的广告创意尤其需要感性诉求。一则真实的、科学的、艺术的、创意的广告会产生强大的销售推动力，它不仅要能

打动消费者的感官，还要能打动他们的心灵，让消费者对产品的个性、特征产生自己的理解和定位。

同时，OTC 广告还应充分地针对病症向消费者宣传和解释药品的功能，进行真实科学的产品特性沟通，注意提供基本的信心保证和信赖感，这是 OTC 作为药品的基础。通过两者的密切配合，建立消费者的情感偏爱和品牌忠诚，赢得大众的喜爱和信赖，是 OTC 广告传播的最终目的。

本章小结

1. 从产品到品牌的过程，是消费者使用产品经验形成品牌体验的过程；是品牌信息长时间保持一致性传播的过程；是品牌始终张扬个性，昭显形象的过程；是企业主、营销人、广告人时时刻刻关注消费者的过程；是品牌与消费者持续对话的过程。

2. “品牌资产”一词在 20 世纪 80 年代被广泛使用，然而对它的界定迄今仍是众说纷纭。一般说来，品牌资产常被定义为，品牌给产品或者服务带来的超越其功能效用的附加价值或者附加利益，这种附加价值或者利益表现为品牌给企业或者消费者提供超越产品或者服务本身利益之外的价值。

3. 品牌资产，作为一种通过为消费者和企业提供附加利益来体现的、超越产品或者服务本身利益以外的价值，它是品牌知名度、品牌联想、品牌忠诚和品牌品质等内容的集成反映。

4. 品牌广告是策略性、持续性的创建运动，是一个以品牌概念为核心，以调动人类情感为出发点，以达到塑造品牌个性印象为目的的长期战略。

5. 塑造品牌个性印象、寻求沟通效果是品牌广告和产品广告本质性的差异，“个性”是广告沟通消费者的最高层面。

6. 品牌与消费者的关系可以被看作是一种合同或者协定，消费者对品牌的忠诚暗示着他们相信这种品牌会有一定的良好表现，且该品牌会通过产品的一贯性能、合理的定价、促销、分销计划和行动向消费者提供某种效用。因此，品牌忠诚就是指消费者对某一品牌形成偏好、并倾向于重复选择该品牌的心理反应。

7. 品牌经营战略是指企业为了满足市场需要，适应经营环境变化和经营目标，而对企业品牌展开的一系列全局性的战略策划活动。品牌经营战略的目的在于通过品牌形象的塑造，扩大销售，增加市场份额。

8. 无论是 4C 还是 4P，医药企业的营销宝典都可以简单地归结为两个方面，临床推广模式和广告拉动模式，简称为“推”和“拉”。由于近来政府相关部门加强对医院用药的监管，实行招标制度，临床推广模式已基本为 OTC 企业放弃。

思考题

1. 简述品牌的概念。
2. 试述品牌能做什么，品牌是如何成长的。
3. 简述品牌忠诚对于消费者的特殊意义。
4. 品牌资产对于消费者和医药企业而言具有什么意义？
5. 如何创建具有个性的品牌？
6. 结合实例谈谈 OTC 企业品牌创建的主要广告策略。

典型案例与讨论

从可口可乐广告语的变化看品牌创建

在世界各地大行其道的可口可乐在其百年的发展进程中,广告发挥了至关重要的作用,紧贴市场的广告策略为其建立最有价值品牌的地位功不可没。而作为广告核心内容的广告语则是品牌定位的一种明确表达方式,通过各种传播媒介到达消费人群,一切有关市场的活动都应与其遥相呼应,相得益彰。我们从可口可乐广告语的变化来回顾世界品牌的发展历程,特别是在中国市场的成功经验,对国内企业会有一定的借鉴意义。

"请喝可口可乐"

从1886年第一瓶可口可乐问世到美国本土第一家工厂的建立,可口可乐处于初级的发展阶段,需要更多的人去品尝到可口可乐,"请喝可口可乐"成为其活动的主题,在其后的十几年里,虽然不时会有新的广告语出现,但主要是从产品的功能层面去宣传,解渴、好味道、清凉……如:新鲜美味满意就是可口可乐;口渴时的享受等。

20世纪二三十年代,随着可口可乐产品被更多的人接受和认知,广告语的宣传越发趋于感性,在功能性的诉求基础之上,增添了更多的内容和含义,如欢乐、友谊,等等。如:充满友谊的生活,幸福的象征等,但这个时期仍是一个产品推广阶段,真正品牌地位还未完全建立起来。

第二次世界大战是可口可乐发展的一个重要时期,可口可乐成为美国人首选饮料,并伴随着美国大兵的海外作战开始流向各地,为保障驻外部队供应开始在一些国家建立了装瓶厂。

至今在注册的可口可乐商标上保留着ENJOY的单词,在某种意义上代表了可口可乐百年的历史,一种古典的风范。

"挡不住的感觉"

二战结束后是美国经济高速发展的时期,也是可口可乐的快速成长期,美国在世界各地推行其民主思想和生活方式的同时,可口可乐和麦当劳等则成为美国文化的重要组成部分。可口可乐在世界各地建立工厂,参与重大体育赛事,进行多种形式的广告宣传和促销活动,可口可乐在知名度和各地市场的占有率得以快速提升,品牌价值节节攀升。这个时期的广告语有:我拥有的可乐世界;可乐加生活等。

1978年第一批可口可乐产品进入中国市场,20世纪80年代第一家合资工厂建立,当时的中国处于改革开放的初期,许多中国人还不习惯这种有'中药味道'的饮料,并且价格偏高,可口可乐把市场的重点放在了几个主要城市,利用中国本土饮料渠道的优势,在夯实各项基础工作的同时,带来了全新的营销理念,在外来文化大举入侵的同时,可口可乐也以"贵族"的身份受到部分人的青睐。

"挡不住的感觉"是当时最为流行的广告语,也表达了可口可乐要带给人们的一种精神层面的东西,实际上也代表着人们对西方文化的好奇和向往。

"喝可口可乐不仅是喝他的味道,更重要的是一种感觉",这是当时一些忠诚消费者的切身体验。

可口可乐在主要城市通路大量使用电视媒介、户外广告、冷饮设备等宣传手段,利用售点的生动化的管理方式,推动可口可乐在中国市场的高速发展。90年代中期,可口可乐已初步完成主要城市的布点工作，各地的国内传统饮料受到沉重打击。

“尽情尽畅，永远是可口可乐”

1996 年亚特兰大（可口可乐总部）奥运会应是可口可乐在中国市场最为辉煌的时刻。全国已有 23 家装瓶厂，可口可乐品牌成为最有价值品牌。产品经常供不应求，在中国市场每年保持 20% 以上的高速增长。

可口可乐的渠道重点由批发向直营转移，要求在市场更大面积的渗透，对业务执行要求更高，产品陈列面要大、品种要多、广告材料要丰富、客情关系要好……“无所不在、物有所值、情有独衷”成为市场营销的主要策略，销售工作也从过去的引导消费变为促进销量。

“尽情尽畅，永远是可口可乐”既表达了酣畅淋漓的感觉，又体现了可口可乐的自信和大气。

实际上这个时候可口可乐才真正找到品牌的核心内容 ALWAYS。既有传统和古典，又不乏激情与活力。

“每刻尽可乐——可口可乐”

进入 21 世纪，可口可乐开始感觉到前所未有的竞争压力。

首先是总部对中国市场寄予厚望，督促加快发展的步伐，但随着国内饮料行业的逐步成熟，以非常可乐、旭日升、健力宝等为代表的国产饮料抢城掳池，提前占据了许多二三级市场；百事可乐从“新一代的选择”到“畅想无极限”分刮了许多青少年消费对象；消费者消费多样性，使得可口可乐不得不改变市场策略。

以不变应万变，还是以变应变？“每刻尽可乐”是基于当时的市场环境提出的。

“刻”体现在时间上，表达可口可乐紧跟时代步伐，以谢霆锋、张柏芝等当红歌星为代言，目标锁定在青少年一代，以此达到抗衡百事可乐的目的。说明无论过去、现在和未来，永远是可口可乐。

“尽”体现在空间上，一方面公司从碳酸饮料向全饮料公司转移，全方位的开发茶、果汁、水等产品。另一方面开发二三级城市，并开始拓展农村市场，价位越发趋于大众化、平民化。

最近几年，可口可乐更是与时俱进，不失时机地寻找市场机会。开展网络营销、体育营销等方式吸引消费者的注意。同时根据一些事件创造的广告语也是值得称道的，例如：

抓住这感觉；

可口可乐节日“倍”添欢乐；

看足球，齐加油，喝可口可乐；

春节刘翔的回家版。“每一个回家的方向都有可口可乐”也是每刻尽可乐的一个延伸。

综观可口可乐的发展历程，广告语的变迁，总是与品牌的市场定位紧密相连的，总结起来有如下特点：

1. 言简意赅的广告语不仅便于记忆，更能使人们容易产生品牌的联想。

2. 广告语是根据当时产品所处市场地位、竞争环境等因素而制定的，是为市场的拓展而服务的。

3. 广告语是品牌定位的一种文字表达方式，可以在文字表达形式上改变，核心内容和方向不要轻易的改变。如非常可乐从“中国人自己的可乐”到“年轻没有失败”；从“非常可乐，非常选择”到现在的“有喜事，当然是非常可乐”，产品定位模糊，甚至有些混乱。

4. 一个品牌的产生过程是一个不断累积的过程，是一个不断深入的过程。从请喝可口可乐到每刻尽可乐，是前后相关联的，内涵逐步丰富的。

很多企业在广告语问题上常感困惑，在“变”与“不变”的问题上左右为难，“不变”很容易使品牌老化；“变”则很容易产生未知风险。实际上可口可乐的成功来源于长期明确的市场定位，通过产品系列开发、包装的变换、新渠道的建立、营销手段的不断更新，特别是广告内容和形式的创新，赋予这个百年品牌新的生命和活力！

（资料来源：卫军英．2001．广告策划创意．杭州：浙江大学出版社）

案例讨论

1. 从可口可乐广告语的变化，谈谈可口可乐品牌创建成功的关键是什么？
2. 从可口可乐依靠广告语创建品牌的过程中分析成功品牌创建应注意什么？

第九章　医药广告效果的测评

导言

随着市场经济的不断发展，医药企业间的竞争日趋激烈。为了能在激烈的市场竞争中占有一席之地，医药企业投入的广告费越来越多。但广告刊播后传播效果如何，成本收益状况如何，对受众的社会影响如何等是广告主最关心的问题，也是整个广告活动的出发点和落脚点。因此，测评医药广告效果已成为医药广告活动的重要组成部分。本章主要介绍医药广告效果的含义及特性，医药广告效果测评的意义，医药广告效果测评的原则，医药广告效果测评的程序，医药广告效果测评的类型，医药广告效果测评的指标和医药广告效果测评的方法等。

引导案例

中国30%以上成人患有不同程度的脚癣，且多数人采取药物治疗。针对这一市场需求，1990年西安扬森公司推出"达克宁"抗真菌药膏，公司灵活运用以企业形象树立品牌的广告策略，在不到一年的时间内，该药销量和销售额都居全国首位。

1992年下半年，市场出现了变化，中草药制剂"脚癣一次净"以治疗脚气无效退款的承诺刺激购买，很快成为"达克宁"的强劲竞争对手。西安扬森公司为了夺回被占领的市场恢复领导地位，重新制定了广告策略。

广告策略认为，在进攻性竞争面前，"达克宁"应拿出自己鲜明的再定位策略来克敌制胜。市场调查结果表明：脚癣很难根治，"脚癣一次净"虽有明显疗效，但只能遏制脚癣，使其暂缓发作，一旦不备就有可能"野火烧不尽，春风吹又生"。而患者最需要的是一种可以根治脚癣的药物。"达克宁"抗真菌能够治本，恰恰符合患者要求。于是，诞生了一种既简单又奏效的再定位广告策略。电视广告创意以斩草除根的画面，结合广告语"杀菌治脚气，请用达克宁"，强烈的广告表现完成了整体诉求。

这条广告于1993年在10个省市电视台播放，1994年又连续播放了30周。此间，"脚癣一次净"也同时持续登场，形成二虎争食的态势。经过一场广告大战，终于在4年的预定期内出现戏剧性转变。"达克宁"的再定位广告力挽狂澜，又将该药推上市场领导者的宝座。

"达克宁"的可贵之处在于，当市场上出现了强劲的竞争对手时，不慌不乱，对已有广告的效果进行测评，并针对市场的需要和本企业及其产品的优势，采取再定位的广告策略，最终占据市场领导者地位。

（资料来源：中国营销传播网）

第一节 医药广告效果测评的概述

一、医药广告效果的含义

医药广告效果，是医药广告作品通过广告媒体传播之后所产生的作用；或者说，在医药广告活动中消耗和占用社会劳动而得到的有用效果。

广告主利用媒介传播某个广告，不但会给消费者带来多种影响，还会给企业带来某些经济效益，同时，也给社会环境带来文化上的影响，这些都可称之为广告效果。它主要表现在以下三个方面：①广告经济效果，指广告促进产品销售和利润增加的程度；②广告心理效果，指广告对消费者的心理反应所产生的影响程度；③广告社会效果，指广告对社会文化、教育等方面所起的作用。

通常我们所说的医药广告效果主要指医药广告的经济效果。因为广告的心理效果和社会效果最终都要反映到其经济效果上来，因此，医药广告经济效果是医药广告效果的最基本要求和体现。

医药广告活动是一项复杂的系统工程，广告效果的取得有多方面的影响因素，这就决定了医药广告效果具有复杂的特性。而要对医药广告效果有清晰的把握并进行科学合理的测评，必须了解医药广告效果的基本特性。具体来说，医药广告效果的特性主要表现在七个方面。

1. 累积性

医药广告信息从被接受到形成刺激，促使消费者改变态度并有所行动，这一系列效果的产生，多数情况下并不是一次、一时或一种信息和媒体作用的结果，而是广告信息的多次重复，造成累积效果的体现。这种累积，一是时间接触的累加，通过一段时间持续不断的多次刺激，才可能产生影响，出现反应；二是媒体接触的累加，通过多种媒体对同一广告的反复宣传，才能加深印象，产生效应。

目前，持续播放是医药广告的主要趋势之一，如丽姿胶囊、肠清茶等产品的广告近几年基本上以半版、整版的形式出现，并且密度都在每周 2 次以上。丽姿胶囊在上海投放的广告不仅覆盖了上海的主要报纸媒介，而且密度相当大。通过大信息量、高频度广告，将产品的概念、机理、利益持续地对消费者进行灌输，促使目标消费者采取购买行动，这即是医药广告效果的累积效应。

2. 复合性

医药广告是一种综合的、复杂的信息传播活动。广告宣传活动由于媒体不同，其形式也是多种多样，同时它又受到企业其他营销活动、同业竞争广告和有关新闻宣传活动的影响，因此，医药广告效果呈现出复合性。在测评医药广告效果时，要分清影响广告效果或决定广告效果的主要因素，以确保测评的客观性与真实性。

累积性和复合性是医药广告效果的两个最基本的特点。以这两点为基础，又可以细分出医药广告效果的其他一些特点，如广告效果的滞后性、间接性等。

3. 滞后性

医药广告对媒体受众的影响程度，由于受到其所处的社会、经济、文化、时空、地域等多种因素和条件的影响和制约，有的媒体受众可能反应快一些，有的媒体受众可能反应慢一些；医药广告对目标受众的影响有的可能是惯性的、继起的，有的则可能是间断的、滞后的。除特定场合外，大部分广告传达的信息转瞬即逝。效果的滞后性使医药广告宣传的效果首先要把握广告产生作用的周期，准确地确定广告效果发生的时间间隔，区别广告的即时性和滞后性，继而准确地预测某次医药广告活动的效果。

4. 层次性

医药广告效果不仅仅指整个医药活动的最终结果，而且呈现多层次的结构，既有经济效果、心理效果和社会效果之分，又有即时效果、近期效果和长期效果之别，只有将它们很好地综合起来，才能有利于医药广告产品的销售以及塑造良好的企业形象与品牌形象。

5. 竞争性

医药广告是市场竞争的重要手段，医药广告的竞争性是指广告主向消费者推介医药产品以取代竞争者的产品。广告的竞争性强，影响力大，就能加深广告产品和企业在消费者心目中的印象，争取到消费者，扩大市场份额，当竞争对手制造强大的广告攻势，转移了消费者的视线时，本企业的广告效果就会被削弱，企业就需要付出更高的代价来巩固市场地位。

6. 间接性

医药广告效果间接性表现在两个方面：受广告宣传影响的消费者，在购买某医药企业产品之后的使用或消费过程中，会对产品的质量与功能有一个较全面的认识，如果产品质量上乘且价格合理，消费者就会对该品牌产品产生信任感，就会重复购买；另一方面，对某一品牌产品产生信任感的消费者会把该品牌推荐给亲朋好友，从而间接地扩大了广告效果。

7. 两面性

所谓医药广告效果的两面性，是指医药广告的宣传效果既有促进产品销售增加的功能，也有延缓产品销售量下降的功能。当市场出现疲软，或产品进入衰退期阶段时，广告就表现为减缓产品销售量的急速下降。在测定与评估医药广告效果的时候，必须充分分析市场的状况及产品的生命周期，才能较客观、全面地测评广告效果。

了解以上医药广告效果的七个特性，有助于我们更加准确地制定医药广告战略和策略，以争取理想的广告效果；也使我们更加科学、合理地测评医药广告效果，保证医药广告活动持续有效地开展。

二、医药广告效果测评的意义

基于医药广告效果层次性的特点，医药广告效果测评具有两个层面的含义：一是医药广告活动整体效果的测评，指对医药广告活动目标实现水平与医药广告费用比例的综合评价；二是医药广告作品本身效果的测评，即对医药广告作品和医药广告发布的效果进行的评价。

对医药广告效果进行测评是非常有必要的，其意义有以下几点：

（1）医药广告效果测评可以准确地把握医药广告活动投入费用的效用，利于广告客户进行成本管理。

（2）医药广告效果测评可以检验医药广告活动计划是否符合企业的整体营销战略，从而便于事前把握广告活动何处易于成功，达成目的；何处风险较大，易于失败。

（3）医药广告效果测评，由于其属于“逆向思维”，虽然获得的信息量是有限的，但是发现问题的可能性很大。

（4）医药广告效果测评可以有效地评价医药广告代理公司（包括制作公司）的工作成效，促使医药广告公司更尽心尽力于广告主的广告活动，并且可以直接促进广告服务质量的提高和业界的成熟。

（5）医药广告效果测评的一切信息和结论，将成为对未来医药广告活动做改变、调整、增加或修正的有效依据。

（6）许多企业由于对医药广告效果认识不足，导致在医药广告决策方面盲点很多。医药广告效果测评，可以使企业更加科学、有效地开展医药广告活动。

总之，医药广告效果测评既是医药广告活动中经验的总结，也是医药广告活动基本情报的积累，更是医药广告活动的行动指南。医药广告效果测评在广告活动当中具有重要意义。

三、医药广告效果测评的原则

在医药广告效果测评中，应该遵循严谨的科研原则和步骤，根据测评目标的不同，采用不同的测评方法或模式，以保证医药广告效果测评的准确性和科学性。

1. 目标性原则

由于医药广告效果测评具有滞后性、复合性与间接性等特点，在测评广告效果时必须有明确而具体的目标，从而使医药广告效果的测评更加合理。如医药广告效果测评的内容是经济效果还是社会效果，是长期效果还是短期效果，如果是短期效果，是消费者心理效果还是企业的销售效果，如果是心理效果，是测评认知效果还是态度效果，如果是认知效果，是商标的认知效果还是产品特性的认知效果，等等。只有确定明确而具体的医药广告效果测评目标，才能选定科学的测评方法与步骤，才能取得预期的测评效益。

2. 综合性原则

也叫分因性原则，影响医药广告效果的因素多种多样，有可控因素与不可控因素之分。广告主能够改变的因素称为可控因素，如医药广告预算、医药广告媒体选择、医药广告刊播时间、医药广告播放频率等。不可控因素是指广告主无法主导的外部客观因素，如国家有关政策的颁布、消费者的习惯、目标市场的文化水平等。在测评医药广告效果时，要综合考虑各种相关因素的影响，排除其他非医药广告因素的影响，使医药广告效果的测评更加准确。

3. 可靠性原则

可靠性是定性数据使用的一个术语。测评的结果只有真实可靠，才有助于企业进行决策，提高经济效益。因此，在效果测评中，样本的选取一定要有代表性、典型性，对样本的选取数量，也要根据测评的要求，尽量选取最大的样本，对于测评的条件、因素要严加控制，务必标准一致，测评要多次进行，反复验证。只有这样，才有可能取得可靠的测评效果。如果多次测评的结果都基本相同，说明该测评的可靠程度较高，否则此测评一定存在问题，有必要做进一步的研究。

4. 经济性原则

进行医药广告效果测评，所选取的医药广告样本的测评范围、样本数量、测评模式、地点、对象、方法及测评指标等，既要满足测评的要求，同时又要从广告主的经济实力出发，尽可能做到以较少的费用支出取得满意的测评效果。因此，企业要搞好医药广告效果测评的经济核算工作，用较少的成本投入取得较高的广告效果测评产出，以提高广告主的经济效益，增加广告主的经营实力。

5. 经常性原则

由于医药广告效果在时间上具有滞后性，在形式上具有复合性，在效果上具有累积性、间接性等特点，因此在医药广告效果测评上不能有临时性或一次性测评的观点。因为某一时间或地点的医药广告效果并不一定就是此时此地该医药广告的真实效果，它也许包括前期医药广告的延续性或其他营销活动的影响等。所以，应该掌握前期医药广告活动和其他营销活动及其效果的全部资料，才能推定现实医药广告的真正效果。同时，医药广告效果测评的历史资料提供了大量的检测经验与教训，对现实的医药广告效果测评工作有很大的参考价值，而且，长期的医药广告效果测评只有在经常性的短期医药广告效果测评（并掌握完备的测评资料）的基础上才能进行。

6. 可行性原则

制定医药广告效果计划时，在不影响测评要求和准确度的前提下，必须坚持可行性原则，即测评方案不仅要在理论上可行，而且在实施中要有较强的可操作性。

四、医药广告效果测评的程序

为了确保医药广告效果测评高效地完成，保证结果的质量，必须加强组织工作，合理安排测评程序，医药广告效果测评的程序大体上可以划分为确定效果测评的具体问题，搜集有关资料，整理和分析资料，论证分析结果，撰写测评分析报告。

（一）确定效果测评的具体问题

由于医药广告效果具有层次性特点，因此测评研究问题不能漫无边际，而应该事先决定研究的具体对象，以及从哪些方面对该问题进行剖析。医药广告效果测评人员要把广告主广告宣传活动中存在的最关键和最迫切需要了解的效果问题作为测评的重点，设立正式的测评目标，选定测评课题。

医药广告效果测评课题的确定方法一般有两种：一种是归纳法，即了解广告主广告促销的现状，根据广告主的要求确定分析研究的目标；另一种是演绎法，其基本思路是根据广告主的发展目标来衡量企业广告促销的现状，即广告主发展目标—企业广告促销现状—企业广告效果测评课题。

（二）搜集有关资料

这一阶段主要包括制定计划、组建调查研究组、搜集资料和深入调查等内容。

1. 制定计划

根据广告主与测评研究人员双方的洽谈协商，医药广告公司应该委派课题负责人，写出与实际情况相符的医药广告效果测评工作计划。该计划内容包括课题进行步骤、调查范围与内容、人员组织等。如果广告效果测评小组与广告主不存在隶属关系，就有必要签订有关协议。按照测评要求，双方应在协商的基础上就医药广告效果测评研究的始时、目的、范围、内容、质量要求、完成时间、费用酬金、双方应承担的权利与责任等内容订立正式的医药广告效果测评调查研究合同。

2. 组建调查研究组

在确定医药广告效果测评课题并签订测评合同之后，测评研究部门应根据广告主所提课题的要求和测评调查研究人员的构成情况，综合考虑，组建测评研究组。测评研究组应是由各类调查研究人员组成的优化组合群体，应做到综合、专业测评人员相结合，高、中、低层次测评人员相结合，理论部门、实际部门专家相结合，老、中、青相结合。在课题组的组建中，应选择好课题负责人，然后根据课题的要求分工负责、群策群力地进行课题研究，才能产生高质量的测评成果。

3. 搜集有关资料

医药广告效果测评研究组成立之后，要按照测评课题的要求搜集有关资料。企业外部资料主要是与企业广告促销活动有联系的政策、法规、计划及部分统计资料，企业所在地的经济状况、市场供求变化状况、主要媒体状况、目标市场上消费者的媒体习惯以及竞争企业的广告促销状况。企业内部资料包括企业近年来的销售、利润状况，广告预算状况，广告媒体选择情况等。

（三）整理和分析资料

整理和分析资料，即对通过调查和其他方法所搜集的大量信息资料进行分类整理、综合分析和专题分析。资料归纳的基本方法有：按时间序列分类、按问题分类、按专题分类、按因素分类等。在分类整理资料的基础上进行初步分析，摘出可以用于医药广告效果测评的资料。

分析方法有综合分析和专题分析两类。综合分析是从企业的整体出发，综合分析企业的广告效果。例如，广告主的市场占有率分析、市场扩大率分析、企业知名度提高率分析等。专题分析是根据广告效果测评课题的要求，在对调查资料汇总以后，对企业广告效果的某一方面进行详尽的分析。

（四）论证分析结果

论证分析结果，即召开分析结果论证会。论证会应由广告效果测评研究组负责召开，邀请社会上有关专家、学者参加。广告主有关负责人出席，运用科学方法，对医药广告效果的测评结果进行全方位的评议论证，使测评结果进一步科学合理。常用的论证评议方法有两种：

1. 判断分析法

由测评研究组召集课题组成员，邀请专家和广告主负责人员参加，对提供的分析结果进行研究和论证，然后由主持人集中起来，并根据参加讨论人员的身份、工作性质、发表意见的权威程度等因素确定一个综合权数，提出分析效果的改进意见。

2. 集体思考法

由测评研究组邀请专家、学者参加，对医药广告效果测评的结果进行讨论研究，发表独创性意见，尽量使会议参加者畅所欲言，集体修正，综合分析，并认真做好分析，以便会后进行整理。

（五）撰写测评分析报告

医药广告策划者要对经过分析讨论并征得广告主同意的分析结果进行认真的文字加工，写成分析报告。医药企业广告效果测评分析报告的内容主要包括：

（1）绪言。阐明测评医药广告效果的背景、目的与意义。

（2）广告主概况。说明广告主的人、财、物等资源状况，广告主广告促销的规模、范围和方法等。

（3）医药广告效果测评的调查内容、范围与基本方法。

（4）医药广告效果测评的实际步骤。

（5）医药广告效果测评的具体结果。

（6）改善医药广告促销的具体意见。

第二节　医药广告效果测评的类型和指标

一、医药广告效果测评的类型

作为一种信息传播活动，医药广告所产生的影响和变化（效果）是广泛、多样的，可以从不同的角度把医药广告效果分成许多种类，依据医药广告不同类型采取不同的测评方法，从而取得较好的测评效果。

（一）按照影响范围划分

按照影响范围划分，医药广告效果可分为宏观效果和微观效果两种。

（1）从宏观角度来分，医药广告效果可分为经济效果和社会效果。

1）医药广告经济效果。又称“医药广告销售效果”，是指医药广告活动促进产品的销售或提供服务的增加，是对企业利润增值的贡献程度。广告主运用各种传播媒体介绍或推广产品、劳务以及观念，其根本目的就是通过医药广告活动刺激消费者采取行动，购买医药广告商品或劳务，从而扩大销售，以使利润增加。这是广告主最关心的效果。

2）医药广告社会效果。医药广告的社会效果是指医药广告对社会道德、风俗习惯、语言文字等方面的影响。

（2）从微观角度细分，主要是从医药广告受众的角度进行分类，医药广告受众接触医药广告活动会受到不同程度的影响，按其轻重依次为医药广告到达效果、医药广告认知效果、医药广告心理变化效果和医药广告行动效果。

1）医药广告到达效果。即目标受众对特定医药广告作品的接触及其程度。主要考察医药广告的注目率。通常以广告媒体的发行量、收视率和覆盖面等指标来测评。

2）医药广告认知效果。指消费者在接触广告媒体的基础上，对医药广告信息有所关注并能够记忆的程度。一般通过记忆再认法、生理反应法来测评。

3）医药广告心理变化效果。指消费者通过对医药广告的接触和认知，受广告的影响所引起的对广告产品或劳务产生的好感以及消费欲望的变化程度。根据医药广告在消费者心目中所引起的不同程度的功效，一般可分为注意效果、兴趣效果、记忆效果、理解效果、动机效果、行为效果，等等。常用的调查方法有态度尺度法、购买动机调查法等。

4）医药广告行动效果。医药广告行动效果，指医药广告引起消费者的认同和好感，刺激其购买欲望，并产生实际行动的结果。这是一种外在的、可以把握的广告效果，是任何广告主的终极目标。一般可以采取“事前事后测评法”获得相关数据。但应注意的是，销售的结果是多种因素作用的结果，所以，这个阶段的广告效果测评更需要客观真实。

（二）按照影响的作用时间来划分

按照影响的作用时间来划分，可以将医药广告效果分为即时效果、短期效果和长期效果。

（1）即时效果。是指医药广告作品发布后立即就能产生的效果。如：一家医药企业的招聘广告能够吸引大量的求职人员前去应聘等。

（2）短期效果。是指医药广告发布后在较短时间内（一个月、一个季度、最多不超过一年）产生的效果。在此期间，医药广告商品（劳务）的销售额出现增长，品牌知名度、美誉度等会有一定程度的提高。大多数医药广告活动都追求这种短期效果，它是衡量一则广告活动成功与否的重要标志。

（3）长期效果。也称潜在效果，是指医药广告发布后在很长一段时间后才显现的隐性影响。消费者接受一定的医药广告信息，一般并不是立即采取购买行为，而是把有关的信息存储在脑海中，只有在需要消费的时候这些医药广告信息才会被加以利用。

（三）按照医药广告活动的构成因素划分

按照医药广告活动的构成因素，可以将医药广告效果分为广告原稿效果和广告媒介效果。

（1）医药广告原稿效果。又称医药广告表现效果，指医药广告剔除媒介作用后仅由广告作品本身带来的效果，即医药广告原稿达到预先制定的认知率、显著程度、理解度、记忆率、唤起兴趣、形成印象等具体目标的程度。

（2）医药广告媒介效果。医药广告媒介效果是指纯粹由媒体本身给医药广告带来的效果。

（四）按照医药广告活动的总体程序来划分

按照医药广告活动的总体程序来划分，医药广告效果可分为事前效果、事中效果、事后效果，与此相对应，医药广告效果测评可分为事前测评、事中测评、事后测评。

（1）医药广告效果事前测评。医药广告效果事前测评，不仅有市场调研中所包括的医药产品分析、市场分析、消费者分析，还可能需要探究消费者心理与动机，以及设法测验信息在传播过程中能发生哪些作用，以找出创作途径，选出适当的信息。

（2）医药广告效果事中测评。医药广告效果事中测评，是医药广告进行中的效果评估，主要目的是设法使医药广告战略与战术能够依预定计划执行，以免脱离轨道，并及时修正。

（3）医药广告效果事后测评。医药广告效果事后测评，是医药广告活动进行后的效果评估，主要目的在于分析和评定效果，以供管理者下一步决策和计划参考。

在实际的医药广告测评中，这是经常采用的分类方法。

（五）按照产品市场生命周期来划分

按照产品市场生命周期来划分，医药广告效果可分为导入期的医药广告效果、成长期的医药广告效果、成熟期的医药广告效果、衰退期的医药广告效果等。

二、医药广告效果测评的指标

衡量、评价医药广告效果的指标是多方面的，依据广告效果分类，总体上可以概括为三大方面的指标:经济效果指标、心理效果指标和社会效果指标。

(一) 医药广告经济效果测评的指标

医药广告经济效果测评主要是对医药广告所带来的绩效变化的监测计算。销售额和利润额是衡量医药广告经济效果的两个基础指标。要较全面地研究医药广告费用与所产生的经济效果的关系,在销售额和利润额两个基本指标的基础上,还要与医药广告费等其他数量指标结合起来推算一些相对的经济指标。

1. 医药广告费用指标

医药广告费用指标表明医药广告费用同销售额或利润额之间的对比关系。主要包括销售费用率、利润费用率以及单位费用销售率、单位费用利用率等。

销售费用率或利润费用率主要反映获得单位销售额或单位利润所要支出的医药广告费用。例如:某期医药广告的销售费用率或利润费用率是 0.3,这表明该期内每获得 1 元的销售额或利润额,就要支付出 0.3 元的医药广告费用。销售费用率或利润费用率的高低与医药广告效果的好坏成反比,销售费用率或利润费用率越低,医药广告的效果越好;反之,则医药广告的效果越差。

单位费用销售率、单位费用利用率分别是销售费用率、利润费用率的倒数。表明每支付单位价值的医药广告费用所能获得的销售额或利润额的数量。单位费用销售率或单位费用利润率越高,医药广告的效果就越好;反之,则效果越差。

2. 医药广告效益指标

医药广告效益指标是指本期每支付出单位价值的医药广告费用能够使销售额或利润额增加的数量。这个相对经济指标反映出医药广告费用与医药广告销售增加额或利润增加额的对比关系,包括单位费用销售增加额(医药广告销售效益)和单位费用利润增加额(医药广告利润效益)。医药广告效益越大,广告效果越好。

3. 医药广告效果指标

医药广告效果指标包括销售效果比率和利润效果比率,通常指医药广告费用每提高一个百分点所带来的销售额或利润额的增加额,反映出医药广告费用变化程度与销售额变化之间的对比关系,销售效果比率或利润效果比率越大,表明医药广告效果越好;反之,则效果越差。

4. 市场占有率指标

市场占有率指标包括市场占有率和市场占有提高率。市场占有率,是医药企业某种产品在一定时期内的销售量占市场同类产品销售总量的比率,它在一定程度上反映了本企业产品在市场上的地位、竞争力和医药广告的市场拓展能力。单位广告费用提高市场占有率的百分比也是一个相对经济指标,即用单位费用销售增加额与同行业同类产品销售总额对比,也就是用市场占有率的提高来衡量市场拓展能力。

5. 医药广告相关系数指标

相关系数指标表示的是两个或者两个以上经济变量之间相互关系的程度。两个经济变量的相互关系包括正相关、负相关和不相关。正相关是两个经济变量同时向相同方向变动,即它们同时增加或同时减少;负相关是指两个经济变量同时向相反方向变动;不相关(也称零相关)是指两个经济变量彼此没有联系,一个变量变动对另一个变量不产生任何影响。

医药广告相关系数指标数值在 +1 到 -1 之间,如此系数为正值,则为正相关,表明医药广告活动成功;若为负值,则为负相关,表明医药广告失败;若此系数为0,则为不相关,表示医药广告效果为0。

6. 医药广告效果系数指标

排除医药广告以外的影响因素,单纯测评广告的销售效果,较为严谨的方法是采用医药广告效果指数法。医药广告效果指数法即是将同性质的被检测者分为两组,其中一组看过广告,另一组未看过广告,然后比较两组的购买效果,最后将检测的数字结果利用频数分配技术进行计算,从而得出医药广告效果系数。医药广告效果系数越大,表明该种或该期广告效果越好。应说明的是,这一指标只适用于同一地区、同一媒体的不同广告或不同期的广告效果比较。

(二)医药广告心理效果测评指标

医药广告心理效果的测评,即对广告经过特定媒介传播后对消费者心理的影响程度的评估。从心理反应过程来看,传播效果一般表现为消费者对医药广告内容的感知反应、记忆巩固、思维活动、情感体验和态度倾向等几个方面。对这几个方面进行测评的指标叫做医药广告心理效果测评的心理学指标。

消费者在接触医药广告之后产生的心理效应,同时客观地引起人体一系列的生理变化,如皮肤电反应、瞳孔直径的变化等。人们用精密仪器测评这些生理变化,并作为衡量医药广告心理效果的指标。我们把这些指标称为医药广告心理效果的客观性指标。

1. 医药广告心理效果测评的心理学指标

(1)感知程度的测评指标。感知程度的测评指标主要用于测评医药广告的知名度,即消费者对广告主及其商品或服务、商标、品牌等的认知程度,主要由阅读率或视听率等指标来反映。①阅读率指标。阅读率指标包括注目率、阅读率、精读率等。注目率是指曾经看过或听过该广告的受众人数百分比。阅读率是指能较清楚地联想出部分广告信息要素的受众人数百分比。精读率是指能清楚回忆广告50%以上内容的受众人数百分比;②视听率指标。视听率指标可以分为视听率和认知率。视听率是指广告节目的视听户数占电视机(收音机)所拥有户数的百分比;认知率是指认知广告名称人数占广告节目视听户数的百分比;③记忆效率的测评指标。该指标主要针对广告的记忆度,即消费者对广告印象的深刻程度,是否能记住广告内容(品牌、特性、商标等)。消费者对于医药广告内容的记忆效率,一般是指对医药广告重点诉求保持回忆的能力与水平;④瞬间记忆广度。瞬间记忆广度是利用速示器测验所得的指标,在极短时间内向消费者呈现广告后,要求消费者立即报告广告中某些对象的内容,从而得出消费者在观看广告时的瞬间记忆广度。报告的内容越多,瞬间记忆广度越大,反之,瞬间记忆广度越小。

(2)思维状态的测评指标。消费者对医药广告内容的思维,主要表现为对广告观念的理解,因此,对消费者思维状态进行测评,事实上是在调查消费者对医药广告观念的理解程度。思维状态的测评,是把医药广告诉求重点或心理目标,以及医药广告创作的有关组成部分、消费者对其理解的程度作为测评的内容。

(3)情感激发程度的测评指标。有意义的医药广告信息往往对消费者产生信息刺激,容易激发消费者的情感反应。尤其是一些暗示性的医药广告,在这方面的功效更显著。医药广告只有激发消费者的积极情感,才能更好地激发其购买欲望。因此情感激发程度的测评,也是判断医药广告效果必不可少的依据。情感激发的测评一般通过对比实验或询问来进行。

（4）态度倾向的测评指标。医药广告是一种信息传播的手段，旨在影响消费者对某种产品、某个品牌、某个生产厂家的态度倾向。对态度倾向的测评主要包括购买动机和行动率这两项指标。

购买动机是测评医药广告对消费者购买行为的影响，即了解消费者购买商品是随意的还是受医药广告的影响。行动率有两方面的内容，由医药广告引起的立即购买行为和由医药广告唤起的购买准备。

2. 医药广告心理效果测评的客观指标

（1）眼动轨迹描记图指标。人们在观看医药广告时，眼珠处在不断的运动中，这种运动就是眼睛对医药广告画面的不断扫描运动。因此，在视向测验法中，使用视线扫描器将眼动轨迹记录下来就形成了眼动轨迹描记图，由此可以清楚了解消费者观看广告时眼睛的注视次序与重点部位。

（2）视觉反应时间指标。视觉反应时间是指消费者观察或看清医药广告对象所需的时间长短。可以此作为衡量医药广告视觉效果的客观性测评指标。消费者对广告的视觉反应时间越短，说明广告越简洁明了，主题越突出，效果反应越好；反之，效果反应越差。

（3）瞳孔直径变化指标。有关研究表明，当人们注视感兴趣的客体时，瞳孔直径会出现扩大的反应。由此可见，当人们观看一则医药广告时，会产生不同的情绪，这会通过瞳孔放大或缩小程度反映出来，利用瞳孔直径变化可以判断广告对受众心理的影响效果。

（4）皮肤电反应指标。与皮电测量法相联系，人们在接受医药广告信息时会导致情绪变化，进而会出现汗量变化。通过生理电流仪可以观察到皮肤电阻的变化，即皮肤电反应指标。人们在观看感兴趣的医药广告或喜欢的商品时，情绪的波动将导致皮肤电的变化。因此，皮肤电的变化可以作为测评医药广告效果客观性的指标。

（5）脑电波图变化指标。人们在观看医药广告时大脑会产生自发电活动（经收集、放大而记录下来形成脑电波图），这种活动通过脑电波图的变化而表现出来，由此可测试出医药广告对受众的心理影响程度。例如，当消费者完全被医药广告画面所吸引时，会出现 14 ~ 25 赫兹的低幅快波（β 波），而对医药广告画面不感兴趣时，大脑中则会出现 8 ~ 13 赫兹的高幅慢波（α 波）。因此，通过观测脑电波图的变化，可以测评消费者接触医药广告以后所产生的心理感应情况。

（三）医药广告社会效果测评指标

测评医药广告所产生的社会效果，应进行综合考察评估。其基本依据是一定社会意识形态下的政治观点、法律规范、伦理道德以及文化艺术标准的约束。不同的社会意识形态，调整、制约的标准是不一样的。当然，检验医药广告的社会效果不能简单地以某种指标的数量大小来衡量。而是通过对社会效果的一些公认的、基本的指标进行测评，并结合其他社会环境因素进行综合考察，这才是完整和必要的。

1. 法律规范指标

利用医药广告法规来管理，确保医药广告活动在正常有序的轨道上运行，是世界各国对医药广告进行制约的普遍方法。这一标准具有权威性、概括性、规范性、强制性的特点，适于衡量医药广告中具有共性的一般问题。一般来说，各个国家的医药广告法规只适用于特定的国家范畴，如我国于 1995 年 2 月 1 日开始实施的《中华人民共和国广告法》，就是适用于我国大陆内一切广告活动的最具权威的专门法律。而有一些属于国际公约性质的法则条令等，则可国际通行，如《国际商业广告从业准则》就是世界各个国家和地区都要遵从的。

2. 伦理道德指标

一定时期一定社会意识形态下，具有特定的伦理道德标准，表明人们较为普遍的价值取向。这一标准受到民族特性、宗教信仰、风俗习惯、教育水平等社会文化因素的影响。

3. 文化艺术指标

医药广告创作有自身的艺术规律，同时各国的文化传统、审美情趣有自己的特殊性与历史延续性，形成了各国在文化艺术上的不同观念与风俗，但总的来看，医药广告应该对社会文化产生积极的促进作用，推动艺术创新，一方面要根据人类共同遵从的一些艺术标准，一方面要从本地区、本民族的实际出发，考虑其特殊性，进行衡量评估。例如，在我国，医药广告的形式必须服从内容的要求，不能搞形式主义，华而不实；医药广告的画面、语言、文字、音乐、人物形象不能有低级庸俗、不健康的内容和情调；医药广告创作与表现，必须继承民族文化，尊重民族习惯，讲究民族风格；同时要科学、合理地吸收、借鉴国外先进的艺术表现形式与创作手法等。

第三节 医药广告效果测评的方法

在我们具体介绍医药广告效果的事前、事中、事后测评之前，我们先介绍国外非常流行的广告效果测评方法，即 DAGMAR 方法。除了方法本身的意义以外，这种方法也是一种广告观念的体现，它告诉人们广告效果测评不是一次性的，而是多次性的，是连续性和阶段性的统一。

DAGMAR 方法是美国广告学专家科利（Russett H. Colley）首先提出来的。1961 年，科利出版了《为周密的广告效果确定广告目标》（*Defining Advertising Goals for Measured Advertising Result*，缩写为 DAGMA）一书。DAGMA 法强调在广告策划中应该首先确立一个总的广告运动的目标，然后根据广告的传播过程将总的广告目标分解为一个个广告目标系统，形成多层次的广告目标。每一项直接目标的实现，都在逐步促使总的广告运动的目标实现。在广告活动中，要时时对广告活动的每一个具体目标进行测评，广告结束后，再与广告活动的运作直接联系起来。在此基础上，人们将医药广告效果测评进一步系统化，通常划分为医药广告效果的事前测评、事中测评和事后测评。

一、医药广告经济效果的测评

医药广告的经济效果是医药广告活动最佳效果的体现，它集中反映了企业在医药广告促销活动中的营销业绩。医药广告经济效果测评是衡量医药广告最终效果的重要环节。医药广告的经济效果除了可以进行定性研究之外，更多的是利用某些指标进行定量分析。

整个经济效果的测评包括：事前测评、事中测评及事后测评三个部分。

（一）医药广告经济效果的事前测评

事前测评，可以深入研究消费者的购买动机与购买欲望。当消费者对医药产品的认识不清；或当某类医药产品的某种特殊性能、疗效尚未被人们所注意时，就要利用广告的事前测评来衡量信息在传播过程中可能引起消费者什么样的反应，并采取相应行动。事前测评主要采用销售实验法，也就是说，模拟一个销售环境，通过实验的方法来检验医药广告的效果。销售环境有多种模式，如：

（1）利用医药产品推销员或导购员在药店或社区进行产品宣传活动，散发产品性能、疗效说明书；免费赠送小包装药品等。这种医药广告宣传可直接导致产品销量的变化，可以促进医药广告质量的提高。

（2）通过可视媒体，将录制好的医药广告内容在典型的购物环境中播放，观察其所造成的销售效果。

（3）将同类医药产品的包装及商标去掉，在每种产品后安放一则宣传医药广告和说明的卡片，观察每种产品的销售情况，哪种产品销量明显增大，说明这种产品的广告宣传效果好。

销售实验法的优点在于顾客有目的地购买，因此，医药广告宣传的效果测评能够反映出真实的数据。缺点是评价方法和结果比较粗糙、笼统。很难分辨清楚医药广告事前测评所带来的销售效果变化究竟是环境模拟的原因、产品本身的原因，还是各种医药广告宣传的原因；如果是医药广告引起促销，究竟是医药广告标题、文字还是图像的作用；销售实验法无法回答这些问题。这种方法只能初步判断医药广告质量的优与劣。

（二）医药广告经济效果的事中测评

医药广告经济效果的事中测评，主要是为了检验医药广告战略、医药广告策划的执行情况与实际情况的吻合程度，以便能够及时发现问题并予以纠正。

医药广告经济效果事中测评的方法主要有：销售地区实验法、分割测评法及促销法等。

1. 销售地区实验法

又叫市场实验法。这种方法的原理是实验法，只不过将室外环境——销售地区作为实验室罢了，其目的就是直接测算销售效果。销售地区的测评，首要的问题就是选择的测评市场必须大到足以合理地代表大规模市场的程度。其次，测评时间也应长到足以初步核对产品的营销路线，核对竞争者或同业进货及陈列的程度。并且，测评时应有足够的时间来评估消费者受医药广告影响后，从试用到重复购买的过程。医药广告活动展开后，先选定一两个试验销售区（实验组）推出广告，控制销售区并不推出广告（控制组），实验销售区与控制销售区要具有大体相同的环境条件。将实验销售区与控制销售区在广告活动前后的销售量加以统计比较，便可以测评出医药广告效果。举例如下：

假设选取 A、B 两个城市对某医药产品进行销售地区实验，A 为实验城市，B 为控制城市。在 A 市进行电视广告宣传，两个月后，结论如表 9-1 所示。

表 9-1　某医药产品广告活动前后的销售量统计比较　（单位：万元）

	销售额（实验前）	销售额（实验后）	销售额增加（%）
A 市（实验城市）	84	92（做广告）	9.5
B 市（控制城市）	102	108（不做广告）	5.9

从表 9-1 中可以看出，A 市利用电视媒体后，销售额增加了 9.5%；B 市不做广告，销售额只增加了 5.9%。A 市如果不做广告，理论上只应增加 5.9%，而经过广告后，净增加了 3.6 个百分点，

销售额净增 3.044 万元。如果 A 市所投入的广告费少于 3.044 万元，则广告是成功的。

这种方法的优点是能比较客观地检测销售效果，从而可以间接地测评出广告相对效果。这种方法尤其适合周转率较高的产品。由于医药广告效果具有累积性、滞后性的特点，广告导致销售反应不可能短期内出现，这样广告效果检测时间不易确定，容易导致或者反映出不真实的广告效果，或者由于检测时间长而错过了广告活动全面展开的有利时机。

2. 分割测评法

它是回函测评法的分支，属于邮寄调查的范围。在国外，这种方法很常见。它比回函测评法更加复杂和严格，它的目的是检测同一媒体上惟有某一因素不同的广告效果。具体做法是，上面编好号码，一则医药广告刊登在报纸或杂志的一半版面上，另一则医药广告刊登在同期的另一半版面上，然后将两者以同等数量寄给读者，读者中有一部分人可看到第一则广告，而另一部分人可看到第二则广告，然后通过回函统计后就可以测评出哪种医药广告效果更好。

这种方法的优点是检测对象比较明确，检测的条件比较一致，回函率较高。缺点是承担机械分刊印刷的媒体十分有限，而且费用较大，另外，由于读者对象的成分十分复杂，有时两部分杂志的读者的条件很难对等，甚至可能大相径庭，如一半杂志正好全部发行到了城市，而另一半杂志有发行到农村，这就会影响到资料的准确性。

3. 促销法

选择两个区域市场，第一个市场只发布医药广告，停止一切促销活动；第二个市场既发布医药广告，又进行各种促销活动。经过一段时间，将两个市场的销售量进行比较，测出医药广告效果在促销活动中所占的比重。

（三）医药广告经济效果的事后测评

事后测评，是对医药广告活动进行之后的效益进行综合评定与检查，以便总结经验，纠正错误，为下一次广告活动打好基础。医药广告经济效果的事后测评，基本上采取实地调查法，即根据广告产品的销售额、利润以及使用状况等的记录资料与同期广告量进行分析比较，以时间序列或相关分析来把握广告的总体效果。在实际广告测评中应用较广的是事前事后测评法和小组比较法。

1. 事前事后测评法

事前事后测评法，就是实际调查医药广告活动前后的销售情况，以事前、事后的销售额、利润额并结合医药广告费等因素，作为衡量医药广告经济效果的数量指标。具体包括以下几种方法：

医药广告费用比率法。

$$\text{销售（利润）费用率}=\frac{\text{本期广告费用总额}}{\text{本期广告后销售（利润）总额}}\times 100\%$$

销售费用率的倒数可称为单位费用销售率，它表明每支出 1 元或 100 元医药广告费所能实现的销售额。

$$\text{单位费用销售率}=\frac{\text{本期广告后销售（利润）总额}}{\text{本期广告费用总额}}\times 100\%$$

从公式可以看出，销售（利润）费用率越小，单位费用销售（利润）率越大，就说明广告效果越好，反之，则广告效果越差。

医药广告效果比率法。

$$销售(利润)效果比率=\frac{本期销售(利润)额增长率}{本期广告费用增长率}\times 100\%$$

例如：某医药企业第四季度广告费比第三季度增长了40%，销售额增长了20%，则该企业医药广告销售效果比率为50%。

销售效果比率越大，说明广告效果越好，反之，则广告效果越差。

医药广告效益法。

$$单位费用销售(利润)增加额=\frac{[本期广告后销售(利润)总额-上期广告后(或未作广告前)销售(利润)总额]}{本期广告费总额}$$

例如：某医药企业去年销售额为200万元，今年投入广告费10万元，年底销售额达到225万元，则单位费用销售增加额为25万元。即每元广告费取得2.5元效益。

市场占有率法。

市场占有率，是指本企业生产、经营的商品在一定时期的销售量占同类品牌销售总量的比例。

$$市场占有率=\frac{本企业的商品销售额(量)}{本行业同类商品的销售总额(量)}\times 100\%$$

$$市场占有率提高率=\frac{单位广告费用销售增加量(额)}{同行业同类产品销售总量(额)}\times 100\%$$

在以上案例中，医药广告费用的增加会促使销售额增加，但不是绝对的。如果产品已进入衰退期，即使医药广告费用继续增加，销售额也不会有太大的变化，只是延缓衰退而已，这是由产品生命周期所决定的。

盈亏分界点计算法。

$$报告期广告费增加额=平均销售费用率\times 报告期销售额-基期广告费$$

例如：某医药企业平均销售费用率为1.2%，报告期销售额3000万元，基期广告费33万元，则报告期广告费增加额 $=3000\times 1.2\%-33=3$ 万元

“有控制组事先事后设计”实验法。

这种实验方法是以一个或几个自变量为依据，研究其他一个或几个因变量的方法。假定设计关系如表9-2所示。

$$实验变量结果=(X_2-X_1)-(Y_2-Y_1)$$

实验结果以百分率表示，其公式为

$$E=(\frac{X_2-X_1}{X_1}-\frac{Y_2-Y_1}{Y_1})\times 100\%$$

如某药店举行促销活动，店方计划对A药品的市场效果进行测评，促销期为一个月，一个月后的结果如表9-3所示。

代入公式，

$$E=(\frac{X_2-X_1}{X_1}-\frac{Y_2-Y_1}{Y_1})\times 100\%=(\frac{15-10}{10}-\frac{12-10}{10})\times 100\%=30\%$$

由此可知，通过促销，A药品的销售效果提高了30%。

表 9-2 “有控制组事先事后设计”实验法

	实验组	控制组
事先测评	X_1	Y_1
事后测评	X_2	Y_2

表 9-3 促销一个月后的结果

	促销前	促销后
实验组	10	15
控制组	10	12

2. 小组比较法

小组比较法，常用的有医药广告效果指数法和相关系数法等。

（1）医药广告效果系数法。这种方法是假定其他因素对广告产品的销售没有影响，只有广告促销与产品销售有着密切的关系。具体做法如下：

医药广告刊播以后，广告策划者对部分媒体受众进行调查。调查的问题是：①是否看过某则产品广告？②是否购买了广告宣传中的产品？

假定调查结果如表 9-4 所示。

表 9-4 某则医药产品广告调查结果

项　　目	看过某则医药产品广告	未看过某则医药产品广告	合计人数
购买的人数	a	b	$a+b$
未购买的人数	c	d	$c+d$
合计	$a+c$	$b+d$	n

其中，a 为看过某则医药产品广告而购买的人数；

b 为未看过某则医药产品广告而购买的人数；

c 为看过某则医药产品广告而未购买的人数；

d 为未看过某则医药产品广告又未购买的人数；

n 为被调查的总人数。

从表 9-4 中可以看出，即使在未看过某则医药产品广告的被调查者中，也有$\frac{b}{b+d}$比例的人数购买了广告产品。因此，要从看过广告而购买产品的 a 人中，减去因广告以外影响而购买广告产品的$\frac{(a+c)\times b}{b+d}$人，才能得出真正因为广告而唤起购买欲望的购买效果。用这个人数除以被调查者总人数，所得的值就是医药广告效果指数(advertising effectiveness index，AEI)。其计算公式为

$$\mathrm{AEI}=\frac{1}{n}\left[a-(a+c)\times\frac{b}{b+d}\right]\times 100\%$$

例如：某医药生产企业为自己的同一系列药品进行过两次电视广告宣传，经过调查，获得以下有关资料(见表 9-5 和表 9-6)：

表 9-5 某药品的第一次广告宣传

项目	看过某则药品广告	未看过某则药品广告	合计人数
购买的人数	41	24	65
未购买的人数	51	84	135
合计	92	108	200

表 9-6 某药品的第二次广告宣传

项目	看过某则药品广告	未看过某则药品广告	合计人数
购买的人数	90	50	140
未购买的人数	110	150	260
合计	200	200	400

$$AEI=\frac{1}{n}\left[a-(a+c)\times\frac{b}{b+d}\right]\times 100\%=\frac{1}{200}\left[41-(41+51)\times\frac{24}{24+84}\right]\times 100\%=10.28\%$$

$$AEI=\frac{1}{n}\left[a-(a+c)\times\frac{b}{b+d}\right]\times 100\%=\frac{1}{400}\left[90-(90+110)\times\frac{50}{50+150}\right]\times 100\%=10\%$$

从计算结果可以看出，第一次广告后效果指数为10.28%，第二次广告效果指数为10%，第二次比第一次减少了0.28个百分点，说明第一次广告比第二次广告效果显著。因此，有必要对第二次广告策划进行策略性调整或修改。

（2）相关系数法。小组比较法，还可以采用相关系数法进行推算，其计算公式为

$$F=\frac{ad-bc}{\sqrt{(a+b)(c+d)(a+c)(b+d)}}$$

式中，F为相关系数；a,b,c,d的含义与医药广告效果指数法相同。

一般来说，相关系数值在0.2以下称为低效果；在0.2～0.4之间称为中等效果；在0.4～0.7之间称为较好效果；在0.7以上则为高效果。

还以上面的例子为例。

第一次药品广告的相关系数

$$F=\frac{ad-bc}{\sqrt{(a+b)(c+d)(a+c)(b+d)}}=\frac{41\times 84-24\times 51}{\sqrt{65\times 135\times 92\times 108}}\approx 0.238$$

第二次药品广告的相关系数

$$F=\frac{ad-bc}{\sqrt{(a+b)(c+d)(a+c)(b+d)}}=\frac{90\times 150-50\times 110}{\sqrt{140\times 260\times 200\times 200}}\approx 0.21$$

由此可见，第一次药品广告的相关系数大于第二次药品广告的相关系数，表明第一次药品广告比第二次药品广告的效果更为显著。这与药品广告效果指数法测算所得到的结论一样。

如果前后两次药品的文稿内容不同，或创作手法不同，或媒体选择不同，那么可以得出结论，第一次广告表现或媒体选择使得广告影响更大。以两次调查结果为依据，可酌情修改企业已制定的广告策略、广告表现和媒体组合，以便使广告充分发挥促进销售的巨大潜在功能。

二、医药广告心理效果的测评

医药广告心理效果测评，也可称为医药广告沟通效果测评，目的是为了测评广告在知名度、认知和偏好等方面的效果，根据安排时间的不同可以分为事前测评、事中测评和事后测评。相应地，运用的方法也可以分为三种类型。

（一）医药广告心理效果的事前测评

医药广告心理效果事前测评的方法是：在广告作品尚未正式刊播之前，邀请有关广告专家和消费者团体进行现场观摩，审查广告作品存在的问题，或在实验室运用各种仪器来测评人们的各种心理活动效应，以对广告作品可能获得的成效进行评价。根据测评的结果，及时调整广告促销策略，修正广告作品，突出广告的诉求点，提高广告的成功率。医药广告心理效果事前测评常用的方法主要有以下几种：

1. 专家意见综合法

该方法是在医药广告文案设计完成之后，往往是提供几种可供选择的方案，邀请有关广告专

家、心理学家和营销专家进行评价，多方面、多层次地对广告文案及媒体组合方式将会产生的效果做出预测，然后综合所有专家的意见及讨论的重点，来预测广告推出后可能产生的效果。运用此法事前要给专家提供一些必要的资料，包括设计的广告方案、广告产品的特点、广告主生产经营活动的现状及背景资料等。专家们通过独立思考，对广告设计方案提出自己的见解。

专家意见综合法是事前测评中比较简便的一种方法。但要注意所邀请的专家应能代表不同的广告创意趋向，以确保所提供意见的全面性和权威性。一般说来，聘请的专家人数以 10 ~ 15 人为宜，少了不能全面反映问题，多了则花费时间。

2. 消费者评定法

这种方法是让消费者直接审定医药广告效果，可以请同行或内部职工提出意见，也可以让顾客参与评审。征求意见时，可以同时提供几幅医药广告，请评审者从中择优；也可以提供一幅让评审者评价。前者广告设计者需提供多个样本，后者对评审者的评审能力要求较高。

这种方法的优点是：只需采用医药广告设计草图，成本低廉；一旦选定查询对象，很快便可判断出宣传效果最好的那一则广告；可以搜集到大量有关消费者购买习惯的资料。缺点是：获取准确信息难度较大；调查结果容易流于一般化，缺少独到见解。

3. 检查表测验法

检查表测验法又称要点采分法。首先应设计一个医药广告要点采分表（表 9-7），然后请消费者给广告评分，以此来测评医药广告效果。

表 9-7 中有若干个项目，各项目的优劣用加权系数值表示，其和为 1.0。要测评广告效果，需要给每个项目进行评分（满分为 100 分），再用每一项的加权系数乘以该项的评价分数，然后求各项成绩的和，其值的大小反映广告效果的程度。该值越接近 100，广告效果越好；反之，则效果越差。

表 9-7 医药广告要点采分表

评价项目	评价依据				加权系数	积分
吸引力	吸引注意力的程度（视觉形象与视觉感应）				0.2	
认知性	对医药产品广告销售重点的认识程度				0.2	
易读性	能否了解医药产品广告的全部内容				0.1	
	医药产品广告引起的兴趣如何				0.1	
说服力	对医药产品广告商品的好感程度				0.1	
	由医药产品广告引起的立即购买行为				0.2	
行动率	由医药产品广告唤起的潜在购买准备				0.1	
优劣分数线	最佳广告 80 分 ~ 100 分	优等广告 60 分 ~ 80 分	中等广告 40 分 ~ 60 分	下等广告 20 分 ~ 40 分	最差广告 0 分 ~ 20 分	

加权求和公式为

$$U = W_1F_1 + W_2F_2 + \cdots + W_nF_n = \sum_{i=1}^{n} W_iF_i$$

式中，U 为广告效果；

W_i 为各项加权系数，表示各项的相对重要性；

F_i为各项评价分数。

如果是多人评价，则独立评分，求出和值后，再求出全体评价结果的平均值，即为所求医药广告效果评价值。

4. 仪器测试法

随着科学技术的进步，对人类生理变化进行测试的仪器也在不断地创新和完善。在广告领域，作为一种辅助性手段，借助仪器测试广告效果的做法得到广泛采用。

（1）视向测验法。人们的视线一般总是停留在关心与有兴趣的地方，越关心，越感兴趣，视线停留时间就越长。视向测验器（eye camera）是记录下观看广告图文各部位视线顺序及其时间长短的装置。

根据测知的视线移动图和各部位注目时间长短的比例，可以预知：医药广告文字直写与横写的易读性如何，从而适当安排文字的排列；视线顺序是否符合医药广告策划者的意图，有无被人忽视或不留意的部分，如果有，则进行适当调整；医药广告画面中最吸引人的注视部位是否符合设计者的意愿，如果不符，应立即予以调整。

仪器测试法也有不少缺点：视线运动是根据眼球移动的，但不能确保视线运动与眼球移动完全一致；注视时间的长短，并不能完全代表消费者兴趣的大小。一目了然的事物，注视的时间自然短。费解的图文，往往要花费较多的时间去琢磨；测验费用高昂，并且不能保证被抽取的消费者都具有典型性、代表性。

（2）皮肤测试法。该法主要利用皮肤反射测验器（galvanic skin reflex）来测量媒体受众的心理感受。运用此法的理论根据是：人体的出汗情况会随着诸如兴奋、感动、紧张等情绪起伏的冲击而发生变化，从而可测评其感性的波动。

皮肤测试法主要用于对电视广告效果的测评，其次是对广播广告的测评，根据测评的结果，大体上可以确知最能激起媒体受众情感起伏的地方，以此检查此处是否符合医药广告策划者的意图。

皮肤测试法也有一定的缺点：事先应根据每个人的内分泌情况及情绪反映的快慢加以测评，再根据实际反映情况进行修正，工作程序非常繁琐；情绪的波动，内心的冲动，每个人的情况也不相同。引起内心冲动的因素有的来自于音响，有的来自于画面色彩或表演等。情绪的波动，有的可能是积极的，有的则是消极的。因此，必须辅以其他方法，进行全面的分析，才能得出正确的结果。

（3）瞬间显露测验法。瞬间显露仪的种类有文度式、振子式、道奇式、哈佛式等，常用的是哈佛式。这种方法是利用电源的不断刺激，在短时间内（1/2 秒或 1/10 秒内）呈现并测评医药广告各要素的注目程度。

通过这种方法，可以预知：印刷品广告中各要素的注目程度；各种构图的位置效果，以决定标题、图样、文案、广告主名称的适当位置。利用实验与统计的方法，可将艺术效果量化，在某些情况下，可区分出艺术效果与广告效果的作用，以便在两者中有所调整和取舍。例如，大标题的位置，成功的设计应是既抢眼又悦耳，但悦耳应从属于抢眼。在两者不可兼得的情况下，艺术效果应服从医药广告效果的需要；文案的易读程度，品牌的识别程度，应体现出设计的完整结构。

（4）记忆鼓测验法。记忆鼓是现代心理实验常用的一种仪器。在医药广告策划中，它是专门用来检测一定时间内人们对医药广告作品的记忆量。主要测验者用回想或再确认法，测验被调查者对文案的记忆程度，从而估计出品牌名称、公司名称、主要医药广告内容等易于记忆的程度。

这种测验法所测结果使用价值的大小，与被测验者的精神状态和记忆力的强弱有直接的关系。而这两者又很难分辨。

（5）瞳孔计测试法。瞳孔计测验法，就是用有关设备将瞳孔伸缩情况记录下来，以测评瞳孔伸缩与媒体受众兴趣反映之间的关系。

这种方法多用于电视广告效果的测评。但对所取得的测试结果也不能过分相信，因为瞳孔放大这种生理反应受到感性和心理方面因素的影响程度是难以确定的。而每个人不同的情感、心理作用的差异都是无法忽视的。

（二）医药广告心理效果的事中测评

医药广告心理效果的事中测评是在医药广告开始刊播后进行的。事中测评可以直接了解媒体受众在日常生活中对医药广告的反应，得出的结论也更加准确可靠。但这种测评结果对正在进行的广告宣传的目标与策略一般很难进行修改。只能对具体方式、方法进行局部的调整或者修补。常用的医药广告效果事中测评法有以下几种：

1. 市场实验法

先选定一两个实验地区刊播已设计好的广告，然后对实验地区与尚未推出广告的地区进行对比分析，根据媒体受众的反映情况，得出实验地区与一般地区的差异就可以对医药广告促销活动的心理效果做出测评。

2. 函询法

这种方法一般采用调查问卷的形式进行。函询法一般要给回函者一定报酬，以鼓励他们积极回函反馈信息。调查问卷通常以不记名的方式，要求调查者将自己的年龄、职业、文化层次、家庭住址、家庭年人均收入等基本情况填在问卷上。调查表中要尽可能详细地设置调查问题，以便对医药广告的心理效果进行测试。常见的调查问题如下：

（1）您看过或听过有关某品牌产品的广告吗？

（2）通过什么媒体您接触到某品牌产品的广告？

（3）该产品广告的主要内容是什么？

（4）您认为该产品广告有特色吗？

（5）您认为该产品广告的构图如何？

（6）您认为该产品广告的缺点是什么？

（7）您愿意购买什么品牌的产品？

（三）医药广告心理效果的事后测评

医药广告心理效果的事后测评，是建立在医药广告心理目标，即接触率、知名率、理解率、好感率与购买意图率等目标的基础上，根据医药广告心理目标的不同要求，采用多种不同的测评方法。较常用的方法有：

1. 认知测评法

认知测评法主要是测评广告的知名度，即消费者对广告信息（包括医药广告商品、品牌、企业标志、医药广告口号、图像、文稿等）的认知程度，从而判断其效果。其中比较有名的方法是斯塔夫

阅读率调查法。依据不同层次,可将认知测评细分为以下几个测评项目:

(1) 注目率。曾经看过或听过该广告的受众人数百分比。即

$$注目率=\frac{曾经看过或听过该广告的受众人数}{被调查总人数}\times 100\%$$

(2) 阅读率(包括视听率)。在测评中,能较清楚地联想出部分广告信息要素的受众人数百分比。即

$$阅读率(包括视听率)=\frac{能较清楚地联想出部分广告信息要素的受众人数}{被调查总人数}\times 100\%$$

(3) 精读率。在测评中,能清楚回忆广告 50% 以上内容的受众人数百分比。即

$$精读率=\frac{能清楚回忆广告 50\% 以上内容的受众人数}{被调查总人数}\times 100\%$$

最后加以统计,便可决定这三类读者在医药广告费单位成本中每类所占的人数。当然,如果精读率项目下的读者数最多,自然就表示广告的效果最佳。

认知测评一般采用抽样调查法进行,对样本对象进行个别访问或电话询问,定期对广告阶段的心理效果进行监测。或者借助二级数据资源,即借助现有信息资源获得信息,例如闻名遐迩的 Poper Starch 广告阅读调查。

2. 视听率测评法

这种方法主要用于测评电视和广播的广告效果。具体做法是:抽出若干家庭作为样本进行调查,统计出三方面数据:A 类,电视机或收音机的拥有户数;B 类,医药广告节目的视听户数;C 类,认知医药广告名称的人数。然后分别进行推算。

$$视听率=\frac{B 类的户数}{A 类的户数}\times 100\%$$

$$认知率=\frac{C 类的户数}{B 类的户数}\times 100\%$$

因为电视或广播广告重复率高,所以应当在广告播放一定周期或若干次后作多次测评,以求得较为准确的测评结果。

3. 记忆测评法

由于医药广告效果的滞后性和累积性,使得广告心理效果调查的一个重要内容就是针对消费者对广告内容以及商品特性、商标等的记忆情况,以此测评广告心理效果。目前较为常用的医药广告效果测评方法是回忆度测评。

(1) 自由回忆。即让消费者独立地对已推出的医药广告进行回忆,以测试记忆情况。目前运用最广的电视广告效果测试是波克日后回忆法(Burk dayafter recall),即在电视广告发布 24 小时后,要求受测者回答一系列问题,确定他们记住了哪些广告和广告的哪些内容。

(2) 引导回忆。是指调查人员给消费者某种提示,如医药广告的商标、品名、标题和插图等。在一定的提示下,调查消费者能够回忆出广告多少内容以及理解程度和联想能力。引导回忆最经典的方法是由盖洛普与鲁滨逊(Gallup & Robnson)发展出来的"盖洛普 - 鲁滨逊事后效果测评法"。

4. 态度测评法

这种方法主要用来测评医药广告心理效果的忠实度、偏爱度、厂牌印象等。消费者的态度很

难用直接方法去观察，只能采用问卷、检核表、语意差异实验、评等标尺等形式做推测性了解。有五种基本技术可以测评态度：

（1）语意差异测试。是比较常用而又简便易行的方法。这种方法是美国伊利诺斯大学的奥斯古（C. E. Osgood）等人研究制定的，它的原理是根据心理上刺激与反映之间必有一定的联想传达过程，通过对这种过程作用的测评，就可以得知消费者对广告所持的态度。该法的示例如表 9-8：

表 9-8 消费者对某药品的态度评价调查表

评价态度 / 项目	非常	相当	稍微	一般	稍微	相当	非常	评价态度 / 项目
对药品适用								对药品不适用

（2）直接问题法。是指两种答案选择一项的做法，例如：可提问"您看过'白加黑'感冒药的广告后，如果不小心患上感冒，会选购此药吗？"直接提问法，只能测评消费者对广告产品有利或不利的态度，不能测评消费者态度的程度。所以，它应与语意差别分析法综合使用。

（3）评分量尺法。这种方法主要分为三种：总加法、累积法、等距法。在广告效果测评中，最常用的就是总加法。

（4）核对表法。就是将欲测试的指标，列成规则的表格，然后让受试者逐一核对，选择最符合自己的项目。

（5）半开放式法。这种方法避免使用一组特定指标，而是让受试者去讨论一般话题，从而显现其对有关品牌的态度。

5. 综合测评法

以上四种心理效果的测评方法具有局限性，只反映医药广告心理效果的部分情况。综合测评法的最大优点是广告心理效果的测评比较全面，能够提供广告活动效果的综合性指标，有利于人们检验广告活动的整体效果。但是，综合测评法只是检测广告心理效果的一种方法，它不能代替其他方法；同时，测评的结果还要结合各种产品的特性、品牌占有率和产品的普及率等进行具体分析。

三、医药广告社会效果的测评

医药广告的社会效果，主要表现在医药广告对消费者产生的社会影响。这种影响不同于医药广告的心理效果或经济效果，广告策划者很难用数量指标来衡量这种影响，只能依靠社会大众长期建立起来的价值观念（包括法律规范、伦理道德、文化艺术、风俗习惯、宗教信仰等）进行综合的考察、评估。

医药广告社会效果测评的主要依据是广告必须符合国家的各项法律法规的要求。医药广告所传达的信息内容必须真实；所传达的信息内容及所采用的形式应符合社会伦理道德标准；医药广告应能够对社会文化产生积极的作用，推动艺术创新。

医药广告社会效果的测评常采用的方法有回函法、访问调查、问卷调查等。利用以上方法及时收集和整理受众对广告的意见反映，分析研究受众对广告的态度、看法等，以此了解医药广告的社会影响程度，为更好的广告活动决策提供帮助。

本章小结

1. 医药广告效果，是医药广告作品通过广告媒体传播之后所产生的作用；或者说，在医药广告活动中消耗和占用社会劳动而得到的有用效果。它具有累积性、复合性、滞后性、层次性、竞争性、间接性、两面性等七个特性，并具有非常重要的意义，主要表现在六个方面。在进行医药广告效果测评时应遵循目标性原则、综合性原则、可靠性原则、经济性原则、经常性原则、可行性原则，并严格按照程序进行。

2. 医药广告效果按不同的分类标准，可分为不同类型，衡量、评价医药广告效果的指标是多方面的，依据医药广告效果来分，总体上可以概括为三大方面的指标：经济效果指标、心理效果指标和社会效果指标。

3. 随着广告业的成熟和发展，医药广告效果测评也形成了自身特定的测评方法。

思考题

1. 简述医药广告效果的含义及其特性。
2. 测评医药广告效果应遵循哪些原则？
3. 测评医药广告效果有哪些程序？
4. 试说明医药广告效果测评的意义。
5. 试述医药广告效果测评的类型。
6. 测评医药广告效果的指标有哪些？
7. 医药广告效果测评有哪些方法？

典型案例与讨论

为什么名人代言成为医药保健品的“销售魔咒”？

医药保健品通过名人代言来迅速提高知名度，扩大销售的趋势非常普遍，通过当红名人明星的知名度，并将这种知名度，植入其倾力推广的产品中，提升产品的销售力和生命力。可事实也证明，并非名人代言绝非“灵丹妙药”，说不定，一不小心，“天使”也会变“巫师”，代言的产品或品牌成为了销售的“魔咒”。

蒋雯丽：捅了“代言”的马蜂窝

几年前，健民集团为了大力推广拳头产品龙牡壮骨冲剂，在企业从未请过名人代言的情况下，签下了蒋雯丽代言龙牡的广告意向。也别说，蒋雯丽在影视界中从来都是贤惠端庄的贤妻良母形象，一直以相夫教子，和睦美满著称，也没有什么绯闻逸事。当初健民集团也是看重这个，才耗费巨资聘请她拍摄了全套的形象代言。当蒋雯丽用手指打出“V”字的自信形象显露在巨幅广告出现在街头时，确实让人产生了眼睛一亮的震撼。好景不长，此后不到数月，蒋雯丽代言的广告纷纷出笼：地板的、橱柜的、调味的、速冻食品的，减肥仪器的诸如此类。吃的、用的、住的、玩的，五花八门，一下将其代言的龙牡品牌淹没在一片广告红海之中。原本企业大手笔请来代言的看家产品，一下成为了“食之无味，弃之可惜”的败笔。

高秀敏：“辞世”的广告

九××驴胶补血颗粒，具有滋阴补血，健脾益气，调经活血的功效。当高秀敏、邓婕、李湘身着光鲜的服装，集体摆造型，众口一词夸赞九××驴胶补血颗粒时，画面闪亮，音乐欢快，人人面色红艳，笑脸盈盈。老中青三位名人代言的方式，也暗示了驴胶广告精准的消费定位和广泛的适用人群。这则广告相信也给很多消费者留下了深刻的印象。然而就是这样一个基本无可挑剔的名人代言广告，随着高秀敏的意外去世，而顿生端倪——补血产品的代言人死于心血管病，无疑给该产品的销售蒙上阴影。厂家不会不深刻意识到这一点。广告画面上人物几乎一撤而下，一夜之间销声匿迹。原本一则绝佳的名人代言产品，不就因为意外事件，成为产品启用名人代言的“毒药”。

周笔畅：补血品失血

超女“周笔畅”人气指数不可谓不高，知名度不可谓不高，就是这样一个才艺俱佳不夸张，随和大方、中性十足的乖巧女生，一个人缘、人气、人品都深得赏识的“名人”资源，照例说，其代言的产品不“火”才怪！可当广告画面上，笔笔一身前卫的时装，爆炸式的发型，拿着药盒，在某外景街道上，吆喝唱着一句也没有听明白的歌曲，蹦蹦跳跳，给人感觉更像是在推广某个运动产品，直到广告结尾出现的广告词“×太血乐”才让人搞明白原来是健康产品。厂家耗时耗力邀请来人气王超女笔笔，指望给品牌带来巨大的收益，而实际结果让这个补血的新品“失血”不断，至少两点失误而致这个补血产品失血：①未考虑名人形象能否与产品消费人群相符；②过于看重名人效应，而忽略了情节的恶俗和音乐的粗糙，整个广告创意平平，怎么带来产品的迅速动销？

风光无限的名人代言风潮，近来劲吹医药保健品领域，成为医药厂商手中买涨不买跌的绩优股，商家看上名人的影响力和快速传播效应，而名人自然也可得到商家价值不菲的酬劳。

当然，最后不得不说的是，别以为所有名人代言的产品都是能畅销的，即便其代言名牌的名人，事实证明，产品与名人有可能形成“双赢”的局面，同理也会有“两伤”的结局。当然，我们在此并非想全部否定名人代言的医药广告，毕竟，有名人的医药广告，一来至少有点技术含量，二来养眼又好打发时光。

（资料来源：中国营销传播网）

案例讨论

1. 请你根据自己的理解，结合实际观察谈谈名人代言医药产品的广告效果可以从那些方面进行测评？其优势是什么？

2. 为了提高名人代言医药产品的广告效果，你认为请名人代言时应该注意哪些问题？

第十章 医药广告公司

导言

随着营销时代的到来，广告成为营销的一个重要手段，广告业日益繁荣起来，大大小小的广告公司也如雨后春笋般相继成立。本章主要分为四个部分介绍医药广告公司。首先介绍医药广告公司的内涵，目前存在的医药广告公司的类型、服务范围以及所采用的收费模式。第二部分，总结了不同类型医药广告公司的组建条件、组建程序，以及应遵守的法律法规。第三部分涉及的内容是医药广告公司的主要部门、组织结构类型以及管理。第四部分主要探讨了医药广告人才的培养模式。

引导案例

奥美广告公司简介

1948 年，广告大师大卫·奥格威在纽约创立自己的广告公司——奥美广告公司。今天，奥美已经从两个员工成长到跻身全球 8 大广告事业集团之一，拥有 359 个分支机构，分布在 100 个国家和地区，这一全方位的业务网络能让客户得到完整的传播服务。奥美的全球性政策称为“奥美交响乐团”，它的国际集团集广告、直效营销、促销、市场调研、销售规划、公共关系和视觉设计等多种经营于一身，是迄今全球最大的提供综合传播服务的公司之一。在整个传播的集团里，分为两个服务层次，一个是属于 CIS/PR，再加上 strategic consultant（战略性咨询）的公司，另一个层次是广告、直效营销、促销及平面设计。奥美对客户的贡献从宏观的、战略性的层面开始，再渗透到具体的细节和操作上。

1980 年，奥美的业务触及中国，当时奥美广告公司以港资名义进入大陆广告市场，在上海《文汇报》上刊登了第一则商业广告。而随着客户群体的壮大，为了满足业务的需要，在反复权衡评估后，1985 年终于在香港成立“奥美（中国）广告公司”，专门负责中国内地的广告市场。1986 年和 1987 年分别在北京和上海设立办事处，1991 年在上海与上海广告公司正式合资成立“上海奥美广告有限公司”，奥美占 51% 的股权，上海广告公司占 49% 的股权。奥美选择上海广告公司作为合资伙伴的原因是后者是中国最好、且获利较高的广告公司，在观念上比较容易沟通。并于 1992 年及 1993 年分别在北京和广州成立分公司。现有 200 多位员工分别在上海、北京和广州工作。即将设立大连、成都和武汉分公司。

1996 年奥美全球营业总收入达 83 亿美元。1997 年,奥美在中国内地广告营业额达 6.26 亿元。上海奥美服务的品牌有:上海大众,IBM,百服宁,上海旁氏,金施尔康,肯德基,统一方便面,金纺,七喜,多力,好心思,蔓登琳,曼妥思,等等。

(资料来源:奥格威. 1996. 广告大师奥格威. 北京:三联书店)

第一节 医药广告公司概述

一、医药广告公司的内涵

广告公司是专门从事广告代理与广告经营的商业性服务组织机构。它是站在广告主的立场制定广告方案并根据这个方案购买媒介、实施广告活动。广告公司作为广告主与广告媒介的中介,作为联系广告主与消费大众的桥梁和纽带,在广告活动中具有重要的地位,是广告活动的主要承担者。

医药广告公司是广告公司的一种类型,其服务对象聚焦在医药企业,旨在为医药生产经营企业制定广告方案,并组织一系列的广告活动。

二、医药广告公司的类型与服务范围

医药广告公司按其服务功能划分,可以有不同的类型。而不同类型的广告公司,拥有不同的组织形式,不同的机构设置。

(一)按医药广告公司经营范围与服务功能划分

1. 综合型医药广告公司

综合型医药广告公司又称全面服务型医药广告公司,向广告客户提供全方位的广告代理服务,其服务内容不仅仅是为客户制作广告,为了保证广告投放效果,要做好前期市场调研和预测、计划以及后期广告效果评价和控制。这类广告公司内部一般采取团队作业方式,针对服务的客户组建相应的团队,为客户提供长期的一对一的服务。提供全面服务的医药广告公司应拥有专业的广告人才和完善的服务模式。这类广告公司经营成本比较高,收费也相对较高。广告主在选择这类广告公司时,要十分谨慎,需综合考虑广告公司的规模、信誉、专业化水平、专业人员的素质、医药广告领域的服务经验等因素。

综合型医药广告公司的服务内容主要包括以下几个方面:

(1) 产品分析。医药广告公司应具备医药行业的专业人才,搜集相关广告产品的特点、性能、形象、生命周期、发展预测、市场需求状况、价格等方面的资料,并对其进行加工处理,为广告客户提供制定广告计划所需要的产品研究资料。使其“知己知彼,百战不殆”。

(2) 市场调查与预测。市场调查与预测是广告制作的现实基础,通过市场调查,分析市场环境、目标市场的特点,潜在顾客的消费心理、消费习惯等因素,使得广告所诠释的产品的卖点能够诱发、满足消费者的需求。

(3) 销售分析。销售分析主要是对广告产品的销售渠道、销售网络、商品流通系统进行全面深入的分析,按照广告客户所选择的销售渠道,销售网络制定相应的广告宣传策略。

(4) 广告媒介选择。广告媒体是广告活动的重要组成部分,是广告创意的重要载体,通过它,形形色色的广告创意和广告诉求才能传达给消费者。因此,选择合适的广告媒体对广告的传播、发布以及实现广告目标至关重要。在进行广告媒体选择时,要对不同国家、不同地区、不同类型的广告媒体进行质和量两方面的综合考察,包括特点、影响力、覆盖面、印象、深度、受众状况、成本收益等,从而选择效果最佳的广告媒体与组合。

(5) 广告计划制定。根据广告客户提出的广告目标以及费用预算,确定广告活动的规模与具体的实施步骤。在广告产品的市场、销售网络、价格水平、广告作品、广告媒体或广告媒体组合、广告诉求主题、广告信息内容、广告预算和广告活动的内容等诸多方面提出改进性、可行性的意见和建议,以保证达到最佳促销效果。

(6) 广告计划实施。广告公司与广告主及广告媒体分别签订合同,并按合同规定,实施广告计划。

(7) 广告效果测定与评价。广告策略是促销策略的一个重要组成部分,广告效果的好坏直接关乎促销目标的实现程度,也会关系到广告公司的收入。通过测定和评估广告效果,广告公司能够进一步完善广告作品,提高自身的业务素质,对于广告主而言,能够解决并改善广告策略方面存在的问题,从而进行科学的广告投放。

综合型医药广告公司的服务就是以营销为目的,有关产品或服务营销方面的信息的收集、处理、加工、发布以及信息的反馈。随着经济与广告业的同步发展,全面服务的综合型广告代理公司的经营范围也在不断扩展,服务的门类越来越齐全,所发挥的作用也日益扩大。如为广告客户策划并实施大型的公关活动、营销活动,为广告客户进行企业整体形象即CI战略策划等。由于20世纪80年代以来世界范围内信息革命的刺激,广告业发生了历史性变革,综合型广告代理公司开始由广告的全面代理,进一步走向综合性的信息服务,集广告服务与信息服务于一体。

2. 部分服务型医药广告公司

部分服务型广告公司是为广告主提供广告活动中的某一项或某几项服务的广告公司,如单一的广告设计、制作服务。部分服务型广告公司实施了专业化的经营战略,因为很多广告公司在广告运作的某些方面具有优势,例如,有些公司擅长广告策略的制定,有些精于创意和设计,有些以制作水平精良而闻名,因此,这些广告公司选择自身最精通,最擅长的业务,扬长避短,发挥比较优势。广告主在选择广告公司时,可以选择几家部分服务型广告公司共同为自己服务,其优点是各取所长,缺点在于策略整合上有较大障碍,增加沟通成本,降低沟通效果,从而影响广告整体效果。

部分服务型广告公司主要包括广告创意公司、广告制作公司、专业广告公司、企业广告公司等。

广告创意公司一般可以提供创意概念开发、广告文案撰写和广告表现设计等方面的服务。一位广告专家曾说过:"如果广告主想要的就是创意,大量的创意,以便从中进行挑选并按照自己的心愿组合,那么,他们就不会想要传统的全面服务公司,他们就会去找手脚麻利、光彩夺目、收取创意费的点子工厂"。创意公司就是这类"点子工厂"。

广告制作公司一般只提供广告设计与制作方面的服务,不承担整体广告运作的策划以及广告的发布等服务事项。通常,它既可以直接向广告客户提供广告设计与制作服务,也可以接受广告公司的委托，为广告公司所代理的客户提供广告制作服务，以从中收取广告制作费用。从广告制作的角度来看，广告制作公司最大的优势在于其设备的精良和人员技术的专业化。在我国中小城市中存在的所谓的广告公司其实大部分都是广告制作公司，他们可以提供简单的广告设计，但其主要业务是制作灯箱招牌。制作公司也可以看作是广告业中的服务公司，制作公司可以提供制作广播电视广告所需要的物质援助，如布景、舞台、设备以及人员。在制作印刷广告时，广告主也可以从制作公司中聘请平面美术师、摄影师、模特、导演和制作人，由他们提供制作广告所需要的专业技巧和援助。

专业广告公司是以特定的广告业务为中心提供有关服务的广告经营者。这种广告公司拥有某种媒体资源，因此可以提供与该媒体相关的广告代理业务，例如，有些广告公司专门代理电视广告，有些公司专门代理公共交通媒体广告活动。

企业广告公司即广告主自己开办的广告公司，经营上从属于该广告主，广告主通过自己开办的广告公司制作广告、代理发布业务等。广告主自己开办广告公司，往往源于以下几个方面的因素：广告主的广告量很大，开办自己的广告公司能降低交易费用，提高企业的销售收入和利润水平；广告主是高度专业化的行业，外界广告代理公司不易掌握；广告主对经营广告有浓厚的兴趣，并且掌握大量的客户资源。其优势是这些广告公司比一般广告公司更能了解企业的实际情况，更容易与企业开展沟通。其劣势主要是这类广告公司在运行过程中很大程度上受制于母公司，自主性较差。

（二）按代理对象划分

1. 客户代理

客户代理即广告公司接受广告主委托，实施市场调研、广告策略拟定、广告创作等全部或部分业务，并从广告主那里获得相应的佣金或代理费用。由于广告经营者拥有市场、媒体、创意等方面的专业人员和丰富的广告运作经验，他们在获得广告主的委托后，能够利用专业知识和公司的资源帮助广告主实现广告和营销的目标。对广告主而言，将广告这一环节委托给广告公司，一方面比较经济、科学；另一方面，也使他们集中精力于自身产品的生产和经营上。

2. 媒介代理

媒介代理是广告代理业务的重要组成部分。在现代广告运作中，媒介购买职能与广告代理发生分离，这既是早期广告代理中媒介代理职能的一种延续，又是适应现代广告业与广告市场变化的一种新的发展。

在西方广告界，媒介购买公司一直是独立存在的。20世纪80年代以来，随着国际广告市场中媒介集团的兴起，大型的广告公司也纷纷创办媒介购买公司，或联手组建媒介购买同盟，与独立的媒介购买公司抗衡，与媒介业主抗衡。如 Sattchi & Sattchi（盛世长城）独自创办的 Zenith Media（实力媒体）媒介购买服务公司，BBDO、奥美、智・威・汤逊三家公司共同组建的“媒介合作集团”，麦肯与灵狮、劳尔公司共同拥有的“公众媒介国际集团”，帕布立西斯与福康贝丁共同创办的“OPtingdia”集团，等等。从全球范围来看，独立的媒介公司、独立的媒介购买公司呈现快速发展的趋势。

在我国，第一家专业媒介购买公司是由盛世长城、达彼思（达华）广告公司媒介部合并，于1996年在北京成立的“实力媒体”。1997年，智・威・汤逊与奥美广告公司在上海组建起“传立媒体”。到目前为止，全国范围内专业媒介购买公司总数已近百家。

媒介购买公司的主要职能是专业从事媒介研究、媒介购买、媒介企划与实施等与媒介相关的业务服务。一般下设媒介研究、媒介企划、媒介购买与媒介执行几大业务部门。因其专业从事媒介研究,所以对媒介资讯有系统的掌握,能为媒介的选择提供切实的依据。因其专业从事媒介购买,能集中巨额资本以支持运作,故有很强的媒介购买能力与相应的价格优势;因其专业从事媒介企划与实施,有利于提升媒介代理业务的专业服务水准,并能有效实施媒介资源的合理配置与利用。

一般来说,很强的媒介购买能力、媒介策划与实施能力和巨额资本支持运作,是媒介购买公司生存与发展所必须具备的重要条件。目前在我国,虽然业界对专业媒介购买公司的情感态度与评价不一,但是,对媒介集中购买是广告媒介业务发展的大势所趋是普遍认同的。如果没有政策性的限制,我国专业性的媒介集中购买将会有一个很大的发展。

(三)按规模和性质划分

1. 国有大型综合性广告公司

我国的国有大型综合性广告公司主要有中国广告联合总公司、北京广告公司、上海医药广告公司、广东广告公司等。这些广告公司大多成立于20世纪80年代初,其资金、规模比同行有优势,且与政府及媒体保持良好的关系,他们能够为客户垫付媒介租借费、拥有一些路牌等户外媒体,具有较强的竞争力。但由于国内广告业起步比较晚,从广告业技术方面来讲,这些公司在自身实力及全方位代理客户的能力上有一定的局限性,随着国外广告公司的进入,广告行业的竞争日益激烈,也开始重新洗牌。因此,要想成为大型国际广告公司,还需要较长时间的努力和积累。

2. 跨国广告公司在中国的合资企业

据调查资料表明:中国国内十大广告公司基本为合资广告公司(国际4A),本土就广东省广一家。这十大广告公司分别是:盛世长城国际广告有限公司、麦肯·光明广告、智威汤逊·中乔广告、奥美(上海)广告、上海精信广告、达美高广告、李奥贝纳(上海)广告、广东省广、上海广告、上海灵狮广告,其每年营业额都高达几亿人民币以上,在排行榜上虽有变动,但基本上是这十家中的位置有所变动,其他的变化不大。这些公司凭借雄厚的经济实力,多年的服务经验和全球一致的服务网络夺走了许多国内广告公司负责代理的外商客户。这些"洋品牌"之所以来势凶猛,大举成功,不只是凭借其雄厚的资金实力,更关键的是借助其先进的管理模式,领先的技术水平。这也是国内的广告公司需要借鉴的。

3. 营业额在3000万以下的中小型广告公司

这些中小型广告公司在中国的数量比较多,涵盖了多种所有制性质。有国有、集体所有制的广告公司,也有合资的及私有的,还有股份制广告公司。他们都凭借自身独特的优势,在市场中生存、成长。有的公司以某个专向服务见长,比如有的擅长医药广告的策划;有的拥有良好的媒介关系;有的以开拓或拥有媒体而立足;有的以影视明星或其他社会服务为背景。这些广告公司充实了广告市场,加剧了市场的竞争,同时伴随着行业的规范和优胜劣汰的法则,使得这些企业在竞争中学会了成长。

4. 广告工作室

广告工作室主要包括平面广告或影视广告制作室。有些是媒介的附属机构,以其灵活的经营方式和敏捷的信息获取能力在市场中生存。与以上三类广告公司相比,小公司的进入和退出壁垒比较低,采取了在夹缝中生存的战略,不能对大中型广告公司构成威胁,因此,小公司的生存压力比较小,国内近3万家广告公司中,80%左右是此类公司。这些小公司一般只有一两个人支撑,他们既是老板又是员工,但要真正发展壮大起来,任重而道远。

三、医药广告公司的收费方式

目前,广告公司的收费主要有三种方式,包括代理费制、服务费制和绩效论酬制。

(一)代理费制

这种收费方式以广告主投放在媒体上的资金数量为依据。按照这种方法,广告经营者将广告主支付给媒体的全部资金按固定比例留下来,作为为该客户创作广告的全部费用。不同国家对代理费比例有不同的规定,大多数为15%。我国《广告管理条例施行细则》中规定:"广告代理收费标准为广告费的15%。"

由于我国广告代理制实施的不彻底,广告代理费无法按照规定支付。随着广告业的发展,行业的竞争日趋激烈,很多广告公司为了生存和获得客户,不得不降低代理费用的收费标准,有的甚至用零代理的方式争夺客户资源。

(二)服务费制

20世纪80年代初,欧美的广告公司改变了代理费的收费模式,收取服务费成为广告交易的主要趋势。这一趋势对于改革开放后学习借鉴欧美模式的中国广告公司来说,无疑产生了深远的影响。收取代理费可能会导致公司在服务时失去中立性,因为要卖媒体时段/版面,广告公司就会去找那些钱多的、有广告预算的广告主,无论他们是否适合该广告时段/版面,从而忽视了很多有发展潜力的客户。而收取服务费,可以使专业服务产生的价值与脑力劳动量相关,而且还可以与客户利润挂钩,有利于广告公司和广告主的共同发展。

信息框

2004年广告主生态研究数据表明,与2003年相比,2004年被访广告主公司采用"按服务项目收取服务费"的比例有所上升。2004年广告主采取项目服务收费方式的比例为52.2%,比2003年上升了14%。

(资料来源:北京广播学院广告学院.2004.广告公司专项综合报告.现代广告)

目前,国际上尚未对服务制进行明确的权威的定义,但关于服务费所包含的内容已经比较明确。服务费主要由三部分构成:一是直接成本,即与工作直接相关者的人员费用的总和;二是间接成本,即广告经营者支付给各个间接服务部门的工作费用,如,房租、水电费、会议费、交际费等；三是利润，主要指广告经营者的税前利润。广告公司可以根据服务费制向广告主收取相应的费用。

服务费主要是广告主支付给广告公司在人力、物力、财力、时间等方面投入的费用。而在这些构成要素中，决定服务费高低的关键因素是广告公司投入该项工作的人力成本。因此，要使广告公司的服务费在同行中具有竞争力，必须控制成本，这就要求广告公司提高企业的管理水平，如，完善时间管理体系、员工绩效考评制度等诸多管理问题。此外，在正式开展工作之前，广告公司有必要就项目团队的负责人、成员及其费用问题与广告主协商。

目前，广告业所面临的难题和重点就是如何建立合理有效的服务费制度测评及定价系统。

（三）绩效论酬制

近年来，许多广告主和广告公司都尝试根据广告公司的工作是否达到双方协定的绩效而支付报酬的做法，以绩效论酬制将广告公司的报酬与双方预先商定的特定目标的完成效果捆绑在一起。但广告公司和广告主对"绩效"的界定持不同观点。广告公司往往将传播目标，如产品或服务在广告对象中的知名度、品牌识别度作为评判"绩效"的标准；而广告主则将销售额的增长程度作为"绩效"。双方的观点差异使得"绩效论酬制"难以推广。

第二节　医药广告公司的组建

一、医药广告公司组建条件

为了规范广告市场，我国的工商管理部门对广告公司的组建条件进行了一些限制。在《中华人民共和国行政许可证》实施之前（2004 年 7 月 1 日实施），工商管理部门对广告公司经营资质限制较为严格，在《中华人民共和国行政许可证》实施之后，由于行政许可法中没有对广告经营资质进行限定，因此放宽了对从事广告经营的管理。

在《中华人民共和国行政许可证》实施之前，我国对广告公司组建的条件较为苛刻严格。在申办广告公司时，经营者除了遵从《中华人民共和国企业法人登记管理条例》和《中华人民共和国公司法》外，还应具备一定的专业条件。这些条件因公司的业务范围不同而有所区别。

（一）内资综合性医药广告公司组建条件

（1）有与广告经营规模相适应的经营管理机构，市场调研机构，广告设计、制作、编审机构。

（2）有与广告经营范围相适应的设备和流动资金，注册资金数额要符合企业及法人登记的有关规定（如有代理权的广告公司的注册资金不少于 100 万）。

（3）有懂广告业务的从业人员和熟悉广告管理法规的经营管理人员，如市场调研、广告策划、代理人员，设计、制作人员，财会和律师，大专以上学历的各类专业人员不少于公司所有从业人员的 1/2。

（4）有健全的各项广告管理制度。

（5）有不小于 200 平方米经营办公的场所。

（6）承办或代理外商来华广告或出口广告业务，还应有了解国家进出口政策的有关人员和翻译，并有稳定的外商来华广告和出口广告业务的渠道。

（二）广告设计、制作公司组建条件

（1）有与广告经营规模相适应的经营管理机构及广告设计、制作、编审机构。

（2）有与广告经营范围相适应的设备和流动资金。注册资金数额要符合企业法人登记注册的有关规定（一般不少于20万元）。

（3）有懂广告业务的从业人员，有熟悉广告管理法规的经营管理人员，专业广告设计、制作、编审及财务人员，大专以上学历的各类专业人员不少于公司人数的1/3。

（4）有不少于60平方米的经营场所，制作场所因广告制作项目而定。

（5）有健全的广告管理制度。

（三）兼营广告的企业组建条件

（1）有与广告经营范围相适应的广告媒介、经营机构和制作场所，经营场所不少于20平方米，制作场所应根据广告制作项目而定。

（2）有与广告经营范围相适应的设备。

（3）有与广告经营业务相适应的从业人员，有熟悉广告管理法规的经营管理人员，专业广告设计、制作及财会人员。

（4）有健全的各项管理制度。

（四）经营广告业务的个体户组建条件

（1）具有一定的广告专业技能。

（2）熟悉广告管理法规，有审核广告内容的能力。

（3）有与广告经营范围相适应的经营场所、设备和流动资金，场地不少于20平方米，流动资金不少于5万元人民币。

（4）广告费收入单独立账。

（五）中外合资、合作广告公司组建条件

（1）具备设立综合型广告公司或设计、制作广告公司的条件。

（2）合营各方必须是具有一定规模的以经营广告业务为主的企业法人。

（3）能够引进国际先进的广告设计、制作技术和设备。

（4）具有市场调查、广告策划和广告效果测定的能力。

（5）能够为中方合营者培训广告策划、创意、设计、制作人员和经营管理等广告从业人员。

（6）投资总额不低于30万美元。

《中华人民共和国行政许可证》实施之后，我国对广告公司的组建条件开始放宽。2004年11月30日颁布的《广告经营许可证管理办法》中对广告公司组建条件作了新的规定。

规定中声明，《广告经营许可证》是广告经营单位从事广告经营活动的合法凭证。规定要求，广播电台、电视台、报刊出版单位、事业单位，法律、行政法规规定应进行广告经营审批登记的单位，应依照《广告经营许可证管理办法》向广告监督机关申请，领取《广告经营许可证》后，方可从事

相应的广告经营活动。

规定中对申请《广告经营许可证》应具备的条件作了规定:第一,具有直接发布广告的媒介和手段;第二,设有专门的广告经营机构;第三,有广告经营设备和经营场所;第四,有广告专业人员和熟悉广告法规的广告审查员。

申请《广告经营许可证》,应当向广告监督管理机关报送下列申请材料:《广告经营登记申请表》、广告媒介证明、广告经营设备清单、经营场所证明、广告经营机构负责人及广告审查员证明文件、单位法人登记证明。

二、医药广告公司的组建程序

广告经营者在经营广告业务前,应按有关法律、法规向广告管理机关申请经营广告业务,获得广告合法经营的法律手续。

广告公司的申办是要经历受理申请、审查条件、核准资格、发放执照四个阶段。

(一)受理申请阶段

广告经营者应根据自身的具体情况向不同级别的广告管理机关申请:

(1)全国性的广告企业、中外合资、中外合作经营广告业务的企业,向国家工商行政管理局申请。

(2)兼营广告业务的事业单位申请承揽外商来华广告,向省、自治区、直辖市工商行政管理局申请。

(3)地方性的广告企业、兼营广告业务的事业单位、经营广告业务的个体工商户,向所在市、县工商行政管理局申请。

(4)举办全国性的临时性的广告经营活动,举办单位向所在省、自治区、直辖市工商行政管理局申请;举办地方性的临时性广告经营活动,举办单位向省、自治区、直辖市工商行政管理局或其授权的省辖市工商行政管理局申请。

(二)审查条件阶段

广告管理机关对经营者的申请进行审查核定。广告经营者向广告管理机关提交有关文件、证件、材料,广告管理机关对上述文件、证件材料进行审查,并对其应具备的专业进行审查。审查逐级进行,受理申请的广告管理机关初审后,报上一级广告管理机关复审,直至有审批权的广告管理机关进行最后审查。

(三)核准资格阶段

有关审批权的广告管理机关根据审批情况,依法做出准予经营广告业务的决定,包括授予广告经营权和核定经营范围。

全国性经营广告业务的企业,中外合资、合作经营广告业务的企业,兼营广告业务的事业单位申请直接承揽外商来华广告,举办全国性的临时性的广告经营活动由国家工商行政管理局核准。

地方性的经营广告业务的企业、兼营广告业务的事业单位,经营广告业务的个体工商户,举办地方性临时性广告经营活动，由省级工商行政管理局核准。省辖市工商行政管理局可以批准个体工商户经营广告业务。

（四）发放执照阶段

广告管理机关对广告经营单位审核后，按不同的情况给经营单位相应的资格证书。

（1）全国性经营广告业务的企业，中外合资、合作经营广告业务的企业，发给《中华人民共和国营业执照》。

（2）地方性经营广告业务的企业，发给《企业法人营业执照》。

（3）兼营广告业务的企业，发给《广告经营许可证》。

（4）核准直接承揽外商广告业务的事业单位，发给《中华人民共和国广告经营许可证》。

（5）经营广告业务的个体工商户发给《营业执照》。

（6）举办全国和地方性的临时性广告经营活动发给《临时性广告经营许可证》。

广告公司每年还要接受广告管理机关对广告经营单位在执行法律、法规、政策以及广告经营方面的情况的监督检查，简称广告年检。广告公司向广告管理机关领取年检注册书，填写后，法人签字，报送广告管理机关。广告管理机关年度检查的主营情况内容有：广告公司的原登记事项、年末实际情况、全年广告经营情况、分支机构情况及广告经营中的其他问题。广告管理机关对经审查符合年检注册的广告经营单位发给《年检注册证》，不合格者，不予发放。

三、医药广告公司应遵守的法律法规

在中国广告业复苏后，为了加强对广告活动的管理，1982 年，国务院颁布了《广告管理暂行条例》，这是我国第一次用法规的形式管理全国的广告业。

随着经济的发展和广告业的繁荣，原有的《广告管理暂行条例》已不适合时代的需要，为了加强对广告业的有效管理，使广告业健康成长，1987 年 12 月国务院在《广告管理暂行条例》的基础上制定颁布了《广告管理条例》。国家工商行政管理局单独或联合相关行业，如，药品、食品、体育、赞助广告等制定了单项管理规定。

1994 年 10 月，八届全国人大常委会第十次会议通过了《中华人民共和国广告法》，于 1995 年 2 月 1 日正式实施。

广告法的实施并没有废除《广告管理条例》及《广告管理条例实施细则》，与《中华人民共和国广告法》不矛盾的条款依旧有效。《广告管理条例》和《广告管理条例实施细则》中的规定较广告法更具体，更具有操作性。

医药广告公司在经营广告活动时，主要遵循的法规包括：①《中华人民共和国广告法》；②《广告管理条例》；③《广告管理条例实施细则》；④《广告审查标准》；⑤《药品广告管理办法》；⑥《医药器材广告管理办法》。

此外，医药广告公司还要遵守《中华人民共和国商标法》、《中华人民共和国产品质量法》、《中华人民共和国反不正当竞争法》等法律文件，这样既可以防止在经营中出现违法行为，也可以保护自己的权益不被受到侵犯。

第三节　医药广告公司的结构和管理

一、医药广告公司的主要部门

医药广告公司的人力资源部、财务部等部门与其他广告公司的相关部门并没有太多的区别。因此，这部分主要介绍医药广告公司所特有的部门。

（一）客户服务部

客户服务部的主要职能是与客户沟通，为客户的广告活动进行策划、管理及支配广告公司的内部资源。客户服务部是广告公司的核心，其他部门都要围绕客户服务部展开工作。

1. 客户服务部的工作流程

2. 客户服务部工作内容

客户服务部工作内容可以分为以下6项：

（1）协调。客户服务部人员的协调工作主要包括两方面：外部协调和内部协调。外部协调主要指客户服务部人员代表广告公司与广告主进行沟通和协调，向广告主提出建议并解答广告主的疑问。内部协调指为保证广告公司各个部门在做好本职工作的同时要通力合作，客户服务部人员必须在其中进行沟通和协调。控制和协调各部门的工作进度和工作质量，如果有些业务进行了外包，还要和外包公司沟通。这就要求客户服务部的员工具有广告业的综合知识。

（2）策划。客户服务部人员要与广告主、广告公司及其他人员一起策划广告活动，共同制定广告目标，目标客户，媒体选择、经费预算，评价指标体系等。

（3）提案。客户人员通常负责将广告公司完成的工作提交给客户，使得客户了解工作的进展程度和质量，一旦出现问题能及时更改，从而能够控制风险。提案的方式可能是正式提案，也可能是非正式讨论。正式提案要求准备幻灯片和剪报图，客户人员必须根据提案的内容精心准备。

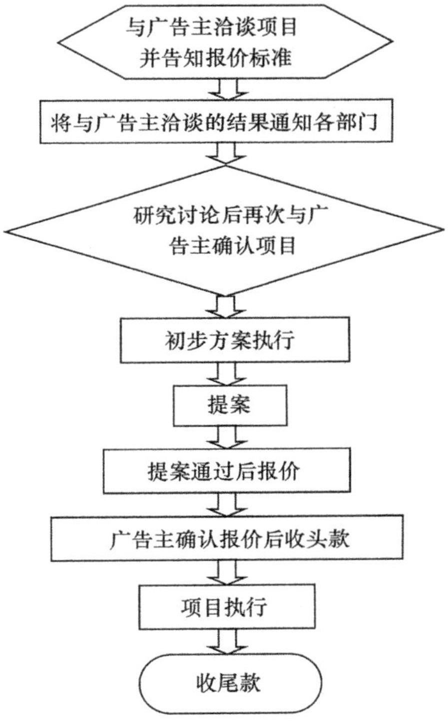

图 10-1

（4）熟知广告法律法规。广告法律法规对医药行业的广告做了严格的要求，这要求客户人员要充分了解，以免触犯法律。

（5）管理广告公司利润。广告公司的整体利润是由每个客户的项目利润构成，这就要求客户人员必须负责管理每个客户的利润，监控为每个客户服务所需的人力资源和时间成本。

（6）开发新客户。在维护老客户的同时，还要注意把潜在客户转化为准客户。虽然开发新客户的成本高于维系老客户的成本，但新客户的增加能为公司带来新的利润增长点。因此，开发新客户是客户服务部的一项重要工作。

3. 客户服务部的人员构成

在4A公司,客户服务人员分为三个层次:客户总监、客户经理和客户主管。

(1) 客户总监职责:熟悉公司所有客户,确保他们得到满意的服务;负责一两个大客户;督导下属工作;掌握每个客户的利润率,以及这个客户对公司的贡献水平;参与公司的经营管理与新业务的开发。

(2) 客户经理职责:维护重要的客户;协助客户总监管理客户服务人员。

(3) 客户主管职责:与客户保持密切联系,确保客户的需求和期望都能够实现;与广告公司内部人员沟通;与客户进行电话联系或开会;做好洽谈记录。

(二) 市场部

市场部的工作重点是进行广告调研。广告活动通过广告媒体向目标市场宣传产品,引起消费者的注意,激发其购买欲望,促使消费者购买,最终使企业在市场竞争中取胜的过程。因此,为制作有效广告所进行的广告调研应包括广告环境调研、广告主体调研(广告主、广告产品)、目标市场调研、市场竞争调研、广告媒体调研、广告效果调研等方面的内容。

市场部由市场总监、市场经理、市场部主管以及市场助理构成。一些比较小的调研项目往往由广告公司自己独立完成,如果接到大型的调研项目,凭借广告公司自己的能力无法完成,需要由专业的广告调研公司协助完成。这时市场调研部负责联系专业的调研公司来完成该项目的调研工作,而调研部只负责控制调研的质量和效果。

(三) 创作部

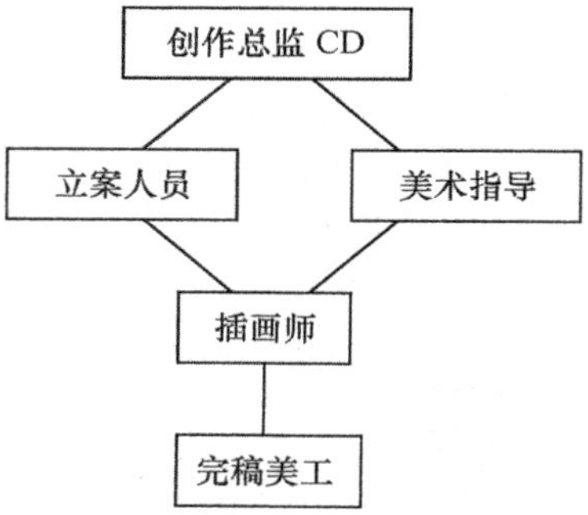

图 10-2

奥美公司前总裁肯尼斯·罗曼和前创意总监简·马斯在他们共同合作的著作《如何做广告》中,开篇提出了"广告是创意"的观点,可见,广告创作部在广告公司中的重要地位。好的广告创意能吸引受众的眼球,激发消费者的购买欲望,诱发其购买行为,实现广告客户的预期目标。

创作部的人员构成如图10-2所示。

如果是广播电视作品,由文案人员和插画师完成工作后,由公司负责制作的人员联系专业的制作公司完成作品。

(四) 媒介部

广告作品完成后,广告公司按其广告策略安排的媒体刊播,利用大众媒介及其他媒介传递广告信息。媒介部的职责就是制定并实施最有效、最合理的媒介计划。

在广告公司中,媒介工作分为四种类型:媒介计划、媒介购买、媒介调查、媒介检测。媒介计划人员按照客户服务、市场调查及媒介调查人员提供的信息做出有利于品牌或企业传播目的的媒介发布计划,并由媒介购买人员去实施。媒介调查人员关注媒介的特点、收视率、同类产品在媒介上发布的时间、费用、次数,以便计划人员做出相应的安排,并反馈给其他部门,调整客户的广告策略或预算。媒介调查常常依赖于专门的媒介调查公司。媒介检测人员的职能是检测目标媒介是否按照广告协议准时发布广告,以免漏播误播,控制损失。

媒介部的层级有：媒介总监、媒介经理、以及媒介执行人员。

二、广告公司组织结构类型

广告公司组织结构是安排员工实现公司目标和管理职能的一种方法。组织结构科学合理与否直接关系到公司的运作效率和公司目标的实现程度。具有一定规模的广告公司，其组织结构主要有四种类型。

（一）直线职能制组织结构

直线职能制是比较传统的组织形式，即公司内部按工作内容划分为若干个职能部门，由公司经理指挥各部门的运作。直线职能制的组织结构符合广告公司业务专业化的要求。其优势在于可以将公司从事相同专业的人力资源加以集中利用，并且便于公司的有效管理。其不足在于各职能部门之间过于独立，缺乏沟通，容易导致各自为政，影响工作效率。目前，在人员流动速率高的情况下，这种组织结构承受人才流失风险的能力相对较弱。其具体的组织结构图如图10-3所示。

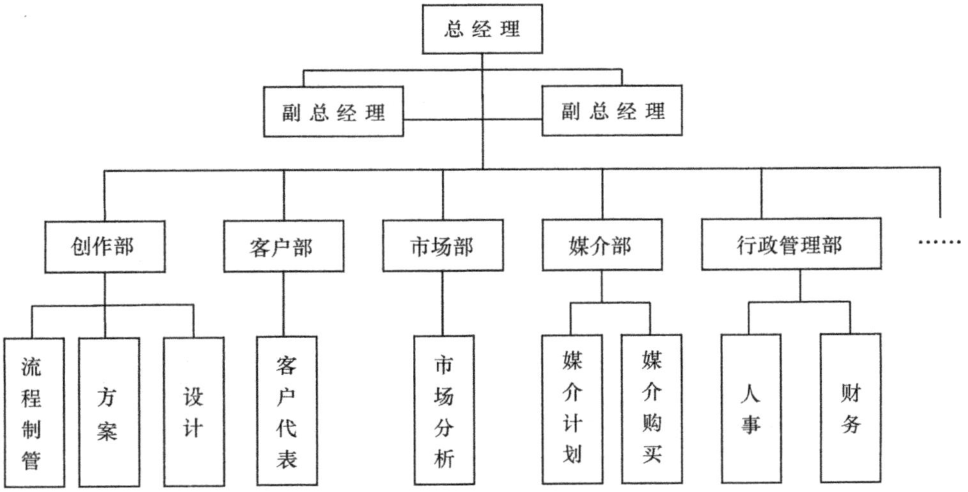

图10-3　广告公司直线职能制组织结构

（二）小组作业式组织结构

小组作业式组织结构根据客户的种类和要求，将客户的工作人员划分为小组，每个小组负责一种或几种不同品牌的产品的广告活动，小组成员包括客户代表、文案与设计人员等。其突出的优势在于可以为客户提供一对一的服务，能够发挥专业人才优势，满足客户的特殊需要，人员沟通便利，保证服务质量，并且这种组织形态非常灵活，广告公司可以根据自身业务量的变化扩展或缩小规模。其劣势在于客户往往对为其服务的小组提出特殊的要求，使得小组同公司按其他方式组织起来的部门难以协调。另外，根据客户的类别而专门配制的人员和设备可能得不到充分利用，并且，客户一旦离开这家广告公司，这个部门就得撤退，造成公司人员安排的困难。其组织结构如图10-4所示。

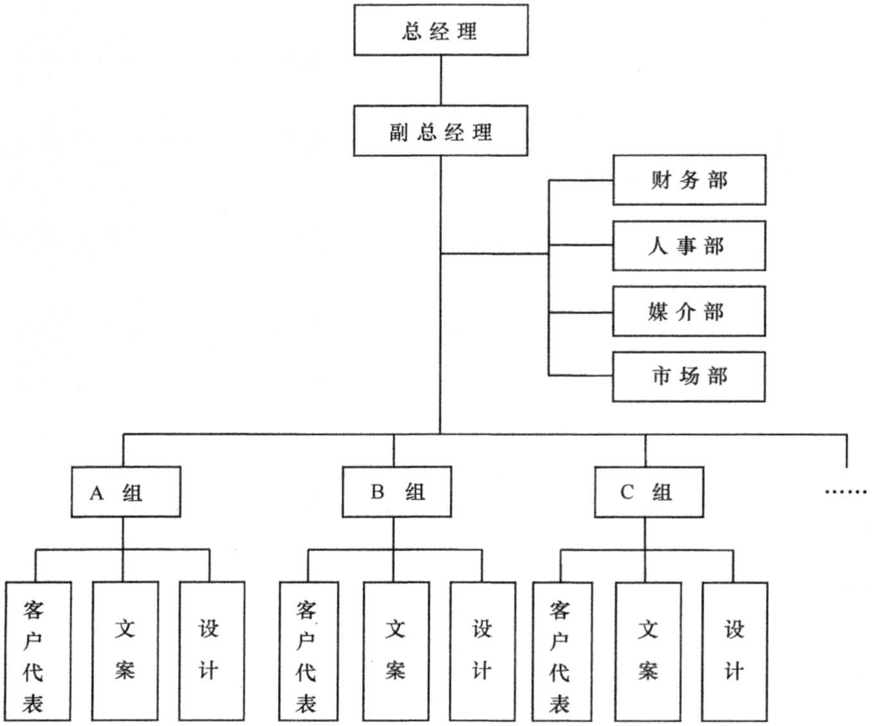

图 10-4 广告公司小组作业式组织结构

（三）事业部制组织结构

事业部制最早是由美国通用汽车公司总裁斯隆于 1924 年提出的，故有“斯隆模型”之称，也叫“联邦分权化”，是一种高度（层）集权下的分权管理体制。它适用于规模庞大，品种繁多，技术复杂的大型企业，是国外较大的联合公司所采用的一种组织形式，近几年我国一些大型广告公司也引进了这种组织结构形式。医药广告公司采用的事业部制组织结构有两种形式，一种是按地区设置事业部的组织结构，一种是按服务或产品设置事业部的组织结构。

1. 按地区设置事业部的组织结构

采用这种组织结构的广告公司一般是广告客户在地理上较为分散，一些全球性或全国性的广告经营者往往在某一个城市注册成立总公司，在其他城市设立事业部，各个事业部既是一个整体，又相对独立，在业务上有分工也有合作，这些广告公司代理的大客户可能分散在不同地区，不同城市，因而广告经营者按客户总部在哪里，就在哪里设置事业部的原则设立组织机构。

这种组织形态提高了公司的办事效率，节约成本，企业的高层管理者可以集中精力考虑公司发展的战略问题。其缺点是增加了公司管理上的难度。其组织结构图如图 10-5 所示。

2. 按服务和产品设置事业部的组织结构

这种组织结构是广告公司根据本公司给客户提供的服务或产品设置事业部，把与某服务或产品有关的各项业务共同组成一个事业部。一些优势突出、给客户提供部分服务的广告经营者和媒体广告公司常采用这种组织结构。

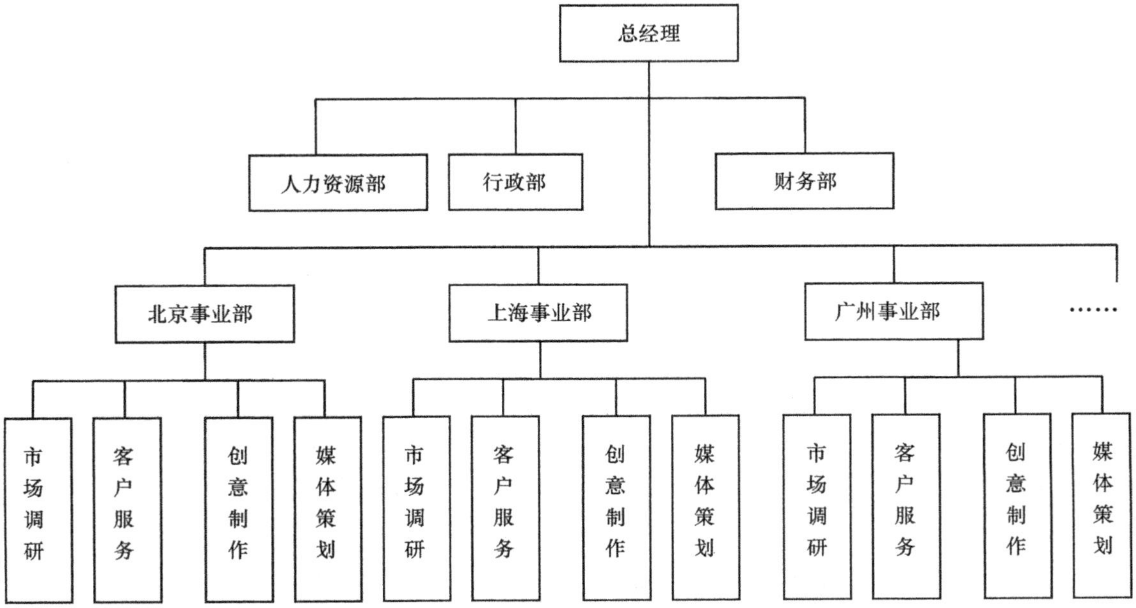

图 10-5　广告公司事业部制组织结构

按服务或产品设置事业部的优点在于公司高层从日常的琐碎事物中解脱出来，能够集中精力于企业发展的战略问题，现在企业的竞争已不是企业某一方面能力的竞争而是综合能力的竞争，而公司的战略构想为企业这艘航母如何培养核心能力指明了方向。对于各个事业部而言，他们具备专业化的人才和设备，使得他们在某一方面发挥比较优势。其缺陷在于，管理成本较高，各部门因业务不同难以平衡，如果对各事业部的权利控制不当，会使公司的整体性受到破坏。其组织结构图如图 10-6 所示。

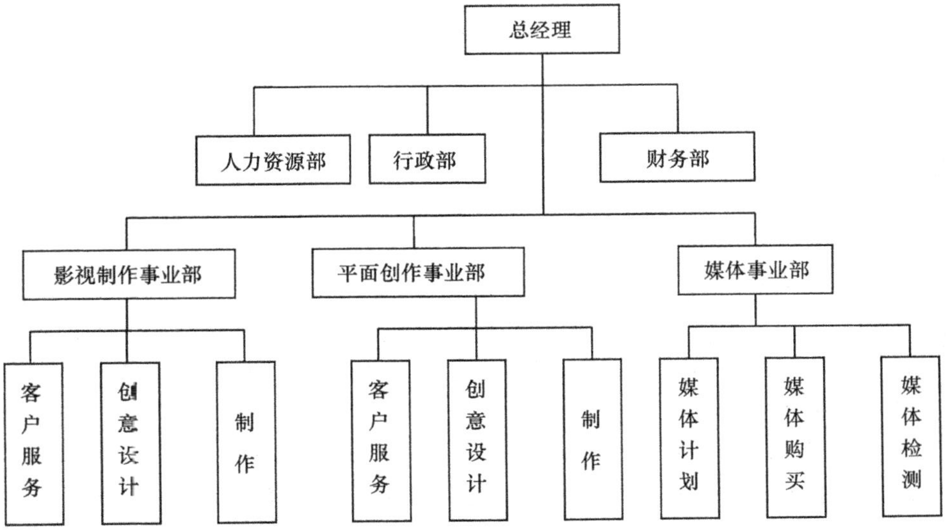

图 10-6　按产品和服务设置事业部的广告公司组织结构

(四) 矩阵型组织结构

矩阵型组织结构是将按职能划分部门和按客户划分部门综合起来的一种方式。在一般情况下,公司按职能划分部门,但当需要为某个客户服务或完成某项任务时,就设置专项工作部门。这种组织类型的特点在于吸纳了两者的优点,有利于集中各个部门的优势力量争取客户、服务客户,保证服务质量,同时便于公司积累对不同客户服务的经验,其缺点在于员工受项目经理的双重领导,容易产生矛盾。其组织结构如图 10-7 所示。

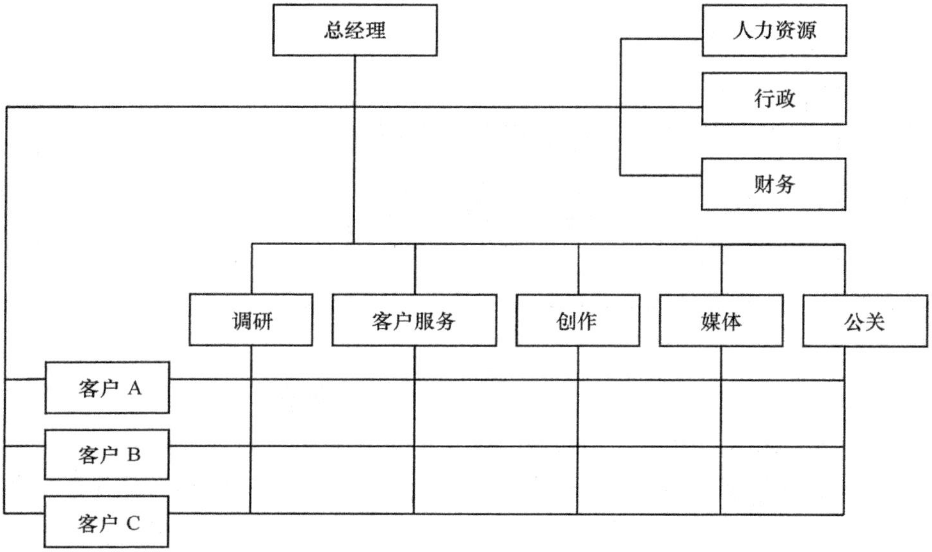

图 10-7 广告公司矩阵式组织结构

三、医药广告公司的管理

广告公司的管理,对广告公司的生存与发展具有重要意义。广告公司的管理主要包括三个方面。

(一) 战略管理

由于广告业的进入壁垒较低,使得近年来本土广告公司不断增加,竞争日益激烈。而外资广告公司的进入使得广告业面临新的洗牌,据资料显示,截至 2006 年 5 月,世界五大广告集团在华设立合资公司 38 家。在激烈的竞争中,如何分得大块蛋糕,这是每个广告公司都在思考的问题。而广告公司能否制定合理的战略将直接关乎其长远的发展。因此,战略管理的重要性日益凸显。

战略在组织内主要分为三个层次。

第一层次为公司战略(corporate strategy),它关系到组织的经营范围,确定组织选择进入哪些行业,从事哪些业务,追求什么样的战略目标和发展方向,从结构和财务的角度来考虑如何经营,怎样将资源分配给各业务单元。公司战略有三大类型,包括扩张型战略、稳健型战略、收缩型战略,涉及时间为5~10年。

第二层次为竞争战略或企业战略(business strategy),主要解决在市场如何竞争的问题,涉及时间为1~5年,主要确定向哪些市场提供哪些产品或服务,关心他们满足顾客的程度以及达到组织目标的可能性。确定企业的核心竞争力以及维持与发展竞争优势,通常是这一层次战略的核心。奥美的使命是:给客户能帮助他们业务成长的"big ideas",通过今天有效的传达,为明天建立永久的品牌。通过奥美广告公司的使命,我们可以清晰地看到奥美的竞争战略。

波特在1980年提出了三个基本竞争战略,包括低成本战略,差异化战略和目标集聚战略。低成本战略即努力使企业成本低于竞争对手的成本,追求全行业低成本地位的战略。差异化战略就是提供与同行业企业不同的产品和服务,即企业在品种、质量、价格等方面创造独特的、与竞争对手不同的特点与优势,这样不仅能满足客户的需要,而且在一定时期内,同行竞争者难以取代。目标集聚战略是以"在行业内很小的竞争范围内做出选择"为基础,把经营的重点放在某一特定类型的客户或某一特定地区上,从而很好地为某一特定目标服务。随着经济的发展、技术的进步,使得既低成本又差异化战略成为可能。

第三层次为职能战略(operational strategy),它关系到企业的不同职能——人力资源、财务、客户服务、设计制作等如何为其他层次战略服务,这些服务对于提高组织竞争力至关重要。

根据现代战略管理理论,战略管理并不是指管理组织制定主要问题决策的过程,还要保证战略的实施并发挥作用。因此,战略管理是管理者的一个连续决策的过程,以确保实现其使命和目标。战略管理的目标是使公司的资源与环境中的机会和威胁相一致。

广告公司战略管理的内容主要包括:寻求经营领域,确定公司未来的发展方向;选准为经营领域服务的差别优势;期望取得的目标成果;制定战略方针和计划;实施并监控该战略计划。

(二) 人力资源管理

广告业是一个知识密集型的行业,为员工提供一个不断成长的空间,是员工和企业共同成长的加速器。

广告公司人力资源管理的内容主要包括制定人力资源计划,招聘录用员工,教育培训员工,建立健全考核奖惩体系,建立科学的薪酬福利体系等。

1. 制定人力资源计划

根据广告公司的经营管理目标和组织结构需要,公司的各项工作的性质、职位职责及素质要求,确定公司员工的需求量和需求标准,做好人力资源数量和质量的预测。在此基础上,分析人力资源的供给情况,进行供给预测。为招聘和内部培养员工提供依据。

2. 招聘录用员工

根据人力资源计划,招聘相应的员工。招聘录用员工应按照科学的标准,根据公司实际情况制定出相应的用人政策、筛选办法、录用程序,提高招聘的质量和效率。

3. 教育培训员工

广告公司是典型的知识密集型产业,为了在激烈的竞争中胜出,无论是管理层还是基层员工,都需要不断地汲取新知识,保持对外部环境的快速应变能力并不断开拓创新。跨国广告公司之所以以先进的理念和科学规范的运作著称,很大程度上归功于他们始终坚持并实施的规范的员工培训制度,从而保证服务水平的稳定与规范,体现较强的组织优势。

信息框

某知名4A广告公司建有自己的培训中心,定期为员工提供专业培训,时间最长为半个月,最短也有一个星期,培训中心的宗旨是激发员工创造性思维,将创新的思维能力运用到工作之中,时刻保持充足的能量,使员工获得在本公司和广告行业良好生存、良性发展的空间。目前采用的培训方式有三种:①请进来,请社会有知名度、有特点、有成果的专家及公司外围智囊团专家教授来公司授课;②走出去,到广告业发达的国家和地区针对性考察,到国内名牌学府高级研修班学习,进修;③互教学,公司内部员工开展相互交流学习心得、工作体会的恳谈会。

(资料来源:陈永,丁俊杰,黄升民.2005.广告公司调查专项综合报告——广告公司运营态势篇,现代广告,3期)

4. 建立健全考核奖励体系

考核是对员工完成目标或执行各项计划的实际状况进行考查、评估,是对员工奖惩的依据。科学合理的奖惩体系能激发员工工作的热情以及员工对企业的忠诚度。否则,员工就没有动力努力工作,因为干好干坏一个样,会直接影响公司的发展目标。

5. 建立科学的薪酬福利体系

著名的心理学家马斯洛曾提出了著名的"需求层次理论"。人的需求从低到高分为5个层次,包括生理需要、安全需要、社交需要、尊重的需要以及自我实现的需要,就大多数人而言,只有较低层次的需要得到满足以后才会产生更高层次的需求。而薪酬福利体系处于人的需要的较低层次,对人的基本生活的满足至关重要,直接影响到员工积极性的发挥。在人才流动率相当高的广告行业,薪酬福利体系不合理会使得大批的员工流失,为企业带来极大的损失。因此,建立科学的薪酬福利体系对公司的持续发展至关重要。

(三)客户关系管理(CRM)

"一家公司80%的收益是20%的客户带来的。"这就是著名的二八定理。而真正能够从20%的客户中实现80%的收益的关键则在于完备的客户服务。

广告公司属于服务行业,服务行业的宗旨是使顾客满意,而该行业竞争的日益激烈,使得广告公司必须推行以顾客价值为导向的服务模式。目前,"客户关系管理"这一概念已屡见不鲜,但广告公司如何才能做好客户关系管理,已成为众多广告公司思考的问题。

理念决定行为,要做好客户关系管理,首先要树立CRM理念。将企业的客户作为最重要的资源,通过完善的客户服务和深入的客户分析不断了解顾客需求,提供客户满意的服务,与客户建立起长期、稳定、相互信任、互惠互利的密切关系,实现客户终生价值。

客户关系管理的内容主要包括以下几个方面。

1. 识别客户资源

广告公司的“客户”不仅包括外部客户，还包括企业的内部客户——企业员工。“攘外先要安内”，要达到提高外部客户满意度和忠诚度，从而最终提高企业最大赢利的目的，首先要提高内部顾客的满意度，即让企业内部员工满意，让满意的员工忠诚，从而为外部客户提供高价值的服务。

2. 分类管理客户

从企业所关注的价值角度，可以将客户分成重要客户、主要客户、普通客户和小客户四类，其中前两类客户称为企业的核心客户（即关键客户），企业应为此类用户建立专门的档案，由公司的中高层客户经理与之沟通，定期派人走访。介于二三类之间的客户称为最具成长性的客户，对于这些客户企业可以在一定范围内提供个性化服务，除非客户需要否则不应为其而改变价格，开发客户的消费潜力和长期价值。对于企业的低于零点客户（即导致了企业成本发生的客户，支持和服务于这一客户组的成本超出了所需的边际成本）的分类管理策略应该是收取的服务费用达到较高的某一点，在这点上客户或者是离开转向他处，或者能够带来值得企业去保留的价值。

3. 客户知识管理

客户知识管理是通过一组解决方案的集合寻找和识别与问题有关的关键性信息，并将这些信息进行提取，形成对某一问题的专门知识，用知识指导决策并付诸行动，再将该行动转化为利润。信息时代的客户关系管理要求企业建立与客户之间的“学习关系”，通过召开客户座谈会、客户联谊会的形式，积极主动地与现有的客户和潜在的客户进行不断交流，积累有关客户的信息，并对这些信息进行组织和分析，形成知识库来辅助公司经营决策。

4. 对企业与客户的关系进行全面的管理

广告公司与客户的关系，不仅包括单纯的代理广告的过程所发生的业务关系，如合同签订、订单处理、完成订单、收款等，而且要包括在企业营销及售后服务过程中发生的各种关系。对企业与客户的关系进行全面的管理时，要站在客户的角度思考问题，让客户体验到我们的关怀。客户关怀活动包括在客户从购买前、购买期间到购买后的客户体验的全过程中。购买前的客户关怀为公司与客户之间关系的建立打开一扇大门，为鼓励和促进客户购买服务做了前奏。购买期间的客户关怀则与公司提供的服务紧紧地联系在一起，包括订单的处理以及各种有关的细节，都将要与客户的期望相吻合，满足客户的需求。购买后的客户关怀活动则集中于高效的跟进和圆满地完成广告效果的追踪等相关步骤，让顾客循环购买我们的服务，提高客户忠诚度。

第四节　医药广告人才的培养

一、医药广告公司的主要人才

从第三节，我们可以了解医药广告公司的人才构成，主要包括客户服务人员，撰稿人，设计师，创意人才。广告公司的工作是智力密集型工作，需要不同部门、不同专业人才相互沟通，相互协作。这也意味着不同部门，其人才的聘用、培养标准是存在差异的。

（一）客户服务人员能力素质

客户服务部在客户总监的领导下，负责广告主与广告公司之间的业务沟通与落实，是双方之间不可或缺的纽带。客户服务部人员要求具备较高的综合素质,要求具备广告学、管理、经贸、公关谈判等多方面的知识和技巧。

客户主管与客户服务人员是广告公司开拓和承接项目的代表,这不但要求他们具备吃苦耐劳的职业精神,还要求具备良好的口才和全面沟通技巧,可以游刃有余地进行公关、交际及处理人际关系,同时具备良好的心理素质和分析判断能力。客户服务人员还需具备良好的计算机应用能力,能建立系统而完整的客户关系管理系统,以进行客户分析和管理。在业务上,能够为客户提供一套解决方案,并协调各部门完成。

(二)撰稿人

负责广告文稿的撰写,要求精通广告学、广告写作学的理论知识,具备较高的文学造诣、敏捷灵活的思维能力。广告策略是营销策略的一个重要方式,因此,广告撰稿人还要具备营销方面的知识,熟知相关的政策法规。

(三)设计师

广告设计师一般由艺术学院美术以及相关专业的人才担任。但广告不是纯艺术的范畴,广告传递给受众时,要考虑到受众的接受能力。纯艺术的东西不是任何人都能理解和享受的,因此这要求设计师是艺术与广告学有机结合的复合型人才。

(四)创意总监与创意指导人员

创意是一则广告的灵魂,这也凸现了创意总监在广告公司中的地位与重要性。高层次的创意总监,在大型广告公司中享有较高的待遇和地位,年薪甚至比总裁还高,国外广告公司创意总监年薪不少于20万~30万美金。那么创意总监和创意人员应具备哪些特殊的要求呢?根据美国奥美广告公司的规定,创意人员应具备以下素质:

1. 创意总监应具备的素质

(1)创意总监要认同广告策略。他确信策略集中对广告的效果非常重要,市场调查以及分析结果为成功的广告奠定了坚实的基础。创意总监不看、不接受、不尝试卖出没有策略框架的广告。

(2)创意总监无论是在工作过程中还是在最终产品中都要追求卓越。他能和员工进行有效的沟通,保证公司为客户提供最好的创意作品。

(3)创意总监应具备无私的品质。能客观地评价员工,并给与相应的激励。擅长团队合作,使整个公司的人分享到劳动成果。

(4)创意总监是优秀的推销员。他能够根据恰当的创意环境的需要、公平的员工报酬的需要和加强创作力的制度和程序的需要进行管理。他不但要向客户推销广告作品,还能把广告公司作为创意冠军推销给客户。

(5)创意总监是管理天才。他清楚如何组织和管理创作部门。

(6)创作总监具备卓越的创意才能。

(7)创意总监能给创意人员提供指导。创意总监不是只对一些创意做出对与错的判断,还要对创意人员给与指导,以提高创作作品的品质。

(8)创意总监应具备旺盛的精力。创意并不是只产生于工作时间,在睡觉、吃饭的时候也可能会产生非凡的创意。由此可见，创意总监的工作时间并不限于上班的8小时。

（9）创意总监应当是培训大师。创作总监的职责中最重要的是除了保证公司的创作质量外，还要监督和培训年轻人，使他们不断的成长。

2. 创意指导人才应具备的素质

具备丰富的经营管理经验与才能；具有战略思维能力；是优秀的心理学家和广告学专家；拥有高效的工作能力；精通电视、广告和印刷业务，精通广告设计与制作；工作认真、努力，思维敏捷，沉着冷静；具有很强的团队合作能力，团队荣誉感；勇于承担风险；有良好的表达能力。

二、医药广告人才的培养模式

医药广告人才的培养有两种模式：一种是以学校为依托的培养模式，这种培养模式的承担主体是高校相应的广告专业；另外一种模式是以公司为培养主体，医药广告公司录用员工之后，要对员工不断地进行培养，成为公司的人力资源。要培养高质量的复合型医药广告人才，以上两种模式应双管齐下。

（一）以学校为依托的培养模式

从厦门大学创办第一个广告专业以来，我国的广告教育已经走过了20年，其间广告教育从零散化、无序化逐步走向系统化、规范化，广告学科建设也日趋成熟与完善。

1. 转变广告教育理念

传统的广告教育理念或多或少存在着一定的误区，主要表现为两种不同的倾向：一种过分注重各种广告技能的培养，即“工匠型”的广告教育理念，这一理念主要存在于以艺术院校或艺术系为基础建立的广告院系中；另一种则过多强调理论知识的重要性，这一类型的广告教育理念可以称之为“学院型”广告教育理念，多存在于以新闻学院、经济管理学院为背景建立的广告院系中。不论哪一种广告教育理念都有其偏颇之处，究其根本原因在于广告教育理念的建立缺乏一个核心的、主导的、起着支配作用的深层次的理念支柱。这些广告院系广告教育理念的建立多以具体的广告人才培养目标为导向，虽然短时期内可能引导广告教育蓬勃发展，但从长远来看，这样一种广告理念缺乏核心理念的支撑，内在地存在着不稳定的因素，不利于广告教育持续健康的发展。

应该建立怎样的核心理念呢？我们认为应该以“创造性复合人才”作为核心理念，围绕此核心阐发广告教育理念。对创造性的理解主要包括以下几个方面：

（1）创造性是对“现有”的一种改变。即任何一种对现有领域有所改变，或把它转变成一个新领域的行为、思想以及成果。

（2）创造性是一种能力。指把先前的知识应用于新的情景，不断解决问题的能力。

（3）创造性是与想像力密切相关的一种原创性。特指能产生具有原创性和有价值成果的、富有想像力的活动。

（4）创造性是人类天赋本能的延伸和发展。如“创造性行为是儿童游戏的继续或替换”，“创造性的知觉和欲望比任何其他事物更能使人类感到人生和生命的价值”。

（5）创造性是各种要素的组合。如认知能力、想像力与全部个性品质的综合等。此外，有的学者还从揭示创造性的个性特征入手，如具有智力冒险、质疑、抵御群体压力、幽默感；另一说法为独立性、自信心、主动性、坚持性及乐于接受新观念和新事物。其形成过程的要素包括：知识的准备、加工处理技能、综合认知能力、动机和态度、环境等。

尽管关于创造性的定义众说纷纭，各有侧重，但是人们对它的基本内涵和主要特征却有相对一致的理解，因此，以“创造性复合型人才”为核心基础形成广告教育理念是切实可行的。广告业的终极发展，不仅是信息传播服务业，而且是一种智力密集型行业。由此决定大学专业教育的重心应放在启迪心智、培育人文精神、激发创造力、培植敏锐的观察与判断力方面，让学生学会学习，学会适应，学会沟通。而高校广告教育则应在“创造性复合型人才”这一核心理念的指导下，承担“培养”的责任，即：培养学生积淀知识文化的能力，培养学生健康的精神品质，培养学生超常的思维和创造力，培养学生敏锐的触角，培养学生意识形态的解读力、文化符号的创造力和行销服务的整合力。

2. 调整广告课程体系

一般来说，各高校的广告课程体系由公共课、专业基础课、专业课、实践课四大部分组成，每一部分的课程承担着不同的培养目标和职责。从表面上看，各部分之间好像是互相联结、互相照应，实际上很多时候由于缺乏内在理念的支持和调控，开设课程的时候具有一定的盲目性和随意性，比如出现授课内容的重叠、授课时间不当、课程之间存在内在冲突等问题。这些问题主要源于两个方面：其一，教材更新速度太慢。广告行业是一个发展速度非常快的新兴产业，相应的广告学的发展速度也是日新月异，相关的新兴科研成果层出不穷，新鲜的前沿理论不断出炉。因此，想要准确把握广告这门学科的发展脉络，必须及时更新教材。但是，从总体上看，各高校教材更新的速度明显滞后，一方面教师出于授课惯性的思考不愿更新教材，另一方面院系为减少选择教材的麻烦也不愿更新教材。其二，课程体系内缺少启迪学生创造性，激发学生创新能力的相关课程。尽管各高校也声称要注意培养学生的创造性，但是落实到具体的课程设置上却缺少相应的课程。这主要是受制于师资力量的薄弱以及缺乏联合施教的思想。

针对高校广告课程设置存在的这些问题，有必要在现阶段围绕“创造性”这一核心理念对高校的广告课程体系进行适当的调整。首先，增加广告课程设置的灵活性，注意不同课程之间的内在联系，合理安排所需的各门课程，目的在于最大限度地激发和挖掘学生的创造性潜能。如可以在大一开设《广告经典案例赏析》的课程替代《广告学概论》或《广告学基础》的课程，通过让学生接触那些富有创意的、生动的、具有冲击力和震撼力的中外优秀广告，激发学习兴趣，培养专业意识，促使学生自觉地对什么是广告进行创造性地思考。这种课程的安排比一开始就学习枯燥无味的概论、基础类课程的安排要合理，它不仅符合人们思维活动的习惯，即从感性到理性，也更加有利于启迪学生的心智，培养学生的创造性思维和创新能力。其次，增强广告课程内容的创新性。第一，捕捉广告学学科发展的前沿动态，及时补充、更新广告学教材；第二，开设一些适合开发学生智力，有利于培养学生创造性的课程。如《创造心理学》、《创造性思维》等类似的课程；第三，打破传统的单向灌输的授课方式，建立双向、互动、讨论式的教学模式。

3. 建立第二课堂

课堂是教师传授知识、传播思想的殿堂，也是培养学生创造性的重要场所。通常我们所讲的课堂往往是在学校学习的地方。广告学是一门具有高度创造性和实践性的学科，因此，学校应将学生置于理论与实践相结合的环境。这个理论与实践相结合的环境就是学生的第二课堂。

第一，鼓励学生积极参加国内外广告大赛，促使学生对广告形成的整个过程有一个具体的认知，锻炼学生的创意能力和动手能力。理论知识永远也替代不了实践，对于广告这样一门实践性很强的学科，必须强化学生的动手能力，参加广告大赛无疑是锻炼学生实践能力的一个有效途径，因为其有奖项和奖金作为激励，比较容易调动学生的积极性。

第二，动员学生组成创意小组或者思维训练小组，定期举行具有专业特色的头脑风暴会议或相关的思维训练，通过在小团体氛围内畅所欲言，不同思想进行激烈的碰撞、激荡，增强学生对专业的理解，激发出学生的创造性潜能。

第三，建立模拟广告公司、媒介广告部及企业广告部。如果在现实中很难操作可以在网上进行模拟，组织学生建立一个网页或网站，模拟广告公司、媒介广告部、企业广告部的运作过程，同时还必须经常创造一些问题情景，通过解决具体的问题，使学生对现实复杂的运作有一定的感知，提高学生创造性解决问题的能力。

第四，建立广告公司实习基地。学校与一些知名的广告公司形成长期的合作关系，一方面，学生有了这个实习基地，就可以将理论付诸于实践，并在实践中进一步加强理论。另一方面，学校也成为广告公司的人才摇篮。广告公司可以在实习的学生中选拔优秀的人才，这样不但降低了广告公司的人才招聘成本，也解决了学校毕业生的就业问题。

（二）以广告公司为依托的培养模式

1. 树立“以人为本”的理念

这里所讲的以人为本是指广告公司不但要尊重员工，进行人性化管理，更重要的是指广告公司要根据员工的兴趣和潜质对员工进行进一步的培养，提升他们的业务能力。目前，学校的医药广告人才培养的技能与公司的实际工作存在差距，因此，我们提倡广告公司成为医药广告人才的社会培养主体。衡量一家公司的发展潜力如何，其员工的素质是一项重要指标。因此，公司培养员工所承担的一切费用不是成本，而是资本。

2. 建立科学的培训机制

员工培训是通过一定的科学方法，促使员工在知识、技能、能力和态度四个方面的行为方式得到提高，以保证员工能够按照预期的标准和水平完成所承担的工作任务。

广告公司培训人才的方式可以根据培训对象的不同、实施培训的时间、地点以及培训内容的不同进行分类。

（1）按培训对象不同划分。

① 决策管理层培训。高级管理人员是广告公司管理的决策层和领导中枢，包括广告公司的正、副经理、各部门的总监和部门经理。对决策管理层培训的内容主要是树立市场与竞争观念，公司战略管理、营销策略制定、预算管理、成本控制和经营决策等一系列重要课题。

② 督导管理层培训。督导管理人员是广告公司管理的中间力量，包括部门经理以下各级管理人员。这一层次在广告公司的经营管理中起着举足重轻的作用。对督导管理人员的培训重点是管理理念和能力的培训，广告专业知识的深化培训，处理人际关系以及客户沟通的实务和技巧、激励员工的策略等。

③ 执行层培训。这里讲的执行层主要指的是广告公司的一般员工。进入21世纪后，执行力将对一个企业的发展起着越来越重要的作用，它将是构成企业竞争力的重要组成部分，从而成为决定企业成败的一个重要因素。如果没有执行力，无论战略蓝图多么宏伟或者组织结构多么科学合理，都无法发挥其本身的威力。执行层的执行能力直接影响到整个公司的经营水平和服务质量，因此，对执行层的培训至关重要。对一般员工的培训重点是专业知识、业务技能以及工作态度方面。

（2）按培训时间划分。

① 职前培训。职前培训也称就业培训，即员工上岗前的训练，职前培训因训练内容侧重点不同，可

以分为一般性职前培训与专业性职前培训。一般性职前培训主要是对新进的员工就广告行业知识、广告公司工作的性质与特点、岗位人员素质要求、职业道德等方面的培训,促进员工对广告行业的了解和信心;专业性职前培训侧重对新员工分部门、分岗位进行有针对性的专业训练,要求员工在正式上岗前切实了解所在部门业务的流程、技术方法等,以便培训后能迅速适应并胜任所承担的工作。

② 在职培训。在职培训是职前培训的深化,具有持续性。员工在正式工作后会定期或不定期的参加各类在职培训,因此,在职培训贯穿员工培训工作的全过程。随着市场环境和客户需求的变化,广告公司要不断自我调整以适应新的竞争环境。在职培训旨在不断提高员工的业务素质,了解广告业发展的前沿问题,把握广告发展的脉搏,使得公司在激烈的市场竞争中能坚如磐石,独领风骚。

③ 职外培训。职外培训指受训员工暂时脱离岗位或部分时间脱离岗位参加学习和接受某种专项训练,以适应岗位变更、职位升迁或广告公司业务发展的需要。根据受训时间安排和受训员工脱产时间的长短,职外培训可以分为全日制培训、间日制培训和兼时式培训三种形式。受训员工以全天时间脱产参加培训为全日式培训,一般需数天时间。为避免影响工作,可采用间日式即非连续方式进行培训。间时式培训是在职培训与职外培训均可采用的方式,为避免影响工作,受训员工可以每天接受若干小时的培训,其余时间仍要在工作岗位工作。

各个广告公司应根据自身的情况,建立科学的培训机制,每年应制定一系列培训方案。一套完整的培训方案应包括培训需求评估,培训目标制定,培训策略选择(培训时间安排、课程设置、预算规划),以及建立评价机构和评价标准。培训的目标不是为了完成培训这项任务,也不是模仿竞争对手的做法,而是为了提高员工的整体素质,从而提高公司的业绩水平,因此,不提倡盲目的培训,否则其培训效果难以保证。培训策略的选择关乎员工学习的效果,所以,公司在制定培训策略时,一定要进行科学的分析和慎重的选择。

3. 选择恰当的培训方法

培训方法应根据培训的目标与需求、培训内容、员工的层次水平、培训的时间、场地与人数等因素来确定。培训方法是否合理将直接影响到培训的效果。采用适当的培训方法可以提高员工的兴趣,减轻员工对新事物的恐惧感,从而能达到事半功倍的效果。广告公司可以采用下列培训方法:

(1) 讲授法。讲授法是比较传统的培训方法,即由专家或老师进行的专题讲座,是向大批学员介绍广告业某一领域的内容、分享知识和信息时常采用的方法。这种方法的缺点就是缺乏互动,容易令学员产生单调、乏味感。因此,讲授法的技巧在于留出适当的时间进行老师与受训员工之间的交流,用问答方式获取学员对讲授能力的反馈。同时,采用这种培训方法的时候要求培训教师具有很强的表达能力,能够声情并茂,并且采用有效的辅助手段,如多媒体等。

(2) 职位扮演法。又称角色扮演法,是一种建立在受训者可能遇到的、与工作相关的情景基础上的模拟训练方法。职位扮演法主要适用于客户服务部门,主要培训内容是沟通技巧,公关策略等。

(3) 操作示范法。操作示范法主要适用于广告设计和制作部门,针对一些先进的广告设计、制作工具和设计技术进行的培训。

(4) 讨论法。讨论法是针对某一专题进行深入探讨的培训方法,其目的是为了解决某些负责的问题,或通过讨论的形式使众多受训员工就某个主题进行交流和沟通,谋求观点的一致。这种方法比较适宜管理层的员工,训练他们解决一些有一定难度的管理问题。

(5) 案例研究法。案例研究法是一种采用交互式集体讨论的方式进行培训的方法。分析案例不是为了解决问题,而是为了培养受训员工判断和解决问题的能力,激发创新思维。

（6）远程培训法。远程培训不同于传统的培训方法，是通过计算机、电信会议、函授等辅助手段使受训者在不同时间、不同地点获得有计划、有目的的训练。目前利用计算机进行培训最常用的形式是“计算机辅助教学”，广告公司可以制作专门的教学课件来满足自己的特殊需要，也可以购买一些培训机构的课件。电信会议是通过卫星通讯使学员与远方的培训人员进行交流。远程培训适合于大型的集团化的广告公司，因为其启动资金较为昂贵。

任何方法都有利有弊，广告公司应根据自身的条件和需求选择最适合的培训方法。

4. 加强培训考核工作

培训效果的考核是对员工培训效果的评价。通过培训考核，促使员工进一步消化和巩固培训的内容。通过培训考核，也可以了解培训机制是否有效，从而修正培训计划和培训方案，为下一轮的培训做好准备。

本章小结

1. 广告公司是专门从事广告代理与广告经营的商业性服务组织机构。医药广告公司是广告公司的一种类型，其服务对象聚焦在医药企业，旨在为医药生产经营企业制定广告方案，并组织一系列的广告活动。医药广告公司按不同的标准划分存在若干类型。目前，广告公司的收费主要有三种方式，包括代理费制、服务费制和绩效论酬制。广告公司应遵守相关法律法规，并按照一定的程序和规则进行组建。

2. 不同的广告公司包含的部门有所区别，但主要部门是相同的。目前，广告公司的组织结构主要有直线职能制组织结构、小组作业式组织结构、事业部制组织结构以及矩阵式组织结构四种类型。随着广告行业竞争白热化，广告公司应加强战略管理、人力资源管理和客户关系管理，以提升自身的核心竞争力。

3. 医药广告人才的培养具有双重任务，一是为广告业培养生力军，另一方面促进医药行业的发展。医药广告人才的培养应采用以学校和公司为主体的双重培养模式。

思考题

1. 什么是医药广告公司？
2. 医药广告公司有哪些类型？
3. 目前，医药广告公司采用哪几种收费方式，你觉得哪种方式更合理？
4. 医药广告公司主要包括哪些部门，其职能是什么？
5. 医药广告公司目前有哪些组织结构，你认为哪种组织结构最有效？
6. 你觉得目前广告公司应加强哪些方面的管理？
7. 请简要概述如何组建广告公司。
8. 试了解医药广告人才的需求现状。对于如何培养医药广告人才，你有什么独特的观点？

典型案例与讨论

中国广告联合总公司

中国国际广告公司，是国家原对外贸易经济合作部于1984年设立的直属大型专业广告公司。1999年加入中国通用技术（集团）控股有限责任公司。中国国际广告公司是北京地区10大广告公司之一、是全国50家大型广告公司之一以及中国广告协会评定的全国49家强势企业之一，是中国广告协会常务理事和外贸广告协会常务理事单位。其主要业务是：设计、制作、发布、代理国内外各类广告；广告业务咨询；举办国内外展览业务。

中国广告联合总公司实行各成员单位代表大会制。总公司最高权力机构为代表大会，代表大会闭会期间，由董事会行使职权。董事会由董事长、一名至两名副董事长组成，它的职责是向代表大会负责并报告工作。

在董事会领导下，设立总经理、若干副总经理，组成总经理会议，负责总公司全部经营管理工作。总经理会议实行集体领导，向董事会负责并报告工作。

在总经理会议集体领导下，总公司下设办公室、业务部、技术艺术指导部、情报资料部。其组织原则实行民主集中制。

由于参加联合总公司的各专业广告公司的经济体制、行政隶属关系和经营范围不变，所以，各专业广告公司在业务上实行独立经营、自负盈亏，仍是各自独立的经济实体。联合总公司和所属各专业广告公司在业务上是指导的关系，在经济上是互利互惠的关系，其组织结构如图10-8所示。

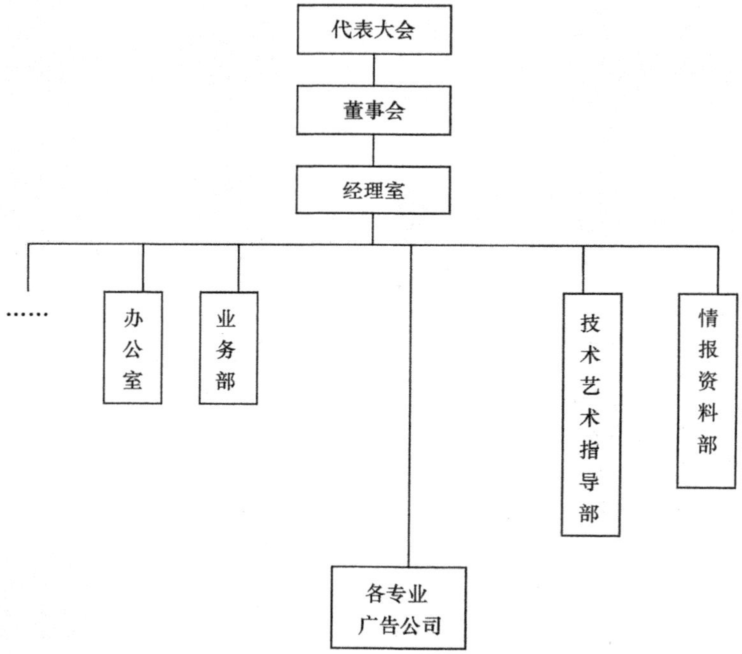

图10-8 中国广告联合总公司的组织结构

（资料来源：中国广告联合总公司网站）

案例讨论

1. 请分析中国广告联合总公司的类型。
2. 请对中国广告联合总公司的组织结构作出评价。

第十一章　医药广告的管理

导言

随着社会经济的进步以及医药行业的发展，这样的观念应当日益深入人心：医药广告管理是一种系统完整、科学规范的现代社会管理活动。医药广告管理是指医药广告管理机构、医药广告行业协会以及社会监督组织，依照医药广告的相关法律、法规和政策规定，对医药广告行业和医药广告活动实施的监督、管理、协调与控制活动。它主要包括法律法规管理、行业自律和社会监督机制三个方面。我国的医药广告管理正在与国际医药管理接轨，医药广告管理需要更完备的法律法规依据，加强医药广告管理的立法，健全医药广告法律法规体系十分必要。在更加完备的医药广告法律法规建立之前，我国已经建立了比较完善的医药广告审查体系，对医药广告的发布实施严格的审查制度，以确保医药广告的真实合法。

引导案例

据工商系统12315举报中心统计，2006年度名列消费者最不信任广告首位的是药品广告。国家工商总局、食品药品监督管理局日前发布的《药品广告审查发布标准》、《药品广告审查办法》将于5月1日起实施。

广告忽悠疗效　小心不能卖药

■　麻醉等5类药品与广告无缘

□　“包治百病”等9种情形违规

今后，5类药品不得发布广告：麻醉药品、精神药品、医疗用毒性药品、放射性药品；医疗机构配制的制剂；军队特需药品；国家食品药品监督管理局依法明令停止和禁止生产、销售和使用的药品；批准试生产的药品。

药品广告中有关药品功能疗效的宣传应当科学准确，不得出现下列情形：含有不科学地表示功效的断言或者保证的；说明治愈率或者有效率的；与其他药品的功效和安全性进行比较的；违反科学规律，明示或者暗示包治百病、适应所有症状的；含有“安全无毒副作用”、“毒副作用小”等内容的；含有明示或者暗示中成药为“天然”药品，因而安全性有保证等内容的；含有明示或者暗示该药品为正常生活和治疗病症所必需等内容的；含有明示或暗示服用该药能应付现代紧张生活和升学、考试等需要，能够帮助提高成绩、使精力旺盛、增强竞争力、增高、益智等内容的；以及其他不科学的用语或者表示，如“最新技术”、“最高科学”、“最先进制法”等。

■ “家庭必备”“无效退款”等词禁用

□ 不准以儿童名义介绍药品

保证用药安全，应当引导合理用药。药品广告不得直接或间接怂恿任意、过量地购买和使用药品。不得含有的内容包括：免费治疗、免费赠送、有奖销售、以药品作为礼品或奖品等促销；“家庭必备”或者类似内容；“无效退款”、“保险公司保险”等保证；评比、排序、推荐、获奖等综合性评价。

新标准还增加了一些内容，例如，不得含有军队单位或者人员的名义、形象，利用军队装备、设施从事药品宣传；药品广告不得以儿童为诉求对象，不得以儿童名义介绍药品；药品广告不得含有医疗机构的名称、地址、联系办法、诊疗项目、诊疗方法以及有关义诊、医疗（热线）咨询、开设特约门诊等医疗服务的内容。

■ 处方药不能越界向公众发布

□ “壮阳广告”避开7时～22时

药品广告须标明药品的通用名称、忠告语、药品广告批准文号、药品生产批准文号，以及药品生产企业或者药品经营企业名称，不能单独出现“咨询热线”、“咨询电话”等内容。

处方药广告的忠告语是：“本广告仅供医学药学专业人士阅读”。非处方药广告的忠告语是：“请按药品说明书或在药师指导下购买和使用”。

处方药可以在指定的医学、药学专业刊物上发布广告，但不得在大众传播媒介发布广告或者以其他方式进行以公众为对象的广告宣传。非处方药广告必须同时标明非处方药专用标识（OTC）。药品广告中涉及改善和增强性功能内容的，必须与经批准的药品说明书中的适应证或者功能主治完全一致。电视台、广播电台不得在7时～22时发布含有上款内容的广告。

■ 审批材料有假，一年内不受理申请

□ 一则广告作假，所有广告文号撤销

针对药品广告中存在的突出问题，增加和明确了以下规定：

第一，篡改经批准的药品广告内容进行虚假宣传的，撤销广告所涉及的药品品种的所有广告文号，并在一年内不受理该药品广告批准文号申请；第二，将药品广告与产品挂钩，对任意扩大产品适应证范围、绝对化夸大药品疗效、严重欺骗和误导消费者的违法广告，将对其产品实行强制控制措施，暂停该产品的销售，并责令其消除影响。

整顿医疗广告大事记

2006年7月21日　国家广电总局、国家工商总局发出“禁播令”，8月1日起所有广播电视播出机构暂停播出介绍药品、医疗器械、丰胸、减肥、增高这五类产品的电视购物节目。

2006年10月24日　新闻出版总署、国家工商总局下发通知，要求从11月1日起，所有报刊暂停发布12类广告：牛皮癣（银屑病）、艾滋病、癌症（恶性肿瘤）、白癜风、红斑狼疮等疾病和无痛人工流产等内容。

2006年11月29日　卫生部、国家中医药管理局宣布：12月起全国暂停为医疗机构办理“医疗广告证明”。

2007年1月1日　《医疗广告管理办法》实施。

2007年1月30日 国家工商总局等11部门联合制定发布《2007年整治虚假违法广告专项行动部际联席会议工作要点》，启动2007年整治虚假违法广告专项行动。

（资料来源：医药门户网）

第一节 医药广告管理的概述

医药广告对社会的影响不仅体现在医药广告具有传播信息、塑造品牌、促进企业竞争等经济功能，还体现在医药广告对于社会同时具有正面和负面的效应。我们必须面对医药广告的负面效应，比如各种各样的虚假医药广告和违法医药广告现象，不仅直接危害和损害着消费者的健康，也扰乱了正常的市场竞争秩序。因此，为了保护消费者利益，维护社会经济秩序，促使医药广告市场健康、有序地运行，各个国家都采取了特定的手段对医药广告进行监管。

一、医药广告管理的特点

医药广告管理是指医药广告管理机构、医药广告行业协会以及社会监督组织，依照医药广告的相关法律、法规和政策规定，对医药广告行业和医药广告活动实施的监督、管理、协调与控制活动。

医药广告管理具有法制管理、广泛监管、全程管理和多层次监管的特点。

1. 法制管理

与其他行业相比，由于医药商品是事关社会公众身体健康和生命安全的特殊商品，这决定了医药广告行业受到的法律管制更多一些。目前，世界上多数国家都通过制定相关的法律、行政法规、行政规章等规范性文件，对医药广告活动的有关方面作出法律规定，以规范医药广告活动的社会控制方式。

进行法制管理对于规范医药广告活动、促进医药行业健康发展和维护社会经济秩序具有突出的作用。从法律的高度对医药广告活动予以规范，符合国家、公众和消费者的共同利益。进行法制管理，医药广告管理部门能够依据医药广告管理法规打击违法医药广告行为，保护消费者的合法权益，降低违法医药广告的社会危害，促进医药广告行业健康有序地发展。

2. 广泛监管

医药广告监管的范围包括广告主、广告经营者、广告媒体等广告市场的主体，涉及社会的各个方面，具有广泛监管的特征。第一，广告主具有广泛性。医药商品的生产企业、流通企业、个人和各种组织都可以成为发布广告的广告主，都要接受广告管理；第二，广告媒体具有广泛性。医药广告的传播方式多种多样，新媒体层出不穷，这都在监管的范围内；第三，广告内容的广泛性。医药广告信息涉及药品、保健品、医疗保健器械等很多方面，增加了医药广告监管的难度。

3. 全程管理

医药广告管理涉及医药广告活动的全部过程：医药广告发布之前的审查，医药广告发布后的实时监测，受理消费者的投诉、举报以及处理违法医药广告等。许多国家都建立了医药广告审查制度，设立了医药广告审查机构，对医药广告施行事前广告审查。我国《广告法》规定，特殊商品如药品、医疗器械、农药、兽药等必须在发布前由广告审查机关对广告内容进行审查，未经审查的广告不得发布。广告的监测机构是在医药广告发布之后对违法医药广告进行监测。医药广告的全程管理机制使医药广告活动的每一个环节都受到监督和管理,有效地减少医药广告的违法行为。

4. 多层次监管

多层次监管是指政府行政立法管理、广告行业自律和社会监督的多层次协同管理。世界上多数国家采用以政府行政立法管理为主,以广告行业自律与社会监督机制作为辅助与补充的方式,对医药广告活动进行管理。

二、医药广告管理的方法

基于对社会公共利益、公共道德的保护,世界各国根据各自的国情,采取多种方法对医药广告行业进行监管。医药广告监管主要采取以下三种方式。

(一)法律法规管理

医药广告的法规管理是指国家工商行政管理部门和其他相关管理部门依据广告和医药广告相关的法律法规对医药广告活动的参与者进行的监督、检查、控制和协调等管理过程。

法律法规管理是医药广告管理最重要的途径,也是国家发展广告事业的各项政策、方针得以顺利贯彻和实施的保障。由于各个国家的经济基础、法律制度、社会习俗等差别较大,各国政府的广告管理部门、管理重点和管理内容也存在较大差别,在此基础上制定的广告法律法规也大相径庭。一般来说,各国广告法律对于广告内容的真实性、广告播放时间、烟草广告、药品广告、酒类广告等均有比较详细的规定。

世界上多数国家都有专门的医药广告管理部门。在我国现行体制结构中,国家工商行政管理机关代表国家行使广告监督管理的职能,国家卫生管理机关代表国家行使医疗机构管理的职能,国家食品药品监督管理机关代表国家行使药品监督管理的职能。

国家工商行政管理总局下设广告监督司,它是工商行政管理部门广告管理的最高机关。国家工商行政管理机关根据《广告法》和国家授权,在广告管理中行使广告管理立法及法规解释,广告经营登记,广告日常监督管理,受理投诉、查处和复议广告违法案件,指导广告业的健康发展等职能。

1998 年 8 月,我国组建国家药品监督管理局(后加入食品)。2001 年 12 月 1 日,我国新的《药品管理法》实施,对药品广告进行了明确规范,并由此明确了药品监督管理机关对药品广告履行核发药品广告批准文号、核准药品广告内容及表现形式、对批准发布的药品广告进行监督检查等监督管理职责。

国家卫生行政管理部门代表国家履行对医疗机构进行行政监督管理的职能,同时对医疗广告的管理履行核发《医疗广告证明》、核准医疗广告内容和表现形式、对批准的医疗广告进行检查等职责。

(二)行业自律

广告行业自律是指广告行业的自我监管。它是广告业发展到一定阶段的产物,是目前世界通行的一种行之有效的管理方式。广告行业自律是由广告主、广告经营者和广告媒体自发成立的民间性行业组织,通过自行制定的广告行业自律章程、公约和会员守则等一系列规则,对自身从事的广告活动进行自我约束、自我限制、自我协调和自我管理。广告行业自律组织一般有广告公司协会、广告主协会、广告媒体协会等。

广告行业自律对广告管理具有重要意义：第一，有助于企业减少广告中夸张和误导性承诺，从而加强广告的效果。第二，广告自律可以减轻政府监管工作的压力。第三，开展自律活动，促使广告主出于自我保护的目的，对违法广告进行积极的监督，客观上起到保护消费者的作用。

广告行业自律作为广告从业人员遵循的规则和制度，主要有以下的特点：

（1）自愿性。行业自律，是广告活动主体自愿进行的行为，不需要强制。这种广告组织的规章制度，不像法律法令那样权威，不需要政府权力来推行。在自愿的基础上，在遵守行业道德和职业道德的前提下，广告组织及广告人自觉地要求自己。就是说，广告行业自律靠的是信念和舆论。违反行业自律规范的，也主要靠舆论的谴责。

（2）广泛性。比起广告法规来，广告自律规范的范围更加广泛。不少法规没有顾及到的广告活动内容，广告自律规范却可以进行约束。就是说，广告自律规范比较具体细致。

（3）灵活性。法律的制定由全国最高权力机构全国人民代表大会及其常委会来进行，法令政策的制定由政府部门进行，而广告自律规范只是由自由参加的行业组织来制定。随着形势的变化，自律规范还可以不断进行修改。

广告行业自律在发达国家已经比较早地形成了健全而具有较高权威的自律规范，并且具有较强的操作性，很好地弥补了法律法规和政府监管的空缺。由于广告行业自律只是作为广告行业进行自我管理的一种职业道德规范，所以它对于参与广告活动的从业个人和实体的素质要求都很高。由于我国广告业起步较晚，规范性较弱，所以和当今的欧美发达国家的广告业相比，在行业自律方面还显得很薄弱。中国广告协会（简称“中广协”）成立于1983年12月27日，是经民政部批准登记的具有社团法人资格的全国性广告行业组织，其宗旨是坚持四项基本原则，贯彻执行改革、开放的方针，代表和维护会员的正当权益，团结全国广告工作者，抓自律，促发展，为建设社会主义物质文明和精神文明服务。1994年12月7日中国广告协会第四次会员代表大会通过的《中国广告协会自律规则》对树立良好的行业风气，维护正当竞争，抵制不正当竞争，建立良好的广告经营秩序，提高广告业道德水准和整体服务水平意义重大。但是由于历史和现实的各种原因，我国现在广告行业组织、广告主、广告公司、广告媒体各自作为一个相对独立的实体而存在，各部门自身的独立性和主观能动性无法充分地被激活和最大限度地调动起来，导致行业自律无法伸展拳脚，充分发挥其作用。

（三）社会监督机制

广告的社会监督机制主要是指社会各界和广大消费者自发成立的消费者组织，依照国家广告管理的法律、法规对广告进行日常监督，对违法广告和虚假广告向政府广告管理机关进行举报与投诉，并向政府立法机关提出立法请求和建议。其目的在于制止或限制虚假、违法广告对消费者权益的侵害，以维护广大消费者的正当权益，确保广告市场健康有序地发展。

广告的社会监督包括消费者组织监督、广大群众的监督和舆论监督三个层次，其中最主要的是消费者组织对广告的监督。

消费者组织是维护消费者权益的强有力组织，也是社会监督机制中最坚实的基础层。在西方国家，随着消费者运动的深入，许多国家都建立了民间团体性质的消费者保护组织。我国的消费者组织是中国消费者协会和各地设立的消费者协会。近年来，消费者组织在广告监督中发挥的作用越来越大，成为广告社会监督的重要力量。由中消协和《南方周末》联合举办的有关虚假广告的调查显示，消费者对于药品广告损害消费者权益的严重性、新闻形式的广告对消费者的诱惑力、名人代言广告应该承担的法律责任等广告问题都有了清楚的认识。可见，消费者对于广告的社会监督意识已逐渐加强，对于广告监督的参与积极性也明显提高。同时，广大消费者对于自身的合法权益的保护意识也明显增强。

实践证明，消费者自我保护意识越强，越能够自觉对广告进行监督。越来越多的消费者提高了自我保护意识，积极进行广告监督，广大群众的监督促进社会监督的不断发展。

随着新闻传播事业的发展，由媒体所形成的新闻舆论在揭露虚假医药广告、促进医药广告健康发展方面发挥着越来越大的作用。在这个层次，对于消费者投诉的虚假或违法广告，新闻媒体会予以曝光，并引导社会力量关注医药广告的健康发展，防止虚假或违法广告的进一步蔓延，2004 年北京新兴医院发布虚假广告的行为就是由新闻媒体率先曝光的。目前，国家和地方的政府部门都已经开始利用政府网站以及各种媒介渠道对违法医疗广告进行及时曝光和查处，消费者也可以通过网络等媒介渠道反馈和监督医药广告主的各项广告活动。

三、医药广告管理的作用

医药广告是事关社会公众身体健康和生命安全的特殊商品，由此决定了医药广告也具有特殊性。医药广告管理的重要作用主要表现在以下几个方面：

1. 加强医药广告管理，有利于维护消费者的合法权益

医药行业属特殊行业，科技含量高，专业性强，导致医药企业与社会公众在对医药信息的拥有、判断能力上呈现极强的信息不对称。社会公众对医药企业有意识地传播的医药广告信息难以辨认、判断，更多是被动接受引导，这样极易造成对消费者的误导。《消费者权益保护法》明确规定了消费者具有安全保障权、知悉知情权等多项权利。为维护消费者各项权利，我国政府必须对医疗和药品服务以及医药广告实行特殊管理，切实有效地保障广大消费者的医疗和用药安全。

2. 加强医药广告管理，有利于形成公平竞争的市场

市场竞争是市场运行有序化、有效率的内在动力，其核心在于竞争的公平性。然而虚假医药广告、欺骗性医药广告、不公平竞争等违法行为，极大地破坏了市场公平竞争的原则，成为医药行业健康发展的一个巨大障碍。有些虚假医药广告给不法经营者带来了暴利，必然会侵害合法经营者的权益，直接导致市场竞争不公平，引起市场混乱。只有加强医药广告管理，杜绝违法医药广告的发生，才能使医药行业进入良性发展的轨道，保护行业参与者的共同利益。

3. 加强医药广告管理，有利于医药广告业的健康发展

医药广告业发展至今，已成为医药市场经济的一项极为重要的内容，得益于医药市场法规的健全和完善。医药广告业要进一步发展、繁荣，就必须对医药广告进行有效的管理，通过广告法规、医药广告行业自律以及社会监督机制的不断完善，使医药广告业的发展同整个国民经济和社会发展相适应，从而促进医药广告业的健康、有序发展。

第二节　医药广告的法规管理

一、我国现有医药广告法规

通过法律、法规进行广告管理是我国实行广告管理的重要手段。与医药广告管理相关的法律

有很多,其中最主要的是《中华人民共和国广告法》、《中华人民共和国商标法》、《中华人民共和国反不正当竞争法》、《中华人民共和国消费者权益保护法》等相关法规,针对与医药广告管理相关的问题和广告的违法行为做出了详细的解释。医药广告管理涉及的主要法律、法规有四种。

1. 医药广告管理遵循的法律

1994 年 10 月 27 日第八届全国人民代表大会常务委员会第十次会议通过的《中华人民共和国广告法》是我国广告管理法规的核心。此外,医药广告还需要遵循《中华人民共和国药品管理法》中的相关规定。《中华人民共和国药品管理法》于 1984 年第六届全国人民代表大会常务委员会第七次会议通过,并经 2001 年 2 月 28 日第九届全国人民代表大会常务委员会第二十次会议修订,自 2001 年 12 月 1 日起施行。

2. 医药广告管理遵循的法规

法规即指国务院、地方人大及其常委会、民族自治机关和经济特区人大制定的规范性文件。法规在法律体系中主要指行政法规、地方性法规、民族自治法规及经济特区法规等。自 1987 年 12 月 1 日起施行的《广告管理条例》及《广告管理条例施行细则》对进一步加强广告管理,推动广告事业的发展起到了重大作用。此外,还有一些地方政府根据实际情况制定的地方性法规,使医药广告管理得以更好的贯彻和落实。

3. 医药广告管理遵循的规章

规章主要指国务院组成部门及直属机构,省、自治区、直辖市人民政府及省、自治区政府所在地的市和经国务院批准的较大的市人民政府,在它们的职权范围内,为执行法律、法规,需要制定的事项或属于本行政区域的具体行政管理事项而制定的规范性文件。与医药广告密切相关的主要包括《药品广告审查办法》、《药品广告审查标准》、《医疗器械广告审查标准》、《医疗器械广告审查办法》和《医疗广告管理办法》等。此外,还包括相关的许多规章,例如《中华人民共和国广告审查暂行规定》、《化妆品广告管理办法》、《农药广告审查办法》和《兽药广告审查办法》等。

4. 与医药广告管理相关的法律

《中华人民共和国商标法》、《中华人民共和国反不正当竞争法》、《合同法》、《消费者权益保护法》等,许多与医药广告活动相关的法律,对医药广告也起着一定的制约和指导作用。

目前,我国广告监管的法律、法规已经有几十种,行政规章制度上百个,以《广告法》为核心的广告管理法规制度体系已经基本形成,针对医药广告管理的法规体系也日趋完善。

二、医药广告的法规管理

所谓医药广告的法规管理,是国家广告管理机关依照广告管理法律、法规和其他政策规定,对药品广告、行医广告和医疗器械广告等广告活动和广告内容的监督和调控等。医药广告的法规管理在医药广告宏观管理中占有重要地位。宏观管理法制化是市场经济发展的必然结果。法规管理具有规范性、权威性、强制性和稳定性。

在发达国家,广告法已有较长的历史,并不断推出新的法规。我国在 1987 年 10 月 26 日颁布的《广告管理条例》的基础上,在 1995 年 2 月开始实施《中华人民共和国广告法》。该法规进一步扩大了广告法规管理的范围,尤其是对广告的真实性进行了进一步强调;对于禁止广告经营活动中的不正当手段、禁止发布的广告内容等有了更具体的规定;进一步加强了对广告验证制度的管理和违法行为的查处等。

（一）对医药广告活动主体的法规管理

1. 对广告主的法规管理

首先，广告主在广告活动中必须提供相关的证明文件，用来证明自己的合法身份和资格。广告主自行或者委托他人设计、制作、发布广告，应当具有或者提供真实、合法、有效的证明文件，包括：营业执照以及其他生产、经营资格的证明文件；质量检验机构对广告中有关商品质量内容出具的证明文件；确认广告内容真实性的其他证明文件。

此外，对于医药广告主在广告中的身份还有特别的要求，《医疗广告管理办法》规定，非医疗机构不得发布医疗广告，医疗机构不得以内部科室名义发布医疗广告。药品广告批准文号的申请人必须是具有合法资格的药品生产企业或者药品经营企业。药品经营企业作为申请人的，必须征得药品生产企业的同意。医药广告主必须按照法律法规的要求提出审查申请，在审查合格之后才能从事广告活动。禁止利用新闻形式、医疗资讯服务类专题节（栏）目发布或变相发布医疗广告。

2. 对广告经营者的法规管理

广告经营者是指受委托提供广告设计、制作、代理服务的法人、其他经济组织或者个人。从事广告经营者，应当具有必要的专业技术人员、制作设备，并依法办理公司或者广告经营登记，方可从事广告活动。广播电台、电视台、报刊出版单位的广告业务，应当由其专门从事广告业务的机构办理，并依法办理兼营广告的登记。综合型广告企业需要具备以下条件：①有与广告经营范围相适应的经营管理人员、策划设计人员、制作人员、市场调查人员（以上人员均须取得广告专业技术岗位资格证书）、财会人员，其中专业人员具有大专以上学历的，不少于从业人数的2/3；②有与广告设计、制作、代理业务相适应的资金、设备和经营场所，注册资本不少于50万元人民币，经营场所不小于100平方米；③有与广告经营范围相适应的经营机构及广告经营管理制度；④有专职广告审查人员。对于广告设计、制作企业（兼营广告设计、制作业务的企业比照执行）从事影视、广播、霓虹灯、路牌、印刷品、礼品、灯箱、布展等广告设计和制作的企业也具有相应的资质要求。

3. 对广告发布者的法规管理

发布广告的新闻媒介单位需要具备的资质包括：①有直接发布广告的媒介；②有与广告经营范围相适应的经营管理人员、编审技术人员（以上人员均须取得广告专业技术岗位资格证书）、财会人员和广告经营管理制度；③有专门的广告经营机构和经营场所，经营场所面积不小于20平方米；④有专职广告审查人员；⑤广告费收入单独立账。同时，广告发布者应该向广告主、广告经营者提供真实的媒介覆盖率、收视率、发行量等资料。

此外，广告发布者发布医疗器械广告，应当查验《医疗器械广告审查表》原件或者经原审查机关签章的复印件，并保存一年。广告发布者、广告经营者受广告申请人委托代理、发布药品广告的，应当查验《药品广告审查表》原件，按照审查批准的内容发布，并将该《药品广告审查表》复印件保存2年备查。

对于处方药广告的发布，国家有特别严格和明确的要求。处方药可以在卫生部和国家食品药品监督管理局共同指定的医学、药学专业刊物上发布广告，但不得在大众传播媒介发布广告或者以其他方式进行以公众为对象的广告宣传。不得以赠送医学、药学专业刊物等形式向公众发布处方药广告。处方药名称与该药品的商标、生产企业字号相同的，不得使用该商标、企业字号在医学、药学专业刊物以外的媒介变相发布广告。药品广告不得在未成年人出版物和广播电视频道、节目、栏目上发布。

（二）对医药广告内容的法规管理

医药广告内容首先应当真实、合法，广告内容应当有利于人民的身心健康，促进商品和服务质量的提高，保护消费者的合法权益，遵守社会公德和职业道德，维护国家的尊严和利益。

为保证用药安全，引导合理用药，2007年5月1日起实施的新的《药品广告审查发布标准》规定，药品广告中涉及药品适应证或者功能主治、药理作用的内容，必须以国家批准的说明书为准，不得扩大或者恶意隐瞒，不得含有说明书以外的理论、观点等。药品广告不得直接或间接怂恿消费者任意、过量地购买和使用药品，不得含有免费治疗、免费赠送、有奖销售、以药品作为礼品或者奖品等促销药品的内容，不得含有评比、排序、推荐、获奖等综合性评价内容。

药品广告不得以儿童为诉求对象，不得以儿童名义介绍药品。除中药材、中药饮片外，药品必须使用注册商标，并在药品包装和标签上注明，未经注册的不得在市场上销售；药品广告的内容必须以国务院卫生行政管理部门或省、自治区、直辖市卫生行政管理部门批准的说明书为准。药品广告中必须标明药品的通用名称、忠告语、药品广告批准文号、药品生产批准文号；以非处方药商品名称为各种活动冠名的，可以只发布药品商品名称。药品广告必须标明药品生产企业或者药品经营企业名称，不得单独出现“咨询热线”、“咨询电话”等内容。处方药广告的忠告语是：“本广告仅供医学药学专业人士阅读”。非处方药广告的忠告语是：“请按药品说明书或在药师指导下购买和使用”。非处方药广告必须同时标明非处方药专用标识（OTC）。

医疗广告内容仅限于以下项目：医疗机构第一名称、医疗机构地址、所有制形式、医疗机构类别、诊疗科目、床位数、接诊时间、联系电话等。医疗广告内容及其表现形式禁止出现以下情形：涉及医疗技术、诊疗方法、疾病名称、药物的；保证治愈或者隐含保证治愈的；宣传治愈率、有效率等诊疗效果的；淫秽、迷信、荒诞的；贬低他人的；利用患者、卫生技术人员、医学教育科研机构及人员以及其他社会社团、组织的名义、形象作证明的；使用解放军和武警部队名义的；法律、行政法规规定禁止的其他情形。发布医疗广告应当标注医疗机构第一名称和《医疗广告审查证明》文号。

药品和医疗器械广告不得含有下列内容：①含有不科学的表示功效的断言或者保证的；②说明治愈率或者有效率的；③与其他药品、医疗器械的功效和安全性比较的；④利用医药科研单位、学术机构、医疗机构或者专家、医生、患者的名义和形象作证明的；⑤法律、行政法规规定禁止的其他内容；⑥麻醉药品、精神药品、毒性药品、放射性药品等特殊药品，不得做广告。药品广告中不得含有医疗机构的名称、地址、联系办法、诊疗项目、诊疗方法以及有关义诊、医疗（热线）咨询、开设特约门诊等医疗服务的内容。

（三）对医药广告活动的法规管理

医药广告的相关经营活动必须严格遵循各项法律法规，科学、严谨地进行医药广告活动。

1. 广告主守法经营

广告主在广告市场活动中应遵守公平竞争、诚实信用等原则。广告所推销的商品或服务应当符合其自身的经营范围。广告主的医药广告经营活动必须在国家核准的经营范围内进行。委托具有合法广告经营资格的广告经营者或广告发布者提供广告服务。广告主必须具有或者能够提供证实自身具有发布广告合法主体资格和广告内容真实、合法、有效的文件。凡不具有上述证明文件的，不能自行发布或委托他人设计、制作、发布广告，否则将承担相应的法律责任。利用重点媒介发布的药品广告，新药、境外生产的药品的广告，需经国务院卫生行政部门审查，并取得药品审查批准文号后，方可发布。其他药品广告，需经广告主所在地省级卫生行政部门审查，并取得药品审查批准文号后，方可发布。需在异地发布的药品广告，须持所在地卫生行政部门审查批准文件，经广告发布地的省级卫生行政部门换发广告发布地的药品广告审查批准文号后，方可发布。

医疗机构发布医疗广告，应当向其所在地省级卫生行政部门申请，并提交以下材料：①《医疗广告审查申请表》；②《医疗机构执业许可证》副本原件和复印件，复印件应当加盖核发其《医疗机构执业许可证》的卫生行政部门公章；③医疗广告成品样件。电视、广播广告可以先提交镜头脚本和广播文稿。中医、中西医结合、民族医医疗机构发布医疗广告，应当向其所在地省级中医药管理部门申请。

对医药广告活动的法规管理首先体现在对医药广告的审核和档案管理上。

2. 广告经营者、广告发布者依法严格审查，进行档案管理

广告主、广告经营者、广告发布者之间在广告活动中应当依法订立书面合同，明确各方的权利和义务。广告主、广告经营者、广告发布者不得在广告活动中进行任何形式的不正当竞争。

广告经营者、广告发布者依据法律、行政法规查验有关证明文件，核实广告内容。对内容不实或者证明文件不全的广告，广告经营者不得提供设计、制作、代理服务，广告发布者不得发布。广告经营者、广告发布者按照国家有关规定，建立、健全广告业务的承接登记、审核、档案管理制度。

此外，广告收费应当合理、公开，收费标准和收费办法应当向物价和工商行政管理部门备案。广告经营者、广告发布者应当公布其收费标准和收费办法。广告主、广告经营者、广告发布者从事广告宣传、广告经营应当遵守行业行为规范和职业道德，即广告市场经营活动规范主要包括：广告合同制、广告代理制、广告经营资质标准、广告服务收费制和广告业务档案制度等。关于医药广告的审查详见下节内容。

（四）对违法医药广告的法律责任追究

广告主或广告经营者违反我国广告管理法律法规要承担相应的法律责任。根据其违法行为及造成危害的程度不同，广告主或广告经营者要分别承担行政责任、民事责任以及刑事责任。由于广告违法行为损害了消费者的合法权益，扰乱了市场秩序，作为广告管理机关应做到有法必依、执法必严、违法必究，坚决按照广告法则惩处广告违法行为，以促使广告业的健康发展，保证社会主义经济秩序的正常运行。

1. 行政法律责任

广告主和广告经营者因不履行广告管理法规规定的义务，或实施了广告管理法所禁止的行为时应承担行政法律责任。广告管理机关对应承担行政法律责任的单位或个人依法给予行政处罚。广告违法行为行政处罚的形式有以下几种：

（1）责令停止发布广告。即广告管理机关责令广告违法人停止发布有违法内容的广告，或令其在一定时间内停止发布广告，暂时取消其发布广告的资格。这种处罚形式通常适用于广告媒介非法经营广告或越权经营广告，以及发布虚假广告等违法行为。

（2）责令公开更正。即广告管理机关责令广告违法人对其已发布的违法广告在相应范围内公开予以纠正和改正。这种处罚形式通常适用于虚假广告的违法行为。

(3)通报批评。即广告管理机关以书面形式对广告违法人予以公开批评和谴责。

(4)停业整顿。指广告管理机关责令有较严重广告违法行为的广告经营者暂时停止一切经营活动,检查和纠正错误。

(5)吊销营业执照或广告经营许可证。指广告管理机关将有严重广告违法行为的广告经营者的营业执照或广告经营许可证收回并注销,以取消其经营广告业务的资格。这是最严厉的行政处罚。

医疗机构违反《医疗广告管理办法》规定发布医疗广告,县级以上地方卫生行政部门、中医药管理部门应责令其限期改正,给予警告;情节严重的,核发《医疗机构执业许可证》的卫生行政部门、中医药管理部门可以责令其停业整顿、吊销有关诊疗科目,直至吊销《医疗机构执业许可证》。未取得《医疗机构执业许可证》发布医疗广告的,按非法行医处罚。医疗机构篡改《医疗广告审查证明》内容发布医疗广告的,省级卫生行政部门、中医药管理部门应当撤销《医疗广告审查证明》,并在一年内不受理该医疗机构的广告审批申请。

2. 民事法律责任

广告违法行为的民事责任是指,广告主、广告经营者、广告发布者因实施广告违法行为损害了他人财产权或人身权利,欺骗和误导消费者,使购买商品或接受服务的消费者的合法权益受到损害,或有其他侵权行为时应承担的民事法律责任。民事法律责任与行政法律责任往往是结合起来使用。追究民事责任时,不能免除行政责任;追究行政责任时,不能免除民事责任。

《广告法》第三十八条规定:违反本法规定,发布虚假广告,欺骗和误导消费者,使购买商品或者接受服务的消费者的合法权益受到损害的,由广告主依法承担民事责任;广告经营者、广告发布者明知或者应知广告虚假仍设计、制作、发布的,应当依法承担连带责任。广告经营者、广告发布者不能提供广告主的真实名称、地址的,应当承担全部民事责任。社会团体或者其他组织,在虚假广告中向消费者推荐商品或者服务,使消费者的合法权益受到损害的,应当依法承担连带责任。

工商行政管理机关对违反《医疗广告管理办法》规定的广告主、广告经营者、广告发布者依据《广告法》、《反不正当竞争法》予以处罚,对情节严重,造成严重后果的,可以并处一至六个月暂停发布医疗广告、直至取消广告经营者、广告发布者的医疗广告经营和发布资格的处罚。法律法规没有规定的,工商行政管理机关应当对负有责任的广告主、广告经营者、广告发布者给予警告或者处以一万元以上三万元以下的罚款;医疗广告内容涉嫌虚假的,工商行政管理机关可根据需要会同卫生行政部门、中医药管理部门做出认定。

3. 刑事法律责任

广告违法行为的刑事责任是指,广告行为人违反广告管理法律、法规规定,情节严重,构成犯罪时所给予的刑事处罚。与行政责任、民事责任相比,刑事责任严厉得多,前两者追究的是一般违法行为,刑事责任追究的是犯罪行为。因此,对已构成犯罪的严重的广告违法行为,国家司法部门将追究责任人的刑事法律责任。我国《广告法》第三十七条、三十九条、四十六条分别规定了广告违法行为情节严重,构成犯罪的,依法追究刑事责任。根据《广告法》第四十六条规定:"广告监督管理机关和广告审查机关的工作人员玩忽职守、滥用职权、徇私舞弊的,给予行政处分。构成犯罪的,依法追究刑事责任。"

三、关于建立医药广告法的思考

经过约20年的发展,我国医药广告立法已取得了初步的成就,到目前为止,已建立了以《广告法》为统帅，以医药广告行政法规、部门规章、地方法规为基础，以其他法律法规中有关医药广告的法律规范为补充的较完善的医药广告法律法规体系。但与改革发展的步伐相比，仍存有较大差距。在我国医药广告法律规范体系中，有关医药广告内容和活动的规范存在一些不足之处，主要表现在：法律规范过于分散、监管制度设计欠全面、医药广告法律责任有待完善、对行业自律和消费者监督制度重视不够。有鉴于此，有必要从以下几个方面考虑建立医药广告法，完善医药广告法律体系。

第一，采用相对集中的立法模式。我国目前医药广告的立法模式是分散立法，这种立法模式的主要特点是医药广告法律规范散见于《广告法》及其他法律、法规、规章中，医药广告的基本法律规范没有集中在一部法律法规中。这种立法模式的弊端是显而易见的，因此有必要将有关的医药广告法律规范集中统一起来。

第二，建立违法医药广告公示制度。我国目前有关医药广告的法律规范中没有规定违法医药广告公示制度。但是，随着我国市场经济体制的建立，信息化、市场化、民主化程度的加深，建立违法医药广告公示制度有着客观现实的基础。违法医药广告公示制度能将政府部门的医药广告监管与社会监督有机结合起来，可以全面打击医药广告中的违法行为和保护消费者的权益。

第三，完善医药广告监管法律制度。医药广告监管是国家对医药广告关系进行干预的重要表现，主要有：优化医药广告审查法律制度、确立并健全医药广告代理制度、进一步完善医药广告合同制度等。

第四，强化医药广告的法律责任。医药广告的法律责任是确保医药广告各项法律制度得以被遵守、执行的基础，因此，法律责任的合理建制有着十分重要的作用。目前医药广告的法律责任偏轻及某些规定的不科学，是导致违法医药广告泛滥的原因之一。基于医药广告法律责任方面的不足，应在医药广告法中加重违法医药广告的处罚力度，明确处罚额度。

第五，推行行业自律和消费者监督制度。自律性组织由于其强调决议的民主性以及意见一致，因而在更大程度上有利于决策的有效执行，减少运行成本；消费者不仅能真实地感受医药广告的真实与否，而且所有医药广告都在众多消费者的监督范围内，他们形成了最广泛而严密的监督网，消费者对医药广告的监督具有无形的权威性。因此，仅由国家对医药广告关系进行干预对防范违法医药广告的发生是不够的，立法必须重视行业自律和消费者监督的重要作用。

第三节　医药广告的管理与审查

一、医药广告审查的概念和内容

（一）广告审查的概念及类型

广告审查，是指在广告发布前，由广告经营者、广告发布者、广告审查机关依法对广告内容是否合法、真实等进行的审查、核实活动。建立广告审查制度，是为了通过查验证明，核实内容等方式保障广告真实、合法，尽可能地不使违法广告得到发布，健全广告发布的防范机制。这里主要讨论广告审查机关对广告的审查。

我国实行的广告审查分为两种：

（1）广告经营者和广告发布者在接受广告主委托时进行的审查，包括查验有关证明文件、核实广告内容。广告审查实质上就是广告经营者将广告、广告证明和广告管理法规三者相对照，通过综合分析研究，判定广告内容和广告表现形式是否合法。

广告经营者审查广告就是依据法律、行政法规验证广告主的各项广告证明文件，审查广告内容和广告表现形式的合法性。对内容不实或者证明文件不全的广告，广告经营者不得提供设计、制作、代理服务，广告发布者不得发布。广告审查既是广告经营者的一项法律权利，又是广告经营者的一项法律义务。广告经营者由于受自身检测条件和管理权限的限制，在履行广告审查的权利和义务时往往受到某种程序的制约，因而对涉及技术性能和质量标准的广告，要索取有关部门出具的证明。广告经营者和发布者对于广告的审查更大程度上只是广告行业的行业规范和道德自律，因此对于广告经营者的广告审查不是本书讨论的重点。

（2）行政主管部门对法律、行政法规规定的特殊商品的广告内容进行审查。行政性广告审查，是指利用广播、电影、电视、报纸、期刊以及其他媒介发布药品、医疗器械、农药、兽药等商品的广告和法律，行政法规规定应当进行审查的其他广告，必须在发布前依照有关法律、行政法规由有关行政主管部门（简称广告审查机关）对广告内容进行审查。广告审查还指工商行政管理部门对广告的检查。我国广告法第三十四条规定：利用广播、电影、电视、报纸、期刊以及其他媒介发布药品、医疗器械、农药、兽药等商品的广告和法律、行政法规规定应当进行审查的其他广告，必须在发布前依照有关法律和行政法规由有关行政主管部门对广告内容进行审查，未经审查，不得发布。广告行政主管部门对广告的审查是一种监督性审查，其目的是确保广告审查制度的实施。显然，工商行政管理部门不能取代广告经营者对广告的审查。

国家医药管理局和省、自治区、直辖市医药管理局或者同级医疗器械行政监督管理部门，在同级广告监督管理机关的指导下，对医疗器械广告进行审查。国务院卫生行政部门和省、自治区、直辖市卫生行政部门作为药品广告的审查机关，在同级广告监督管理机关的指导下，对药品广告进行审查。卫生行政部门、中医药管理部门负责医疗广告的审查。

（二）广告审查的内容和方法

广告审查的方法一是依照广告法律、法规，二是依照有关证明文件。广告法律、法规对各类广告应出具的证明文件做了具体的规定，为审查广告提供了法规依据。

对于广告经营者、发布者和医药广告行政审查机关三者不同的广告审查主体而言，医药广告的审查内容有所不同。

具体来说，广告经营者和发布者依据法律法规的相关规定对广告进行审查涉及以下事项：①审查广告主的主体资格是否合法，即广告主有无某项广告的权利能力和行为能力；②审查广告是否真实，包括广告内容及广告表现形式是否客观真实以及广告证明、证件是否真实齐全；③审查广告内容和广告表现形式的合法性。广告经营者设立专门的广告审查员，对广告审查的范围主要是广告设计定稿、广告创意稿及制作后的广告品，代理或者待发布的广告样件。对于已经过广告审查机关审查的广告，广告审查员仍应依照有关规定进行审查；对于其中存在的违反广告管理法规的问题广告审查员可以向该审查机关提出，并可以同时向工商行政管理机关报告。

由此可见，医药广告的审查是由广告经营者、广告发布者和广告行政审查机关相互配合而完成的。对于医药广告行政审查的具体内容将在下文详细介绍。

（三）广告审查的原则

广告经营者和发布者在审查广告时应遵循以下原则：①审查在先的原则，即广告经营者在广告发布之前对广告内容和广告有关证明文件进行审查；②全面审查的原则，即广告经营者必须依据广告管理法的规定，全面审查广告宣传的内容和形式，严格掌握广告宣传的标准，认真收取和查验广告证明；③重点审查的原则，即广告审查应有主次之分，广告审查的重点就是广告的真实性。

二、医药广告审查的法律依据

依据《中华人民共和国广告法》、《中华人民共和国药品管理法》和《中华人民共和国药品管理法实施条例》，新修订的《药品广告审查办法》经过国家食品药品监督管理局、中华人民共和国国家工商行政管理总局审议通过，自2007年5月1日起施行。《药品广告审查办法》共31条，对药品广告审批和备案的程序、时限、申请人的义务、药品广告的监督管理及有关法律责任等内容做出了规定。

为加强药品广告管理，保证药品广告的真实性和合法性制定的《药品广告管理办法》规定，凡申请发布药品广告的，必须向食品药品监督管理部门办理《药品广告审批表》。食品药品监督管理部门负责对宣传药品的主要成分、功效（功能）、适应证（主治）、用法、用量、禁忌证（注意事项）和不良反应等内容进行审查。未经审查批准的，不得发布广告。药品广告的管理机关是各级工商行政管理机关，药品广告内容的审查批准机关是国务院管理部门和各省、自治区、直辖市食品药品监督管理部门。针对药品广告中存在的突出问题，新修订的《药品广告审查办法》进一步明确药品广告审查的程序，促进审批公开公正。为配合工商部门对违法药品广告的查处，加大打击违法药品广告的力度，新办法重点增加和明确了以下规定：①篡改经批准的药品广告内容进行虚假宣传的，撤销广告所涉及的药品品种的所有广告文号，并一年内不受理该药品广告批准文号申请；②将药品广告与产品挂钩，对任意扩大产品适应证范围、绝对化夸大药品疗效、严重欺骗和误导消费者的违法广告，将对其产品实行强制控制措施，暂停该产品的销售，并责令其消除影响。新办法还明确了对提供虚假材料申请药品广告文号的行为的处罚措施，强化了申请人的义务和审批机关的职责。

《医疗广告管理办法》第三条规定，医疗机构发布医疗广告，应当在发布前申请医疗广告审查。未取得《医疗广告审查证明》，不得发布医疗广告。由卫生行政部门、中医药管理部门负责医疗广告的审查，并对医疗机构进行监督管理。

《医疗器械广告审查办法》规定，凡利用各种媒介或者形式发布有关用于人体疾病诊断、治疗、预防、调节人体生理功能或者替代人体器官的仪器、设备、器械、装置、器具、植入物、材料及其他相关物品的广告，包括医疗器械的产品介绍、样本等，均应当由国家医药管理局和省、自治区、直辖市医药管理局或者同级医疗器械行政监督管理部门（以下简称省级医疗器械行政监督管理部门），在同级广告监督管理机关的指导下，对医疗器械广告进行审查。

三、医药广告审查程序

医药广告主发布广告必须按照相关的审查规定，首先接受医药广告审查机关的初审，然后由承接广告制作的广告经营单位按照相关的广告审查要求和程序承接医药广告制作，再由医药广告审查机关对于医药广告作品进行终审，最后终审合格的医药广告接受医药广告发布者的广告审查并最终发布。

（一）广告经营者的广告审查程序

广告经营者对审查分为承接登记、初审、终审、建立广告业务档案四个环节。

（1）承接登记，将广告客户的基本情况和广告内容、提交和交验的广告证明记录在案。

（2）审查人员初审，提出意见。

（3）广告业务负责人终审。

（4）建立审查档案。

为加强对广告发布活动的管理，严格执行各类广告发布标准，国家工商行政管理局专门制定了《广告审查员管理办法》，要求广告经营者和广告发布者依照规定配备广告审查员，并建立相应的管理制度。广告审查员按照下列程序审查广告：①查验各类广告证明文件的真实性、合法性、有效性，对证明文件不全的，提出补充收取证明文件的意见；②核实广告内容的真实性、合法性；③检查广告形式是否符合有关规定；④审查广告整体效果，确认其不致引起消费者的误解；⑤检查广告是否符合社会主义精神文明建设的要求；⑥签署对该广告同意、不同意或者要求修改的书面意见。

（二）药品广告的行政审查程序

药品广告申请审查的前提是必须符合下列法律法规及有关规定：①《广告法》；②《药品管理法》；③《药品管理法实施条例》；④《药品广告审查发布标准》；⑤国家有关广告管理的其他规定。

（1）广告主向药品广告审查机关提出发布药品广告的申请，填写《药品广告审查表》，并提交下列证明文件：①申请人及生产者的营业执照副本；②《药品生产企业许可证》或者《药品经营企业许可证》副本；③）该药品的生产批准文件、质量标准、说明书、包装；④该药品的《商标注册证》或其他由国家工商行政管理局商标局出具的证明该商标注册的文件；⑤有商品名称的药品，必须提交国务院卫生行政部门批准的该商品名称的批准材料；⑥法律、法规规定的其他确认广告内容真实性的证明文件。

（2）药品广告的初审。药品广告审查机关对广告申请人提供的证明文件的真实性、有效性、合法性、完整性和广告制作前文稿的真实性、合法性进行审查，并于受理申请之日起十日内做出初审决定，发给《药品广告初审决定通知书》。

（3）药品广告的终审。广告申请人凭药品广告初审合格决定，将制作的广告作品送交原广告审查机关，原广告审查机关在受理申请之日起十日内做出终审决定。对终审合格者，签发《药品广告审查表》，并发给药品广告审查批准文号；对终审不合格者，应当通知广告申请人，并说明理由。广告申请人可以直接申请终审。广告审查机关应当在受理申请之日起十日内做出终审决定。

（4）药品广告审查机关应当将通过终审的《药品广告审查表》，送同级广告监督管理机关备查。

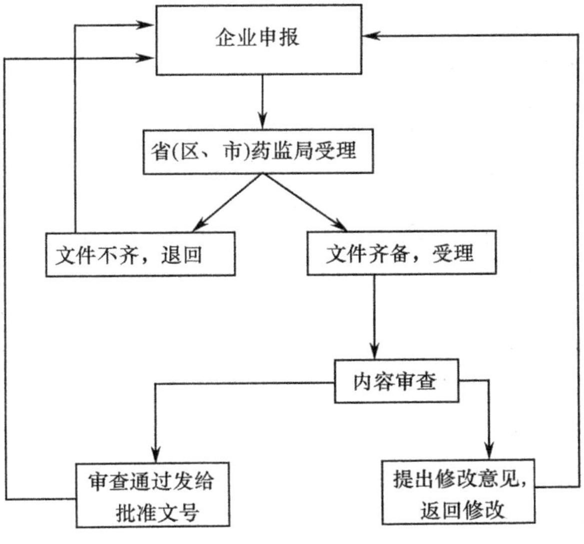

图 11-1　药品广告审批程序图

药品广告审查机关发出的《药品广告初审决定通知书》和《药品广告审查表》,应当由广告审查机关的负责人签字,并加盖药品广告审查专用印章。药品广告审查机关应当将通过终审的《药品广告审查表》,送同级广告监督管理机关备查。药品广告审查批准文号的有效期为一年。有效期满后需继续发布的,应当在期满前两个月向原审查机关重新提出申请。对于在异地或境外发布的药品广告,其程序有更加严格的规定。

《医疗器械广告审查办法》中对于医疗器械广告的审查程序也做了类似的规定。

(三)医疗广告的行政审查程序

(1)医疗机构提出申请。医疗机构发布医疗广告,应当向其所在地省级卫生行政部门申请,并提交以下材料:①《医疗广告审查申请表》;②《医疗机构执业许可证》副本原件和复印件,复印件应当加盖核发其《医疗机构执业许可证》的卫生行政部门公章;③医疗广告成品样件。电视、广播广告可以先提交镜头脚本和广播文稿。中医、中西医结合、民族医医疗机构发布医疗广告,应当向其所在地省级中医药管理部门申请。

(2)主管部门审查广告作品的内容。省级卫生行政部门、中医药管理部门应当自受理之日起20日内对医疗广告成品样件内容进行审查。卫生行政部门、中医药管理部门需要请有关专家进行审查的,可延长10日。

(3)核发公示证明。对审查合格的医疗广告,省级卫生行政部门、中医药管理部门发给《医疗广告审查证明》,并将通过审查的医疗广告样件和核发的《医疗广告审查证明》予以公示;对审查不合格的医疗广告,应当书面通知医疗机构并告知理由。

(4)备案。省级卫生行政部门、中医药管理部门应对已审查的医疗广告成品样件和审查意见予以备案保存,保存时间自《医疗广告审查证明》生效之日起至少两年。

目前,我国药品广告活动中仍存在一些问题,有的甚至比较突出,表现在一些药品广告未经审查发布;处方药违法在大众媒介进行宣传;有的擅自篡改审查内容发布,广告中夸大药品的功能、主治、适应证,等等。药品广告中存在的这些虚假违法问题,严重侵害了消费者的合法权益,扰乱了药品市场秩序,影响了患者的用药安全。就中国现阶段的以广告经营、发布和审查为一体的广告审查制度而言,其弊端显而易见。除了广告审查机关对广告进行审查以外,还包括广告主、广告经营者和广告发布者对广告的自审自查。而就广告主、广告经营者和广告发布者对广告的自审自查而言,在法律法规上面临着许多漏洞,这就给相当多的非法之徒以可乘之机。广告主、广告经营者和广告发布者在广告上的自审自查的权力由于法律的缺失而无限制扩大,最终造成了各类医药广告的自卖自夸,知假卖假的恶性循环。

随着国家法制法规的逐步完善和健全,我国的医药广告审查体系将越来越成熟和完善,从而保障医药广告能够更加健康快速的发展。为进一步贯彻实施新修订的《药品广告审查办法》和《药品广告审查发布标准》,2007年4月5日,国家食品药品监督管理局下发了《关于贯彻实施〈药品广告审查办法〉和〈药品广告审查发布标准〉的通知》,要求各省(区、市)食品药品监督管理部门要认真贯彻《办法》和《标准》,严把药品广告准入关。要运用好广告电子政务审批系统,审批的广告要及时备案,上网公布接受社会监督;要结合贯彻《办法》和《标准》,按照《药品医疗器械保健食品广告复审制度》和《违法药品医疗器械和保健食品广告警示制度》,做好药品广告复审和公众警示工作;要加强《办法》和《标准》的培训工作,加强对基层药品广告监督人员的指导,切实提高药品广告审批监督队伍的工作水平。

本章小结

1. 医药广告传播医疗信息，具有特殊性。医药广告管理具有法制管理、广泛监管、全程管理和多层次监管的特点。对医药广告管理主要采取政府管理、行业自律和社会监督机制几种方法。作为特殊行业的管理，加强医药广告管理有着重要作用，它将有利于维护消费者的合法权益，有利于形成公平竞争的市场，有利于医药广告业的健康发展。

2. 医药广告的法规管理，是国家广告管理机关依照广告管理法律、法规和其他政策规定，对医药广告内容的真实性、合法性进行的管理。随着社会的发展，医药广告管理的法规管理尚需不断完善，从采用相对集中的立法模式、建立违法医药广告公示制度、完善医药广告监管法律制度、强化医药广告的法律责任、推行行业自律和消费者监督制度等方面加强立法。

3. 医药广告审查制度对保障医药广告的合法与规范意义重大。各类医药广告审查办法和审查标准的相继出台和完善，制定了严格的医药广告审查制度，设立了完备的医药广告审查程序，加强了对医药广告发布前的管理力度，促进医药广告的合法化和规范化，更加有益于保护消费者的权益。

思考题

1. 医药广告管理的特殊性表现在哪些方面？
2. 医药广告管理包含的内容有哪几方面？
3. 目前我国有哪些与医药广告管理相关的法律法规？
4. 医药广告审查的程序有何特殊性？为什么会有这种特殊性？
5. 加强医药广告管理立法应从哪些方面着手？

典型案例与讨论

上海长江医院的广告为什么还在做？

叶雨林，这位曾被民营上海长江医院诊断为“原发性不孕”的孕妇，不久前顺利产下一个男婴。这位年轻妈妈很开心，只是好心情有时会被蒙上一层阴影——“上海长江医院”的广告还继续在电视上播出。

叶雨林的离奇遭遇被报道后，社会各界关于“加强医疗广告管理”的呼声很高，但是，形形色色、神乎其神的医疗广告依然铺天盖地，离奇的故事依然还在发生：上海市虹口区人民法院近日向民营上海长江医院发出司法建议书，原因是法院连续受理了三起类似案件，都是怀孕妇女在长江医院被诊断成不孕症。

九成患者因医疗广告“慕名而来”

“孕妇当作不孕症治疗”事发后，上海市卫生局对长江医院进行了调查，结果显示：在长江医院就诊的患者中，九成以上是外省市的，他们往往是看了电视上这家医院的医疗广告后“慕名而来”。

去年，就在安徽籍打工者叶浩魁、叶雨林夫妇分别被诊断为“男性不育”和“原发性不孕”之前，四川籍打工者浦正平、唐利梅夫妇也因看到长江医院的广告找到这家医院，结果唐利梅也被诊断为“原发性不孕”。然而与叶雨林一样,事后证明,唐利梅当时已经怀孕。她的经历比叶雨林更有戏剧性:之所以发现真相,是因为在医生何玉侠开出的药方里,意外地发现了保胎药,证明这位医生在明知其已经怀孕的情况下,仍然给出了各种名目的“治疗”。

以重金赔偿“患者”了结诉讼、用更多的广告投入消除媒体批评带来的“影响”,包括长江医院在内的一些民营医院,娴熟此类“危机公关”。

只是当一切喧闹沉寂下来时,依然有些愤慨难平的声音。至今,叶浩魁每当看见长江医院的广告,还是难抑心头怒火。他曾经给多家地方卫视写信,要求停播长江医院的广告,但没有任何回音,也没有一家电视台停播广告。

民营医院患上“广告依赖症”

记者了解到,医疗广告已经成为虚假广告的“生力军”。2005 年上海工商部门共查处各类虚假违法广告案件 1564 件,其中医疗服务、药品、医疗器械等重点行业的违法广告案件占到四成以上。

不少民营医院陷入了依靠广告吸引“客源”生存的怪圈。上海市一家民营医院负责人说,现在客观上存在公立和民营医院话语权上的不平等,公立医院虽然很少做广告,但是凭借多年的品牌积淀、技术上的创新、服务上的改革等可以频频“出镜”,具有很强的公信力,民营医院只能“花钱买名、花钱亮相、花钱发言。”

记者了解到,2002 年 1 月经上海市虹口区卫生局核准执业、注册资金仅 500 万元的长江医院,成立以来每年在电视台投放数千万元的广告。2005 年,这家医院还击败众多同行,成为中央电视台当年上海民营医院的广告“标王”。

病人是民营医院惟一的收入来源,“羊毛出在羊身上”,大量的广告费用投入,最终还是由病人来承担。近年来,由于“广告医院”屡屡被曝光,公众对医疗广告的认同度越来越低,这让民营医院的经营者很是头疼——因为广告产出的效益也在降低。

这无疑让一些依赖广告生存的“广告医院”更疯狂地榨取病人,在广告宣传越来越神奇的同时,怀孕当成不孕治,诱导消费、炮制“弱阳”等检查结果“哄骗”合格体检者治疗的情况,屡屡上演。

虚假医疗广告查处难在哪里

采访中不少监管部门的有关人士对记者谈到,包括虚假医疗广告在内的虚假违法广告,存在查处难的问题。“市场竞争程度的迅速加剧,导致‘打擦边球’的不规范竞争行为屡屡出现,广告经营单位为了争夺客户,不惜违规操作。”

而与广告立竿见影的传播效应相比,监管部门的调查、取证,直至作出行政处罚,整个过程往往颇费周折。上海市工商局广告处有关负责人告诉记者,按照现行的办案程序,对于虚假违法广告查处通常需要几周时间;如果遇到广告发布单位或者广告经营单位不配合,拒绝接受调查,以及广告异地投放、异地监管等,周期则更长。

处罚力度不够,这也是造成虚假违法广告屡禁不绝的一个原因。据了解,目前对虚假违法广告进行处罚的计算基数是实际广告费用,而不少广告经营单位通过开虚假发票、开“阴阳发票”等手法,就能够轻松地降低其违法成本。

记者采访时还了解到,虽然工商部门近年来加大了对媒体发布虚假广告的处罚力度,但受到经济利益的驱动,一些媒体的广告部明知故犯,照刊不误。有的甚至与广告业务员就一些可能被处罚的广告签订责任合同书,规定媒体和广告业务人员如何分担以后可能发生的行政罚款比例。

虚假广告比虚假新闻更害人

电视台新闻在这边批评长江医院非法行医，那边广告上却一遍遍播放长江医院“圆您孩子梦”的诱人画面与语言。上海市政府一位领导说：“这真是莫大的讽刺！”

批评报道转眼间就过去了，而广告却在地毯式地“轰炸”着，影响力孰大孰小，广告主很清楚，而且，有些批评报道往往因为广告原因，还不能面世。

南方一家影响力很大的报纸记者在采访长江医院“孕妇当作不孕症治疗”事件时，稿子尚未写成，报社广告部就接到了电话：“长江医院计划在这家报纸投放数百万元的广告。”当然，批评稿照样发出。

但是对一些中小报纸而言，也许就是另外一个结果了。上海一家不愿透露姓名的市场化报纸的社长接受记者采访时坦言：“现在很多报纸不仅要自己养活自己，还要上交一定利润给上级主管部门，民营医院一年数百万元的广告投入，对一些规模不大的小报小刊而言，称得上生死攸关了。”

上海资深媒体研究专家贾亦凡表示：人命关天，虚假广告比虚假新闻的危害性更大！

贾亦凡认为，要想整顿医疗广告、杜绝虚假广告，单纯靠媒体自律肯定不行，国家应该推动有关医疗广告方面的法规完善，就像严禁发布烟草广告一样。他说：“对付虚假广告，不下猛药不行了！”

（资料来源：新华网）

案例讨论

1. 医药行业虚假广告为何屡禁不止？
2. 请你结合案例和实际，谈谈该如何加强我国的医药广告管理。

参考文献

陈培爱.2000.广告策划原理与实务.北京:中央广播电视大学出版社
陈培爱.2004.现代广告学概论.北京:首都经济贸易大学出版社
邓东,汪浩.2004.药品广告的奥秘.广州:广东经济出版社
丁家永.2005.广告心理学.广州:暨南大学出版社
傅根清,杨明. 2004.广告学概论.山东:山东大学出版社
顾海.2006.医药市场营销学.北京:人民卫生出版社
何佳讯.1999.现代广告案例——理论与评析.上海:复旦大学出版社
何修猛.2002.现代广告学.上海:复旦大学出版社
侯胜田.2004.药品营销管理.北京:化学工业出版社
胡天佑.2003.药品广告理论与实务.北京:中国医药科技出版社
黄升民,段晶. 2006.广告策划.北京:中国传媒大学出版社
李宝元.2002.广告学教程.北京:人民邮电出版社
李倩茹.2002.品牌营销实务.广州:广东经济出版社
刘永炬.2001.广告策划与创意.北京:企业管理出版社
罗子明,高丽华.2005.现代广告概论 .北京:清华大学出版社
苗杰.2004.现代广告学.北京:中国人民大学出版社
倪宁. 2004.广告学教程.北京:中国人民大学出版社
彭智海,汤少梁.2004.医药市场营销学.北京:科学出版社
屈云波.2005.蒙派营销.北京:企业管理出版社
尚徐光. 2005.广告原理与实务.北京:电子工业出版社
苏毅超.2002.药品广告.广州:广东经济出版社
王国全.2002.新广告学.广州:广东人民出版社,
王肖生.2002.现代广告设计.上海:复旦大学出版社
卫军英.2001.广告策划创意.杭州:浙江大学出版社
颜伯勤.2002.成功广告80例.北京:中国友谊出版公司
严学军,汪涛.2001.广告策划与管理.北京:高等教育出版社
杨群祥.2005.广告策划.广州:广东高等教育出版社
印富贵. 2006.广告学概论.北京:电子工业出版社
张丽.2006.医药广告实务.北京:中国中医药出版社
张飘予.2006.市场调研宝典.北京:中国经济出版社
周立公.2005.现代广告学教程.上海:上海财经大学出版社
D. E.舒尔茨,刘毅志译.2002.广告运动策略新论.北京:中国友谊出版公司
D.奥格威,林桦译.2002.一个广告人的自白.北京:中国友谊出版公司
Kevin Lane Keller 著.李乃和等译.2003.战略品牌管理.北京:中国人民大学出版社

附录一　中华人民共和国广告法

（1994 年 10 月 27 日第八届全国人民代表大会常务委员会第十次会议通过）

第一章　总　　则

第一条　为了规范广告活动，促进广告业的健康发展，保护消费者的合法权益，维护社会经济秩序，发挥广告在社会主义市场经济中的积极作用，制定本法。

第二条　广告主、广告经营者、广告发布者在中华人民共和国境内从事广告活动，应当遵守本法。

本法所称广告，是指商品经营者或者服务提供者承担费用，通过一定媒介和形式直接或者间接地介绍自己所推销的商品或者所提供的服务的商业广告。

本法所称广告主，是指为推销商品或者提供服务，自行或者委托他人设计、制作、发布广告的法人、其他经济组织或者个人。

本法所称广告经营者，是指受委托提供广告设计、制作、代理服务的法人、其他经济组织或者个人。

本法所称广告发布者，是指为广告主或者广告主委托的广告经营者发布广告的法人或者其他经济组织。

第三条　广告应当真实、合法，符合社会主义精神文明建设的要求。

第四条　广告不得含有虚假的内容，不得欺骗和误导消费者。

第五条　广告主、广告经营者、广告发布者从事广告活动，应当遵守法律、行政法规，遵循公平、诚实信用的原则。

第六条　县级以上人民政府工商行政管理部门是广告监督管理机关。

第二章　广 告 准 则

第七条　广告内容应当有利于人民的身心健康，促进商品和服务质量的提高，保护消费者的合法权益，遵守社会公德和职业道德，维护国家的尊严和利益。广告不得有下列情形：

（一）使用中华人民共和国国旗、国徽、国歌；

（二）使用国家机关和国家机关工作人员的名义；

（三）使用国家级、最高级、最佳等用语；

（四）妨碍社会安定和危害人身、财产安全，损害社会公共利益；

（五）妨碍社会公共秩序和违背社会良好风尚；

（六）含有淫秽、迷信、恐怖、暴力、丑恶的内容；

（七）含有民族、种族、宗教、性别歧视的内容；

（八）妨碍环境和自然资源保护；

（九）法律、行政法规规定禁止的其他情形。

第八条　广告不得损害未成年人和残疾人的身心健康。

第九条　广告中对商品的性能、产地、用途、质量、价格、生产者、有效期限、允诺或者对服务的内容、形式、质量、价格、允诺有表示的，应当清楚、明白。

广告中表明推销商品、提供服务附带赠送礼品的，应当标明赠送的品种和数量。

第十条　广告使用数据、统计资料、调查结果、文摘、引用语，应当真实、准确，并表明出处。

第十一条　广告中涉及专利产品或者专利方法的，应当标明专利号和专利种类。

未取得专利权的，不得在广告中谎称取得专利权。

禁止使用未授予专利权的专利申请和已经终止、撤销、无效的专利做广告。

第十二条 广告不得贬低其他生产经营者的商品或者服务。

第十三条 广告应当具有可识别性，能够使消费者辨明其为广告。大众传播媒介不得以新闻报道形式发布广告。通过大众传播媒介发布的广告应当有广告标记，与其他非广告信息相区别，不得使消费者产生误解。

第十四条 药品、医疗器械广告不得有下列内容：

（一）含有不科学的表示功效的断言或者保证的；

（二）说明治愈率或者有效率的；

（三）与其他药品、医疗器械的功效和安全性比较的；

（四）利用医药科研单位、学术机构、医疗机构或者专家、医生、患者的名义和形象作证明的；

（五）法律、行政法规规定禁止的其他内容。

第十五条 药品广告的内容必须以国务院卫生行政部门或者省、自治区、直辖市卫生行政部门批准的说明书为准。国家规定的应当在医生指导下使用的治疗性药品广告中，必须注明“按医生处方购买和使用”。

第十六条 麻醉药品、精神药品、毒性药品、放射性药品等特殊药品，不得做广告。

第十七条 农药广告不得有下列内容：

（一）使用无毒、无害等表明安全性的绝对化断言的；

（二）含有不科学的表示功效的断言或者保证的；

（三）含有违反农药安全使用规程的文字、语言或者画面的；

（四）法律、行政法规规定禁止的其他内容。

第十八条 禁止利用广播、电影、电视、报纸、期刊发布烟草广告。

禁止在各类等候室、影剧院、会议厅堂、体育比赛场馆等公共场所设置烟草广告。

烟草广告中必须标明“吸烟有害健康”。

第十九条 食品、酒类、化妆品广告的内容必须符合卫生许可的事项，并不得使用医疗用语或者易与药品混淆的用语。

第三章 广告活动

第二十条 广告主、广告经营者、广告发布者之间在广告活动中应当依法订立书面合同，明确各方的权利和义务。

第二十一条 广告主、广告经营者、广告发布者不得在广告活动中进行任何形式的不正当竞争。

第二十二条 广告主自行或者委托他人设计、制作、发布广告，所推销的商品或者所提供的服务应当符合广告主的经营范围。

第二十三条 广告主委托设计、制作、发布广告，应当委托具有合法经营资格的广告经营者、广告发布者。

第二十四条 广告主自行或者委托他人设计、制作、发布广告，应当具有或者提供真实、合法、有效的下列证明文件：

（一）营业执照以及其他生产、经营资格的证明文件；

（二）质量检验机构对广告中有关商品质量内容出具的证明文件；

（三）确认广告内容真实性的其他证明文件。

依照本法第三十四条的规定，发布广告需要经有关行政主管部门审查的，还应当提供有关批准文件。

第二十五条 广告主或者广告经营者在广告中使用他人名义、形象的，应当事先取得他人的书面同意；使用无民事行为能力人、限制民事行为能力人的名义、形象的，应当事先取得其监护人的书面同意。

第二十六条 从事广告经营的，应当具有必要的专业技术人员、制作设备，并依法办理公司或者广告经营登记，方可从事广告活动。

广播电台、电视台、报刊出版单位的广告业务，应当由其专门从事广告业务的机构办理，并依法办理兼营广告的登记。

第二十七条 广告经营者、广告发布者依据法律、行政法规查验有关证明文件，核实广告内容。对内容不实或者证明文件不全的广告，广告经营者不得提供设计、制作、代理服务，广告发布者不得发布。

第二十八条 广告经营者、广告发布者按照国家有关规定，建立、健全广告业务的承接登记、审核、档案管理制度。

第二十九条 广告收费应当合理、公开，收费标准和收费办法应当向物价和工商行政管理部门备案。

广告经营者、广告发布者应当公布其收费标准和收费办法。

第三十条 广告发布者向广告主、广告经营者提供的媒介覆盖率、收视率、发行量等资料应当真实。

第三十一条 法律、行政法规规定禁止生产、销售的商品或者提供的服务，以及禁止发布广告的商品或者服务，不得设计、制作、发布广告。

第三十二条 有下列情形之一的，不得设置户外广告：

（一）利用交通安全设施、交通标志的；

（二）影响市政公共设施、交通安全设施、交通标志使用的；

（三）妨碍生产或者人民生活，损害市容市貌的；

（四）国家机关、文物保护单位和名胜风景点的建筑控制地带；

（五）当地县级以上地方人民政府禁止设置户外广告的区域。

第三十三条 户外广告的设置规划和管理办法，由当地县级以上地方人民政府组织广告监督管理、城市建设、环境保护、公安等有关部门制定。

第四章 广告的审查

第三十四条 利用广播、电影、电视、报纸、期刊以及其他媒介发布药品、医疗器械、农药、兽药等商品的广告和法律、行政法规规定应当进行审查的其他广告，必须在发布前依照有关法律、行政法规由有关行政主管部门（以下简称广告审查机关）对广告内容进行审查；未经审查，不得发布。

第三十五条 广告主申请广告审查，应当依照法律、行政法规向广告审查机关提交有关证明文件。广告审查机关应当依照法律、行政法规作出审查决定。

第三十六条 任何单位和个人不得伪造、变造或者转让广告审查决定文件。

第五章 法律责任

第三十七条 违反本法规定，利用广告对商品或者服务作虚假宣传的，由广告监督管理机关责令广告主停止发布、并以等额广告费用在相应范围内公开更正消除影响，并处广告费用一倍以上五倍以下的罚款；对负有责任的广告经营者、广告发布者没收广告费用，并处广告费用一倍以上五倍以下的罚款；情节严重的，依法停止其广告业务。构成犯罪的，依法追究刑事责任。

第三十八条 违反本法规定，发布虚假广告，欺骗和误导消费者，使购买商品或者接受服务的消费者的合法权益受到损害的，由广告主依法承担民事责任；广告经营者、广告发布者明知或者应知广告虚假仍设计、制作、发布的，应当依法承担连带责任。

广告经营者、广告发布者不能提供广告主的真实名称、地址的，应当承担全部民事责任。

社会团体或者其他组织，在虚假广告中向消费者推荐商品或者服务，使消费者的合法权益受到损害的，应当依法承担连带责任。

第三十九条 发布广告违反本法第七条第二款规定的，由广告监督管理机关责令负有责任的广告主、广告经营者、广告发布者停止发布、公开更正，没收广告费用，并处广告费用一倍以上五倍以下的罚款；情节严重的，依法停止其广告业务。构成犯罪的，依法追究刑事责任。

第四十条 发布广告违反本法第九条至第十二条规定的，由广告监督管理机关责令负有责任的广告主、广告经营者、广告发布者停止发布、公开更正，没收广告费用，可以并处广告费用一倍以上五倍以下的罚款。

发布广告违反本法第十三条规定的，由广告监督管理机关责令广告发布者改正，处以一千元以上一万元以下的罚款。

第四十一条 违反本法第十四条至第十七条、第十九条规定，发布药品、医疗器械、农药、食品、酒类、化妆品广告的，或者违反本法第三十一条规定发布广告的，由广告监督管理机关责令负有责任的广告主、广告经营者、广告发布者改正或者停止发布，没收广告费用，可以并处广告费用一倍以上五倍以下的罚款；情节严重的，依法停止其广告业务。

第四十二条 违反本法第十八条的规定，利用广播、电影、电视、报纸、期刊发布烟草广告，或者在公共场所设置烟草广告的，由广告监督管理机关责令负有责任的广告主、广告经营者、广告发布者停止发布，没收广告费用，可以并处广告费用一倍以上五倍以下的罚款。

第四十三条 违反本法第三十四条的规定，未经广告审查机关审查批准，发布广告的，由广告监督管理机关责令负有责任的广告主、广告经营者、广告发布者停止发布，没收广告费用，并处广告费用一倍以上五倍以下的罚款。

第四十四条 广告主提供虚假证明文件的，由广告监督管理机关处以一万元以上十万元以下的罚款。

伪造、变造或者转让广告审查决定文件的，由广告监督管理机关没收违法所得，并处一万元以上十万元以下的罚款。构成犯罪的，依法追究刑事责任。

第四十五条 广告审查机关对违法的广告内容作出审查批准决定的，对直接负责的主管人员和其他直接责任人员，由其所在单位、上级机关、行政监察部门依法给予行政处分。

第四十六条 广告监督管理机关和广告审查机关的工作人员玩忽职守、滥用职权、徇私舞弊的，给予行政处分。构成犯罪的，依法追究刑事责任。

第四十七条 广告主、广告经营者、广告发布者违反本法规定，有下列侵权行为之一的，依法承担民事责任：

（一）在广告中损害未成年人或者残疾人的身心健康的；

（二）假冒他人专利的；

（三）贬低其他生产经营者的商品或者服务的；

（四）广告中未经同意使用他人名义、形象的；

（五）其他侵犯他人合法民事权益的。

第四十八条 当事人对行政处罚决定不服的，可以在接到处罚通知之日起十五日内向作出处罚决定的机关的上一级机关申请复议；当事人也可以在接到处罚通知之日起十五日内直接向人民法院起诉。

复议机关应当在接到复议申请之日起六十日内作出复议决定。当事人对复议决定不服的，可以在接到复议决定之日起十五日内向人民法院起诉。复议机关逾期不作出复议决定的，当事人可以在复议期满之日起十五日内向人民法院起诉。

当事人逾期不申请复议也不向人民法院起诉，又不履行处罚决定的，作出处罚决定的机关可以申请人民法院强制执行。

第六章　附　　则

第四十九条 本法自1995年2月1日起施行。本法施行前制定的其他有关广告的法律、法规的内容与本法不符的，以本法为准。

附录二　中华人民共和国药品管理法(摘录)

(1984 年 9 月 20 日第六届全国人民代表大会常务委员会第七次会议通过
2001 年 2 月 28 日第九届全国人民代表大会常务委员会第二十次会议修订)
(自 2001 年 12 月 1 日施行)

……

第六十条　药品广告须经企业所在地省、自治区、直辖市人民政府药品监督管理部门批准,并发给药品广告批准文号;未取得药品广告批准文号的,不得发布。

处方药可以在国务院卫生行政部门和国务院药品监督管理部门共同指定的医学、药学专业刊物上介绍,但不得在大众传播媒介发布广告或者以其他方式进行以公众为对象的广告宣传。

第六十一条　药品广告的内容必须真实、合法,以国务院药品监督管理部门批准的说明书为准,不得含有虚假的内容。

药品广告不得含有不科学的表示功效的断言或者保证;不得利用国家机关、医药科研单位、学术机构或者专家、学者、医师、患者的名义和形象作证明。

非药品广告不得有涉及药品的宣传。

第六十二条　省、自治区、直辖市人民政府药品监督管理部门应当对其批准的药品广告进行检查,对于违反本法和《中华人民共和国广告法》的广告,应当向广告监督管理机关通报并提出处理建议,广告监督管理机关应当依法作出处理。

第六十三条　药品价格和广告,本法未规定的,适用《中华人民共和国价格法》、《中华人民共和国广告法》的规定。

……

第九十二条　违反本法有关药品广告的管理规定的,依照《中华人民共和国广告法》的规定处罚,并由发给广告批准文号的药品监督管理部门撤销广告批准文号,一年内不受理该品种的广告审批申请;构成犯罪的,依法追究刑事责任。药品监督管理部门对药品广告不依法履行审查职责,批准发布的广告有虚假或者其他违反法律、行政法规的内容的,对直接负责的主管人员和其他直接责任人员依法给予行政处分;构成犯罪的,依法追究刑事责任。

……

第一百零二条　本法下列用语的含义是:

药品,是指用于预防、治疗、诊断人的疾病,有目的地调节人的生理机能并规定有适应证或者功能主治、用法和用量的物质,包括中药材、中药饮片、中成药、化学原料药及其制剂、抗生素、生化药品、放射性药品、血清、疫苗、血液制品和诊断药品等。

辅料,是指生产药品和调配处方时所用的赋形剂和附加剂。

药品生产企业,是指生产药品的专营企业或者兼营企业。

药品经营企业,是指经营药品的专营企业或者兼营企业。

……

附录三　中华人民共和国药品管理法实施条例(摘录)

(2002年8月14日中华人民共和国国务院令第360号公布此条例)

(自2002年9月15日起施行)

……

第五十三条　发布药品广告,应当向药品生产企业所在地省、自治区、直辖市人民政府药品监督管理部门报送有关材料。省、自治区、直辖市人民政府药品监督管理部门应当自收到有关材料之日起10个工作日内作出是否核发药品广告批准文号的决定;核发药品广告批准文号的,应当同时报国务院药品监督管理部门备案。具体办法由国务院药品监督管理部门制定。

发布进口药品广告,应当依照前款规定向进口药品代理机构所在地省、自治区、直辖市人民政府药品监督管理部门申请药品广告批准文号。

在药品生产企业所在地和进口药品代理机构所在地以外的省、自治区、直辖市发布药品广告的,发布广告的企业应当在发布前向发布地省、自治区、直辖市人民政府药品监督管理部门备案。接受备案的省、自治区、直辖市人民政府药品监督管理部门发现药品广告批准内容不符合药品广告管理规定的,应当交由原核发部门处理。

第五十四条　经国务院或者省、自治区、直辖市人民政府的药品监督管理部门决定,责令暂停生产、销售和使用的药品,在暂停期间不得发布该品种药品广告;已经发布广告的,必须立即停止。

第五十五条　未经省、自治区、直辖市人民政府药品监督管理部门批准的药品广告,使用伪造、冒用、失效的药品广告批准文号的广告,或者因其他广告违法活动被撤销药品广告批准文号的广告,发布广告的企业、广告经营者、广告发布者必须立即停止该药品广告的发布。

对违法发布药品广告,情节严重的,省、自治区、直辖市人民政府药品监督管理部门可以予以公告。

……

第七十六条　篡改经批准的药品广告内容的,由药品监督管理部门责令广告主立即停止该药品广告的发布,并由原审批的药品监督管理部门依照《药品管理法》第九十二条的规定给予处罚。

药品监督管理部门撤销药品广告批准文号后,应当自作出行政处理决定之日起5个工作日内通知广告监督管理机关。广告监督管理机关应当自收到药品监督管理部门通知之日起15个工作日内,依照《中华人民共和国广告法》的有关规定作出行政处理决定。

第七十七条　发布药品广告的企业在药品生产企业所在地或者进口药品代理机构所在地以外的省、自治区、直辖市发布药品广告,未按照规定向发布地省、自治区、直辖市人民政府药品监督管理部门备案的,由发布地的药品监督管理部门责令限期改正;逾期不改正的,停止该药品品种在发布地的广告发布活动。

第七十八条　未经省、自治区、直辖市人民政府药品监督管理部门批准,擅自发布药品广告的,药品监督管理部门发现后,应当通知广告监督管理部门依法查处。

……

附录四　国家药品监督管理局、国家工商行政管理局关于加强处方药广告审查管理工作的通知

（国药管市[2001]14号）

各省、自治区、直辖市药品监督管理局，工商行政管理局：

我国自2000年1月1日起已正式实行处方药与非处方药分类管理，这是我国药品监督管理模式的一项重大改革。处方药与非处方药的广告宣传是药品分类管理工作的重要内容。按照实施药品分类管理“积极稳妥、分步实施、注重实效、不断完善”的方针，根据目前我国实施药品分类管理工作的总体步骤和非处方药遴选工作的进展情况，为维护人民身体健康和用药安全有效，现公布第一批停止在大众媒介发布广告的处方药，并就有关问题通知如下：

一、国家药品监督管理局明确的必须凭医生处方才能在社会药店销售、购买和使用的粉针剂类、大输液类和已经正式发文明确的其他品种以及抗生素类的处方药，自2001年2月1日起停止受理和审查在大众媒介发布广告的申请。上述品种广告只能在医药专业媒介发布。（医药专业媒介名单另行公布）

二、上述品种已经取得药品广告审查机关核发的广告批准文号，有效期内在大众媒介发布广告的，在本期合同期限内（以合同文本签署的日期为准）可继续发布，但最终时限不得超过2001年4月1日。

三、各省、自治区、直辖市以上药品监督管理部门是药品广告审查的法定机关，应依法认真履行职能，严格广告审查标准和程序，做到守土有责。非法律授权部门不得进行药品广告内容的审查和签发药品广告批准文号。

四、各省、自治区、直辖市药品监督管理局要严格按本通知要求的时限，做好对处方药广告审查工作的政策调整，加强对药品广告审查工作的管理，及时检查辖区媒介处方药广告发布情况，发现违法发布药品广告的，要及时移送同级工商行政管理部门查处。

五、各级工商行政管理部门要加强对违法药品广告的监督查处，对未经广告审查机关批准或擅自更改批准内容发布药品广告的，按《中华人民共和国广告法》第四十三条处理。

六、请各省、自治区、直辖市药品监督管理部门和工商行政管理部门及时将本通知转发辖区内各有关单位。

国家药品监督管理局
国家工商行政管理局
2001年1月12日

附录五　国家药品监督管理局市场监督司关于停止受理大众媒介部分处方药广告有关品种的说明

（药管市函[2001]7号）

各省、自治区、直辖市药品监督管理局：

国家药品监督管理局、国家工商行政管理局下发的“关于加强处方药广告审查管理工作的通知”（国药管市[2001]14号）规定，“粉针剂类、大输液类和已经正式发文明确的其他品种以及抗生素类的处方药，自2001年2月1日起停止受理和审查在大众媒介发布广告的申请。”现就如何认定以上品种予以说明。

一、粉针剂类

注射用无菌粉末俗称粉针，系将药物的灭菌粉末分装在安瓿或其他适宜的容器中，临用前以适当的灭菌注射用溶媒溶解或混悬使用的制剂，其通用名称为在药品名称前加“注射用”，如注射用头孢拉定、注射用头孢曲松纳等。

二、大输液类

用于静脉滴注输入体内的大剂量注射液俗称输液，如氯化钠注射液、葡萄糖注射液等。

三、已经正式发文明确的其他品种

是指国家药品监督管理局（包括卫生部原药政局）下发的特殊管理的药品，如卫生部原药政局下发的“关于加强含可待因止咳药水管理的通知”（卫药特发[1998]第301号）；2000年7月21日国家药品监督管理局下发的“关于加强对胃肠动力药西沙必利管理的通知”（国药管安[2000]321号）；2000年9月21日国家药品监督管理局下发的“关于进一步加强‘复方可待因口服溶液’管理工作的通知”（国药管安[2000]435号）等。

四、抗生素类的处方药

具体品种包括：

（一）抗感染药物

1. β-内酰胺类

（1）青霉素类

（2）头孢菌素类

（3）其他β-内酰胺类：如头霉素类、碳青霉烯类、单环β-内酰胺类、氧头孢烯类和β-内酰胺酶抑制剂。

2. 氨基糖苷类

3. 四环素类

4. 氯霉素类

5. 大环内酯类

6. 林可霉素类

7. 其他抗生素类：如盐酸万古霉素、盐酸去甲万古霉素、杆菌肽、磷霉素等。

（二）抗结核药：如利福平、利福定、硫酸卷曲霉素等。

（三）抗真菌药：如两性霉素B、制霉菌素等。

国家药品监督管理局市场监督司

2001年1月23日

附录六　国家药品监督管理局市场监督司关于建立药品广告审查管理内部工作提示制度的通知

（药监市函[2003]84号）

各省、自治区、直辖市药品监督管理局：

为全面贯彻《药品管理法》、《广告法》、《药品管理法实施条例》及药品广告审查管理的各项政策规定，按照“三抓一加强”的要求，我司决定自2003年起建立药品广告审查管理内部工作提示制度（以下简称“提示制度”），以进一步规范审批行为，提高审批质量，确保各项药品广告的审查监督管理规定得以贯彻落实。现将有关事宜通知如下：

一、提示制度涵盖的工作内容

一是药品广告审批工作。对不能严格依照药品广告审批法律法规和政策规定进行审批，屡次被我司要求调回复审，无法保证药品广告审批质量的，将给予内部工作提示。

二是药品广告检查监督工作。对不认真开展药品广告检查监督工作，建立日常检查监督工作机制的；不依法建立违法药品广告公告制度，并按照规定印发《违法药品广告公告》的；不能按时完成上级主管部门移送的药品广告举报材料处理工作的；不能按时完成上级主管部门在广告监测中发现存在问题需要予以处理的，将给予内部工作提示。

三是药品广告备案工作。对不能按照法律规定，在核发药品广告批准文号后及时将有关材料（包括药品广告审查表、批准的药品使用说明书、生产批件、质量标准、商品名称证明和商标注册证等）报我局备案的；未按《药品广告备案调回复审通知书》要求及时处理，并将处理结果予以反馈的，将给予内部工作提示。

二、提示制度的层次

根据各地药品广告审批工作、药品广告检查监督工作和药品广告备案工作的情况，对确实存在问题的，先由局广告审查监督管理办公室给相关药品广告审查管理人员发《药品广告审查管理内部工作提示通知》；若所提示需要改进的工作未得到改善的，可由局广告审查监督管理办公室给负责药品广告审查管理工作的领导发《药品广告审查管理内部工作提示通知》；如所提示需要改进的工作仍未得到贯彻落实，或者存在问题情节严重的，由我司正式行文，责成相关局对药品广告审查管理工作进行整改，并将有关情况记录进国家药品监督管理局对本系统的部门以及公务员建立的“信誉档案”中。

三、各省（区、市）药品监督管理局也应建立辖区内的药品广告检查监督内部工作提示制度，保证药品广告审查监督管理工作责任落实到人、制度落实到人、监控落实到点，加强对药品广告发布情况的监控。将检查监督工作日常化、制度化，使检查监督工作进一步深入到基层。

四、我司每年于年中和年底两次将各省（区、市）药监局药品广告审查情况、备案情况、检查监督情况汇总后予以公示。

国家药品监督管理局市场监督司

2003年4月11日